DIREITO EMPRESARIAL APLICADO

VOL. 2

CONTRACORRENTE

Fernando Antonio Maia da Cunha
Alfredo Sérgio Lazzareschi Neto
(Coordenadores)

DIREITO EMPRESARIAL APLICADO

VOL. 2

SÃO PAULO
2022

CONTRACORRENTE

Alameda Itu, 852 | 1º andar |
CEP 01421 002
www.loja-editoracontracorrente.com.br
contato@editoracontracorrente.com.br

EDITORES
Camila Almeida Janela Valim
Gustavo Marinho de Carvalho
Rafael Valim
Walfrido Warde
Silvio Almeida

EQUIPE EDITORIAL
COORDENAÇÃO DE PROJETO: Juliana Daglio
REVISÃO: Graziela Reis e Amanda Dorth
REVISÃO TÉCNICA: Douglas Magalhães
DIAGRAMAÇÃO: Pablo Madeira
CAPA: Gustavo André

EQUIPE DE APOIO
Fabiana Celli
Carla Vasconcelos
Fernando Pereira
Valéria Pucci
Regina Gomes
Nathalia Oliveira

Dados Internacionais de Catalogação na Publicação (CIP)
(Câmara Brasileira do Livro, SP, Brasil)

Direito Empresarial aplicado - vol. 2 / Fernando Antonio Maia da Cunha, Alfredo Sérgio Lazzareschi (coordenadores). -- São Paulo : Editora Contracorrente, 2022.

Vários autores.
Bibliografia
ISBN 978-65-5396-003-9

1. Direito Empresarial 2. Direito Empresarial - Brasil I. Cunha, Fernando Antonio Maia da. II. Lazzareschi, Alfredo Sérgio.

22-104442 CDU-34:338(81)

Índices para catálogo sistemático:
1. Brasil : Direito Empresarial 34:338(81)
Maria Alice Ferreira - Bibliotecária - CRB-8/7964

@editoracontracorrente
Editora Contracorrente
@ContraEditora

SUMÁRIO

SOBRE OS AUTORES

ANDRÉA GALHARDO PALMA

Master in Law (LLM) na *International Commercial Arbitration* na *Penn State University* (EUA). Especialista em *International Commercial Arbitration* pela *Columbia University* (EUA), em Arbitragem Doméstica pela Fundação Getúlio Vargas (FGV). *Fellow* do *Chartered Institute of Arbitrators* (FCIARB). Juíza de Direito da 2ª Vara Empresarial Regional e de Conflitos Relacionados à Arbitragem da 1ª RAJ de São Paulo. Doutoranda em Ciências Jurídico-Empresariais na Universidade de Lisboa – FDUL.

ALFREDO SÉRGIO LAZZARESCHI NETO

Sócio do escritório Warde Advogados, com atuação nas áreas de direito societário, direito civil, arbitragem, CVM e questões empresariais. Autor do livro *Lei das S.A. Comentada e Anotada.* Graduado pela Faculdade de Direito da USP.

DANIEL CARNIO COSTA

Juiz titular da 1ª Vara de Falências e Recuperações Judiciais de São Paulo – atualmente auxiliando a Presidência do Superior Tribunal de Justiça (2020/2022). Mestre e Doutor em Direito. Mestre em

Direito pela Samford University (EUA). Professor do Departamento de Direito Comercial da PUC/SP.

EDUARDO AZUMA NISHI

Mestre em Direito Comercial pela PUC-SP, graduado em Direito pela Universidade de São Paulo, graduado em administração de empresas pela Escola de Administração de Empresas de São Paulo da Fundação Getúlio Vargas e desembargador do Tribunal de Justiça de São Paulo, integrante da Primeira Câmara Reservada de Direito Empresarial.

FERNANDO ANTONIO MAIA DA CUNHA

Sócio Consultor em Direito Empresarial no Escritório Warde Advogados. Desembargador aposentado do TJSP. Presidente da Seção de Direito Privado e integrante do Conselho Superior da Magistratura (2010-2011). Diretor da Escola Paulista da Magistratura e Escola Judicial dos Servidores (2014-2016). Membro do Conselho Superior da ENFAM (2014-2016). Professor dos cursos de pós-graduação em Direito Empresarial da EPM (2012 a 2019). Coordenador e Professor do curso de pós-graduação em Direito Privado Contemporâneo na FADI (Faculdade de Direito de Sorocaba 2017-2019). Autor de vários artigos e trabalhos jurídicos. Coordenador das obras coletivas *CPC: perspectivas da magistratura* e *Direito Empresarial aplicado I*. Autor da obra *Autonomia patrimonial das sociedades limitadas vs. desconsideração da personalidade jurídica: desafios e perspectivas da Lei de Liberdade Econômica*. Mestre em Direito Comercial pela PUC-SP.

GABRIEL DE ORLEANS E BRAGANÇA

Mestre e Doutorando em Direito Comercial pela Pontifícia Universidade Católica de São Paulo. Advogado. Sócio de Sacramone, Orleans e Bragança Advogados.

HAMID BDINE

Doutor e Mestre em Direito Civil, Desembargador aposentado do Tribunal de Justiça de São Paulo e advogado.

HAMID BDINE NETO

Pós-graduado em Direito Processual Civil e Advogado.

JOÃO DE OLIVEIRA RODRIGUES FILHO

Juiz de Direito da 1ª Vara de Falências e Recuperações Judiciais da capital de São Paulo. Especialista em Direito Empresarial pela EPM. Professor do curso de pós-graduação em Falências e Recuperação Judicial da FADISP. Palestrante e conferencista.

LUÍS FELIPE FERRARI BEDENDI

Juiz de Direito Auxiliar da 1ª e 2ª Varas Empresariais e de Conflitos Relacionados à Arbitragem de São Paulo/Capital do Tribunal de Justiça de São Paulo.

MAÍRA DE MELO VIEIRA TEMPLE

Graduada pela Universidade de São Paulo (USP), com concentração em Direito de Empresa. *Master* em Direito dos Negócios (*Droit des Affaires*) pela Université d'Aix-Marseille (bolsa de estudos do *Programme de Bourses d'Excellence Eiffel*, do Ministério das Relações Exteriores da França). Pós-graduada em Direito Empresarial pela Escola Paulista da Magistratura. Doutoranda em Direito Comercial na Universidade de São Paulo (USP). Autora do livro *Dissolução parcial de sociedade anônima: construção e consolidação no direito brasileiro* (São Paulo: Quartier Latin, 2014) e de artigos publicados no Brasil e no exterior, sobre temas de direito societário, arbitragem e direito internacional. Mais de 15 (quinze) anos de experiência em resolução de disputas, na esfera arbitral e judicial, em bancas de advocacia internacionalmente reconhecidas, no Brasil e no exterior, e no Poder Judiciário.

MARCELLO DO AMARAL PERINO

Bacharel em Direito pelas Faculdades Metropolitanas Unidas, Pós-graduado em Direito Processual Civil pela Escola Paulista da Magistratura e Juiz de Direito Titular da Primeira Vara Regional de Competência Empresarial e de Conflitos Relacionados à Arbitragem da Primeira Região Administrativa Judiciária do Estado de São Paulo.

MARCELO BARBOSA SACRAMONE

Professor da Pontifícia Universidade Católica de São Paulo, do IBMEC São Paulo e do INSPER. Doutor e Mestre em Direito Comercial pela Faculdade de Direito da Universidade de São Paulo. Advogado e Parecerista. Sócio de Sacramone, Orleans e Bragança Advogados.

MARIA RITA REBELLO PINHO DIAS

Juíza da 3ª Vara de Falências e Recuperações Judiciais da Capital de São Paulo, Mestre em Direito Constitucional pela PUC/SP, Doutora em Direito Processual pela USP/SP.

MAURÍCIO PESSOA

Professor da PUC/SP. Desembargador do Tribunal de Justiça do Estado de São Paulo. Mestre em Direito pela PUC-SP.

OCTAVIO WEICKER VALVERDE GUTIERREZ

Associado do escritório Warde Advogados. Membro da Comissão Especial de Arbitragem da OAB/SP. Graduado pela Faculdade de Direito da Universidade Presbiteriana Mackenzie.

PAULO DIAS DE MOURA RIBEIRO

Ministro do Superior Tribunal de Justiça. Pós-Doutor em Direito pela Universidade de Lisboa. Doutor em Direito Civil pela PUC/SP. Mestre em Direito Civil pela PUC/SP. Coordenador Científico do Curso de Direito da UNISA. Professor Titular da FDSBC. Professor do Curso de Direito da UDF.

PAULO ROBERTO GRAVA BRAZIL

Desembargador do Tribunal de Justiça do Estado de São Paulo.

PETER CHRISTIAN SESTER

Vice-Presidente do CAM-CCBC (São Paulo). Professor de Arbitragem da Fundação Getúlio Vargas (Rio de Janeiro) e de Fusões e Aquisições da Universidade Nova de Lisboa. Habilitado como advogado no Brasil e na Alemanha. Atuou por 18 anos como consultor de um grande escritório internacional em Frankfurt e por 15 anos como Professor Titular na Alemanha e na Suíça, na qualidade de, entre outros, Professor Titular de Direito Comercial e Diretor do Instituto Law and Finance da Goethe Universidade Frankfurt. Doutor em Direito Societário pela Universidade de Heidelberg. Doutor em Economia pela Universidade Humboldt de Berlim. Livre-Docente pela Philips-Universidade Marburg em Direito Comercial, Direito Comparado e Law & Economics.

RENATA MOTA MACIEL

Professora do Programa de pós-graduação *stricto sensu* da Uninove. Juíza de Direito do Tribunal de Justiça do Estado de São Paulo. Doutora em Direito Comercial pela USP-SP.

RENATO DE TOLEDO PIZA FERRAZ

Doutorando em Direito Processual Civil pela Faculdade de Direito da Universidade de São Paulo (Área de concentração: arbitragem).

Mestre em Direito Comercial pela Pontifícia Universidade Católica de São Paulo (Área de concentração: arbitragem). Especializado em Arbitragem pela Escola de Direito de São Paulo (GVlaw) e em Direito Societário Aplicado pelo Centro de Extensão Universitária. Advogado Sócio de Ward & Toledo Piza Sociedade de Advogados.

SÉRGIO SEIJI SHIMURA

Desembargador do Tribunal de Justiça de São Paulo. Professor livre-docente pela. PUC/SP. Professor nos programas de pós-graduação da PUC/SP e da Escola Paulista da Magistratura.

HOMENAGEM AO DESEMBARGADOR JOSÉ ARALDO DA COSTA TELLES

Porque nada do que foi feito satisfaz a vida,
nada enche a vida. A vida é viver.

Ferreira Gullar

JOSÉ ARALDO DA COSTA TELLES viveu a vida com os predicados que todos desejamos ter nessa caminhada que é viver: empatia, bondade, lealdade, alegria, paciência, dedicação, compreensão e um dom nato para a virtude da amizade.

Assim todos nós o conhecemos e, conhecendo, passamos a admirá-lo. Cada um de nós, coordenadores, autores e leitores, o conheceu em circunstâncias e lugares diversos. E cada um de nós teria, portanto, pelo menos uma passagem a confirmar os predicados e os valores de uma pessoa realmente especial.

A contragosto, mas em respeito a todos que gostariam de gravar suas passagens com o José Araldo, cedo à tentação de contar as minhas ao longo de 40 anos de amizade, desde o Fórum João

Mendes, passando pelo extinto 1º TAC, até os últimos tempos na Seção de Direito Privado no TJSP.

Por muito pouco não tivemos nesta obra um artigo assinado pelo Desembargador José Araldo. Aceitou nosso convite, mas o trabalho não permitiu que terminasse a tempo. Terminaria e entregaria, garantiu-nos, para o próximo volume...

A vida é viver.

E nesse viver fomos todos surpreendidos pela notícia do falecimento do José Araldo, no dia 06 de fevereiro de 2022, um domingo que, de repente, ficou cinzento e triste. Ficarão as recordações de ocasiões e encontros em que seus predicados tão naturais e espontâneos nos fizeram admirá-lo. Agora, para sempre.

Esta lembrança é uma brevíssima homenagem que todos prestamos a quem viveu com os bons sentimentos que fazem a vida valer a pena, ou, nas palavras do poeta, a quem, na alma, sabia que a vida é viver.

NOTA DOS COORDENADORES

VOLUME 2

Relembramos que a ideia da obra *Direito Empresarial Aplicado* é a de publicações de edições anuais destinadas a formar uma coleção que seja fonte permanente de pesquisa a respeito da evolução de temas controvertidos de Direito Empresarial, em especial aqueles ligados às questões societárias, inclusive no âmbito do procedimento arbitral, de insolvência das empresas e de propriedade industrial.

O volume inicial teve 13 artigos de conhecidos intérpretes, professores e aplicadores do Direito, a quem renovamos os agradecimentos pelo seu sucesso. Neste segundo volume serão 17 artigos escritos por igualmente destacados conhecedores e aplicadores do Direito Empresarial, aos quais antecipadamente agradecemos o prestígio e a confiança que permitiram a continuidade da obra coletiva.

É de suma importância, de um lado, o estudo doutrinário dos complexos e instigantes temas que gravitam em torno da atividade empresarial, e, de outro lado, o conhecimento dos fundamentos que motivaram as decisões judiciais. A doutrina participa da formação de uma sólida jurisprudência especializada, o que resulta em segurança jurídica aos empresários nos mais variados ambientes de negócios que movimentam a economia.

Um retrato de cada momento dos conflitos envolvendo questões empresariais é o que se pretende oferecer à comunidade jurídica e acadêmica. Espera-se que o tempo crie um repositório doutrinário das discussões que moldaram os institutos jurídicos antes, durante e depois da aplicação pelo Poder Judiciário. Não raro, a nova legislação incorpora temas outrora controvertidos, como ocorreu com a Lei de Recuperação de Empresas e Falência no final de 2020, mas, ainda assim, permanecerão guardados para pesquisa os argumentos e fundamentos que consolidaram a jurisprudência e incentivaram a alteração legislativa.

É com muita honra que agradecemos a confiança dos autores no nosso projeto, esperando, sinceramente, que o precioso tempo despendido na preparação dos artigos seja de muita utilidade no aperfeiçoamento e na evolução do Direito Empresarial.

FERNANDO ANTONIO MAIA DA CUNHA

ALFREDO SÉRGIO LAZZARESCHI NETO

PREFÁCIO

Apegue-se à instrução, não a abandone;
guarde-a bem, pois dela depende a sua vida.

Provérbios 4:13

Foi com muita alegria que recebi o honroso convite para prefaciar a obra *Direito Empresarial Aplicado - Vol. 2*, organizada pelo Desembargador aposentado do TJSP Fernando Maia da Cunha e pelo jurista e advogado Alfredo Lazzareschi.

Inicialmente, cumprimento os organizadores pela iniciativa de dar seguimento aos estudos já apresentados no livro *Direito Empresarial aplicado 1*, aprofundando as análises sobre o Direito da Insolvência e da utilização da arbitragem como método de solução de litígios empresariais.

Nessa obra, vários juristas de escol – em sua maioria hauridos dos quadros de magistrados do tradicional Tribunal de Justiça de São Paulo – analisam questões relacionadas à arbitragem, à recuperação de empresas, ao direito societário, ao direito concorrencial e aos métodos mais adequados de solução de conflitos empresariais.

O Superior Tribunal de Justiça também está representado na obra, com a relevante participação do Ministro Moura Ribeiro (também oriundo do Tribunal de Justiça de São Paulo), dissertando sobre novas jurisdições para solução de controvérsias.

Destacam-se as presenças, como coautores, dos juízes responsáveis pelas varas de recuperação de empresas e falências de São Paulo, comentando temas relevantes e extremamente práticos, como a sujeição de créditos aos efeitos da recuperação judicial e a habilitação compulsória, bem como as normas de estabilização do processo falimentar.

Os juízes empresariais de São Paulo (capital e região metropolitana) também participam da obra com comentários sobre Direito Societário, Arbitragem, *Startups* e Direito Concorrencial.

Os desembargadores integrantes das Câmaras Reservadas em Direito Empresarial do Tribunal de Justiça de São Paulo também apresentam colaboração importante para os estudos dessa obra, na medida em que trazem a visão do segundo grau de jurisdição sobre Direito da Insolvência e Direito Societário.

Os temas enfrentados nesta obra são todos fundamentais para a definição da jurisprudência nacional do Direito Empresarial. O STJ é a Corte que profere a última palavra na uniformização da jurisprudência em Direito Federal e, notadamente, em Direito Empresarial. Daí a relevância da presente obra, que servirá como elemento importante de formação de convencimento em todos os graus de jurisdição, contribuindo para a estabilização do Direito Nacional e para o atingimento da tão necessária segurança jurídica.

Eu confio na Justiça do Brasil e na grande capacidade dos seus integrantes. O Superior Tribunal de Justiça é o Tribunal da Cidadania e deve estar sempre atento aos anseios dos cidadãos brasileiros. A prestação jurisdicional técnica, rápida, humana e de qualidade é o que o povo brasileiro espera da Justiça.

Iniciativas como esta demonstram que o Poder Judiciário está lutando o bom combate e caminhando pelas trilhas corretas da Lei e da Justiça.

Sempre digo: Justiça e cidadania devem estar sempre de mãos dadas!

Parabéns aos organizadores e aos autores por mais essa obra, na certeza de que já nasce com a propensão de se tornar um grande sucesso de crítica!

Festejam os magistrados, Ministério Público, Defensores Públicos, advogados e demais profissionais que atuam no Direito Empresarial a chegada ao mercado de um livro que os ajudará a trabalhar com mais técnica e eficiência.

Boa leitura a todos!

MINISTRO HUMBERTO MARTINS

Presidente do Superior Tribunal de Justiça

CAPÍTULO I

UM OLHAR JUDICIAL SOBRE O DISPOSITIVO DAS SENTENÇAS ARBITRAIS

Andréa Galhardo Palma

Introdução

O ato de sentenciar na Justiça Arbitral não difere da Justiça Estatal. As funções do juiz e do árbitro são semelhantes, ressalvadas as garantias constitucionais atribuídas aos juízes, a que os árbitros não fazem jus, porque estes desempenham em geral outras funções profissionais paralelas à arbitragem. A função do árbitro, e por conseguinte sua jurisdição, é limitada à convenção das partes, encerrando-se com a prolação da sentença arbitral, esgotado os prazos de esclarecimentos. Mas, o ato em si de sentenciar, na estrutura formal (e por vezes material – livre convencimento racional motivado, com base nas provas produzidas e na legislação aplicável ao caso concreto), é o mesmo.

A Lei n. 9.307/96, denominada lei de arbitragem brasileira, em seus artigos 13, §6° e 14, §1°, aproxima as duas funções, as quais gozam dos mesmos princípios éticos e deontológicos:[1] imparcialidade, independência, competência, diligência e discrição, e estão sujeitas aos mesmos critérios de impedimento e suspeição dos juízes (art. 14, *caput*), ao qual se acrescenta, aos árbitros, o dever de revelação de qualquer fato que denote dúvida justificada quanto à sua imparcialidade e independência.[2]

O fato de o procedimento na arbitragem ser flexível, observando o estabelecido pelas partes na convenção e no Termo de Arbitragem, não torna o ato de sentenciar diferente do que hodiernamente é estabelecido pelo Sistema Jurídico Nacional, quando o Brasil é escolhido como sede e sua Lei que governa a arbitragem. Tanto é assim que a estrutura formal e requisitos legais previstos no art. 26, incisos I a IV da Lei 9.307/96 são idênticos:

> I – o relatório contendo a identificação das partes e o resumo do litígio; II – os fundamentos da decisão onde serão analisadas as questões de fato e de direito, ou os fundamentos do julgamento por equidade; III – e o dispositivo como parte operacional e executável da sentença onde os árbitros emitirão um comando preciso (declaratório, condenatório, constitutivo e/ou cominatório) e correlato ao que foi decidido na fundamentação.

Assim, não é à toa que a violação dessa estrutura formal leva à possível nulidade, nos termos do art. 32, III, da Lei 9.307/96. Essa simetria na estruturação é importante, porque traz coesão às duas jurisdições, na medida em que as sentenças arbitrais, caso não

---

1 LEMES, Selma M. Ferreira. "Árbitro: o padrão de conduta ideal". *In*: CASELLA, Paulo B. (Coord.). *Arbitragem*: nova Lei brasileira e a praxe internacional. São Paulo: LTr, 1996, pp. 243-279.

2 ANDRIGHI, Fátima Nancy. "O perfil do árbitro e a regência de sua conduta pela Lei de Arbitragem". *Themis*, vol. 2, n° 2, 1999. Disponível em: http://revistathemis.tjce.jus.br/index.php/THEMIS/article/view/417/. Acessado em: 19.02.2022.

cumpridas voluntariamente, serão inevitavelmente levadas ao Judiciário, para cumprimento forçado, por carecem de coercitividade, dependendo da Justiça Estatal para executá-las. Nesse sentido, embora na arbitragem não se aplique o Código de Processo Civil, para reger o procedimento pautado pela convenção das partes, a sentença deve se ajustar na forma e estrutura do comando ao sistema processual civil brasileiro vigente, sob pena de, na fase de cumprimento, tornar-se inexequível. Vale lembrar que a arbitragem é apenas um processo de conhecimento.

É nesse ponto em que as duas Justiças se conectam de forma intrínseca e extrínseca, não podendo o árbitro negar o sistema processual vigente, se quiser que, coercitivamente, o comando por ele proferido tenha efetividade e segurança jurídica.

Intrinsecamente, o Judiciário não poderá preencher lacunas na fundamentação ou dispositivo da sentença, já que sua intervenção nas questões arbitrais é limitada, sob o ponto de vista formal, às hipóteses legais previstas nos art. 7°, 14, 22-A, 32, 33 e §§, da Lei 9.037/96, com redação dada pela Lei n. 13.129/2015: audiência do art. 7° para preenchimento da cláusula vazia ou compromisso arbitral, cautelas pré-arbitrais, ações anulatórias e cumprimentos de sentença, tudo visando fortalecer a convenção de arbitragem e a escolha da Jurisdição Privada.

Extrinsecamente, só poderá fazer o controle excepcional e formal da sentença arbitral, nos exatos limites previstos no art. 32 e incisos da Lei n. 9307/96.

Por conseguinte, é bem verdade que o § 4°, do art. 33, acrescentado pela Lei n. 13.129, de 26.05.2015, prevê a possibilidade de a parte interessada requerer em Juízo a prolação da sentença arbitral complementar, se o árbitro não decidir todos os pedidos submetidos à arbitragem, mas de excepcional e rara ou nenhuma aplicação, já que não é dado ao juiz interferir na autonomia de vontade das partes que escolheram a justiça privada, e não a estatal para decidir de forma exclusiva e definitiva determinada disputa.

É nesse contexto, com um olhar judicial, que este ensaio pretende abordar algumas questões atuais relacionadas aos defeitos nos dispositivos das sentenças arbitrais, identificados nas Varas Especializadas de São Paulo, que vem causando assimetria no sistema, gerando não só obstáculos na fase de cumprimento, como inexequibilidade.

1 A ausência da coerção das sentenças arbitrais e a dependência do judiciário na execução

A sentença arbitral produz, entre as partes e seus sucessores, os mesmos efeitos da sentença proferida pelos órgãos do Poder Judiciário (art. 31, da Lei n. 9.307/96), possuindo eficácia de título executivo judicial (art. 515, VII, CPC). Contudo, carece de coercitividade. Na hipótese de não cumprimento voluntário, caberá a uma das partes buscar seu cumprimento forçado judicialmente, e nesse caso o comando da sentença arbitral deve justapor-se, encaixar-se na legislação processual vigente, em especial no Título II, do Código de Processo Civil, que trata dos diversos tipos de cumprimentos de sentença (artigos 513 a 538, do Código de Processo Civil) quanto à certa obrigação de fazer ou dar, etc.

É nessa hipótese, que tenho defendido a padronização da estrutura formal do comando das sentenças arbitrais, especialmente em relação à operacionalidade dos dispositivos das sentenças arbitrais domésticas, para que haja um espelhamento com as sentenças estatais, na estrutura formal para que facilite o cumprimento na forma da legislação processual em vigor.

Ao escolher o Brasil como sede da arbitragem, as partes, automaticamente, optam pelo Sistema Jurídico Nacional vigente, sendo este o processual civil para cumprimento das sentenças, caso queiram executá-las no Brasil, e também, de forma exclusiva, para ajuizamento das anulatórias perante o Judiciário Brasileiro.

Born ressalta a importância e algumas consequências da escolha do *arbitral seat*: a opção da legislação nacional aplicável à arbitragem (seu procedimento interno) e a automática – relação entre arbitragem e o Judiciário Nacional; a Lei nacional presumivelmente aplicável à convenção de arbitragem; o lugar onde a sentença arbitral será feita e também anulada; as influências sobre a nacionalidade e backgrounds dos árbitros.[3]

> Contudo, o controle estatal, como ensina Yarshell,[4] especialmente nas anulatórias de sentenças arbitrais, tem sempre um caráter excepcional e subsidiário, sendo inviável a revisão sobre eventual *error in judicando*, não podendo se pretender que o Judiciário reveja os fundamentos de fato e de direito adotados pelo Juízo Arbitral. Também, assim, salvo melhor Juízo, em relação ao *error in procedendo* quanto aos erros nos dispositivos das sentenças arbitrais, muitas vezes arguidos em sede de impugnação de cumprimento de sentença, nos termos do art. 33, §1º e 3º, da Lei n. 9.307/96, passado o prazo para ajuizamento de anulatórias.

Nesse sentido, indiscutível a importância à estruturação do comando decisório preciso, lógico e simétrico do ponto de vista formal e, também, material.

2 A estrutura lógica do comando decisório: sentenças arbitrais domésticas e internacionais

O capítulo V, da Lei de Arbitragem refere-se, de forma exclusiva às sentenças arbitrais domésticas, cuja estrutura formal é similar à estrutura das sentenças judiciais.

---

3 BORN, Gary B. *International arbitration*: Law and practice. United Kingdom: Wolters Kluwer, 2016, p. 112.

4 YARSHELL, Flávio Luiz. "Ação anulatória". *In*: LEVY, Daniel; PEREIRA, Guilherme Setoguti J. (Coord.). *Curso de Arbitragem*. São Paulo: Revista dos Tribunais, 2021, p. 457.

Dessa forma, a sentença arbitral, ápice da função do árbitro, é, segundo Alves,[5] o ato processual, por meio do qual o árbitro decide definitivamente o mérito ou parte do mérito da arbitragem ou, ainda, extingue definitivamente, sem o julgamento do mérito (terminativas); sendo a definitividade característica fundamental da sentença arbitral de mérito. Podendo ainda, segundo Alves, o comando decisório definitivo ser parcial ou final. Parcial quando decidir parte do mérito da arbitragem, nos termos do art. 23, §1º, da Lei n. 9.307/96, com redação dada pela Lei n. 13.129/2015.

Na arbitragem internacional, também é possível a prolação de sentenças finais e parciais de mérito, estas últimas cindindo o mérito da disputa, por exemplo, certos *claims*, *breach of contract* (inadimplemento contratual) e *torts* (dever de indenizar).[6] Born ainda faz uma advertência sobre o termo sentença final ou "*final award*", que deveria se referir à última decisão na arbitragem, a pôr fim a todas as "*claims*" (ou pedidos formulados pelas partes), que põe fim ao mandato do Tribunal Arbitral, nos termos do art.32 (1) da Uncitral Model Law.[7]

Nesse contexto, tanto nas sentenças domésticas, como nas internacionais, não se descuram da necessidade de se observar

5 ALVES, Rafael. "Sentença Arbitral". *In*: LEVY, Daniel; PEREIRA, Guilherme Setoguti J. *Curso de Arbitragem*. São Paulo: Revista dos Tribunais, 2021, pp. 266/267.

6 "In practice partial awards are typically used for separate determinations of specified claims (with other claims reserved for further proceedings. For example, a tribunal might render an award rejecting contractual claims or upholding claims and awarding damages, while leaving for subsequent proceedings the parties' non contractual claims" (BORN, Gary B. *International arbitration*: Law and practice. United Kingdom: Wolters Kluwer, 2016, p. 294).

7 BORN, Gary B. *International arbitration*: Law and practice. United Kingdom: Wolters Kluwer, 2016, pp. 294/295; Cf. UNCITRAL Model Law: "Art. 32 (1): the Arbitral proceedings are terminated by the final award or by an order of the arbitral tribunal in accordance with paragraph (2) of this article".

requisitos formais para um comando decisório lógico e coerente, composto de um relatório, fundamentação e parte dispositiva – ou operacional das sentenças.[8]

Cumpre esclarecer que, no Brasil, o critério para se identificar se uma sentença é nacional ou estrangeira é basicamente o geográfico (*ius soli*) para determinação da nacionalidade das sentenças arbitrais, baseando-se exclusivamente no local onde a decisão foi proferida.[9] Segundo Sester,[10] a Convenção de Nova York não fixa critérios para a identificação da nacionalidade da sentença arbitral, ficando a cargo dos legisladores nacionais definir os parâmetros que separam a sentença doméstica da internacional, o que foi feito no parágrafo único, do art. 34, da Lei de Arbitragem.

Sobre a estrutura lógica do comando decisório das sentenças arbitrais domésticas e internacionais, Sester[11] observa que a redação do art. 26, I a III, da Lei de Arbitragem lembra o art. 31 (1) (2), da Uncitral Model Law,[12] sendo a norma brasileira mais

---

8 Observando-se que em alguns países, como nos EUA é possível as partes convencionarem se querem ou não uma sentença fundamentada (*unreasoned awards*), ou só a parte dispositiva ou comando operativo da sentença. O que hoje em dia já não é mais tão-comum, prevalecendo a opção pela fundamentação. Ver também art. 31, (2) da Uncitral Model Law on International Commercial Arbitration 1985 with amendments as adopted in 2006.

9 STJ, 3ª T., REsp.1.231.554/rj, rel. Min. Nancy Andrighi, DJ 01;06.2011, v.u.).

10 SESTER, Peter Christian. *Comentários à Lei de Arbitragem e à legislação extravagante*. São Paulo: Quartier Latin, 2020, p. 392. Ver também GAILLARD, Emmanuel; BERMANN, George A. (Coord). *Guide on the convention of the recognition and enforcement of Foreign Arbitral Award*. Leiden: Brill/Nijhoff, 2017, p. 28.

11 SESTER, Peter Christian. *Comentários à Lei de Arbitragem e à legislação extravagante*. São Paulo: Quartier Latin, 2020, p. 316.

12 Uncitral Model Law. "art. 31. Form and contest of award.

(1) The award shall be in writing and shall be signed by the arbitrator or arbitrators. In the arbitral proceedings with more than one arbitrator, the signatures of the majority of all members of the arbitral tribunal shall suffice, provided that reason for any omitted signature is stated.

detalhada, com inspiração nos art. 489, incisos I a III, do Código de Processo Civil.

Há uma certa simetria, portanto, já presente tanto no plano internacional, como no nacional, quanto à forma de estruturação do comando decisório, por influência da Uncitral Model Law adotada por mais de 150 países, inclusive o Brasil, não sendo nenhum absurdo pensarmos numa simetria doméstica entre as sentenças estatais e a sentenças arbitrais domésticas, a fim de fortalecer a segurança jurídica e viabilizar a eficiência do cumprimento judicial.

A própria legislação nacional já faz essa equiparação[13] da sentença arbitral à judicial, bastando uma singela análise do art. 31 c/c com a estrutura do art. 26, inciso I a III, da Lei n. 9.307/96: relatório, fundamentação e dispositivo.

O relatório, contendo o nome das partes e a narrativa cronológica do procedimento arbitral, segundo Carmona,[14] cumpre a função técnica de delimitação do litígio submetido à arbitragem e psicológica de demonstração às partes e advogados que o tribunal arbitral analisou todas as informações dos autos (alegações, provas, argumentos). Assim, cumpre esclarecer que a incompletude do relatório não leva à anulação da sentença

---

(2) The award shall state the reasons upon which it is based, unless the parties have agreed that no reasons are to be given or the award is an award on agreed terms under article 30.

(3) The award shall state its date and place of arbitration as determined in accordance with article 20 (1). The award shall be deemed to have been made at that place.

(4) After the award is made, a copy signed by the arbitrators in accordance with paragraph".

13 SESTER, Peter Christian. *Comentários à Lei de Arbitragem e à legislação extravagante*. São Paulo: Quartier Latin, 2020, p. 321.

14 CARMONA, Carlos Alberto. *Arbitragem e processo*. São Paulo: Atlas, 2009, p. 369. Ver também SESTER, Peter Christian. *Comentários à Lei de Arbitragem e à legislação extravagante*. São Paulo: Quartier Latin, 2020, p. 317.

arbitral, mas sim sua ausência. Basta que se identifique as partes e os principais atos do processo.[15]

Na fundamentação, segundo Carmona, o árbitro não apenas exporá as questões de fato e de direito sobre que irá recair o julgamento,[16] mas também justificará, com base nas provas produzidas, sob o crivo do contraditório e devido processo legal, analisando os argumentos das partes, a escolha da procedência ou improcedência do(s) pedido(s) formulados na arbitragem e, normalmente, sistematizados no Termo de Arbitragem.

Para Sester,[17] a razão pela qual a Lei de Arbitragem estabelece a fundamentação como requisito essencial da sentença arbitral reside na Constituição Federal, ao estabelecer no art. 93, inciso IX que: "todos os julgamentos dos órgãos do Poder Judiciário serão públicos, e fundamentadas todas as decisões, sob pena de nulidade". Muito embora, a Lei de Arbitragem seja anterior à Constituição Federal, o art. 31, da Lei 9.307/96 permite a inferência de que o art. 93, inc. IX, da CF/88 aplica-se à arbitragem.[18] O fato de o julgador escolher uma tese vencedora e motivar a *ratio decidendi* a partir dela, não induz a nulidade. O Superior Tribunal de Justiça já decidiu que "não se pode confundir motivação contrária aos interesses da parte, com ausência de fundamentação".[19]

---

15 ALVES, Rafael Francisco. "Sentença Arbitral". *In*: LEVY, Daniel; PEREIRA, Guilherme Setoguti J. *Curso de Arbitragem*. São Paulo: Revista dos Tribunais, 2018, pp. 262/263.

16 CARMONA, Carlos Alberto. *Arbitragem e processo*. São Paulo: Atlas, 2009, p. 369. Ver também SESTER, Peter Christian. *Comentários à Lei de Arbitragem e à legislação extravagante*. São Paulo: Quartier Latin, 2020, p. 317.

17 SESTER, Peter Christian. *Comentários à Lei de Arbitragem e à legislação extravagante*. São Paulo: Quartier Latin, 2020, p. 321.

18 Nesse sentido ver: SESTER, Peter Christian. *Comentários à Lei de Arbitragem e à legislação extravagante*. São Paulo: Quartier Latin, 2020, pp. 321/322.

19 STJ, 3ª Turma, REsp n.1636.102-SP, Rel. Min. Villas Boas Cueva, J. em 13.06.2017.

É certo que em algumas legislações estrangeiras é possível as partes convencionarem pela ausência de fundamentação nas sentenças arbitrais, como já mencionado anteriormente ao citar o art. 31 da Uncitral Model Law. Mas, tal hipótese não parece ser admissível no nosso Sistema Jurídico Nacional, por conta da exigência constitucional prevista no art. 93, inc. IX, sendo o dever de motivar e fundamentar questão de ordem pública constitucional, extensível também à arbitragem, cujas decisões são equiparáveis às dos Poder Judiciário.

O importante é que fundamentação justifique legalmente o critério escolhido, com base nas provas produzidas nos autos, e quanto mais expositiva, didática e objetiva a forma e estrutura melhor, porque a fundamentação deverá ter uma ligação direta e consequencial com o dispositivo – ou parte operativa da sentença, que transitará em julgada e constituirá o comando decisório propriamente dito a viabilizar o cumprimento forçado pelo Judiciário, caso seja necessário.

Maior atenção temos dado ao dispositivo das sentenças arbitrais (art. 26, inc. III, da Lei de Arbitragem) parciais e finais, especialmente porque os juízes cumprirão – ou deverão cumprir exatamente o constante na parte dispositiva da sentença.

Para os juízes estatais, treinados nas escolas de magistratura a fazerem comandos coerentes logicamente, com fundamentação e objetivos sintéticos autoexecutáveis, é mais fácil porque é o cotidiano na prática profissional deles, e porque são constantemente supervisionados pelos recursos interpostos no duplo grau de jurisdição. Já, para um árbitro, por vezes advogado, mas podendo também ser engenheiro ou de outra especialidade, é um desafio maior tentar justapor as razões de decidir e operacionalizá-las num comando sintético, operacional e autoexecutável.

Normalmente, nós juízes adequamos nosso dispositivo às categorias de ações (declaratórias, condenatórias, constitutivas e cominatórias) já existentes no nosso sistema processual, de forma que o cumprimento observe o já disposto nos art. 515 a 528, do Código de Processo Civil. Assim, os comandos deverão também determinar se serão condenatórios (montante, acréscimos legais, multa contratual, custas de arbitragem e honorários – se houver convenção), declaratórios, constitutivos e cominatórios.[20]

Nas sentenças parciais a preocupação aumenta, porque, em geral, os árbitros cindem fragmentos ao mérito da disputa, podendo a parte executar de pronto parte do comando, o que, muitas vezes, pode trazer certa dificuldade para os juízes na fase de cumprimento, especialmente quando o dispositivo não deixa claro qual a consequência direta do caso. A nível de exemplificação, tem se reconhecido que a parte que inadimpliu o contrato tem o dever de cooperar e não criar obstáculo, mas sem uma sanção consequencial, para isso: *astreinte* ou obrigação de indenizar (por vezes explicitamente usando a expressão "condena a indenizar"), já que o árbitro reservou no próprio dispositivo, como por exemplo, o direito de analisar o pedido indenizatório para outra oportunidade. Nesse sentido, situações como essas e outras causam certa perplexidade na fase de cumprimento a que nos compete, como juízes estatais, gerir, já que fogem ao tradicional sistema processual civil vigente.

Mas, ainda assim, o judiciário brasileiro tem sido cooperativo com a arbitragem, anulando as sentenças arbitrais apenas de forma excepcional.

---

20 Ex.: declaração de certa situação jurídica, reconhecimento de uma obrigação ou dever de abstenção e qual o possível efeito em caso de inobservância – perdas e danos, multa, etc., e qual seria a forma de liquidação caso o valor precise ser apurado.

3 A importância do dispositivo operacional. Defeitos mais comuns nos dispositivos: levantamento na justiça paulista

Em São Paulo, um levantamento por amostragem,[21] com a participação dos juízes das Varas Especializadas, demonstrou que as alegações mais comuns nas anulatórias eram de que a sentença arbitral proferida estava:

a) *Fora dos limites da convenção de arbitragem* (art. 32, IV, Lei 9.307/96), geralmente atacando a ordem procedimental;

b) *Em desrespeito aos princípios do contraditório, da imparcialidade do árbitro* (art. 32, VIII, idem);

c) *Falha no dispositivo* (art. 26, III, idem);

d) *Emanou de quem não podia ser árbitro* (art. 32, II); impedimento ou suspeição do árbitro;

e) *Cerceamento de defesa*; violação da Lei ou à regra de procedimento ou Termo de Arbitragem.

Contudo, nosso levantamento demonstra que, dos 56 processos relacionados a conflitos arbitrais distribuídos à 2ª Vara de Falência, Recuperação e Conflitos Arbitrais de agosto de 2015 até novembro de 2017, 27 objetivavam provimento cautelar ou de urgência.

---

21 Levantamento de PALMA, Andrea Galhardo. "Notas sobre a cooperação judiciário-arbitragem". *Blog de Arbitragem da Fundação Getúlio Vargas*, Rio de Janeiro, abril de 2020. Disponível em: https://www.migalhas.com.br/depeso/342640/notas-sobre-cooperacao-judiciario-arbitragem/. Acessado em: 19.02.2022.

Gráfico 1 – Pedidos requeridos na 2ª Vara de Falência de 29.07.2015 até 05.12.2017

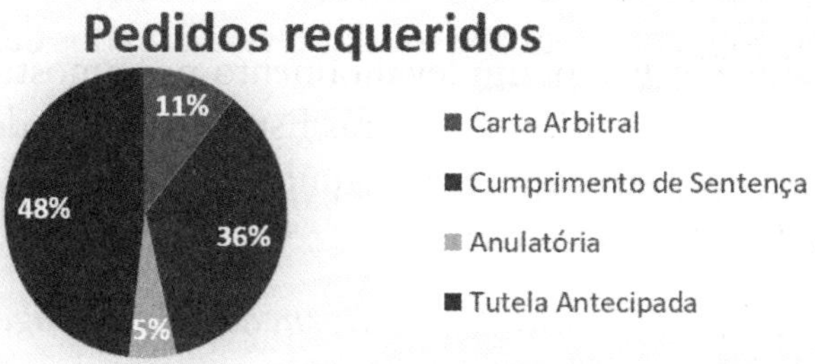

Levantamento feito pelo Juízo da 2ª Vara de Falência e recuperações judiciais correspondente à 50% das ações distribuídas na Comarca da Capital no período de 29.07.2015 (Prov. 719/2015 criou a competência das Varas de Falência e Recuperações judiciais para os conflitos de arbitragem) até 05.12.2017 (instalação das varas empresariais, que passaram a ter competência exclusiva para a matéria).

Segundo levantamento feito nas Varas Empresariais (1ª e 2ª), permanece a preponderância das cautelares, mas com sensível aumento das ações anulatórias e redução dos cumprimentos de sentenças e cartas arbitrais.

Gráfico 2 – Pedidos requeridos nas 1ª e 2 ª Varas Empresariais de 29.07.2015 até 05.12.2017

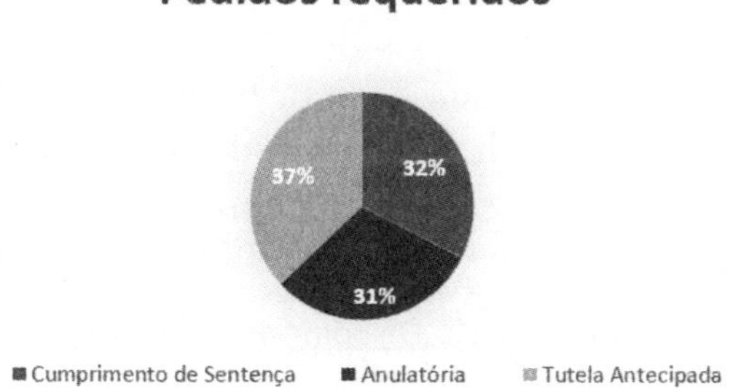

4 Levantamento atual de amostragem

Segundo levantamento feito nas Varas Empresariais (1ª e 2ª), permanece a preponderância das cautelares, mas com sensível aumento das ações anulatórias e aumento dos cumprimentos de sentenças e cartas arbitrais.

Gráfico 3 – Pedidos requeridos de 05.12.2018 até 05.12.2020

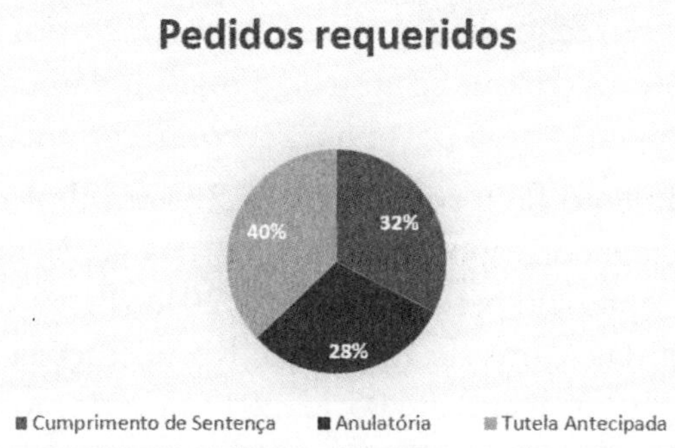

Essa realidade não muda em grau de recurso, cujo reduzido número de anulatórias tem se mantido.

No ano de 2019 houve um crescimento importante de cumprimentos de sentença arbitral, e nesse levantamento os juízes das Varas Especializadas de São Paulo identificaram, não com muita frequência, que, em alguns casos de complexidade mediana, os dispositivos das sentenças arbitrais têm se apresentado: confusos, desprovidos de um comando objetivo, claro quanto aos comandos declaratórios, condenatórios e cominatórios, bem como ausência dos consectários legais e sua correta limitação – ex.: fixação da correção monetária, multa ou juros de mora, termo inicial de ambos, qual o índice a ser utilizado, havendo necessidade de se interpretar as lacunas.

A coerência lógica da fundamentação com o dispositivo é de extrema relevância para validade e eficácia da sentença, seja estatal, seja arbitral, sob pena de julgamentos *infra* e *extra petita*. Na arbitral, a questão é que tal coerência lógica não poderá ser alterada no Juízo Estatal, tampouco o mérito da fundamentação.

Maior cuidado, temos sustentado, deve-se ter quanto ao uso de sentenças parciais que cindam a análise do mérito, nos casos em que a legislação nacional não prevê. Não é incomum que alguns Tribunais Arbitrais cindam o mérito da demanda, reservando para outra oportunidade outra parte da análise, como por exemplo nas hipóteses de apuração de ato ilícito, para posterior apuração do dano; ou hipóteses em que se apurou o inadimplemento contratual sentenciando apenas uma parte para reconhecer quem inadimpliu, para posterior julgamento do dever de indenizar.

Faz sentido nos comandos condenatórios ilíquidos que se abra a oportunidade futura para liquidação ou, por exemplo, a apuração de haveres numa segunda fase procedimental. Nestes casos, os dispositivos das sentenças parciais devem deixar claro o que será decidido posteriormente. Alguns árbitros decidem questões como violação do contrato, do dever de cooperar, e o dever de cumprimento a determinada cláusula do contrato, mas deixam o pedido indenizatório por dano moral ou material para serem analisados numa segunda fase – reservando a posteriori essa decisão, que não encontra respaldo no nosso sistema processual, causando dificuldade, muitas vezes, ao seu cumprimento.

Dessa forma, fica evidente que o dispositivo deve ser um comando operativo claro, preciso, direto e autoexecutável, não necessitando, a rigor, de interpretação, tamanha clareza que deve conter, como um recorte preciso e correlato do que foi decidido na fundamentação.

Em reunião do grupo Task Force da ICC – Brazil Branch,[22] os juízes das Varas Especializadas apresentaram seus pontos de

---

22 Dados constantes em Ata da Reunião Virtual do dia 06.10.2020 com os juízes das Varas Especializadas de São Paulo, com os membros da

vistas para melhoria desses comandos, sem qualquer pretensão de ensinar árbitros a sentenciarem, mas de fortalecer a cooperação já existente entre as duas jurisdições, com vistas a tornar eficiente o cumprimento forçado das sentenças arbitrais na Justiça Estatal. Nesse sentido, apontamos que o dispositivo deve conter todo o comando da sentença. Deve haver cuidado no *comando do dispositivo*, devendo ele ser *operativo*, contendo ordem clara e direta e não fazendo mera remissão aos fundamentos da sentença arbitral.

(a) Os itens do dispositivo devem ser *coesos*, desenrolando-se de forma *lógica* (fecha-se uma questão e julga-se a próxima), buscando-se evitar discrepâncias entre (i) uma resposta e outra nos itens; ou (ii) entre os itens e a fundamentação da sentença, sem que haja a necessidade, como tem ocorrido, de algum tipo de interpretação pelos Juízes no momento da execução;

(b) Os itens dos dispositivos devem sintetizar e especificar *todos* os comandos, evitando-se a remissão e a necessidade de análise do corpo da sentença para a interpretação do dispositivo (foi enfatizado que houve casos inclusive de discrepâncias entre os itens do dispositivo);

(c) Sugere-se a utilização de metodologia de aglutinação dos itens do dispositivo em declaração, constituição ou condenação (classificação tradicional da carga decisória das sentenças), para causar uma interpretação e uma execução direta e clara;

(d) Diante de pedidos extensos, variados e numerosos formulados nas arbitragens, a sugestão é a de se pensar em uma organização das respostas a fim de que o dispositivo tenha uma *ordem lógica precisa*, evitando-se divergências e omissões de pontos essenciais, que dão margem à necessidade de interpretação;

---

comissão Task Force à época.

(e) Sugestão de determinação no *dispositivo* da forma de execução, com a previsão de prestação alternativa, se for o caso;

(f) As sentenças devem *evitar lacunas*, que acabam tendo que ser preenchidas pelo Poder Judiciário em uma eventual execução;

(g) Os itens do dispositivo devem ser *concisos*, *operativos* e *executáveis* de forma direta; e

(h) Maior cuidado com a determinação de acréscimos como os juros. Deve haver sempre a indicação dos termos inicial e final e a forma de cálculo de juros no dispositivo, o mesmo ocorrendo com multas e outras cominações.

Sugestão nossa como modelo de escrutínio, que pode servir para arbitragem doméstica brasileira, a estruturação formal do *guideline do IBA*, no capítulo 4, "Content of the Award" do *Tolkit for Award Writing*; especialmente quanto à parte operativa – dispositivo da sentença.

CONTENT OF AWARD:

1. Mandatory requirements;
2. Administrative ou procedural contents;
3. Type of award (partial or final);
4. Procedural History;
5. Basis of Jurisdiction;
6. Parties' requests for relief an identification of issues;
7. Factual Summary;
8. Summary of Claims/submissions;
9. Applicable laws and procedural rules;
10. *The Arbitral Tribunal Reasoning and Findings*;
11. *Operative part (dispositive)*;
12. Dissenting and separate opinions;
13. *Reservation of issues*;

14. Taxes and interests;
15. Award costs.

Tal estrutura, também, é muito similar ao *guides* da American Arbitration Association (AAA), da ICDR (International Centre of Dispute Resolution), CIARB (Chatered Institute of Arbitrators).

A importância do dispositivo das sentenças arbitrais é inconteste e o ajuste dos defeitos é salutar para dar coerência ao sistema jurídico nacional, onde a arbitragem se insere. A proposta é que as Câmaras de Arbitragem possam criar guias de estruturação das sentenças arbitrais domésticas a exemplo das instituições acima mencionadas.

Conclusão

Diante de todo exposto, verifica-se que a sentença arbitral produz, entre as partes e seus sucessores, os mesmos efeitos da sentença proferida pelos órgãos do Poder Judiciário (art. 31, da Lei n. 9.307/96), possuindo eficácia de título executivo judicial (art. 515, VII, CPC). Contudo, carecendo de coercitividade na hipótese de não cumprimento voluntário, caberá a uma das partes buscar seu cumprimento forçado judicialmente, e, nesse caso, o comando da sentença arbitral deve justapor-se, encaixar-se na legislação processual vigente, em especial no Título II, o Código de Processo Civil, que trata dos diversos tipos cumprimentos de sentença (artigos 513 a 538, do Código de Processo Civil), de pagar quantia certa à obrigação de fazer ou dar, etc.

Desse modo, é nessa hipótese que tenho defendido a padronização da estrutura formal do comando das sentenças arbitrais, especialmente em relação à operacionalidade dos dispositivos das sentenças arbitrais domésticas, para que haja um espelhamento com as sentenças estatais, na estrutura formal, para que facilite o cumprimento na forma da legislação processual em vigor, mas também dê segurança jurídica aos jurisdicionados, a fim de evitar nulidades ou impossibilidade de cumprimento futuro da sentença arbitral doméstica, sendo também um fator econômico[23] importante para a escolha desse método alternativo de solução de conflito no Brasil.

Referências bibliográficas

ALVES, Rafael Francisco. "Sentença Arbitral". *In*: LEVY, Daniel; PEREIRA, Guilherme Setoguti J. *Curso de Arbitragem*. São Paulo: Revista dos Tribunais, 2018.

ALVES, Rafael. "Sentença Arbitral". *In*: LEVY, Daniel; PEREIRA, Guilherme Setoguti J. *Curso de Arbitragem*. São Paulo: Revista dos Tribunais, 2021.

ANDRIGHI, Fátima Nancy. "O perfil do árbitro e a regência de sua conduta pela Lei de Arbitragem". *Themis*, vol. 2, nº 2, 1999. Disponível em: http://revistathemis.tjce.jus.br/index.php/THEMIS/article/view/417/. Acessado em: 06.01.2022.

BORN. Gary B. *International arbitration*: Law and practice. United Kingdom: Wolters Kluwer, 2016.

BRASIL. Constituição (1988). *Constituição da República Federativa do Brasil*. Brasília: Senado Federal: Centro Gráfico, 1988.

BRASIL. *Lei n. 13.105*, de 16 de março de 2015. Institui o Código de Processo Civil. Brasília: Diário Oficial da União, 2015.

BRASIL. *Lei n. 9.307*, de 23 de outubro de 1996. Dispõe sobre a arbitragem. Brasília, 1996.

CARMONA, Carlos Alberto. *Arbitragem e processo*. São Paulo: Atlas, 2009.

GAILLARD, Emmanuel; BERMANN, George A. (Coord). *Guide on the convention of the recognition and enforcement of Foreign Arbitral Award*. Leiden: Brill/Nijhoff, 2017.

GUANDALINI, Bruno. *Economic Analysis of the Arbitrator´s Function*. Den Haag: Wolters Kluwer, 2020.

---

23 GUANDALINI, Bruno. *Economic Analysis of the Arbitrator´s Function*. Den Haag: Wolters Kluwer, 2020.

LEMES. Selma M. Ferreira. "Árbitro: o padrão de conduta ideal". *In*: CASELLA, Paulo B. (Coord.). *Arbitragem*: nova Lei brasileira e a praxe internacional. São Paulo: LTr, 1996.

PALMA, Andrea Galhardo. "Notas sobre a cooperação judiciário-arbitragem". *Blog de Arbitragem da Fundação Getúlio Vargas*, Rio de Janeiro, abril de 2020. Disponível em: https://www.migalhas.com.br/depeso/342640/notas-sobre-cooperacao-judiciario-arbitragem/. Acessado em: 18.01.2022.

SESTER, Peter Christian. *Comentários à Lei de Arbitragem e à legislação extravagante*. São Paulo: Quartier Latin, 2020.

YARSHELL. Flávio Luiz. "Ação anulatória". *In*: LEVY, Daniel; PEREIRA, Guilherme Setoguti J. (Coord.). *Curso de Arbitragem*. São Paulo: Revista dos Tribunais, 2021.

CAPÍTULO II

CONSIDERAÇÕES SOBRE A COMPETÊNCIA NA PRODUÇÃO ANTECIPADA DE PROVAS

Alfredo Sérgio Lazzareschi Neto

Octavio Weicker Valverde Gutierrez

Introdução

Este artigo tem o propósito de abordar uma questão atual e controversa na jurisprudência empresarial, a saber: nas hipóteses em que não se comprovar, ou simplesmente não existir, a urgência exigida pelo art. 22-A da Lei n. 9.307/96 ("Lei de Arbitragem"), o Judiciário será competente para processar e julgar uma ação de produção antecipada de provas (art. 381 e seguintes do Código de Processo Civil) relativa a uma questão a ser decidida em arbitragem?

Essa questão ganha relevância no campo do Direito Societário, pois, para que as companhias sejam listadas em quatro dos seis segmentos da B3 (Bovespa Mais, Bovespa Mais 2, Nível 2 e Novo Mercado), é requisito obrigatório instituir a arbitragem como única forma de solução de disputas relacionadas a questões societárias e de mercado de capitais envolvendo tais companhias, seus acionistas, administradores, membros do conselho fiscal e a própria B3.

Diante desse cenário, o que se tem visto é que alguns acionistas, cientes de sua plena vinculação à cláusula compromissória estatutária[24] e na tentativa de escapar dos custos de instauração de uma arbitragem, têm-se esquivado do juízo arbitral e ajuizado ações de produção antecipada de provas perante o Judiciário, mesmo nos casos em que não há urgência verificada.

1 Arbitragem e produção antecipada de provas

A partir da edição do Código de Processo Civil de 2015, a produção antecipada de provas perdeu sua natureza cautelar para tornar-se uma ação satisfativa que garante o direito autônomo à produção da prova, dispensando-se os requisitos da excepcionalidade e da urgência do pedido.[25]

Essa mudança foi a concretização de uma antiga reivindicação da doutrina,[26] a fim de que tal medida não se prestasse apenas à preservação acautelatória da prova – e portanto, sujeita à comprovação da urgência –, mas também ao conhecimento de informações úteis ao ajuizamento de eventual demanda no futuro.

Com isso, os incisos do art. 381 do CPC elencam as três principais hipóteses de cabimento da produção antecipada de provas:

---

24 LAZZARESCHI NETO, Alfredo Sérgio. *Lei das S.A. Anotada e Comentada.* 6ª ed. São Paulo: Quartier Latin, 2020, p. 507.

25 DIDIER JUNIOR, Fredie. *Curso de Direito Processual Civil - v. 2*: Teoria da Prova, Direito Probatório, Decisão, Precedente, Coisa Julgada e Tutela Provisória. 13ª ed. Salvador: JusPodivm, 2018, pp. 160/161.

26 YARSHELL, Flávio Luiz. *Antecipação da prova sem o requisito da urgência e direito autônomo à prova.* São Paulo: Malheiros, 2009, pp. 416-419.

> Art. 381. A produção antecipada da prova será admitida nos casos em que:
>
> I - haja fundado receio de que venha a tornar-se impossível ou muito difícil a verificação de certos fatos na pendência da ação;
>
> II - a prova a ser produzida seja suscetível de viabilizar a autocomposição ou outro meio adequado de solução de conflito;
>
> III - o prévio conhecimento dos fatos possa justificar ou evitar o ajuizamento de ação.

Uma quarta hipótese é prevista no art. 381, § 1º, do CPC, voltada para os casos em que é necessário proceder com o arrolamento de bens, quando "*tiver por finalidade apenas a realização de documentação e não a prática de atos de apreensão*".

Em relação à possibilidade de intervenção do Judiciário nos casos em que é preciso assegurar o resultado útil da arbitragem, há anos a jurisprudência do Superior Tribunal de Justiça é pacífica sobre o seu cabimento, ao afirmar que enquanto o Tribunal Arbitral não estiver constituído as partes podem socorrer-se do Judiciário para questões urgentes:

> DIREITO PROCESSUAL CIVIL. ARBITRAGEM. MEDIDA CAUTELAR. COMPETÊNCIA. JUÍZO ARBITRAL NÃO CONSTITUÍDO. 1. O Tribunal Arbitral é competente para processar e julgar pedido cautelar formulado pelas partes, limitando-se, porém, ao deferimento da tutela, estando impedido de dar cumprimento às medidas de natureza coercitiva, as quais, havendo resistência da parte em acolher a determinação do(s) árbitro(s), deverão ser executadas pelo Poder Judiciário, a quem se reserva o poder de imperium. 2. Na pendência da constituição do Tribunal Arbitral, admite-se que a parte se socorra do Poder Judiciário, por intermédio de medida de natureza cautelar, para assegurar o resultado útil da arbitragem. 3. Superadas as circunstâncias temporárias

> que justificavam a intervenção contingencial do Poder Judiciário e considerando que a celebração do compromisso arbitral implica, como regra, a derrogação da jurisdição estatal, os autos devem ser prontamente encaminhados ao juízo arbitral, para que este assuma o processamento da ação e, se for o caso, reaprecie a tutela conferida, mantendo, alterando ou revogando a respectiva decisão. 4. Em situações nas quais o juízo arbitral esteja momentaneamente impedido de se manifestar, desatende-se provisoriamente as regras de competência, submetendo-se o pedido de tutela cautelar ao juízo estatal; mas essa competência é precária e não se prorroga, subsistindo apenas para a análise do pedido liminar. 5. Recurso especial provido (STJ, REsp 1.297.974/RJ, Rel. Ministra Nancy Andrighi, Terceira Turma, j. 12.6.2012).

A doutrina também defende a possibilidade dessa intervenção excepcional:

> *É possível que a parte não possa aguardar o momento da instrução no processo arbitral para produzir determinada prova. Pode ser que o próprio pedido de instituição de arbitragem não possa ser aguardado. Para esse cenário existem dois caminhos: (a) caso o processo arbitral não tenha sido instituído, à parte caberá buscar amparo no processo estatal cautelar de produção antecipada da prova, à semelhança do que faz com as medidas urgentes prévias ao juízo arbitral; (b) caso já tenha havido instituição, a questão deve ser resolvida no bojo do próprio processo arbitral, em procedimento a ser definido pelo árbitro.*[27]

Atendendo aos anseios da jurisprudência e da doutrina, a Lei n. 13.129/2015 alterou então a Lei de Arbitragem para introduzir o art. 22-A com a seguinte redação:

---

27 PARENTE, Eduardo. *Processo arbitral e sistema*. São Paulo: Atlas, 2012, p. 223.

> Art. 22-A. Antes de instituída a arbitragem, as partes poderão recorrer ao Poder Judiciário para a concessão de medida cautelar ou de urgência.
>
> Parágrafo único. Cessa a eficácia da medida cautelar ou de urgência se a parte interessada não requerer a instituição da arbitragem no prazo de 30 (trinta) dias, contado da data de efetivação da respectiva decisão.

Portanto, é seguro dizer que, no atual estágio legislativo, o Judiciário é competente para julgar questões que visem evitar o perecimento de determinada prova – salvo nos casos em que haja a previsão da figura do árbitro de emergência – até a devida constituição do Tribunal Arbitral, garantindo assim o resultado útil da arbitragem.

Uma vez instituída a arbitragem, há a imediata transferência da competência da jurisdição estatal para o Tribunal Arbitral, a quem compete manter, modificar ou revogar a medida cautelar ou de urgência concedida ou rejeitada pelo juiz togado, nos termos do art. 22-B da Lei de Arbitragem.[28]

Aqui é válido transcrever as bem lançadas ponderações feitas pelo eminente Desembargador ENIO ZULIANI:

> Ao Judiciário incumbe tão-somente fazer valer o que foi disposto no contrato ou atender, antes da instalação, medidas de urgências que o caso requer. Essa duplicidade das forças institucionais encarregadas do trabalho da jurisdição é de existência efêmera e somente é viável quando não colidam as funções (a questão da prejudicialidade inserida no art. 25), de modo que se a Câmara estiver instalada, não há

---

28 Art. 22-B. *Instituída a arbitragem, caberá aos árbitros manter, modificar ou revogar a medida cautelar ou de urgência concedida pelo Poder Judiciário.* Parágrafo único. *Estando já instituída a arbitragem, a medida cautelar ou de urgência será requerida diretamente aos árbitros.*

> mais possibilidade de o Judiciário preencher vazios com decisões da justiça oficial, exatamente porque compete aos árbitros a definição das soluções emergenciais necessárias para impedir o periculum in mora (TJSP, Apelação n. 0205403-40.2012.8.26.0100, Des. Rel. Enio Zuliani, j. 23.4.2013).

Todavia, ainda não é pacífica a questão sobre a competência para processar casos em que a produção antecipada de provas não está inserida num contexto de urgência (art. 381, I, do CPC), mas sim de colheita de informações úteis ao possível ajuizamento de demanda futura ou para viabilizar a autocomposição entre as partes (art. 381, II e III, do CPC).

2 A competência arbitral na produção antecipada de provas sem o requisito da urgência

A ação de produção antecipada de provas prevista no inciso II do art. 381 do CPC existe para os casos em que "*a prova a ser produzida seja suscetível de viabilizar a autocomposição ou outro meio adequado de solução de conflito*"; por sua vez, a hipótese do inciso III tem cabimento quando "*o prévio conhecimento dos fatos possa justificar ou evitar o ajuizamento de ação*".

Ambos os incisos dispensam qualquer tipo de comprovação da urgência do pedido. Trata-se da consagração do direito autônomo à prova, sendo inexigível o ajuizamento de uma ação principal.

Nas palavras da Prof.ª TERESA ARRUDA ALVIM WAMBIER, o legislador previu uma "*ação autônoma de produção de prova, [que] poderá levar as partes a não promoverem a ação ou buscarem um acordo, diante do risco de sucumbência, ou, se assim não o for, a proporem a demanda ou formularem sua defesa de forma mais consistente, o que, por certo, contribuirá para que o processo alcance o resultado que dele se espera, que é uma decisão que não esteja divorciada da realidade*".[29]

Do caráter autônomo da demanda e da desnecessidade de demonstração de *periculum in mora* na ação de produção antecipada de provas prevista no art. 381, incisos II e III, do CPC, surge um importante questionamento: nos casos em que não existir a urgência exigida pelo art. 22-A da Lei de Arbitragem, qual o juízo competente para processá-la?

Isso porque, conforme demonstrado acima, o art. 22-A da Lei da Arbitragem – consagrando a posição pacífica da jurisprudência e da doutrina sobre o tema – dispõe que as partes podem "*recorrer ao Poder Judiciário para a concessão de medida cautelar ou de urgência*".

Diante disso, há aqueles que defendem que nas hipóteses do art. 381, incisos II e III, do CPC – por se tratar do exercício do direito autônomo à produção de prova, sem o requisito da urgência –, seria do Tribunal Arbitral a competência para apreciar e julgar a pretensão fundada em tais incisos, caso, obviamente, haja a previsão de cláusula compromissória e as partes não tenham convencionado a atuação de um árbitro de apoio/emergência.

Para além disso, os defensores da incompetência do juízo estatal em casos que não haja urgência reconhecida, defendem que é consagrado na jurisprudência do Superior Tribunal de Justiça o entendimento de que a aplicabilidade da cláusula compromissória deve, em primeiro lugar, ser determinada em toda a sua extensão pelo próprio Tribunal Arbitral, que decidirá sobre sua própria competência, nos termos do art. 8º, parágrafo único, da Lei de Arbitragem:

---

29 WAMBIER, Teresa Arruda Alvim *et al. Primeiros comentários ao novo Código de Processo Civil.* 2ª ed. São Paulo: Revista dos Tribunais, 2016, p. 735.

> (...) O princípio Kompetenz-Kompetenz, positivado no art. 8º, § único, da Lei n. 9.307/96, determina que a controvérsia acerca da existência, validade e eficácia da cláusula compromissória deve ser resolvida, com primazia, pelo juízo arbitral, não sendo possível antecipar essa discussão perante a jurisdição estatal. Incumbe, assim, ao juízo arbitral a decisão acerca de todas as questões nascidas do contrato, inclusive a própria existência, validade e eficácia da cláusula compromissória. (STJ, REsp 1.598.220/RN, Min. Relator Paulo de Tarso Sanseverino, Terceira Turma, j. 25.6.2019).

Outra corrente entende que a atuação provisória do Judiciário, prevista no art. 22-A da Lei de Arbitragem, se limitaria aos casos em que já está configurado o litígio entre as partes, sendo que nas hipóteses do art. 381, incisos II e III, do CPC (autocomposição e conhecimento de fatos para eventual futura demanda), não existe, necessariamente, litigiosidade.

Além disso, aqueles que defendem que o Judiciário é competente para processar a produção antecipada de provas, mesmo nos casos em que não existe urgência ou o caráter acautelatório, entendem que o deferimento da medida se destinaria (i) à garantia do acesso à justiça, prevista no art. 5º, XXXV, da Constituição Federal,[30] em razão dos custos da arbitragem e (ii) à análise da viabilidade jurídica e até econômica da potencial demanda, a que se refere o art. 8° do CPC.[31]

---

30 Art. 5º *Todos são iguais perante a lei, sem distinção de qualquer natureza, garantindo-se aos brasileiros e aos estrangeiros residentes no País a inviolabilidade do direito à vida, à liberdade, à igualdade, à segurança e à propriedade, nos termos seguintes: (...) XXXV - a lei não excluirá da apreciação do Poder Judiciário lesão ou ameaça a direito;*

31 Art. 8º *Ao aplicar o ordenamento jurídico, o juiz atenderá aos fins sociais e às exigências do bem comum, resguardando e promovendo a dignidade da pessoa humana e observando a proporcionalidade, a razoabilidade, a legalidade, a publicidade e a eficiência.*

Ao apreciar essa temática, no âmbito de uma produção antecipada de provas ajuizada por acionistas minoritários em face de uma companhia aberta (a Biosev S/A), com fundamento no art. 381, III, do CPC e sem qualquer tipo de alusão à urgência mencionada no art. 22-A da Lei de Arbitragem, o Tribunal de Justiça de São Paulo, por maioria, assim decidiu:

> APELAÇÃO. AÇÃO DE PRODUÇÃO ANTECIPADA DE PROVAS. DIREITO AUTÔNOMO À PROVA. CLÁUSULA ARBITRAL. AUSÊNCIA DOS REQUISITOS PARA A INTERVENÇÃO DO JUÍZO ESTATAL. ART. 22-A DA LEI DE ARBITRAGEM. URGÊNCIA INEXISTENTE. REQUISITOS DO ART. 300 DO NCPC. COMPETÊNCIA DO JUÍZO ARBITRAL. EXTINÇÃO MANTIDA. APELAÇÃO NÃO PROVIDA. Trecho do voto: A produção antecipada de provas, no caso concreto, tem como justificativa, apresentada pela autora e apelante, a necessidade de conhecimento de fatos para fundar ou evitar demanda judicial, nos termos do art. 381, III, do CPC/2015. Ou seja, a pretensão é fundamentada no direito à prova, como um direito autônomo à prova, que, mesmo à luz do Código de Processo Civil de 1973, já vinha sendo admitido, independentemente da presença dos requisitos de uma medida cautelar, em especial do periculum in mora, que caracterizaria a urgência necessária para autorizar a intervenção estatal antecedente, nos termos do art. 22-A da Lei de Arbitragem. (...) *É de vital relevância destacar que, no caso específico, se a urgência não está caracterizada, o Poder Judiciário* não é competente para analisar a matéria, o que não se confunde com o direito pretendido. Nesse diapasão, ausentes as hipóteses de intervenção do juízo estatal, necessárias para a caracterização da urgência, por não ter sido alegado o risco de perecimento das provas requisitadas, o possível direito autônomo à prova (fundado no art. 381, II e III do CPC/2015) deverá ser debatido no juízo arbitral, âmbito competente para proferir decisão sobre o mérito da questão, respeitando-se, assim, o princípio Kompetenz-Kompetenz.

(TJSP, Apelação n. 1125900-40.2018.8.26.0100, Des. Rel. Alexandre Lazzarini, j. 21.8.2019, *g.n*).

Para a maioria dos Desembargadores daquela Corte as hipóteses de cabimento da produção antecipada de provas previstas nos incisos II e III do art. 381 do CPC – viabilidade de autocomposição e prévio conhecimento dos fatos – não autorizam a propositura de um procedimento pré-arbitral perante o Judiciário sem o caráter acautelatório ou de urgência. Nessas situações, o procedimento deve ser proposto diretamente perante o Tribunal Arbitral, sob pena de violação ao art. 22-A da Lei de Arbitragem.

Em que pese o fato de o Desembargador EDUARDO AZUMA NISHI ter ficado vencido acerca da preliminar de incompetência absoluta do juízo estatal, é de suma importância transcrever aqui os principais argumentos utilizados em seu voto:

> Entendo que a questão da urgência que autorizasse o manejo da cautelar de exibição de documentos perante o Judiciário, a justificar a extinção da ação sem julgamento do mérito, não é relevante no caso. Estabelece o artigo 22-A da Lei de Arbitragem que enquanto não instituída a arbitragem as partes poderão recorrer ao Poder Judiciário para a concessão de tutela cautelar ou de urgência. Mas quer me parecer que a medida cautelar ou de urgência a ser invocada perante o Judiciário, limita-se aos casos em que já está configurado o litígio, pois este sim, se existir cláusula arbitral, desloca para o juízo arbitral a competência, passando o Judiciário a atuar de forma provisória, enquanto não instalado o painel arbitral. Mas esta não é a hipótese do presente caso, vez que não há litígio ou controvérsia instalada ou formulada, mas sim a coleta de elementos para verificação da conveniência ou necessidade de se ajuizar a disputa ou configurar a controvérsia. Não apenas as medidas urgentes podem ser propostas perante o Judiciário com fundamento no artigo 22-A da Lei de Arbitragem, mas também as medidas preparatórias, ou as chamadas medidas de apoio à arbitragem, como é o

caso em tela, que visa a exploração de eventual cabimento da ação, onde busca-se avaliar se existem elementos que evidenciem ou justifiquem a necessidade de iniciar a disputa arbitral, no caso da existência de cláusula arbitral para dirimir disputas, acordada pelas partes. (...) Assim, as novas hipóteses de produção antecipada de provas mostram-se de extrema importância para os litígios empresariais, que, antes de serem levados à análise jurídica do Poder Judiciário ou de órgão arbitral, como no caso, são submetidos a uma análise da viabilidade jurídica e até econômica da potencial demanda. (...) Corroborando com a natureza autônoma da ação de produção antecipada de provas, ainda que prevista a competência arbitral para a apreciação de litígios societários, conforme prevê cláusula arbitral expresso no estatuto da companhia, não há prevenção da competência do juízo para a ação que vier a ser proposta (art. 381, §3º, CPC). Por fim, sob o prisma da análise econômica do direito e da eficiência processual norma estruturante do processo civil (art. 8º do CPC/15) , a medida é fundamental para reduzir custos. Nesse sentido, não há como se negar que os elevados custos da arbitragem, se comparados com a propositura de demanda judicial, inibem ou mesmo podem inviabilizar, do ponto de vista econômico, o acesso à Justiça do acionista minoritário. Se tal argumento pode ser utilizado para a demanda dita principal, com mais razão seria para a produção probatória prévia ao procedimento arbitral. Assim, a possibilidade jurídica do processamento da produção antecipada de provas na via judicial contribui para garantir o direito constitucional estampado na CF/88, em seu art. 5º, XXXV, pois, certamente, a obrigatoriedade da via arbitral para a exploração jurídica da demanda de caráter não emergencial estaria impondo restrições ao acesso à Justiça. (...) Assim, para as medidas preparatórias, antes de instalada a controvérsia, não há que se falar na via arbitral (a não ser quando aplicável o árbitro de apoio), mas sim no judiciário, uma vez que, no presente caso, não há a previsão de levar à arbitragem o ajuizamento de medidas preparatórias. Dai porque entendo apropriado o processamento da presente

> cautelar de exibição de documentos, previsto nos artigos 381 e ss do CPC. (g.n)

Outro precedente sobre o tema que merece ser destacado diante de suas peculiaridades diz respeito a uma produção antecipada de provas também ajuizada por acionistas minoritários de uma companhia aberta em recuperação judicial: a Renova Energia S.A.

Na petição inicial, os minoritários requereram, com fundamento no art. 381, inciso III, do CPC, a exibição de documentos relacionados a supostos ilícitos praticados pela antiga administração da companhia.

O juízo de primeiro grau, pautando-se no precedente do caso Biosev, reconheceu a incompetência absoluta do Judiciário para processar a demanda diante da ausência de comprovação do *periculum in mora*.

O Tribunal de Justiça de São Paulo, no entanto, deu provimento à apelação interposta pelos acionistas minoritários para reconhecer, naquele caso, a possibilidade de a medida tramitar no Judiciário, a despeito da inexistência do caráter acautelatório ou urgente:

> Produção antecipada de provas, ajuizada por acionistas minoritários contra companhia. Ação extinta, sem resolução de mérito, por falta de interesse processual em razão de haver cláusula compromissória no estatuto social da ré. Apelação dos autores. (...). Direito de acionista minoritário ao prévio conhecimento de eventuais prejuízos causados por ilícitos de controlador em conluio com administradores da companhia, com intuito de formar sua convicção sobre haver, ou não, pretensão indenizatória contra tais agentes, e/ou contra a própria companhia, possibilitando, ademais, às partes avaliar seu interesse em eventual autocomposição (CPC, art. 381, II e III). (...) Proteção ao acionista investidor ligada a seu direito de ter acesso a todas as informações relevantes. Companhia que está sendo investigada pela Polícia Federal

> e pelo Ministério Público na denominada operação "E o vento levou". Ampla transparência que, além de resguardar direitos dos acionistas, inibirá eventuais práticas delituosas da espécie das que ora se investigam. (...) A cláusula compromissória, mesmo se não fosse o caso de urgência, não afastaria a competência estatal para a produção antecipada de provas. Doutrina de MAZZOLA e ASSIS TORRES. Nesta demanda, o juiz não se pronunciará "sobre a ocorrência ou a inocorrência do fato, nem sobre as respectivas consequências jurídicas" (art. 382, § 2º); não é possível saber, de antemão, quem irá se beneficiar da respectiva prova; e, sob o prisma da análise econômica do direito e da eficiência processual – norma estruturante do processo civil (art. 8º do CPC/15) – , a medida é fundamental para reduzir os notórios e elevados custos de procedimento arbitral. (...). Reforma da sentença recorrida. Apelação a que se dá provimento. (TJSP, Apelação n. 1086219-29.2019.8.26.0100, Des. Rel. Cesar Ciampolini, j. 28.7.2021, *g.n*).

Mas é importante fazer a devida distinção entre os precedentes Biosev e Renova. Isso porque, conforme destacado pelo voto do eminente Desembargador ALEXANDRE LAZZARINI, o fato de a Renova Energia S.A. estar em recuperação judicial teve um peso muito relevante no desfecho do caso, pois, nas suas palavras, "*há um desbordamento dos interesses particulares dos acionistas, interna corporis da companhia, que levam à distinção do precedente apontado como paradigma (Ap. n. 1125900-40.2018.8.26.0100)*".

Não se pode afirmar, assim, que entendimento adotado pela 1ª Câmara Reservada de Direito Empresarial no caso Renova significa uma superação (*overruling*) daquilo que se decidiu no precedente Biosev. Em nenhum momento o Tribunal de Justiça de São Paulo afirmou que a existência de cláusula compromissória no estatuto social de uma companhia pode ser desconsiderada.

Muito pelo contrário. A Turma Julgadora analisou detalhadamente as peculiaridades do caso Renova e proferiu um acórdão de 80 páginas, para fazer o devido *distinguishing* em relação ao caso Biosev.

Portanto, em tese, segundo a posição majoritária das Câmaras Empresariais do Tribunal de Justiça de São Paulo, a produção antecipada de provas (i) ajuizada com fundamento no art. 381, II e III, do CPC; (ii) que não possua a urgência a que se refere o art. 22-A da Lei de Arbitragem; e (iii) que não esteja cercada de peculiaridades que possam fundamentar a excepcional tramitação perante o Judiciário; deve ser processada em arbitragem.

Conclusão

À luz das breves considerações acima, pode-se afirmar que, a partir da inclusão do art. 22-A na Lei de Arbitragem, tornou-se incontroverso que o Judiciário tem competência para apreciar questões urgentes que visem evitar o perecimento da prova – salvo nos casos em que haja a previsão da figura do árbitro de emergência –, até a devida constituição do Tribunal Arbitral, garantindo-se assim o resultado útil da arbitragem.

Oportuno dizer que, nos termos do art. 22-B da Lei de Arbitragem, após a instituição da arbitragem, há a transferência da competência do Judiciário para o Tribunal Arbitral, a quem compete manter, modificar ou revogar a medida cautelar ou de urgência concedida ou rejeitada pelo juiz togado.

Ainda não é pacífica a questão sobre a competência para processar produção antecipada de provas em que não se comprove a urgência exigida pelo art. 22-A da Lei de Arbitragem, cuidando-se de mera colheita de informações úteis ao possível ajuizamento de demanda futura ou para viabilizar a autocomposição entre as partes (art. 381, incisos II e III, do CPC).

No precedente Biosev, o Tribunal de Justiça de São Paulo, por maioria, decidiu que os incisos II e III do art. 381 do CPC não autorizam a propositura de um procedimento pré-arbitral perante o Poder Judiciário quando não há o caráter acautelatório ou de urgência. Nessas situações, o entendimento majoritário foi no sentido de que o procedimento deve ser proposto perante o Tribunal Arbitral, sob pena de violação ao art. 22-A da Lei de Arbitragem.

Já no caso Renova, o mesmo Tribunal reconheceu a possibilidade de a medida tramitar no juízo estatal, em razão das peculiaridades que envolviam as partes envolvidas. Nas palavras do eminente Desembargador ALEXANDRE LAZZARINI, "*há um desbordamento dos interesses particulares dos acionistas, interna corporis da companhia, que levam à distinção do precedente apontado como paradigma*".

De qualquer forma, pode-se afirmar que a produção antecipada de provas (i) ajuizada com fundamento no art. 381, II e III, do CPC; (ii) que não possua a urgência exigida pelo art. 22-A da Lei de Arbitragem; e (iii) que não esteja cercada de peculiaridades que possam justificar a excepcional tramitação no Judiciário; deve ser processada em arbitragem.

Oportuno ressalvar que ambos os casos citados acima ainda não tiveram seu trânsito em julgado, pois há recurso ao Superior Tribunal de Justiça (e, no tocante ao caso Renova, há a atribuição de efeito suspensivo ao recurso especial interposto pela companhia).

Referências bibliográficas

DIDIER JUNIOR, Fredie. *Curso de Direito Processual Civil - v. 2*: Teoria da Prova, Direito Probatório, Decisão, Precedente, Coisa Julgada e Tutela Provisória. 13ª ed. Salvador: JusPodivm, 2018.

LAZZARESCHI NETO, Alfredo Sérgio. *Lei das S.A. Anotada e Comentada*. 6ª ed. São Paulo: Quartier Latin, 2020.

PARENTE, Eduardo. *Processo arbitral e sistema*. São Paulo: Atlas, 2012.

YARSHELL, Flávio Luiz. *Antecipação da prova sem o requisito da urgência e direito autônomo à prova*. São Paulo: Malheiros, 2009.

WAMBIER, Teresa Arruda Alvim *et al*. *Primeiros comentários ao novo Código de Processo Civil*. 2ª ed. São Paulo: Revista dos Tribunais, 2016.

CAPÍTULO III

SUJEIÇÃO DE CRÉDITOS AOS EFEITOS DA RECUPERAÇÃO JUDICIAL DA DEVEDORA E HABILITAÇÃO COMPULSÓRIA

Daniel Carnio Costa

João de Oliveira Rodrigues Filho

A definição dos créditos que estão sujeitos aos efeitos da recuperação judicial da devedora e as formas pelas quais tais créditos são incluídos no processo recuperacional são temas de importância central no estudo do Direito da Insolvência Empresarial.

Conforme dispõe o *caput* do artigo 49 da Lei 11.101/2005 estão sujeitos ao procedimento recuperacional todos os créditos existentes na data do pedido, ainda que não vencidos.

Inicialmente, cumpre definir o que são "créditos existentes na data do pedido, ainda que não vencidos", para fins de aplicação de sua sujeição *ope legis* aos efeitos da recuperação judicial da devedora.

O tema possui relevância nos casos em que determinados créditos ainda eram objeto de discussão em ações judiciais, pois em outras hipóteses de relações obrigacionais pouco importava se era caso de inadimplemento absoluto ou de mora *ex re* ou *ex persona*, pois a Lei abrangia esses na expressão "ainda não vencidos" como sujeitos à recuperação judicial.

Assim, o que se viu na prática foram inúmeras sentenças prolatadas em processos ordinários diversos, nas quais se reconheceu crédito existente contra a recuperanda, mas já o classificando como extraconcursal, atribuindo-lhe tal natureza jurídica em razão da decisão de mérito ter sido proferida após o ajuizamento da recuperação judicial.

Respeitados tais entendimentos vistos até os dias de hoje, o fato é que já era possível sustentar a concursalidade de tais créditos pela previsão do artigo 6º, parágrafos 1º a 3º, da Lei 11.101/2005, segundo os quais as ações de natureza trabalhista e as que veiculavam demanda ilíquida deveriam seguir sua tramitação nos juízos respectivos, até a apuração do *quantum debeatur*, para sua posterior inclusão no Quadro Geral de Credores (QGC), seja em processos de recuperação judicial ou de falência.

Logo, uma vez apurada a liquidez do crédito nas ações acima mencionadas, a própria Lei 11.101/2005 determinava sua inclusão no QGC, permitindo, inclusive, que os juízos trabalhistas ou que presidiam feitos nos quais se discutiam demandas ilíquidas determinassem reserva de crédito para que os credores pudessem exercer direitos previstos na legislação de insolvência.

Infelizmente, essa interpretação não foi considerada em muitos casos, o que ocasionou inúmeras situações de processos de recuperação judicial com créditos de mesma natureza, mas alguns, por força de decisões judiciais próprias, acabaram por se revestir de extraconcursalidade, gerando desequilíbrio no procedimento recuperacional e violação à regra da *par conditio creditorum*.

Esse contexto fático permitiu que o tema chegasse ao Superior Tribunal de Justiça. No julgamento do REsp 1.840.531/RS, o Tribunal Superior, em sede de demandas repetitivas, consolidou o entendimento de que a expressão "crédito existente na data do pedido" deveria considerar o fato gerador do crédito em si e não eventual sentença judicial que o reconhecesse, *in verbis*:

> RECURSO ESPECIAL REPETITIVO. DIREITO EMPRESARIAL. RECUPERAÇÃO JUDICIAL. CRÉDITO. EXISTÊNCIA. SUJEIÇÃO AOS EFEITOS DA RECUPERAÇÃO JUDICIAL. ART. 49, CAPUT, DA LEI N. 11.101/2005. DATA DO FATO GERADOR.
>
> 1. Recurso especial interposto contra acórdão publicado na vigência do Código de Processo Civil de 2015 (Enunciados Administrativos n. 2 e 3/STJ).
>
> 2. Ação anulatória e de reparação de danos pela inclusão indevida em cadastro restritivo de crédito. Discussão acerca da sujeição do crédito aos efeitos da recuperação judicial.
>
> 3. Diante da opção do legislador de excluir determinados credores da recuperação judicial, mostra-se imprescindível definir o que deve ser considerado como crédito existente na data do pedido, ainda que não vencido, para identificar em quais casos estará ou não submetido aos efeitos da recuperação judicial.
>
> 4. A existência do crédito está diretamente ligada à relação jurídica que se estabelece entre o devedor e o credor, o liame entre as partes, pois é com base nele que, ocorrido o fato gerador, surge o direito de exigir a prestação (direito de crédito).
>
> 5. Os créditos submetidos aos efeitos da recuperação judicial são aqueles decorrentes da atividade do empresário antes do pedido de soerguimento, isto é, de fatos praticados ou de negócios celebrados pelo devedor em momento anterior ao pedido de recuperação judicial, excetuados aqueles expressamente apontados na lei de regência.

> 6. Em atenção ao disposto no art. 1.040 do CPC/2015, fixa-se a seguinte tese: para o fim de submissão aos efeitos da recuperação judicial, considera-se que a existência do crédito é determinada pela data em que ocorreu o seu fato gerador.
> 7. Recurso especial provido (REsp 1840531/RS, Rel. Ministro RICARDO VILLAS BÔAS CUEVA, SEGUNDA SEÇÃO, julgado em 09/12/2020, DJe 17/12/2020).

De fato, sem maiores aprofundamentos sobre a teoria das ações no processo civil, não se pode deixar de reconhecer que o entendimento sufragado pelo Superior Tribunal de Justiça aproxima-se da Teoria Quinária da Ação proposta por Pontes de Miranda com aplicação da Teoria da Constante Quinze, segundo a qual todas as sentenças judiciais teriam os elementos de eficácia (declaratória, condenatória, constitutiva, mandamental ou executiva), mas cada qual com um peso diverso a depender da situação do caso concreto. Assim, toda sentença judicial possui um caráter declaratório, que permite sua retroação ao fato gerador da relação jurídica creditícia sujeita à recuperação judicial.[32]

Portanto, o precedente do Superior Tribunal de Justiça encerra a controvérsia sobre o tema envolvendo a abrangência da expressão "créditos existentes na data do pedido", para sujeitar à recuperação judicial todos os créditos cujos fatos geradores tenham ocorrido em momento anterior à propositura da demanda recuperacional, independentemente de posterior formação de título executivo judicial.

---

32 Para uma melhor compreensão sobre a Teoria Quinária da Ação e da Teoria da Constante Quinze, bem como as críticas existentes sobre a classificação proposta por Pontes de Miranda: ARAÚJO, Luciano Viana. "A Teoria Quinária (a Teoria da Constante Quinze) e a Lei n. 11.232/2005". *In*: COSTA, Eduardo José da Fonseca; MOURÃO, Luiz Eduardo Ribeiro; NOGUEIRA, Pedro Henrique Pedrosa (Coord.). *Teoria Quinária da Ação*: estudos em homenagem a Pontes de Miranda nos 30 anos de seu falecimento. Salvador: JusPodivm, 2010, pp. 331-342.

A não sujeição dos créditos constituídos após o ajuizamento da recuperação judicial ocorre pelo imperativo lógico de se buscar a própria viabilidade do instituto, uma vez que o devedor jamais teria acesso a condições de crédito ou de parcerias comerciais se, após a propositura da demanda, as relações jurídicas a partir de então constituídas também se sujeitassem ao procedimento recuperacional.

Estabelecido o conceito de crédito existente, ainda que não vencido, pelo Superior Tribunal de Justiça para fins de sujeição ao procedimento recuperacional, inaugura-se uma nova discussão altamente relevante: o titular de crédito existente ao tempo do ajuizamento da recuperação, mas que não foi incluído pela devedora (artigo 51, inciso III, e artigo 52, parágrafo 1º, inciso II, da Lei 11.101/2005) ou pelo administrador judicial na sua lista de credores (artigo 7º, parágrafo 2º, da Lei 11.101/05), teria a faculdade de não requerer a habilitação do seu crédito?

Na hipótese de o credor não figurar em qualquer das listas mencionadas, o Superior Tribunal de Justiça tem decidido que seria uma faculdade dele em se sujeitar ao processo de recuperação judicial, com a possibilidade de perseguição do seu crédito em processo de execução individual. A título de ilustração, citamos os seguintes precedentes que permitem a compreensão da jurisprudência que está se formando sobre o tema:

> AGRAVO INTERNO NO AGRAVO EM RECURSO ESPECIAL. RECUPERAÇÃO JUDICIAL. CRÉDITO NÃO INCLUÍDO NO QUADRO GERAL DE CREDORES. HABILITAÇÃO RETARDATÁRIA NÃO OBRIGATÓRIA. FACULDADE DO CREDOR PRETERIDO. POSSIBILIDADE DE EXECUÇÃO INDIVIDUAL DO CRÉDITO APÓS O ENCERRAMENTO DA RECUPERAÇÃO JUDICIAL. ACÓRDÃO RECORRIDO EM CONFRONTO COM ORIENTAÇÃO JURISPRUDENCIAL DESTA CORTE SUPERIOR. MANUTENÇÃO DA DECISÃO AGRAVADA. AGRAVO INTERNO DESPROVIDO

(AgInt no AREsp 1626426/RS, Rel. Ministro PAULO DE TARSO SANSEVERINO, TERCEIRA TURMA, julgado em 22/06/2021, DJe 25/06/2021).

AGRAVO INTERNO NO AGRAVO EM RECURSO ESPECIAL. AGRAVO DE INSTRUMENTO. CUMPRIMENTO DE SENTENÇA. CRÉDITO CONCURSAL. NECESSIDADE DE HABILITAÇÃO DO CRÉDITO NO QUADRO GERAL DE CREDORES DA SOCIEDADE EM RECUPERAÇÃO JUDICIAL. FACULDADE DO CREDOR PRETERIDO.

1. O titular do crédito que for voluntariamente excluído do plano recuperacional, detém a prerrogativa de decidir entre habilitar o seu crédito ou promover a execução individual após finda a recuperação.

2. De fato, caso a obrigação não seja abrangida pelo acordo recuperacional, restando suprimida do plano, não haverá falar em novação, ficando o crédito excluído da recuperação e, por conseguinte, podendo ser satisfeito pelas vias ordinárias (execução ou cumprimento de sentença).

3. Caso o credor excluído tenha optado pela execução individual, ficará obrigado a aguardar o encerramento da recuperação judicial e assumir as consequências jurídicas (processuais e materiais) de sua escolha, para só então dar prosseguimento ao feito, em consonância com o procedimento estabelecido pelo CPC (REsp n. 1.851.692/RS, Quarta Turma, Julgado em 25/05/2021).

4. Na hipótese, o credor de crédito excluído do plano recuperacional optou por prosseguir com o processo executivo, não podendo ser ele obrigado a habilitar o seu crédito. Precedentes.

5. Agravo interno não provido (AgInt no AREsp 1641169/RS, Rel. Ministro LUIS FELIPE SALOMÃO, QUARTA TURMA, julgado em 21/06/2021, DJE 29/06/2021).

De acordo com os julgados, caso o credor não seja incluído na recuperação judicial, poderá optar por ajuizar sua habilitação de crédito, segundo o procedimento previsto nos artigos 8° e seguintes da Lei 11.101/2005, ou ajuizar a execução específica para obter o adimplemento do seu crédito, em Juízo diverso do recuperacional.

Por esse caminho, o Superior Tribunal de Justiça vai firmando o entendimento de que o art. 49 da Lei 11.101/2005 não opera *ex vi legis*, uma vez que o credor não incluído pelo devedor ou pelo administrador judicial nas listas acima mencionadas teria a opção de participar da recuperação judicial.

Entretanto, esse tema merece reflexão cuidadosa, diante das consequências desse posicionamento na própria efetividade do sistema de insolvência empresarial brasileiro.

Vale destacar que a lógica do sistema de insolvência consiste justamente na neutralização do credor *hold out* (resistente) para a criação de um ambiente adequado à negociação, dentro do qual possa prevalecer a melhor decisão coletiva. Todos os credores devem ficar sujeitos à suspensão das execuções (*stay*) durante o período de negociação do plano e, depois de sua aprovação, aquilo que for aceito pela maioria deve ser também aplicado aos credores dissidentes (regra da maioria ou *majority rule*). Esses instrumentos (*stay* e *majority rule*) são os fundamentos do sistema contemporâneo de recuperação judicial de empresas, sem os quais não será possível criar um ambiente de negociação adequado, com estímulos suficientes para que os credores deixem de tentar perseguir individualmente suas pretensões e adiram à negociação com todos os demais credores.

Nesse sentido, levando-se em consideração a essência e a própria lógica do sistema adotado pelo Brasil, não se pode deixar ao credor a possibilidade de se isentar dos efeitos da recuperação judicial com fundamento na sua própria vontade. A sujeição dos créditos à recuperação judicial deve se operar *ope legis*, como decorrência necessária da lei.

Ademais, a facultatividade da habilitação do crédito pode gerar desequilíbrio no tratamento diverso para créditos de mesma natureza, com a mitigação da regra da *par conditio creditorum*. Ao permitir a facultatividade de participação na recuperação judicial para o credor não incluído pelo devedor ou pelo administrador judicial, abrindo-lhe as portas da execução específica, é possível sustentar que haverá tratamento jurídico diverso para credores na mesma posição, pois um deles haverá de se sujeitar ao procedimento recuperacional, com submissão a um processo coletivo e específico de discussão de um plano que, se aprovado, vinculará todos os créditos, com suas respectivas novações, enquanto o outro credor irá perseguir o pagamento sozinho, mediante via processual absolutamente distinta da experimentada pelos demais.

Neste particular, o Ministro Luis Felipe Salomão, no julgamento do AgInt no AREsp 1641169/RS, mencionou que:

> Caso o credor excluído tenha optado pela execução individual, ficará obrigado a aguardar o encerramento da recuperação judicial e assumir as consequências jurídicas (processuais e materiais) de sua escolha, para só então dar prosseguimento ao feito, em consonância com o procedimento estabelecido pelo CPC (REsp n. 1.851.692/RS, Quarta Turma, Julgado em 25/05/2021).

Todavia, ainda remanescem algumas dúvidas sobre o contexto da facultatividade do credor.

Uma delas reside na definição de encerramento da recuperação judicial. A espera envolveria o procedimento da recuperação judicial ou o cumprimento do plano? No julgamento do EDcl no REsp 1.906.680/RS, o Ministro Paulo de Tarso Sanseverino, em decisão monocrática, asseverou que:

> Por fim, quanto ao momento em que a execução deva retomar seu curso, não há omissão na decisão ora embargada, tendo-se

> explicitado como marco temporal o "encerramento da recuperação" judicial (cf. art. 61 c/c 63 da Lei 11.101/2005), marco temporal que não se confunde com a longínqua data prevista para pagamento de todos os credores.

Portanto, a facultatividade do credor poderia ser exercida já com o encerramento do processo de recuperação judicial. E, aqui, diante da nova redação do artigo 61 da Lei 11.101/2005, segundo o qual a supervisão judicial de cumprimento do plano já não mais é obrigatória, podendo ocorrer, em diversos casos, o encerramento do processo de recuperação judicial no momento da sentença de concessão, o credor que escolher ficar fora da recuperação judicial poderia executar seu crédito e receber seu pagamento em momento muito anterior àquele que tenha um crédito de mesma natureza, mas sujeito à recuperação judicial.

Na hipótese da jurisprudência se firmar no sentido aqui exposto, não serão raros os casos nos quais credores na mesma posição creditícia terão tratamento absolutamente diverso, uma vez que alguns deverão se sujeitar à recuperação judicial e outros, assim que encerrado o procedimento recuperacional, que poderá ocorrer já no momento da concessão, ajuizarão as suas execuções individuais, ocasionando a perseguição de adimplemento de créditos por caminhos diversos e desiguais, mas possivelmente contemporâneos.

Tal contexto será verificado com maior frequência na classe de créditos quirografários, os quais, em sede de recuperação judicial, geralmente são sujeitos a deságios e carências. Ao permitir a execução individual de um crédito quirografário já no encerramento da recuperação judicial, poderemos ter credores quirografários que não precisarão aguardar prazos de carência em detrimento de outros na mesma situação.

Outra questão a ser pontuada é se o credor em execução individual somente poderá buscar o pagamento de seu crédito nos termos do plano de recuperação judicial ou se poderá executar o crédito nos termos originários.

É sabido que após o período de supervisão judicial (caso ela se implemente no caso concreto), eventual inadimplemento da recuperanda pode motivar a execução individual do crédito ou o pedido de falência fulcrado em qualquer das hipóteses do artigo 94 da Lei 11.101/2005, mas com o crédito novado pelo plano de recuperação judicial, diante da previsão do artigo 59 do aludido diploma legal.

Aqui poderemos ter novo contexto de distinção para similitude de fatos.

É elemento conceitual básico do Direito Processual que a sentença produz efeitos entre as partes do processo. Segundo Cândido Rangel Dinamarco:

> São destinatários naturais dos efeitos diretos da sentença *as partes*, ou seja, os sujeitos que em um dado processo figurem como tais. Não há no Código de Processo Civil uma norma direta e ampla, portadora dessa restrição, mas por vários caminhos de interpretação sistemática chega-se com total segurança à exclusão de impor a *terceiros* essa eficácia direta.[33]

Diante deste dogma, não haveria como impor um plano de recuperação judicial para aquele que não participou do processo e, ao mesmo tempo, lhe foi conferida a faculdade de habilitar ou não seu crédito na recuperação judicial.

Como consequência de tal situação, o credor que deveria estar sujeito, mas não o foi, acabará por ter tratamento igual ao do crédito extraconcursal, uma vez que poderá perseguir seu

---

33 DINAMARCO, Cândido Rangel. *Instituições de Direito Processual Civil*. vol. 3, 7ª ed. São Paulo: Malheiros, 2017, p. 250.

crédito pela via de execução específica, logo após o encerramento da recuperação judicial, que poderá ocorrer no momento de sua concessão, diante da nova redação do art. 61 da Lei 11.101/2005.

Assim, teremos três figuras no processo de recuperação judicial: os credores sujeitos, incluídos pelo devedor ou pelo administrador judicial, que efetivamente se sujeitarão ao plano de recuperação judicial, acaso haja a sentença de concessão; os credores não sujeitos (extraconcursais), os quais poderão manejar os instrumentos próprios nas vias ordinárias para o adimplemento de seus créditos e; os credores sujeitos por definição legal, mas que ficaram fora da recuperação judicial e aos quais se concedeu a faculdade de execução específica, sem a necessidade de sujeição ao plano que vinculará e novará outros créditos em mesma situação.

É certo que o devedor deve ser diligente na elaboração de sua lista de credores para abranger a totalidade de créditos legalmente sujeito ao procedimento, a fim de que a sua reestruturação possa almejar a efetividade buscada para a recuperação da atividade empresarial. Quanto maior for a dispersão das relações jurídicas que devam ser objeto de renegociação, menor será a chance de sucesso do procedimento e da preservação da empresa.

Da mesma forma, cabe ao administrador judicial atuar de maneira diligente na verificação dos créditos sujeitos à recuperação judicial, com observância apurada da documentação do devedor, a fim de garantir na lista a presença de todos os credores sujeitos legalmente ao efeitos da recuperação judicial e, também, até mesmo para verificar se eventual exclusão de crédito não resultou de dolo entre o devedor e determinado credor, com a finalidade de favorecer qualquer dessas partes em detrimento dos demais.

Entretanto, caso algum credor legalmente sujeito ao procedimento de recuperação judicial não tenha sido incluído nas listas de credores (por iniciativa da devedora, do administrador judicial ou de qualquer outro credor) ainda assim estará sujeito aos efeitos da recuperação judicial, notadamente o *stay* (durante as negociações) e a novação de sua obrigação em razão da homologação do plano aprovado pela maioria dos credores (*majority rule*).

A não habilitação do credor não lhe poderá gerar qualquer benefício. Ao contrário. O credor não habilitado perde a oportunidade de participar das negociações que ocorrem durante o procedimento recuperacional, bem como perde o direito de exercício do voto, na medida em que somente poderão votar em AGC os credores que constem na lista de credores em vigor no momento de sua realização.

Da mesma forma, a não habilitação do credor impedirá a possibilidade de execução individual do título novado pelo plano de recuperação judicial, cabendo-lhe, apenas e tão somente, a possibilidade de buscar o cumprimento da obrigação conforme previsto no plano, ainda que por vias autônomas, depois do encerramento da recuperação judicial.

Referências bibliográficas

ARAÚJO, Luciano Viana. "A Teoria Quinária – a Teoria da Constante Quinze – e a Lei n. 11.232/2005". *In*: COSTA, Eduardo José da Fonseca; MOURÃO, Luiz Eduardo Ribeiro; NOGUEIRA, Pedro Henrique Pedrosa (Coord.). *Teoria Quinária da Ação*: estudos em homenagem a Pontes de Miranda nos 30 anos de seu falecimento. Salvador: JusPodivm, 2010.

DINAMARCO, Cândido Rangel. *Instituições de Direito Processual Civil*. vol. 3, 7ª ed. São Paulo: Malheiros, 2017.

CAPÍTULO IV

A REFORMA DA LEI DE RECUPERAÇÃO E FALÊNCIAS: ALTERAÇÃO NA RELAÇÃO DE FORÇAS COM REFLEXOS NO APRIMORAMENTO DO PLANO DE RECUPERAÇÃO

Eduardo Azuma Nishi

Introdução

A reforma da Lei 11.101/2005, a Lei de Recuperação e Falências (LRF), trazida pela recente Lei 14.112 de 24 de dezembro de 2020, dentre as várias alterações, procura aprimorar o procedimento de recuperação das empresas que sejam viáveis e tornar mais célere e eficiente a liquidação daquelas que estão condenadas à falência.

O aprimoramento da legislação da insolvência e do ambiente recuperacional é essencial para o bom funcionamento da economia, razão pela qual a reforma da Lei de Recuperação e Falências estava dentre as medidas prioritárias do governo federal.

Inegável o avanço da Lei 11.101/2005 em relação ao diploma anterior – Decreto-lei n. 7.661/1945, a antiga Lei de Falências e Concordatas –, porém os indicadores de recuperação de crédito e de recuperação de empresas encontram-se bastante abaixo dos níveis internacionais.

Estudo do Banco Mundial de 2020 aponta um baixo nível nacional de recuperação de crédito (18,2%) quando comparado com as economias do OECD (70,2%) ou mesmo com países da América Latina e Caribe (31,2%). Este estudo ainda aponta que o tempo de duração dos procedimentos recuperacionais que no Brasil é de 4 anos, situa-se acima do verificado nas economias da OECD (1,7 anos) e dos países da América Latina e do Caribe (2,9 anos).[34]

Segundo dados da FEBRABAN, o Brasil tem a menor taxa internacional de recuperação de garantias (14,6%), ou seja, menos de 15% dos créditos garantidos são recuperados em casos de falências, comparado com uma taxa mediana de recuperação de 69% nos demais países. A Inglaterra chega a impressionantes 85,3% de recuperação, ao passo que nos países emergentes a mediana é de 41,6%, cerca de 3 vezes superior ao índice brasileiro. O tempo de recuperação do crédito é de 4 anos, comparado com a mediana internacional de 2 anos.[35]

Tais indicadores demonstram a necessidade de evolução dos procedimentos de recuperação e falência como forma de aprimorar o ambiente de negócios no país, a fim de permitir maior segurança nas relações comerciais de forma a expandi-los, atraindo capitais nacionais e internacionais para investimentos.

---

34 WORLD BANK. *Doing business 2020, Brazil*: comparing business regulation in 190 economies. World Bank Group. Disponível em: https://portugues.doingbusiness.org/content/dam/doingBusiness/country/b/brazil/BRA.pdf. Acessado em: 21.02.2022.

35 Dados Accenture, em palestra proferida pela Febraban, em 03/12/2021, no seminário "A recuperação Judicial na visão do STJ: spread, garantias e crédito para empresas".

Nesta linha, relevantes as alterações trazidas pela Lei 14.112/2020, com vistas ao aprimoramento do arcabouço legal das insolvências, com ares alvissareiros no aprimoramento do ambiente de negócios no país.

Concentrarei minha análise, em algumas alterações introduzidas pela Lei 14.112/2020 que deverão impactar positivamente os planos de recuperação, enquanto mecanismo de preservação da atividade em crise, buscando um equilíbrio entre os interesses do devedor e de seus credores.

1 A necessidade de aprimoramentos na formulação e deliberação dos planos de recuperação judicial

Constata-se, nesses mais de 15 anos de vigência da Lei 11.101/2005, que os mecanismos de negociação entre devedor e credores e o processo decisório do plano de recuperação nem sempre têm resultado na aprovação de planos de qualidade, o que explica os mencionados baixos índices de recuperação de créditos e a aprovação de planos inviáveis, que não permitem o soerguimento da atividade em crise.

Fabio Ulhoa Coelho aponta três fatores que levam à aprovação de planos inconsistentes.[36]

O primeiro deles é o absenteísmo:

> Os credores têm cada um seus próprios problemas, e, em geral não se preocupam tanto como a recuperação do devedor. Quem controla a Assembleia, na maioria das vezes, é o próprio requerente do benefício [da recuperação judicial],

36 COELHO, Fábio Ulhoa. *Comentários à Lei de Falências e de Recuperações de Empresas*. 14ª ed. (atual. e ampl.). São Paulo: Revista dos Tribunais, 2021, pp. 222/223.

por meio de comissários que negociaram com os credores a aquisição dos direitos creditórios deles.

Em segundo lugar, Ulhoa aponta a ausência de informações necessárias (assimetria informacional), e a falta de interesse em custear a elaboração de planos alternativos, pois aumenta a exposição financeira junto ao devedor:

> [O]s credores, mesmo querendo participar, não tem todas as informações necessárias para elaborar um plano alternativo. Aliás, mesmo para avaliar a consistência do plano apresentado pelo devedor, carecem de informações plenas. De qualquer modo, não se interessam por custear a elaboração de planos alternativos, porque isso só aumentaria seu prejuízo caso o devedor falisse (equivaleria a pôr dinheiro bom em cima de dinheiro "ruim").

Em terceiro lugar, porque a lei vincula o indeferimento da recuperação judicial à decretação da falência, levando o credor a aprovar um plano mesmo diante de evidentes inconsistências:

> [P]orque a lei ao vincular o indeferimento da recuperação judicial à decretação da falência, reduz enormemente as alternativas do devedor. Ou ele vota pela aprovação de qualquer plano – mesmo percebendo sua evidente inconsistência – ou amargará o prejuízo certo pela falência do devedor.

A aprovação de planos inconsistentes ou de baixa qualidade em grande medida é ocasionado por imperfeição no processo negocial entre credores e devedor e no âmbito decisório ligado à deliberação do plano de recuperação judicial, que vem a ser aprimorado por algumas medidas trazidas pela Lei 14.112/2020, que a seguir comentaremos.

Os aprimoramentos no processo negocial e decisório da elaboração e aprovação de planos devem resultar em planos mais adequados e de melhor qualidade, mediante a satisfação dos vários interesses envolvidos, buscando um equilíbrio entre o sacrifício dos credores e a necessidade da recuperanda para o soerguimento.

2 Considerações sobre a qualidade do plano de recuperação

O Plano de Recuperação é a peça mais importante do processo de recuperação judicial. Nele deverão ser previstos os meios a serem utilizados pelo devedor para a superação da crise econômico-financeira e demonstrada a sua viabilidade econômica, que é a capacidade da recuperanda em satisfazer as obrigações nele previstas, além daquelas não previstas no plano, como tributos anteriores e posteriores à recuperação judicial, e das despesas e custos decorrentes da atividade, durante o período da recuperação judicial (salários, encargos, mercadorias, fornecedores etc.).

É bem verdade que o plano de recuperação consistente e que tenha a sua viabilidade demonstrada não é garantia de reerguimento da empresa em crise, pois existem outros fatores que definirão o sucesso do soerguimento da empresa como fatores macroeconômicos, evolução da concorrência e habilidade dos gestores da recuperanda na condução das medidas necessárias.

Embora não haja conceituação legal do que seja um plano de recuperação de qualidade, podemos conceituá-lo diante dos objetivos legais e econômicos da recuperação judicial de empresas em crise.

O artigo 47 da LRF estabelece que o objetivo da recuperação judicial é viabilizar a superação da situação da empresa em crise econômico-financeira do devedor, de forma a permitir a manutenção da fonte produtora, do emprego dos trabalhadores e do interesse dos credores.

A qualidade do plano de recuperação está no equilíbrio entre a preservação da empresa e o interesse dos credores e trabalhadores.

Não se trata de preservação de qualquer atividade econômica e nem a qualquer preço, pois os interesses dos credores e dos trabalhadores devem ser atendidos, o que pressupõe a existência de um equilíbrio entre a preservação da empresa e os sacrifícios daqueles.

Primeiramente, um plano de qualidade ou adequação pressupõe a preservação de uma atividade economicamente viável.

Uma atividade viável é aquela capaz de honrar os compromissos e gerar lucros, cumprindo assim a sua função social. Aquelas atividades sem perspectivas de cumprir com suas obrigações perante os credores, empregados e fisco e de gerar excedente não devem ser alvo de recuperação judicial, devendo ser excluídas do mercado, sendo o seu caminho o encerramento da atividade econômica por meio da dissolução, extinção ou falência. A preservação de atividade inviável, além de ser danosa para aqueles com os quais se relaciona diretamente, como fornecedores, empregados e fisco, pois frustra a expectativa de recebimentos dos haveres decorrentes da atividade, também acarreta danos à concorrência, ao mercado e à sociedade, pois, à medida que não cumpre com os compromissos contratados ou a que estão sujeitos, acaba por propiciar, ainda que artificialmente e de foram temerária, uma indevida vantagem competitiva frente a seus concorrentes. A atividade inviável ocasiona prejuízos diretos e indiretos, devendo ser expurgada do mercado, em tese, na maior brevidade possível, pois o tempo acaba agravando os seus efeitos, diante do acúmulo crescente de passivos, em geral coincidente com a deterioração de seus ativos e de sua capacidade de solver os compromissos. A retirada do mercado de atividades inviáveis abre espaço para outros empreendedores que vislumbram oportunidade de conduzir o negócio de forma lucrativa, com diferentes visões do negócio, habilidades, eficiência, estrutura de capital, capacidade de investimento e inovação, promovendo, por meio de atividade lucrativa, uma repercussão positiva em cadeia, sendo benéfica para a economia e para a sociedade, devendo essa a atividade a ser preservada.

Quanto às condições econômicas representadas pela novação dos créditos dos credores, embora não expressas no texto legal, elas devem atender a um equilíbrio e razoabilidade das concessões impostas pelo devedor a seus credores, sendo de qualidade o plano em que as concessões impostas aos credores se aproximem da necessidade do devedor, para o seu soerguimento e preservação de sua atividade viável.

Um plano que conta com concessões dos credores aquém do necessário tende ao seu descumprimento e, portanto, ao fracasso, resultando em quebra da empresa. O plano que, no entanto, prevê sacrifício dos credores além da dose necessária para o seu soerguimento, embora possa ser cumprido e possa permitir o soerguimento da empresa, não deixa de causar frustração aos credores, quando se verifica que o seu sacrifício foi maior do que a medida necessária para viabilizar o reestabelecimento ou recuperação da recuperanda.

Assim, a qualidade do plano de recuperação reside na preservação de atividade viável e no equilíbrio entre o sacrifício dos credores e a necessidade da recuperanda, para o seu soerguimento, uma vez que o processo recuperacional não visa atribuir ganhos à empresa em crise em detrimento (ou prejuízo) de seus credores, mas a sua recuperação com a cooperação de seus credores, visando o interesse comum, que é a recuperação da atividade em crise. O plano de recuperação ótimo é aquele que permite a preservação ou resgate de atividade econômica viável, sendo que o sacrifício e concessões dos credores em relação aos seus créditos corresponde à exata necessidade da recuperanda para viabilizar o seu soerguimento e o pagamento dos seus passivos.

O desequilíbrio que pende em favor dos credores, com a aprovação de planos não exequíveis, acaba por inviabilizar o soerguimento da empresa em crise, ao passo que o desequilíbrio que pende em favor da recuperanda, trazendo-lhe condições além daquelas necessárias para o seu soerguimento, gera maior risco e instabilidade nas relações negociais, insegurança na concessão do crédito e piora no ambiente de negócios, ainda que se assegure a preservação de atividade viável.

A aprovação de planos de recuperação de baixa qualidade, incapazes de preservar atividades viáveis ou que impõem sacrifícios aos credores além ou aquém do necessário, decorre da imperfeição dos mecanismos de negociação entre credores e devedor e de deliberação do plano de recuperação, previstos na redação original da Lei 11.101/2005. A prerrogativa da aprovação ou rejeição do plano pelo critério da maioria conferida aos credores não se mostrou plenamente capaz, de buscar o referido equilíbrio, resultando em planos de recuperação, por vezes, de pouca qualidade, representando baixos índices de recuperação das empresas e baixos índices de recuperação de créditos junto ao devedor em recuperação judicial, como mencionado na parte introdutória do presente artigo, baseado em dados do Banco Mundial.

As alterações introduzidas pela Lei 14.112/20 vieram no sentido de aprimorar a qualidade dos planos de recuperação judicial, caminhando-se em direção a planos de melhor qualidade, buscando-se mais equilíbrio entre a satisfação da necessidade da recuperanda para o seu soerguimento e o sacrifício dos credores, sempre visando preservar uma atividade empresarial viável.

3 A mediação e a conciliação

O Brasil vem seguindo há pelo menos uma década o caminho de estimular a solução autocompositiva das controvérsias, em especial por meio da mediação e da conciliação.

A Resolução n. 125/2010 do Conselho Nacional de Justiça (CNJ) é considerada o marco inicial de mudanças de paradigmas no âmbito judicial, tendo instituído a Política Judiciária Nacional de tratamento adequado dos conflitos. Identificou-se a necessidade de adoção de Políticas Públicas de eliminação de conflitos, passando o mediador e o conciliador a figurar como auxiliar da Justiça. A mediação e conciliação antes vista como algo fora do sistema de justiça passou a fazer parte deste sistema, sendo elemento para aprimorar a efetividade da prestação jurisdicional.

Em 2015, duas leis incluíram a perspectiva de solução de conflitos de forma consensual: o novo Código de Processo Civil (Lei n. 13.105/2015 do art. 3º)[37] e a Lei de Mediação (Lei n. 13.140/2015).

Especificamente em relação à recuperação judicial, foi aprovado, em 2016, o Enunciado n. 45 da 1º Jornada de Prevenção e Solução Extrajudicial de Litígios, prevendo que a mediação e a conciliação são compatíveis com a recuperação judicial e extrajudicial e a falência do empresário e da sociedade empresária.

Mais recentemente, em 2019, foi emitida a Recomendação n. 58 do CNJ, que estimula os magistrados responsáveis pelo processamento e julgamento dos processos de recuperação judicial a promoverem a mediação, sempre que possível.

Diante do advento da pandemia foi editada a Recomendação n. 71/2020 do CNJ, que propõe a criação de Centros Judiciários de Solução de Conflitos e Cidadania (CEJUSCs) empresariais nos Tribunais do país (a exemplo de TJ-SP, TJ-RJ, TJ-ES e TJ-RS). Esses núcleos foram implementados para evitar a judicialização de processos, com a utilização da mediação ou da conciliação na fase pré-processual, e com vistas à superação da crise pelas empresas, em decorrência da pandemia do coronavírus.

Até a entrada em vigor da Lei n. 14.112/2020, todavia, não havia previsão legal expressa que tratasse da utilização dos meios consensuais de solução de conflitos em processos de recuperação

---

37 CPC 2015 – "artigo 3º, § 3º. A conciliação, a mediação e outros métodos de solução consensual de conflitos *deverão ser estimulados por juízes, advogados, defensores públicos e membros do Ministério Público, inclusive no curso do processo judicial*" (grifo do autor).

judicial. Esta lei incorporou entendimentos e práticas que já estavam sendo estimulados e utilizados no campo da mediação e conciliação.

O processo de recuperação é de negociação, em geral, complexas, envolvendo múltiplos focos de interesses.

A mediação, na recuperação, se justifica diante do interesse convergente dos credores e do devedor que é a manutenção do negócio do devedor, no pressuposto, evidentemente, do negócio viável. Ou seja, embora existam interesses naturalmente conflitantes e antagônicos entre credores e devedor, os primeiros pela manutenção da posição de seus créditos e seus recebimentos, e, o devedor, procurando obter o maior prazo e reduções possíveis, existe o interesse comum de preservar uma atividade considerada, por ambos, como viável.

A mediação oferece a novidade no sentido de facilitar e incentivar as negociações entre credores e devedor, inclusive como medida prévia à recuperação, melhorando o ambiente de reestruturação, ao diminuir a assimetria informacional entre as partes. E é neste ponto que entendo que a mediação poderá ser um meio eficaz para aprimorar a qualidade do plano de recuperação. Não fosse a assimetria informacional em relação ao ponto principal da negociação, que é a exata necessidade da recuperanda para viabilizar o seu soerguimento e o pagamento dos seus passivos, representado pelo sacrifício dos credores, chegar-se-ia a uma situação de plano econômico ótimo, em que o sacrifício dos credores seria a exata necessidade da recuperanda, dentro do pressuposto da atividade viável que merece ser preservada e da boa-fé e das boas práticas que devem permear as negociações entre credores e devedor, no contexto de cooperação, que é o pressuposto do processo recuperacional em que a empresa em crise depende da concessão de créditos pelos credores.

A mediação e a conciliação também poderão contribuir para a redução do tempo e do custo do processo, de maneira a tornar o procedimento, seja de recuperação como de falência, mais célere e mais barato – que são fatores de extrema importância nos processos de insolvência. Podem, ainda, contribuir para facilitar a construção de soluções fora do lugar comum dos descontos e alongamento de prazos, que gerem mútuos benefícios e que sejam capazes de restaurar as relações desgastadas pela insolvência.

Com isso, espera-se, com a mediação e conciliação, uma solução mais rápida, econômica e adequada, tendo como consequência um plano de recuperação, nos seus aspectos econômicos, com uma aproximação entre a necessidade da recuperanda para o seu soerguimento e o montante do sacrifício dos credores, que passam a ser de maior qualidade, alinhado com o objetivo do instituto, contribuindo para a melhoria nos índices de recuperação dos créditos junto à recuperanda e ao mesmo tempo permitindo a recuperação da empresa em crise econômico-financeira e a efetividade do processo recuperacional.

A mediação e conciliação no âmbito da recuperação e falência são ferramentas poderosas para tornar mais efetivos os mecanismos da lei de insolvências e atendimento da finalidade dos institutos, demandando a sensibilização de seu uso pelos magistrados e partes envolvidas. É uma forma eficaz de buscar aprimoramentos qualitativos no processo recuperacional e de falências.

Em relação ao magistrado, é importante lembrar que a ele não compete intervir nos aspectos econômico-financeiros das negociações, prerrogativa exclusiva dos credores, à exceção das hipóteses (limitadas) de *cram down*, de maneira que a mediação e a conciliação não representam perda ou renúncia de jurisdição pelo magistrado; ao contrário, permite a sua atuação na importante tarefa de monitoramento e orientação do processo de negociação entre credores e devedor, e na formulação do próprio plano, com ganhos qualitativos representativos. Ao magistrado é conferido o importante papel de ser o condutor da implementação desta poderosa ferramenta da mediação e da conciliação, cabendo a ele a habilidade de sua utilização de forma oportuna e eficaz, sempre lembrando que são ferramentas de utilização flexível, podendo ser aplicada em qualquer situação e em qualquer instância, mormente em primeiro grau de jurisdição em que se processa a recuperação judicial, e as negociações visando a formulação do plano de recuperação judicial.

O uso da mediação e conciliação é previsto no Enunciados 222[38] da II Jornada de Prevenção e Solução Extrajudicial de Litígios do Centro de Estudos Judiciários do Conselho da Justiça Federal de Agosto de 2021, sendo relevantes as respectivas justificativas, expostas nas notas de rodapé:

> O juiz incentivará, com o auxílio do administrador judicial, a desjudicialização da crise empresarial, seja nos processos de recuperação judicial, seja extrajudicial, como forma de encontrar a solução mais adequada ao caso e, com isso, concretizar o princípio da preservação da atividade viável.

Trata-se da atuação do judiciário fora da sentença, saindo-se da cultura exclusiva da sentença, termo utilizado por Kazuo Watanabe, que acredita que a cultura da sentença[39] iria ser paulatinamente substituída pela cultura da pacificação, hoje com previsão

---

38 "ENUNCIADO 222 - JUSTIFICATIVA: A Lei n. 11.101/2005 incentiva a adoção de canais extrajudiciais de solução de conflitos, responsabilizando as partes pela solução da crise do devedor de forma negociada e fora do Poder Judiciário. Trata-se de uma importante mudança cultural impulsionada pela Reforma (Lei n. 14.112/2021). *Os magistrados, principalmente os não especializados, e os administradores judiciais precisam ser orientados para a utilização de caminhos menos gravosos e mais fluídos, autocompositivos*, que podem ser escolhidos tanto das recuperações judiciais, quanto nas extrajudiciais. Por essas razões, é importante um enunciado que indique essa nova direção, como forma de trazer ao quotidiano processual os meios adequados de solução de conflitos" (grifo do autor).

39 WATANABE, Kazuo. "Cultura da sentença e cultura da pacificação". *In*: YARSHELL, Flávio Luiz; MORAES, Maurício Zanoide de (Coord.). *Estudos em homenagem à Professora Ada Pellegrini Grinover*. São Paulo: DPJ. 2005.

legal para as recuperações judiciais e falências (artigo 20-A[40] da Lei 11.101/2005, incluído pela Lei 14.112/2020), propiciando a autocomposição, que pressupõe soluções mais legitimamente construídas por aqueles que são os diretamente afetados pela novação manifestada nos planos de recuperação judicial e extrajudicial.

A mediação e a conciliação ampliam o universo das empresas a adotar o instituto da recuperação para equacionamento de sua situação de crise, principalmente daquelas de menor porte, pois propiciam celeridade e redução de custos por permitirem a negociação prévia, podendo evitar até a recuperação, e o aprimoramento do sistema de negociação entre recuperanda e credores. Na negociação prévia, inclusive, a lei permite a mitigação do *par conditio creditorum*, nas negociações entre credores e devedor, o que confere flexibilidade às negociações.

O Enunciado 202 da II Jornada de Prevenção e Solução Extrajudicial de Litígios do Centro de Estudos Judiciários do Conselho da Justiça Federal de Agosto de 2021 assim estabeleceu, sendo relevante a sua justificativa, exposta nas notas de rodapé: "na mediação antecedente à recuperação judicial, a empresa devedora e seus credores são livres para estabelecer a melhor composição para adimplemento das obrigações".[41]

---

40 "Lei 11.101/2005 - artigo 20-A. A conciliação e a mediação *deverão ser incentivadas em qualquer grau de jurisdição*, inclusive no âmbito de recursos em segundo grau de jurisdição e nos Tribunais Superiores, e não implicarão a suspensão dos prazos previstos nesta Lei, salvo se houver consenso entre as partes em sentido contrário ou determinação judicial" (grifo do autor).

41 "ENUNCIADO 202 - JUSTIFICATIVA: A Lei n. 14.112/2020 estabelece a obrigação de observância da *par conditio creditorum* na mediação incidente, isto é, durante a recuperação judicial, e nada trata sobre esse tema quando da mediação antecedente. A interpretação sistemática da lei conduz à interpretação de *ser livre a convenção entre devedora e seus credores*, tanto assim que, caso intentada a RJ em 360 dias da data da mediação, os acordos tornam-se sem efeito a fim de que, em sede de RJ, seja, então, reestabelecida a ordem de credores" (grifo do autor).

Assim, entendo serem justas as seguintes expectativas com a mediação e conciliação, com o advento da Lei 14.112/2020, (i) soluções mais eficazes, simples e céleres de conflitos e negociações no âmbito da recuperação e da falência, por meio de atuação do judiciário fora da sentença, o que torna o procedimento mais leve e maleável com alta eficácia de resultados, aprimorando a celeridade na prestação judicial, eficiência e custo, com vistas à solução da crise empresarial, visando à preservação da empresa, com maior satisfação dos envolvidos (recuperanda, credores e até mesmo o fisco); (ii) o controle, pelas partes, do conteúdo, forma e tempo do procedimento, ou seja, a novação das obrigações ganha em legitimidade, adequação e pertinência; (iii) planos de melhor qualidade com vistas a maior recuperação dos créditos e maior índice de recuperação de empresas em crise, com consequências benéficas à economia e ao ambiente de negócios no país.

4 Plano alternativo, de iniciativa dos credores

Uma das principais alterações previstas na reforma reside na prerrogativa de os credores apresentarem um plano de recuperação alternativo ao do devedor, no caso do decurso do prazo legal para apresentação do plano de recuperação (de 180 dias, prorrogáveis por igual período) sem que tenha ocorrido a assembleia geral de credores, e no caso de rejeição do plano de recuperação judicial apresentado pelo devedor, na referida assembleia.

Existem ainda as condições previstas no § 6º, do artigo 56, da Lei 11.101/2005,[42] que devem ser satisfeitas, cumulativamente,

42 "Lei 11.101/2005 – artigo 66 § 6º (introduzido pela Lei 14.112/20) - O plano de recuperação judicial proposto pelos credores somente será posto em votação caso satisfeitas, cumulativamente, as seguintes condições: I - não preenchimento dos requisitos previstos no § 1º do art. 58 desta Lei; II - preenchimento dos requisitos previstos nos incisos I, II e III do caput do art. 53 desta Lei; III - apoio por escrito de credores que representem, alternativamente: a) mais de 25% (vinte e cinco por cento) dos créditos totais

para que o plano alternativo dos credores possa ser apreciado pela assembleia de credores.

A possibilidade de apresentação do plano de iniciativa dos credores, trazida pela reforma, acaba por alterar a natureza contratualista do plano que legitimava a novação e a vinculação da devedora a seus termos, cujo descumprimento resvalaria na sua falência. A aprovação de um plano pelos credores, proposto por eles mesmos, parece se justificar como uma derradeira tentativa de evitar a falência, mormente diante do requisito para a sua formulação, constante do inciso VI do § 6º do art. 56, que condiciona o plano de iniciativa de credores à "não imposição ao devedor ou a seus sócios de sacrifício maior do que aquele que decorreria da liquidação na falência". Trata-se de uma hipótese legal de homologação de plano de recuperação aprovado pelos credores à revelia do devedor, tal como se admite nas hipóteses do § 1º do artigo 58 (*cram down*), em que os credores não aprovam o plano, podendo o juiz, em situações especiais e em regime de exceção, considerá-lo aprovado. Assim, a reforma veio instituir um *cram down* às avessas, dos credores ao devedor, também em situações especialíssimas, justificada pelo intento de se evitar a falência do devedor. Ainda que um plano possa ser aprovado à revelia do devedor, com termos em relação aos quais não anuiu, resta a ele a alternativa da convolação em falência.

---

sujeitos à recuperação judicial; ou b) mais de 35% (trinta e cinco por cento) dos créditos dos credores presentes à assembleia-geral a que se refere o § 4º deste artigo; IV - não imputação de obrigações novas, não previstas em lei ou em contratos anteriormente celebrados, aos sócios do devedor; V - previsão de isenção das garantias pessoais prestadas por pessoas naturais em relação aos créditos a serem novados e que sejam de titularidade dos credores mencionados no inciso III deste parágrafo ou daqueles que votarem favoravelmente ao plano de recuperação judicial apresentado pelos credores, não permitidas ressalvas de voto; e VI - não imposição ao devedor ou aos seus sócios de sacrifício maior do que aquele que decorreria da liquidação na falência".

Nesta hipótese de plano proposto pelos credores, cabe o controle da legalidade ao juiz, tal como em qualquer aprovação do plano, não cabendo, a ele, no entanto, adentrar nos aspectos de viabilidade econômica do mesmo, diferente da hipótese do *cram down* (cf. § 1º do artigo 58) – dispositivo que possibilita (não obriga) a aprovação de plano não sufragado em assembleia de credores –, não estando a sua apreciação, portanto, restrita aos aspectos jurídicos do plano.

Esta inovação de plano de iniciativa dos credores veio, sem dúvida, fortalecer a posição dos credores na recuperação judicial, aumentando a sua participação no processo, podendo o plano prever a capitalização dos créditos, inclusive com a consequente alteração do controle da sociedade devedora, permitindo o exercício do direito de retirada pelo sócio do devedor.

A redação original da Lei n. 11.101/2005 já representava avanço na participação dos credores, já que, no regime anterior da concordata (Decreto-lei n. 7.661/45), cabia a eles tão somente sujeitar-se às condições previamente estipuladas em lei para recebimento das dívidas. Os credores passaram a negociar e deter, em regra, o poder de aprovação do plano de recuperação. Agora, com as alterações introduzidas pela Lei 14.112/20, atribui-se ainda maior protagonismo aos credores, com a possibilidade da apresentação de plano alternativo.

A possibilidade de apresentação do Plano Alternativo pelos credores, ainda que acompanhada de alguns ônus, como a renúncia às suas garantias fidejussórias em relação aos coobrigados, certamente ampliou o poder de deliberação dos credores nas negociações com o devedor, podendo ser interpretado como um equalizador de forças entre eles, pois aquele devedor que não buscar seus credores para adequar os termos de seu plano de recuperação judicial estará suscetível não apenas à convolação de sua recuperação judicial em falência, o que já existia na redação original da lei 11.101/05, mas também à apresentação do Plano Alternativo.

Tal possibilidade é prevista na legislação americana que cria a possibilidade da apresentação de um plano alternativo por credores da *Involuntary Petition* – pouco levada a efeito nos EUA –, sendo que lá, tal como se espera aqui, tal prerrogativa visa incentivar o devedor a negociar os melhores termos possíveis com os seus credores, para que não percam o controle do seu processo de reestruturação, ou mesmo o controle da própria empresa.

A previsão do plano por iniciativa dos credores certamente se mostra de valia para alcançar o ponto de equilíbrio entre os interesses das partes: do devedor, em obter as melhores condições para repactuar as suas dívidas, de um lado; e, dos credores, em ceder o mínimo em relação aos seus haveres para viabilizar o soerguimento da atividade economicamente interessante e viável. Ou seja, tal inovação traz para o marco da insolvência nacional maior paridade de forças entre credores e a recuperanda, certamente contribuindo para a melhora da qualidade dos planos de recuperação.

5 A abusividade de voto

A jurisprudência vinha admitindo, em determinados casos e situações, a nulidade do voto de credor contrário à aprovação do plano de recuperação, decisivo para sua reprovação, baseada na abusividade.[43] Tal abusividade, embora não expressa na redação

---

43 TJSP, Agravos de Instrumento 2122678-85.2020.8.26.0000 e 2141723-75.2020.8.26.0000; Relator (a): AZUMA NISHI; Órgão Julgador: 1ª Câmara Reservada de Direito Empresarial; Foro de Franca – 5ª. Vara Cível; Data do Julgamento: 24/03/2021, Data de Registro: 25/03/2021; TJSP, Agravos de Instrumento AI 2082159-10.2016.8.26.0000 e 2082159-10.2016.8.26.0000, Relator (a): CLAUDIO GODOY, Órgão Julgador: 2ª Câmara Reservada de Direito Empresaria; Foro Central Cível – 2ª. Vara de Falências e Recuperações; Data do Julgamento: 13/03/2017; Publicação -12/04/2017; TJSP, Agravo de Instrumento 2249013-86.2019.8.26.000; Relator (a): AZUMA NISHI, Órgão Julgador: 1ª Câmara Reservada de Direito Empresarial, Foro de Sorocaba – 6ª. Vara Cível, Data do Julgamento:

original da Lei 11.101/2005, vinha sendo utilizada pelo juiz como justificativa para aprovar planos não aprovados em assembleia, cuja reprovação tivesse sido definida por credores que não demonstrassem interesse em negociar com a recuperanda, não apresentassem justificativa para a sua reprovação ou por irracionalidade baseada na situação menos vantajosa proposta no plano que aquela que ocorreria caso houvesse a quebra da empresa. Assim, a jurisprudência vinha entendendo como abusivo, e, portanto, inválido, o voto do credor caracterizado pela intenção de prejudicar a recuperanda buscando a sua convolação em falência por motivos que violassem a compreensão trazida pelo Código Civil de abuso de direito, fosse o voto fundamentado ou não.

Nesta linha também, Wald e Waisberg posicionam-se do seguinte modo:

> Nesse ponto, é bom notar que o credor vota considerando o seu interesse em receber o crédito. Esse o interesse que legitima seu voto. Não se pode impor a ele a obrigação de aprovar o plano. Mas pode ocorrer eventual abuso no exercício do voto ou conflito de interesses, e esses serão confrontados com as diretrizes da lei.[44]

Também nesta linha o Enunciado 45 da I Jornada do Conselho de Justiça Federal (CJF): "o magistrado pode desconsiderar

03/08/2020, Data de Publicação: 10/08/2020; TJSP, Agravo de instrumento n. 9024664-30.2009.8.26.0000, Câmara Especial de Falências e Recuperações Judiciais, relator desembargador Romeu Ricupero; Foro de Rio Claro, 4ª. Vara Cível. julgado em 30/06/2009, publicado em 28/07/2009; STJ, REsp. n. 1.337.989/SP 2011; 4ª Turma, relator ministro Luis Felipe Salomão, julgado em 08/05/2018, publicado em 04/06/2018 DJe.

44 WALD, Arnoldo; WAISBERG, Ivo. "Comentários aos artigos 47 a 49 da Lei de Falência e Recuperação de Empresas". *In*: LIMA, Sérgio Mourão Corrêa; LIMA, Osmar Brina (Coord.). *Comentários à Lei de Falência e Recuperação de Empresas*. Rio de Janeiro: Forense, 2009, p. 321.

o voto de credores ou a manifestação de vontade do devedor, em razão de abuso de direito".

A reforma da Lei 14.112/2020 praticamente acabou com a possibilidade de nulidade do voto do credor por abusividade e, portanto, da intervenção do juiz na aprovação do plano reprovado pelos credores, restringindo a abusividade aos casos de comprovada vantagem ilícita a determinado credor em desrespeito ou fraude ao princípio da *par conditio creditorium*, estabelecendo que ao credor é legitimo votar de acordo com o seu juízo de conveniência (artigo 39, § 6º). A reforma restringiu a atuação do juiz decorrente da abusividade de voto do credor, limitando drasticamente a sua configuração como abusivo, mas deslocou para os credores a prerrogativa da apresentação de plano alternativo, como visto no item anterior. Assim, diante da reprovação do plano pelos credores, se a situação da quebra não lhes interessa, eles apresentarão um plano alternativo fazendo as vezes do juiz, que, querendo buscar uma solução para evitar a quebra, para preservar a atividade empresarial, poderia dar por aprovado o plano baseado na nulidade de voto contrário, por conta de abusividade.

Houve melhora em relação à situação anterior. Primeiro por deslocar a prerrogativa de "salvar" a recuperanda, que teve o seu plano reprovado em assembleia pelos credores – e não pelo juiz –, pois são eles que têm o seu crédito em jogo e por não subverter o princípio de que a aprovação do plano é de prerrogativa exclusiva dos credores, salvo as hipóteses do *cram down* (artigo 58). Segundo, porque o plano dos credores é alternativo, não se restringindo à aprovação de um plano anterior, como no caso da intervenção judicial reconhecendo a abusividade, que pressupunha uma relação decisória binária (aprovar ou validar a reprovação do plano).

Desta forma, com a positivação das restritas hipóteses de caracterização da abusividade de voto do credor em assembleia que delibera o plano de recuperação judicial, trazida com a reforma da Lei 14.112/2020, elimina-se a possibilidade de reanálise do plano não aprovado pelo magistrado, atribuindo, no entanto, aos credores a prerrogativa da "segunda chance" à recuperanda, por meio da apresentação de plano alternativo, com vistas à preservação da empresa em crise. Certamente um aprimoramento no processo de elaboração e aprovação do plano de recuperação, que reforça o princípio da autonomia e prerrogativa dos credores na aprovação ou rejeição do plano de recuperação proposto pelo devedor, com a possibilidade de mitigação da reprovação de um plano que não atenda aos seus interesses, podendo alterá-lo por meio de um plano alternativo, de sua iniciativa, plano esse legitimado seja por expressa determinação legal, como diante do fato de que, como credores, são os maiores interessados na manutenção da empresa em crise.

6 Melhora da falência

O quarto ponto de aprimoramento da qualidade dos planos, com a reforma, é a melhora no processo falimentar, tornando-o mais célere e mais eficaz na recuperação de créditos. A falência no Brasil é demorada e dotada de grande contencioso, além do que os requisitos para encerramento da falência e extinção das obrigações do falido eram até então demorados.

É inegável que a negociação entre credores e devedor na formação do plano de recuperação judicial tem na falência o "*worst case scenario*" possível do crédito, ou seja, o piso referencial mínimo de negociação com o devedor. Assim, abaixo de tal referencial mínimo, para os credores, a situação da quebra passa a ser mais vantajosa que a situação da recuperação judicial. Aliás, esta referência mínima é o que tem norteado muitos dos planos de recuperação, o que tem contribuído com planos de baixa qualidade, tal como discorremos no item 2, *retro*, dada a assimetria informacional entre credores e devedor e a imperfeição dos mecanismo previstos em lei para aprovação do plano, que impedem que as negociações entre credores e devedor gravitem em torno da necessidade da recuperanda para o superação da crise, passando, no mais das vezes, a gravitar em torno da situação do crédito na hipótese de falência.

A melhora da condição do crédito na falência, por si só, tende a impactar diretamente a qualidade dos planos de recuperação, dada a elevação da referência de piso que se aproximará daquela situação em que a necessidade da devedora para o seu soerguimento se equipara com a concessão de crédito (sacrifício) do credor. Talvez este seja o ponto de maior impacto imediato no aprimoramento dos planos de recuperação judicial.

Dentre as medidas da Lei 14.112/2020 que aprimoram o procedimento da falência, podemos identificar: encerramento rápido da falência ante a ausência de bens (art.114-A), com impacto no alívio da máquina judiciária; mais celeridade na venda de ativos (180 dias – art. 22, III, j); e extinção das obrigações do falido em prazos menores e condições menos onerosas (artigo 158), com alterações também aos art. 83 e 84 da Lei n. 101/05, que regulam o rol de credores concursais e extraconcursais, respectivamente.

As alterações buscam criar um processo célere de falência, com ganhos temporais e qualitativos significativos quanto à realização de ativos da falida.

Como já vimos, a melhora da qualidade dos planos de recuperação impacta diretamente no índice de recuperação de créditos, com impactos positivos no ambiente de negócios.

7 Equacionamento da dívida fiscal

O quinto e último fator de extrema importância que entendo contribuir para a qualidade dos planos na linha da preservação de empresas viáveis é a inegável importância do equacionamento da dívida fiscal da empresa em recuperação judicial.

A Lei 11.101/2005 já previa a exigência das certidões negativas de débitos fiscais como requisito para a homologação do plano aprovado em assembleia de credores (art. 57 e 58), a não submissão dos créditos de natureza tributária aos efeitos da recuperação (art. 187 do CTN), o prosseguimento das execuções fiscais durante a recuperação judicial (art. 6º, § 7º – B), o que colocava o Fisco numa posição teoricamente privilegiada, porém, na prática, este privilégio não se efetivou, principalmente, devido à mitigação da exigência das certidões negativas de débitos tributários, pelos Tribunais, diante da inexistência de um parcelamento tributário específico para as empresas em crise que recorressem ao remédio recuperacional, que veio, tardiamente, apenas com o advento da Lei 13.043/2014.

O parcelamento que veio com a Lei 13.043/2014, além de dissociado da realidade das empresas em recuperação, eram piores que os sucessivos parcelamentos especiais (REFIS) oferecidos periodicamente aos devedores em geral.

A jurisprudência não só afastou a exigência da comprovação da regularidade fiscal para a homologação dos planos de recuperação, como inviabilizou o prosseguimento das execuções fiscais em face dos devedores em recuperação judicial até mesmo após o período de *stay* e da concessão da recuperação judicial. Resultado é que, para o Fisco, a recuperação judicial se mostrou mais prejudicial que a própria falência, na medida em que a situação acabou gerando, por parte das recuperandas, comportamento indesejáveis de ausência de esforços para a regularização do passivo fiscal, de esvaziamento patrimonial e não recolhimento sequer dos tributos correntes.

O não equacionamento da dívida fiscal das empresas em recuperação acabou por criar uma condição de vantagem (indevida) às empresas em recuperação judicial, conferindo privilégios em relação à concorrência, ao mercado de forma geral e à sociedade e incompatibilidade com a ideia da preservação da empresa viável, uma vez que tal viabilidade pressupõe, necessariamente, o cumprimento, pela recuperanda, de todos os compromissos regulares da operação da empresa, inclusive aqueles de natureza fiscal. Admitir o não equacionamento dos passivos fiscais e o não recolhimento dos tributos devidos à empresa em recuperação, é reconhecer uma situação de privilégio e exceção, mantida de forma artificial, que não se coaduna com o conceito de empresa viável que se quer preservar com o instituto da recuperação judicial.

A Lei n. 14.112/20 trouxe importantes inovações no tratamento dos créditos tributários em processos de recuperação judicial e falências, especialmente quanto às estruturas possíveis de regularização do passivo fiscal, criando condições, pelo menos em tese, para que se possa exigir as certidões fiscais como requisito para a homologação dos planos de recuperação judicial.

A reforma instituiu modalidades de acordos de parcelamento e transação fiscal, instituídas em nível federal pela Lei 13.988/2020, com condições mais favoráveis aos contribuintes em recuperação judicial, atendendo aos clamores do mercado desde o advento da Lei n. 11.101 em 2005.

Previu o pagamento de forma consolidada, em até 120 meses, permitindo prestações mais baixas nos primeiros anos que as devidas nos anos seguintes; a utilização de prejuízo fiscal para quitação de até 30% da dívida consolidada relativa a débitos administrados pela Receita Federal e o restante parcelado em 84 parcelas; a possibilidade de submissão à PGFN de proposta de transação, inclusive para as recuperações em curso (artigo 10-C da Lei n. 10.522/02), que permite redução de até 70% do valor do débito e pagamento em 120 meses; possibilidade de parcelamentos anteriormente não admitidos como retenções na fonte ou de terceiros (IR, INSS e IOF); além de outras formas de parcelamento nos termos da Lei 10.522/2002.

Assim, a Lei 14.112/20 redesenhou a participação do Fisco nas recuperações judiciais e falências, até então relegado ao quase ostracismo nas recuperações judiciais.

Ademais, o estímulo à regularização do passivo fiscal trouxe, em contrapartida, um envolvimento maior do Fisco no processo de recuperação judicial, como a expectativa de efetiva exigência das certidões de regularidade fiscal, a necessidade de amortização do débito fiscal com parte do produto da alienação de ativos e a possibilidade de pedidos de convolação em falência promovidos pela Fazenda Nacional.

Desta forma, o plano de recuperação deverá ter, com a reforma, como pressuposto o equacionamento de seu passivo fiscal, ainda que este não se submeta aos efeitos da recuperação judicial, e dos tributos correntes como pressupostos de uma atividade viável que se pretende preservar.

Conclusão

A reforma trazida pela Lei 14.112/2020 introduziu inovações que alteram a relação de forças dos atores das recuperações judiciais, que deverá trazer aprimoramentos qualitativos nos planos de recuperação das empresas em crise, com consequências no ambiente de negócios no país, vez que tende a melhorar o índice de recuperação de créditos e a celeridade e eficiência dos processos recuperacionais e de falência.

Destaca-se a introdução da possibilidade e incentivo ao uso da mediação e conciliação como meio de buscar soluções mais rápidas, econômicas e eficientes nos processos recuperacionais e de falência, com ganhos qualitativos na formulação dos planos de recuperação, sendo meio eficaz para o aprimoramento do processo e ambiente negocial entre credores e devedor, com a redução da assimetria informacional.

A possibilidade de apresentação de plano alternativo pelos credores e as restrições das hipóteses de abusividade de voto são fatores que fortaleceram a posição dos credores na formulação do plano de recuperação judicial, com reflexos positivos na qualidade desses.

O aprimoramento no processo da falência, tornando-o mais célere e eficaz, impacta na referência mínima que norteia o piso das negociações entre credores e o devedor.

A introdução de alternativas para o equacionamento da dívida fiscal das recuperandas aliado às hipóteses de transação fiscal impõem a elas a previsão, já no plano de recuperação judicial, do equacionamento da dívida fiscal, o que coaduna com a ideia da preservação da atividade viável, em que não se pode conceber o não cumprimento das obrigações fiscais, sob o risco de criar diferencial injusto perante a concorrência, o mercado e a sociedade, o que não se pode admitir.

Esses elementos introduzidos na reforma de 2020 contribuirão para o aprimoramento qualitativo do plano de recuperação que pressupõe a manutenção de atividade viável, com capacidade de fazer face às obrigações decorrentes da operação, inclusive as de ordem fiscal, e a geração de lucros, além do equilíbrio entre o sacrifício dos credores e a necessidade da recuperanda para o seu soerguimento.

Referências bibliográficas

COELHO, Fábio Ulhoa. *Comentários à Lei de Falências e de Recuperações de Empresas*. 14ª ed. (atual. e ampl.), São Paulo: Revista dos Tribunais, 2021.

WALD, Arnoldo; WAISBERG, Ivo. "Comentários aos artigos 47 a 49 da Lei de Falência e Recuperação de Empresas". *In*: LIMA, Sérgio Mourão Corrêa; LIMA, Osmar Brina (Coord.). *Comentários à Lei de Falência e Recuperação de Empresas*. Rio de Janeiro: Forense, 2009.

WATANABE, Kazuo. "Cultura da sentença e cultura da pacificação". *In*: YARSHELL, Flávio Luiz; MORAES, Maurício Zanoide de (Coord.). *Estudos em homenagem à Professora Ada Pellegrini Grinover*. São Paulo: DPJ, 2005.

WORLD BANK. *Doing business 2020, Brazil*: comparing business regulation in 190 economies. World Bank Group. Disponível em: https://portugues.doingbusiness.org/content/dam/doingBusiness/country/b/brazil/BRA.pdf. Acessado em: 22.02.2022.

CAPÍTULO V

CONSIDERAÇÕES ACERCA DA DISSOLUÇÃO DAS SOCIEDADES EM CONTA DE PARTICIPAÇÃO

Fernando Antonio Maia da Cunha

Octavio Weicker Valverde Gutierrez

Introdução

A figura das sociedades em conta de participação constitui um tipo societário peculiar, regulado em poucos artigos no livro *do Direito de Empresa* no Código Civil. Isso não obstante, sua relevância jurídica é reconhecida e celebrada pela doutrina empresarial,[45] uma vez que se trata de um importante instrumento jurídico disponível ao mercado, com recorrente utilização não apenas no setor imobiliário, mas em diversos outros.

45 SCALZILLI, João Pedro; SPINELLI, Luís Felipe. *Sociedade em conta de participação*. São Paulo: Quartier Latin, 2014, p. 23.

Daí a iniciativa de tecer essas breves considerações acerca da dissolução das sociedades em conta de participação.

1 Conceito e natureza jurídica

As sociedades em conta de participação foram descritas por Waldemar Ferreira como "a associação de duas ou mais pessoas, uma ao menos comerciante, sem firma social, para lucro comum em uma ou mais operações comerciais determinadas, acidental ou momentaneamente".[46]

De fato, era esse o conceito apresentado pelo art. 325 do Código Comercial de 1850:

> Art. 325 – Quando duas ou mais pessoas, sendo ao menos uma comerciante, se reúnem, sem firma social, para lucro comum, em uma ou mais operações de comércio determinadas, trabalhando um, alguns ou todos em seu nome individual para o fim social, a associação toma o nome de sociedade em conta de participação, acidental, momentânea ou anônima; esta sociedade não está sujeita às formalidades prescritas para a formação das outras sociedades, e pode provar-se por todo o gênero de provas admitidas nos contratos comerciais (artigo n. 122).

A sua origem é controvertida na doutrina comercial, mas Ricardo Negrão, citando o historiador francês Fernand Braudel, destaca a existência de documentos datados entre 1155 e 1164, lavrados por notários genoveses e marselheses, que indicariam sua gênese. Àquela época tais sociedades eram compostas por

46 FERREIRA, Waldemar. *Tratado de sociedades mercantis*. vol. 2, 5ª ed. Rio de Janeiro: Editora Nacional, 1958, p. 507.

> um sócio *stans* (sócio que permanece no local) e um sócio *tractor* (sócio que embarcava no navio para efetivamente exercer as operações mercantis), e eram constituídas em geral para uma única viagem, que, conforme lembra Braudel, estendia-se por vários meses.[47]

Posteriormente, essa forma rudimentar de sociedade continuou a ser utilizada como mecanismo de proteção àqueles que desejam exercer a atividade empresarial, mas, de algum modo, querem evitar os riscos oriundos desse exercício.

Nesse particular, Carvalho de Mendonça, o mais respeitado comercialista brasileiro do século XX, trouxe brilhante lição acerca dos diversos benefícios das sociedades em conta de participação para o mercado.

> O fato econômico da participação é um dos mais conhecidos e valiosos no círculo do comércio. O interesse de amparar os riscos que oferecem certas empresas, o desejo ou a necessidade de ocultar o próprio nome em transações ou operações mercantis, a conveniência de poupar despesas com a organização de uma das formas de sociedades dotada com personalidade, a urgência da operação que não permite o cumprimento de múltiplas e demoradas formalidades, a natureza do negócio que exige absoluta reserva etc., tudo isso justifica a combinação, denominada sociedade ou, segundo outros, associação em conta de participação, a qual, não obstante conter reunidos os recursos pecuniários de mais de uma pessoa, não aparece, ao menos juridicamente, nas relações para com terceiros; ao contrário, as transações e operações, objeto dessa combinação, realizam-se sob o nome e a responsabilidade de uma só pessoa, física ou jurídica.[48]

---

47 NEGRÃO, Ricardo. *Curso de Direito Comercial e de Empresa*: Teoria Geral da Empresa e Direito Societário. vol. 1, 15ª ed. São Paulo: Saraiva, 2019, p. 337.

48 MENDONÇA, José Xavier Carvalho de. *Tratado de Direito Comercial Brasileiro*. vol. 2, tomo III, 1ª ed. Campinas: BookSeller, 2001, p. 259.

Portanto, conforme essa lição, as sociedades em conta de participação são compostas por duas figuras: os sócios ostensivos e os sócios participantes, também chamados de sócios ocultos. Os primeiros (ostensivos) são aqueles que, de fato, realizam e administram a atividade da empresa, sob sua própria e exclusiva responsabilidade. Os segundos (participantes ou ocultos) integram a sociedade para compor a mão de obra ou o capital, visando participar dos resultados correspondentes ao exercício da atividade.

É característica essencial desse tipo societário a ausência de personalidade jurídica, uma vez que não aparece perante terceiros, os quais interagem apenas com o sócio ostensivo, que é quem figura na relação jurídica obrigacional perante empregados, consumidores, fornecedores etc., sempre contratando em nome próprio. A Sociedade em Conta de Participação, assim, não se apresenta ao mundo jurídico e produz efeitos apenas entre os sócios.

No que diz respeito à sua natureza jurídica, muito já se discutiu na doutrina se a Sociedade em Conta de Participação se classificaria como um negócio jurídico de natureza contratual ou como um vínculo tipicamente societário.

Ao defender a natureza contratual da Sociedade em Conta de Participação, Eunápio Borges, destaca que:

> não tendo ela personalidade jurídica, não podendo adotar um nome comercial próprio – firma ou denominação –, não tendo um patrimônio próprio, o qual se confunde com o do sócio ostensivo, afirme-se sem hesitação que de sociedade tem ela apenas o nome, mas não é verdadeira sociedade.[49]

No mesmo sentido, José Edwaldo Tavares Borba afirma que

---

49 BORGES, João Eunápio. *Curso de Direito Comercial Terrestre.* 5ª ed. Rio de Janeiro: Forense, 1971, p. 323.

> A conta de participação apresenta elementos de sociedade – conjunção de recursos para uma exploração comum – mas não reúne os pressupostos necessários à sua classificação como tal. Pode-se, então, afirmar que se trata de um contrato de participação.[50]

Não obstante essas abalizadas opiniões, a doutrina majoritária ensina que a Sociedade em Conta de Participação é sim de natureza societária.[51] Carvalho de Mendonça afirmou que "sendo a sociedade o emprego de forças, de capitais para um fim comum, a Sociedade em Conta de Participação satisfaz essa exigência, pouco importando a situação jurídica dos capitais".[52]

Nesse sentido, é muito oportuno mencionar o precedente da relatoria do eminente Desembargador Cesar Ciampolini, que, ao julgar recurso interposto por um sócio oculto que pretendia retirar-se da sociedade, destacou que a controvérsia deveria ser julgada sob prisma societário, uma vez que

> o próprio legislador viu características societárias na Sociedade em Conta de Participação. Tanto que, na letra da lei (art. 996 do Código Civil), está claramente assentado que se lhe aplica, subsidiariamente e no que couber, "o disposto para as sociedades simples".

O v. acórdão relatado por Sua Excelência ficou assim ementado:

---

50 BORBA, José Edwaldo Tavares. *Direito Societário*. 3ª ed. Rio de Janeiro: Freitas Bastos, 1997, p. 71.

51 MIRANDA, Francisco Cavalcanti Pontes de. *Tratado de Direito Privado*. tomo XLIX, 3ª ed. Rio de Janeiro: Revista dos Tribunais, 1984, p. 320; BULGARELLI, Waldirio. *Sociedades comerciais*: sociedades civis e cooperativas, empresas e estabelecimento comercial. 10ª ed. São Paulo: Atlas, 2001, p. 49; e SZTAJN, Rachel. *Contrato de sociedade e formas societárias*. São Paulo: Saraiva, 1989, p. 70.

52 MENDONÇA, José Xavier Carvalho de. *Tratado de Direito Comercial brasileiro*. vol. 2, tomo III, 1ª ed. Campinas: BookSeller, 2001, p. 259.

> Ação indenizatória visando à devolução de investimentos feitos em Sociedade em Conta de Participação. Reconvenção da sociedade e de seus sócios buscando reparação por danos materiais e morais. Sentença de improcedência da ação principal e da reconvenção. Apelações das partes. Constituição de Sociedade em Conta de Participação, em que o autor figurava como sócio oculto. Ressalvadas as peculiaridades da Sociedade em Conta de Participação (motivo da existência do art. 996 do Código Civil, que dispõe que sua liquidação se faz via ação de prestação de contas), a saída do sócio oculto tem a mesma natureza jurídica da saída de sócio nas sociedades em geral, devendo-se observar o disposto no art. 1.031 do Código Civil. Quem toma a iniciativa de empreender não pode escapar da lógica decorrente do sistema econômico em que vivemos, da livre iniciativa. Improcedência, portanto, da pretensão do sócio oculto de receber, pura e simplesmente, de volta o aporte investido na sociedade. O que lhe cabe são os resultados nela apurados, na proporção de sua quota no capital. Já do art. 966 do Código Civil decorre o reconhecimento das características societárias da conta de participação, determinando o dispositivo que se lhe aplique, no que couber, "o disposto para as sociedades simples" (ARMANDO ROVAI). Apelação do autor desprovida e dos corréus provida para tal fim.[53]

Pelo exposto, é forçoso reconhecer que o Código Civil concedeu, expressamente, natureza jurídica societária à Sociedade em Conta de Participação (cf. art. 991 e seguintes), a qual pode ser sucintamente definida como o ente despersonificado em que a atividade constitutiva do objeto social é exercida unicamente pelo sócio ostensivo, sob sua exclusiva responsabilidade, participando os sócios ocultos dos resultados correspondentes.

---

53 TJSP, *Apelação n. 1006710-39.2016.8.26.0008*, Rel. Des. Cesar Ciampolini, J. 23.10.2019.

2 Regime jurídico aplicável

O regime jurídico aplicável às sociedades em conta de participação é disciplinado pelos artigos 991 a 996 do Código Civil. E, por força do artigo 996 do Código Civil, na eventual omissão, "aplica-se à Sociedade em Conta de Participação, subsidiariamente e no que com ela for compatível, o disposto para a sociedade simples", que é regulada pelos artigos 997 a 1.038.

Obviamente que a aplicação supletiva de regras tem como limite a compatibilidade das normas entre os tipos societários, de modo que não se aplicam regras das sociedades simples que sejam incompatíveis com o regramento específico das sociedades em conta de participação. Isso significa, por exemplo, que, por serem as sociedades em conta de participação entes despersonificados, não se lhe aplicam as regras das sociedades simples relativas às formalidades de constituição, registro, publicidade e relação com terceiros.

Importante destacar que as normas que regem a dissolução das sociedades simples são integralmente aplicáveis à relação havida entre sócios ostensivos e sócios participantes, afinal, além da ausência de normas específicas que regulem o tema nos artigos 991 a 996, existe total compatibilidade do regramento das sociedades em conta de participação com o teor dos artigos 1.033 e 1.034 do Código Civil.

3 Hipóteses legais de dissolução

As sociedades em conta de participação, portanto, dissolvem-se pelas mesmas causas das sociedades simples, uma vez que, insista-se, não há nessa matéria qualquer incompatibilidade que afaste a aplicação supletiva imposta por força do art. 996 do Código Civil.

Arnoldo Wald ensina que:

> a dissolução da sociedade [em conta de participação] será procedida com as disposições dos artigos 1.033 e 1.034, acrescentando-se, ao elenco de situações que suscitam a dissolução, a falência do sócio ostensivo, conforme estipula o § 2º, do art. 994.[54]

Ao regular as *causas ordinárias* de dissolução das sociedades simples, o artigo 1.033 do Código Civil elencou cinco hipóteses:

> I – o vencimento do prazo de duração, salvo se, vencido este e sem oposição de sócio, não entrar a sociedade em liquidação, caso em que se prorrogará por tempo indeterminado; II – o consenso unânime dos sócios; III – a deliberação dos sócios, por maioria absoluta, na sociedade de prazo indeterminado; IV – a falta de pluralidade de sócios, não reconstituída no prazo de cento e oitenta dias; V – a extinção, na forma da lei, de autorização para funcionar.

Marcelo Fortes Barbosa Filho leciona que a dissolução com base nessas *causas ordinárias* se dá pela "simples conjugação de fatos ou pela efetiva manifestação da vontade singular ou coletiva".[55]

No que diz respeito à manifestação coletiva da vontade dos sócios, cumpre refletir se é válida a deliberação tomada em assembleia pela maioria absoluta dos sócios para a dissolução da sociedade que contrataram.

Ou seja, é possível que a maioria absoluta do capital social – representando mais da metade do capital a que se refere o art. 994

---

54 WALD, Arnoldo; TEIXEIRA, Sálvio de Figueiredo (Coord.). *Comentários ao novo Código Civil*: do Direito da Empresa. vol. 14, livro 2. Rio de Janeiro: Forense, 2005, p. 111.

55 BARBOSA FILHO, Marcelo Fortes; PELUSO, Cezar (Coord.). *Código Civil comentado*: doutrina e jurisprudência. 11ª ed. (rev. e atual.), Barueri: Manole, 2017, p. 980.

do Código Civil – se reúna e delibere pela dissolução da Sociedade em Conta de Participação (art. 1.033, inciso III, do Código Civil)?

Entendemos que, caso não haja disposição em sentido contrário no contrato social, é válida a deliberação tomada pela maioria absoluta dos sócios para a dissolução da Sociedade em Conta de Participação entre eles havida, cumprindo-se o quórum exigido pelo art. 1.033, III, do Código Civil, aplicável por força do disposto no art. 996.

Isso porque, na omissão do contrato social, aplica-se à Sociedade em Conta de Participação o regramento das sociedades simples, que apenas exige unanimidade para as matérias elencadas no art. 997 do Código Civil, podendo as demais, "ser decididas por maioria absoluta de votos, se o contrato não determinar a necessidade de deliberação unânime", nos termos do art. 999.

Destaque-se, a respeito, o Enunciado n. 385, da IV Jornada de Direito Civil do Conselho da Justiça Federal:

> Art. 999: a unanimidade exigida para a modificação do contrato social somente alcança as matérias referidas no art. 997, prevalecendo, nos demais casos de deliberação dos sócios, a maioria absoluta, se outra mais qualificada não for prevista no contrato.

Logo, para as matérias que não se encontrem listadas no art. 997, que é taxativo, e não havendo estipulação contratual de unanimidade, o quórum será de maioria absoluta, contados segundo a participação de cada um no capital ou patrimônio especial a que se refere o art. 994 do Código Civil.

Portanto, a partir da interpretação sistemática da legislação societária, conclui-se que não é apropriado exigir a unanimidade na votação que delibera pela dissolução da Sociedade em Conta de Participação, que só é exigida, salvo estipulação contratual, para as modificações do contrato e das matérias indicadas no art. 997 do Código Civil.

Por sua vez, o art. 1.034 do Código Civil[56] cuida das *causas extraordinárias* de dissolução das sociedades simples, quais sejam, (i) anulação do ato de constituição, (ii) exaurimento do fim social, ou (iii) verificação da inexequibilidade do objeto da empresa. Nesses casos específicos, por força da norma expressa, é necessário reconhecimento judicial para que se considere dissolvida a sociedade.

No caso das sociedades em conta de participação, além de hipóteses previstas nos artigos 1.033 e 1.034, a falência do sócio ostensivo também acarreta "a dissolução da sociedade e a liquidação da respectiva conta, cujo saldo constituirá crédito quirografário", nos termos do artigo 994, § 2º, do Código Civil.

Em suma, diante da natureza societária da Sociedade em Conta de Participação, nas hipóteses de *causas ordinárias*, previstas no art. 1033 do Código Civil, a dissolução se faz extrajudicialmente em assembleia dos sócios, para tanto, regularmente convocada. Exclusivamente nas *causas extraordinárias* previstas no art. 1034 é que a dissolução deverá ser judicial.

4 Liquidação

Deflagrada a dissolução da Sociedade em Conta de Participação, impõe-se liquidá-la, e o art. 996 do Código Civil dispõe que a liquidação "*rege-se pelas normas relativas à prestação de contas, na forma da lei processual*".

Conforme bem destacam João Pedro Scalzilli e Luis Felipe Spinelli, na dissolução desse tipo societário

56 "Art. 1.034. A sociedade pode ser dissolvida judicialmente, a requerimento de qualquer dos sócios, quando: I - anulada a sua constituição; II - exaurido o fim social, ou verificada a sua inexequibilidade".

> não há necessidade de seguir o procedimento de liquidação típico dos demais tipos societários, uma vez que não existem interesses externos (credores) a serem tutelados; a liquidação da conta de participação objetiva, principalmente, (ou, talvez, unicamente), satisfazer os interesses dos sócios. O sócio ostensivo, mesmo após a liquidação e consequentemente extinção da conta de participação, continua garantindo os credores; não existe, portanto, qualquer proteção especial dos credores.[57]

Portanto, dissolvida a sociedade, seja por causa ordinária ou extraordinária, deve haver um levantamento de contas (ativo *vs.* passivo) a ser feito pelo sócio ostensivo para se apurar o eventual montante devido a cada um dos sócios participantes.

É válido observar que essa forma simplificada de liquidação é utilizada como pretexto àqueles que negam a natureza societária da Sociedade em Conta de Participação. Mesmo assim, a doutrina majoritária, aqui representada pelo ilustre Prof. José Alexandre Tavares Guerreiro, rebate esse ponto com o seguinte argumento:

> essa peculiaridade não desnatura o caráter societário da Sociedade em Conta de Participação e não a reduz a mero contrato bilateral em que as "relações entre os sócios se liquidam por ajuste de contas ou prejuízos de negócios empreendidos". Mais que o modus procedimental da apuração de haveres, ou que sua designação formal, importa a realidade da existência de fundos sociais.[58]

---

57 SCALZILLI, João Pedro; SPINELLI, Luís Felipe. Sociedade em conta de participação. São Paulo: Quartier Latin, 2014, p. 309.

58 GUERREIRO, José Alexandre Tavares. "Comentários de jurisprudência". Revista de Direito Mercantil, Industrial, Econômico e Financeiro, ano 23, nº 54, abr. 1984.

Em regra, nas causas ordinárias de dissolução, a liquidação ocorre de forma extrajudicial, porquanto, há consenso entre as partes acerca do fim da sociedade. Todavia, nada impede que os sócios, insatisfeitos com a prestação de contas, utilizem-se da previsão do art. 996 do Código Civil e pretendam que o sócio ostensivo preste contas em Juízo.

Nas causas extraordinárias de dissolução, a prestação de contas – na forma do art. 551, *caput*, do Código de Processo Civil[59] – é sempre em Juízo, afinal, caso seja julgado procedente o pedido de prestação de contas – art. 550, § 5º, do Código de Processo Civil[60] –, o sócio ostensivo terá o prazo de 15 dias para apresentá-las, sob pena de não lhe ser lícito impugnar o cálculo que o sócio participante apresentar.

Conclusão

Como visto, a Sociedade em Conta de Participação pode ser conceituada como um ente despersonificado em que a atividade constitutiva do objeto social é exercida unicamente pelo sócio ostensivo, sob sua responsabilidade exclusiva, participando os sócios ocultos dos resultados correspondentes. E a sua natureza jurídica é societária, conforme estabelecido pelos artigos 991 e seguintes do Código Civil.

A sua dissolução ocorre a partir da configuração de qualquer uma das hipóteses previstas pelos artigos 1.033 e 1.034, e, também,

---

59 "Art. 551. As contas do réu serão apresentadas na forma adequada, especificando-se as receitas, a aplicação das despesas e os investimentos, se houver".

60 "Art. 550. Aquele que afirmar ser titular do direito de exigir contas requererá a citação do réu para que as preste ou ofereça contestação no prazo de 15 (quinze) dias (...). § 5º - A decisão que julgar procedente o pedido condenará o réu a prestar as contas no prazo de 15 (quinze) dias, sob pena de não lhe ser lícito impugnar as que o autor apresentar".

em caso de falência do sócio ostensivo, conforme estipula o § 2º, do art. 994, todos do Código Civil.

Importante destacar que é válida a deliberação tomada pela maioria absoluta dos sócios para que se dissolva a Sociedade em Conta de Participação entre eles havida, desde que seja alcançado o quórum exigido pelo art. 1.033, inciso III, do Código Civil, aplicável por força do disposto no art. 996 do mesmo diploma.

Assim, é inexigível a unanimidade na votação que delibera pela dissolução da Sociedade em Conta de Participação que tem prazo indeterminado. Para esse tipo de sociedade, inexistindo disposição contratual, a unanimidade restringe-se às modificações do contrato social e às matérias indicadas no art. 997 do Código Civil.

No mais, dissolvida a Sociedade em Conta de Participação, seja por causa ordinária ou extraordinária, deve haver um levantamento de contas (ativo *vs.* passivo) feito pelo sócio ostensivo para apurar o eventual montante devido a cada um dos sócios participantes. E pode ser extrajudicial caso haja consenso acerca dos valores discutidos, ou judicial, nos termos do art. 550 e seguintes do Código de Processo Civil.

Referências bibliográficas

BARBOSA FILHO, Marcelo Fortes; PELUSO, Cezar (Coord.). *Código Civil comentado*: doutrina e jurisprudência. 11ª ed. (rev. e atual.). Barueri: Manole, 2017.

BORBA, José Edwaldo Tavares. *Direito Societário*. 3ª ed. Rio de Janeiro: Freitas Bastos, 1997.

BORGES, João Eunápio. *Curso de Direito Comercial terrestre*. 5ª ed. Rio de Janeiro: Forense, 1971.

BULGARELLI, Waldirio. *Sociedades comerciais*: sociedades civis e cooperativas, empresas e estabelecimento comercial. 10ª ed. São Paulo: Atlas, 2001.

FERREIRA, Waldemar. *Tratado de sociedades mercantis*. vol. 2, 5ª ed. Rio de Janeiro: Editora Nacional, 1958.

GUERREIRO, José Alexandre Tavares. "Comentários de jurisprudência". *Revista de Direito Mercantil, Industrial, Econômico e Financeiro*, ano 23, nº 54, abr. 1984.

MENDONÇA, José Xavier Carvalho de. *Tratado de Direito Comercial brasileiro*. vol. 2, tomo III, 1ª ed. Campinas: BookSeller, 2001.

MIRANDA, Francisco Cavalcanti Pontes de. *Tratado de Direito Privado*. tomo XLIX, 3ª ed. Rio de Janeiro: Revista dos Tribunais, 1984.

NEGRÃO, Ricardo. *Curso de Direito Comercial e de Empresa*: Teoria Geral da Empresa e Direito Societário. vol. 1, 15ª ed. São Paulo: Saraiva, 2019.

SCALZILLI, João Pedro; SPINELLI, Luís Felipe. *Sociedade em Conta de Participação*. São Paulo: Quartier Latin, 2014.

SZTAJN, Rachel. *Contrato de sociedade e formas societárias*. São Paulo: Saraiva, 1989.

WALD, Arnoldo; TEIXEIRA, Sálvio de Figueiredo (Coord.). *Comentários ao novo Código Civil*: do Direito da Empresa. vol. 14, livro 2. Rio de Janeiro: Forense, 2005.

CAPÍTULO VI

A NULIDADE DA SENTENÇA ARBITRAL POR VIOLAÇÃO AOS LIMITES DA CONVENÇÃO

Hamid Bdine

Hamid Bdine Neto

Introdução

As hipóteses de nulidade de sentença arbitral estão relacionadas no art. 32 da Lei 9.307/96, Lei de Arbitragem (L.A.), e se escoram em fundamentos processuais, não se conferindo ao Poder Judiciário a possibilidade de revisão do mérito do julgamento.

No presente texto, a proposta é examinar a hipótese prevista no inciso IV do art. 32 da L.A., segundo o qual será nula a sentença arbitral proferida fora dos limites da convenção de arbitragem.

Cuida-se de dispositivo que consagra o direito constitucional ao contraditório, impedindo, em consequência, que a parte na arbitragem se veja compelida a suportar resultado desfavorável amparado em fundamento de que não se defendeu; ou de pedido não deduzido.

Identifica-se, nesses casos, situação em que há decisão *extra* ou *ultra petita*.

1 Da convenção de arbitragem e seus efeitos

As regras a respeito da convenção de arbitragem estão compreendidas entre os artigos 3º e 12º da L.A. e compreende a cláusula compromissória e o compromisso arbitral.

No que interessa ao tema em exame, verifica-se que o compromisso arbitral deverá indicar, obrigatoriamente, a matéria que será objeto da arbitragem (art. 10, III, da L.A.).

É pelo exame da convenção que se alcançará a compreensão da sentença *extra petita.*

É o Termo de Arbitragem que traça tais limites para os poderes do árbitro, ainda que se possa admitir pedidos que não sejam "completamente inovadores". Aqueles, porém, que surpreendam as partes e violem a ampla defesa e o contraditório não são admitidos, salvo, é certo, exceções a serem compreendidas pelo intérprete.

André Zanatta Fernandes de Castro, dando indispensável destaque à casuística, registra:

> Todavia, novamente ressalvada a necessidade de análise caso a caso, não há que se limitar o objeto da arbitragem unicamente ao disposto no Termo de Arbitragem se (a) nas alegações iniciais são formulados novos pedidos, mas que decorram expressamente dos pedidos da parte contrária, (b) essa formulação for expressamente admitida no Termo de Arbitragem e (c) a parte interessada não invocar a ausência de jurisdição do Tribunal Arbitral sobre esses pedidos e (d) a parte interessada tenha a oportunidade de resposta.[61]

---

61 CASTRO, André Zanatta Fernandes de. "Sentença arbitral extra petita e os limites da análise pelo poder judiciário: comentários à apelação

A convenção é a fonte do poder dos árbitros, que por ela estão limitados. Nela é que as partes concordam em afastar a jurisdição estatal.[62]

Cuida-se de um instrumento em que se identifica e delimita a matéria objeto da arbitragem. Na lição de Selma Maria Ferreira Lemes:

> Termo de Arbitragem tem na delimitação do objeto do litígio e do pedido das partes seus pontos mais importantes, que representam a estabilização da demanda. Apesar de ser a convenção de arbitragem o instrumento originário e vinculante da arbitragem, não se pode deixar de considerar que o Termo de Arbitragem tem o condão de reiterar os termos da convenção de arbitragem, delimitar a controvérsia e ressaltar a missão do árbitro, que deverá ater-se às suas disposições, para não gerar motivos para a anulação da sentença arbitral.[63]

De igual teor a reflexão de José Carlos Magalhães, contida em parecer diante de caso concreto, segundo a qual, "o Termo de Arbitragem contém, além de outros elementos, o objeto do litígio, de expressiva relevância, uma vez que é ele que torna preciso o objeto do conflito a ser superado e 'delimita a lide e o poder que as partes conferiram aos árbitros'".[64]

994.08.124054-2 do TJSP". *Revista de Arbitragem e Mediação*, vol. 8, nº 31, pp. 335-353, out. 2011.

62 CARMONA, Carlos Alberto. *Arbitragem e processo*. São Paulo: Atlas, 2009, p. 79.

63 Cf. LEMES, Selma Maria Ferreira. "A função e uso do Termo de Arbitragem". *Jornal Valor Econômico*, set. 2005.

64 MAGALHÃES, José Carlos. "Vícios na constituição do tribunal arbitral. Sentença arbitral extra petita. Ausência de jurisdição do tribunal arbitral: cláusula de foro judicial". *Revista de Arbitragem e Mediação*, vol. 10, nº 39, pp. 175-192, out. 2013.

O autor conclui, então, o seguinte:

> a delimitação do objeto do litígio contido no Termo de Arbitragem é requisito indispensável e fundamental a ser observado no processo de arbitragem, como previsto no art. 10, III, da Lei 9.307/1996, que esclarece sua obrigatoriedade no compromisso arbitral, sob pena de nulidade, tal como previsto no art. 32, IV.[65]

Diga-se, portanto, que o Termo de Arbitragem é o instrumento que identifica o objeto da arbitragem. Nele estão os limites para nortear a sentença arbitral, sob pena de nulidade.

2 Nulidade da sentença arbitral por desrespeito aos limites da convenção

Há evidente paralelo entre a fixação dos limites da arbitragem na convenção e a causa de pedir de que cuida o art. 330, §1º, I, do CPC, que inclui esta última como requisito essencial da inicial.

Em qualquer dos casos, o que se pretende assegurar é direito ao contraditório consagrado no art. 5º, LV, da Constituição Federal.

No processo arbitral, não sujeito às disposições do CPC, salvo as remissões contidas na L.A., os limites da arbitragem devem ser avaliados sob a ótica das regras processuais a respeito da causa de pedir e do pedido, por analogia, ainda que não se possa perder de vista as características próprias da arbitragem, dotada de maior flexibilidade.

---

65 MAGALHÃES, José Carlos. "Vícios na constituição do tribunal arbitral. Sentença arbitral extra petita. Ausência de jurisdição do tribunal arbitral: cláusula de foro judicial". *Revista de Arbitragem e Mediação*, vol. 10, nº 39, pp. 175-192, out. 2013.

Questão relevante que resulta da fixação de tais limites é a compreensão do alcance do que se sujeita à arbitragem. Por seu intermédio, as partes podem se certificar a respeito daquilo que será submetido ao árbitro.

Também para verificação de litispendência nas arbitragens, importa compreender a causa de pedir na arbitragem:

> Essa repetição pode se dar obviamente, em arbitragem, caso se verifique a existência de identidade entre partes, causa de pedir e pedido em relação a outra arbitragem, ou mesmo na hipótese de que tal identidade exista em relação a ação em trâmite perante o Poder Judiciário.[66]

Pelas mesmas razões, por óbvio, conexão e continência também emprestam importância ao tema.

A despeito das consequências dos limites da arbitragem, a L.A. não prevê o momento de sua determinação, ao contrário do CPC que indica que a especificação deve se dar na inicial. Na arbitragem, não se exige que os requerimentos subsequentes contenham os elementos indispensáveis ao primeiro.

Também não se impõe a necessidade de oferecer completa descrição dos fatos da demanda arbitral, admitindo-se um menor rigor formal. Não há, pois, necessidade de que "o compromisso arbitral adiante de forma detalhada e definitiva os limites da causa de pedir e do pedido que serão submetidos à arbitragem".[67] Em

---

66 MEDAGLIA, Ivo de Paula. "A delimitação da causa de pedir e do pedido na arbitragem". *In*: MARINONI, Luiz Guilherme; LEITÃO, Cristina Bichels. *Arbitragem e Direito Processual*. São Paulo: Revista dos Tribunais, 2021, p. 162.

67 MEDAGLIA, Ivo de Paula. "A delimitação da causa de pedir e do pedido na arbitragem". *In*: MARINONI, Luiz Guilherme; LEITÃO, Cristina Bichels. *Arbitragem e Direito Processual*. São Paulo: Revista dos Tribunais, 2021, p. 165.

geral, somente após a resposta, é que serão fixados os limites do alcance da arbitragem.

De todo modo, para não haver violação a tais limites, com consequente nulidade, é necessário identificar qual o momento para sua fixação.

Ivo de Paula Medaglia observa que as instituições de arbitragem regulam a questão e estipulam os momentos da delimitação de forma distinta.[68] Há necessidade, porém, de que o momento venha a ser estipulado e ele deve ser anterior à sentença.

Não se pode ignorar a maior flexibilidade que se admite no processo arbitral, mas é inegável que essa delimitação é necessária, como se disse, para preservação do contraditório e, até, dos limites da competência do Juízo Arbitral.

Atento ao fato de que na arbitragem não há regra específica sobre o momento fatal para a fixação de seus limites, Leonardo Beraldo pondera: "não temos a menor dúvida da imprescindibilidade em se criar algum momento para que ocorra a estabilização da demanda, sob pena de se eternizar ou prolongar demasiadamente o procedimento arbitral".[69]

Uma das possibilidades de anulação de sentença arbitral prevista no art. 32 da Lei de Arbitragem é aquela em que a decisão é dada em desconformidade com o Termo de Arbitragem.

Elemento essencial de qualquer decisão, arbitral ou não, é o respeito ao direito constitucional ao contraditório. Assim, não se pode cogitar de decisão que venha a ser proferida fora dos limites

---

68 MEDAGLIA, Ivo de Paula. "A delimitação da causa de pedir e do pedido na arbitragem". *In*: MARINONI, Luiz Guilherme; LEITÃO, Cristina Bichels. *Arbitragem e Direito Processual*. São Paulo: Revista dos Tribunais, 2021, pp. 167/168.

69 BERALDO, Leonardo de Faria. *Curso de arbitragem nos termos da Lei 9.307/96*. São Paulo: Atlas, 2014, p. 312.

daquilo que foi anunciado como fundamento da pretensão ou dela mesma.

É assim, porque, do contrário, o réu pode ser surpreendido com decisão judicial que lhe imponha conduta não postulada na arbitragem, ou que lhe imponha conduta pretendida com fundamento desconhecido. Ou seja, haveria decisão sobre pedido ou com fundamentos dos quais não se defendeu, ou não precisava tê-lo feito.

É preciso esclarecer que o fato e os fundamentos, por óbvio, podem ser de conhecimento do réu, mas isso não basta para assegurar proteção ou contraditório. Ora, é preciso que o fato e o fundamento conhecidos pelo réu sejam invocados pelo autor. Não é dado ao julgador julgar de modo diverso daquele em que a lide foi posta. Por isso, uma das hipóteses de invalidação da sentença arbitral é a do julgamento incompatível com o Termo de Arbitragem.

A nulidade da sentença arbitral em nenhuma hipótese permitirá rejulgamento da causa pelo Poder Judiciário, por isso, a hipótese de anulação será sempre objetiva. Aquele que pretender invalidá-la haverá de demonstrar que o julgamento foi proferido com natureza diversa da pretensão inaugural da arbitragem. Ou além do que era pretendido.

Por isso, anulada a sentença arbitral, se imporá ao árbitro "decidir novamente a causa sem insistir no vício reconhecido pelo juiz – retomando a arbitragem, com isso o seu curso normal".[70]

A sentença anulatória tem eficácia desconstitutiva, equivalente a verdadeiro Juízo rescindente da rescisória. Caberá ao árbitro, portanto, diante da invalidade da decisão em que identificada a divergência com a natureza da demanda, proferir novo julgamento.

---

70 DINAMARCO, Cândido Rangel. *A arbitragem na Teoria Geral do Processo*. São Paulo: Malheiros, 2013, p. 236.

A anulação da sentença com fundamento no inciso IV, do artigo 32 da L.A., decorre de a sentença arbitral ser proferida fora dos limites do compromisso, quando será *extra ou ultra petita*. O dispositivo se refere à decisão fora dos limites e compreende tanto a decisão *extra petita* quanto a *ultra petita*, o que se justifica à luz de uma interpretação de fundo constitucional.

A decisão *extra petita* é nula porque o tribunal arbitral terá, a rigor, decidido litígio diverso daquele que figurou no compromisso arbitral. A decisão fora dos limites da convenção justifica a anulação da sentença. Já a que for *ultra petita* será ineficaz naquilo que ultrapassa os limites do compromisso. Neste caso, o juiz togado se limita a invalidar o excesso, restringindo-a a seus limites. Parte da doutrina considera que a sentença proferida além do pedido ou fora dele seria inexistente.[71]

Assim, quando o julgamento é feito fora dos limites da convenção, o árbitro teria decidido sem ter jurisdição para tanto. A decisão, portanto, seria inexistente. A discussão é relevante uma vez que a declaração judicial do vício não se sujeitaria ao prazo decadencial de 90 dias do art. 33, §1º, da L.A.

O prazo seria irrelevante porque o ato inexistente não ingressa no mundo jurídico. Em relação a ele, não se cogita de prazo decadencial, nem de convalidação de qualquer espécie. Bastaria, para subtrair efeitos da decisão inexistente, o seu mero reconhecimento.

A posição que reconhece a inexistência da decisão arbitral também se ampara na afirmação de que ela "usurpa poderes jurisdicionais do Juízo Estatal, logo, a parte que extrapola é inexistente".[72]

---

71 BERALDO, Leonardo de Faria. *Curso de arbitragem nos termos da Lei 9.307/96*. São Paulo: Atlas, 2014, p. 495.

72 BERALDO, Leonardo de Faria. *Curso de arbitragem nos termos da Lei 9.307/96*. São Paulo: Atlas, 2014, p. 496. O Professor Cândido Rangel Dinamarco exemplifica: "se peço algo não incluído na convenção e o árbitro acolhe meu pedido nos termos em que foi deduzido, ele não estará decidindo

Leonardo de Faria Beraldo, contudo, apresenta posição divergente. Sustenta que ao violar os limites da jurisdição arbitral, o árbitro não deixa de ter jurisdição, ainda que tenha proferido decisão fora de seus limites:

> Ele tem jurisdição, todavia, extrapolou os seus limites. O que há, portanto, nas sentenças *ultra* e *extra petita*, é um vício de julgamento, e que compromete a validade da sentença. Em suma, o árbitro tem jurisdição, mas, no caso, falta-lhe a competência, daí porque acreditamos que o problema está no plano da validade, e, não, no da existência.[73]

A opção do legislador, porém, foi no sentido de que, em tais casos, a sentença é nula. A solução, observe-se, é adequada e merece ser prestigiada; ela permite que, decorrido o prazo previsto na L.A., a sentença passe a produzir seus efeitos e confere segurança à solução adotada pelos árbitros.

Corretamente, o inciso V do art. 32 da L.A. foi revogado. Ele previa a nulidade da sentença arbitral *citra petita*. Em tais casos, a sentença continua válida e eficaz, remanescendo a possibilidade de o interessado postular a sentença complementar (art. 33, §4º, da L.A.).

---

extra petita, embora com isso os limites da convenção estejam sendo extrapolados", pois haverá decisão sem jurisdição (DINAMARCO, Cândido Rangel. *A arbitragem na Teoria Geral do Processo*. São Paulo: Malheiros, 2013, p. 196). Gustavo da Rocha Schimidt, Daniel Brantes Ferreira e Rafael Carvalho Rezende Oliveira, perfilham o mesmo entendimento: "Assim é que ao extrapolar os limites fixados pela cláusula compromissória (ou compromisso arbitral, se for o caso), falece ao árbitro a própria jurisdição. A decisão, em tais circunstâncias, é um nada jurídico. Inexiste juridicamente. Daí a impossibilidade de se obter a sua homologação, reconhecimento e execução no Brasil" (FERREIRA, Daniel Brantes; SCHIMIDT, Gustavo da Rocha; OLIVEIRA, Rafael Carvalho Rezende. *Comentários à Lei de Arbitragem*. Rio de Janeiro: Forense, 2021, p. 240).

73 BERALDO, Leonardo de Faria. *Curso de arbitragem nos termos da Lei 9.307/96*. São Paulo: Atlas, 2014, p. 496.

A convenção de arbitragem é o parâmetro a ser seguido e respeitado pela sentença. Contém a vontade daqueles que se submetem à jurisdição arbitral.

Por isso, a sentença arbitral há de seguir dois parâmetros: "a) a convenção de arbitragem; e b) os pedidos formulados pelas partes. Caso contrário, a sentença será *extra petita* (fora do pedido) ou *ultra petita* (além do que foi pedido)".[74]

Em relação à primeira hipótese, o Professor Cândido Dinamarco sintetiza:

> Em casos assim, manda o princípio da conservação dos atos processuais, expresso na máxima *utile per inutile non vitiatur* e no art. 248 do CPC, que se anule o viciado e se preserve o hígido. Trata-se de capítulos autônomos e a contaminação de um pelo vício contido no outro violaria essa importante regra de elementar inteligência.[75]

Carlos Alberto Carmona acrescenta às sentenças *extra petita* aquelas em que os árbitros se desviam do procedimento estipulado pelas partes. Em tais casos, prossegue, haveria excesso dos poderes jurisdicionais concedidos ao árbitro pelas partes.[76]

O autor, porém, observa que não é qualquer alteração de procedimento que justifica ação anulatória. Não justificam incidência do art. 32, IV, da L.A., "irregularidades procedimentais (que não

---

74 FERREIRA, Daniel Brantes; SCHIMIDT, Gustavo da Rocha; OLIVEIRA, Rafael Carvalho Rezende. *Comentários à Lei de Arbitragem*. Rio de Janeiro: Forense, 2021, p. 214.

75 DINAMARCO, Cândido Rangel. "Limites da sentença arbitral e de seu controle jurisdicional". *In*: MARTINS, Pedro A. Batista; GARCEZ, José Maria Rossani. *Reflexões sobre arbitragem*: em memória do desembargador Cláudio Vianna de Lima. São Paulo: LTr, 2002.

76 CARMONA, Carlos Alberto. *Arbitragem e processo*. São Paulo: Atlas, 2009, p. 406.

arranhem as garantias do devido processo legal) ou adaptações ao caso concreto de regras procedimentais".[77]

Fosse assim, estaria afrontada a flexibilidade essencial ao processo arbitral.

Também a nomeação de árbitros de modo diverso do previsto na convenção de arbitragem poderá estar inserida na disposição em exame.[78] O que se vê, portanto, é que a higidez da sentença arbitral depende substancialmente do respeito ao princípio da adstrição:

> Porém, o art. 21, § 2.º, da Lei 9.307/1996, ao prever o livre convencimento, não descartou a necessidade da observância de outros princípios fundamentais do processo. *Os árbitros estão vinculados ao princípio da adstrição, não podendo julgar, sob pena de nulidade, ultra, extra ou citra petita. Ou seja, os árbitros não podem julgar questão estranha ao objeto ou ao pedido definido no compromisso arbitral*, exceder aos limites do objeto ou do pedido ou deixar de decidir questão que lhes foi submetida mediante compromisso. A validade desse argumento está no art. 32 da Lei 9.307/1996, que estabelece a nulidade da sentença arbitral nos casos de ser "proferida fora dos limites da convenção de arbitragem" (art. 32, IV, da Lei 9.307/1996) e de "não decidir todo o litígio submetido à arbitragem" (art. 32, V, da Lei 9.307/1996) (destaques nossos).[79]

---

77 CARMONA, Carlos Alberto. *Arbitragem e processo*. São Paulo: Atlas, 2009, p. 406.

78 CARMONA, Carlos Alberto. *Arbitragem e processo*. São Paulo: Atlas, 2009, p. 406.

79 MARINONI, Luiz Guilherme. "Ação de nulidade de sentença arbitral". *In:* ______. *Soluções práticas de direito*: pareceres. vol. 2. São Paulo: Revista dos Tribunais, 2011 (grifo nosso).

Nas ações anulatórias, caberá ao juiz togado avaliar a violação aos limites da convenção à luz do contraditório e da ampla defesa. Isto é, haverá de prestigiar a decisão arbitral, salvo se reconhecer de modo estreme de dúvida que o desvio da sentença atingiu frontalmente o contraditório. Para isso, deverá fazer avaliação objetiva da congruência da sentença com o Termo de Arbitragem.

3 A sentença anulatória proferida por desrespeito aos limites da convenção

Proferida a sentença anulatória da decisão arbitral com amparo no inciso IV do art. 32 da L.A., o juiz togado poderá afastar o excesso da decisão, nos casos de decisão *ultra petita,* e mantê-la naquilo que é compatível com a convenção arbitral.

Já na sentença arbitral *extra petita,* na maioria dos casos, a sentença deverá acarretar a necessidade de as partes serem remetidas, pelo juiz togado, ao Juízo Arbitral, único competente para proferir decisão a respeito. As partes retornam à posição que ocupavam antes da sentença arbitral. Se à arbitragem estavam submetidos, devem a ela retornar.

Acompanha-se, porém, a ponderação de Leonardo de Faria Beraldo. O autor distingue as sentenças arbitrais *extra petita* parcial e total. Esclarece que nas primeiras, nem todos pedidos são *extra petita,* e conclui:

> A razão pela qual discordamos de parte da teoria acima é porque, na sentença *extra petita* parcial, é possível suprir o vício sem que seja preciso que o árbitro profira nova sentença. Já na sentença *extra petita* total, concordamos com os doutrinadores supramencionados: será o caso de decretar judicialmente a nulidade da sentença arbitral e determinar [que uma outra] seja proferida. Na sentença *ultra petita*, se for possível decotar o excedente (na grande

> maioria das vezes será), sem que prejudique o restante da decisão arbitral, assim deverá ser feito.[80]

Em 2020, o E. Superior Tribunal de Justiça cuidou do tema objeto deste estudo, no REsp 1.735.538.

Tratava-se de ação anulatória de sentença arbitral em que se alegou haver o Tribunal arbitral decidido de modo diverso do que havia sido postulado. Teria havido imposição de condenação, mas a pretensão era apenas declaratória.

O Min. Marco Aurélio Bellizze ponderou em seu voto que

> o particular modo como as pretensões são expostas pelas partes litigantes no âmbito do procedimento arbitral, descolado, em certa medida, do formalismo próprio do processo judicial, não pode importar, por si, a conclusão de inobservância do princípio processual da adstrição.

Aduziu, ainda, haver paralelo entre o processo judicial e a arbitragem e que do primeiro se extraem "elementos seguros para solver relevantes indagações surgidas no âmbito da arbitragem".

Esse paralelo é suficiente para assegurar às partes do processo arbitral o contraditório e a ampla defesa. Mas, afirma Sua Excelência, essa circunstância não impõe ao intérprete observar no processo arbitral os regramentos do processo judicial com o mesmo rigor, "sob pena de desnaturar esse importante modo de heterocomposição".

De fato, a exigência de limitação da decisão aos termos da arbitragem deve ser avaliada à luz das características próprias da

---

80 BERALDO, Leonardo de Faria. *Curso de arbitragem nos termos da Lei 9.307/96*. São Paulo: Atlas, 2014, p. 497. No mesmo sentido: PARENTE, Eduardo de Albuquerque. *Processo arbitral e sistema*. São Paulo: Atlas, 2002, p. 274.

arbitragem – com maior flexibilidade. E a nulidade da sentença, como registrado no voto, haverá de ter em conta o cuidado com o respeito ao contraditório que pode ser violado se se impuser ao réu decisão de natureza diversa daquela prevista quando concordou em se submeter à arbitragem.

Francisco José Cahali oferece exemplo de sentença arbitral proferida fora dos limites da convenção:

> Mas figure-se a hipótese de as partes terem admitido definição do *an debeatur* na arbitragem, reservando a apuração do *quantum debeatur* ao Juízo Estatal, ou ainda, tenham limitado a incidência de encargos e multas, ou mesmo a responsabilidade pelas custas e despesas da arbitragem. Caso a condenação venha a impor estas obrigações, há causa para a ação de desconstituição.[81]

Síntese conclusiva

A sentença arbitral deve respeitar os limites da jurisdição que lhe é atribuída pela vontade das partes e expresso na convenção. Tal como nos processos judiciais, também o processo arbitral exige que haja respeito ao contraditório e, portanto, não admite julgamento de litígio distinto daquele previsto pelas partes. Nem autoriza o árbitro a impor ao réu mais do que a convenção previa.

Não se tolera, pois, sob pena de nulidade, sentença arbitral *extra ou ultra petita*.

Embora não haja previsão expressa do momento em que se deverão fixar os limites da sentença, não há como deixar de fazê-lo antes do momento da decisão.

81 CAHALI, Francisco José. *Curso de arbitragem*. E-book: Revista dos Tribunais, 2020.

Anulada a sentença arbitral por infração ao inciso IV do art. 32 da L.A., caberá ao juiz togado impor ao árbitro que profira outra, com respeito aos limites da convenção, se *extra petita* (salvo se possível preservá-la parcialmente); ou reduzi-la aos limites da convenção, se *ultra petita*.

Referências bibliográficas

BERALDO, Leonardo de Faria. *Curso de arbitragem nos termos da Lei 9.307/96*. São Paulo: Atlas, 2014.

CAHALI, Francisco José. *Curso de arbitragem*. E-book: Revista dos Tribunais, 2020.

CARMONA, Carlos Alberto. *Arbitragem e processo*. São Paulo: Atlas, 2009.

CASTRO, André Zanatta Fernandes de. "Sentença arbitral *extra petita* e os limites da análise pelo poder judiciário: comentários à apelação 994.08.124054-2 do TJSP". *Revista de Arbitragem e Mediação*, vol. 8, nº 31, 2011.

DINAMARCO, Cândido Rangel. *A arbitragem na Teoria Geral do Processo*. São Paulo: Malheiros, 2013.

DINAMARCO, Cândido Rangel. "Limites da sentença arbitral e de seu controle jurisdicional". *In*: MARTINS, Pedro A. Batista; GARCEZ, José Maria Rossani. *Reflexões sobre arbitragem*: em memória do desembargador Cláudio Vianna de Lima. São Paulo: LTr, 2002.

FERREIRA, Daniel Brantes; SCHIMIDT, Gustavo da Rocha; OLIVEIRA, Rafael Carvalho Rezende. *Comentários à Lei de Arbitragem*. E-book: Forense, 2021.

LEMES, Selma Maria Ferreira. "A função e uso do Termo de Arbitragem". *Jornal Valor Econômico*, set. 2005.

MAGALHÃES, José Carlos. "Vícios na constituição do tribunal arbitral. Sentença arbitral extra petita. Ausência de jurisdição do tribunal arbitral: cláusula de foro judicial". *Revista de Arbitragem e Mediação*, vol. 10, n 39, out. 2013.

MARINONI, Luiz Guilherme. "Ação de nulidade de sentença arbitral". *In*: ______. *Soluções práticas de direito*: pareceres. vol. 2, São Paulo: Revista dos Tribunais, 2011.

MEDAGLIA, Ivo de Paula. "A delimitação da causa de pedir e do pedido na arbitragem". *In*: MARINONI, Luiz Guilherme; LEITÃO, Cristina Bichels. *Arbitragem e Direito Processual*. São Paulo: Revista dos Tribunais, 2021.

PARENTE, Eduardo de Albuquerque. *Processo arbitral e sistema*. São Paulo: Atlas, 2002.

CAPÍTULO VII

A CONCORRÊNCIA DESLEAL E O DIREITO CONCORRENCIAL

Luís Felipe Ferrari Bedendi

Introdução

A concorrência desleal, na ciência jurídica nacional, está sobremaneira vinculada à propriedade industrial, já que sua única regulamentação legal genuinamente nacional encontra-se na Lei n. 9.279/96, a Lei de Propriedade Industrial – LPI.[82]

Nela, a concorrência desleal vem tratada apenas como um tipo penal (artigo 195) e, no âmbito civil, como fato gerador de perdas e danos (artigos 209 e 210).

Não obstante leve em seu *nomen juris* a palavra "concorrência", o fenômeno sequer foi minimamente tocado pela Lei n. 12.529/11, a atual Lei Geral da Concorrência, que estrutura o

82 Todas as leis mencionadas no texto são, diga-se de antemão, do Brasil.

Sistema Nacional de Defesa da Concorrência, tampouco o fora no diploma anterior, a Lei n. 8.884/94.

Aliás, a escassez de regulamentação é situação de longa data no Direito Pátrio, como bem se verifica em Hermano Duval, na clássica obra *Concorrência Desleal*, ao comentar o tema à luz dos antigos Código Comercial e Código de Propriedade Industrial (Lei n. 556/1850 e Lei n. 5.772/1951, respectivamente):

> Essas idas e vindas, a testemunhar a incerteza da legislação, dada a completa ausência de uma doutrina orientadora, não se refletiu na Jurisprudência, predominantemente penal, mas deixa o advogado militante confuso. E em que pese sua estreita vinculação com o comércio e a indústria, em nenhum capítulo, respectivamente, de nosso centenário Código Comercial ou do vigente Código de Propriedade Industrial (Lei n. 5.772, de 21/12/1971, salvo no art. 2º, *c* e *d*), vislumbra-se o menor traço de regulamentação ampla dos institutos da CD [concorrência desleal] e da CI [concorrência ilícita].[83]

As tais "idas e vindas" mencionadas pelo autor correspondem, justamente, ao enquadramento da concorrência desleal ora como tipo penal ora como ilícito civil ensejador de perdas e danos, mas sempre desprovido de mínima sistematização, absolutamente essencial em vista de sua polivalência e amplitude.

Não obstante a legislação genuinamente nacional tenha deixado de tratar na esfera civil o fenômeno da concorrência desleal, tal aconteceu nos tratados internacionais em matéria de propriedade intelectual, dos quais o Brasil é signatário; especificamente a Convenção de Estocolmo de 1967 (inserida no ordenamento pátrio pelo Decreto n. 75.572/75),[84] última atualização da Con-

---

83 DUVAL, Hermano. *Concorrência desleal*. São Paulo: Saraiva, 1976, p. 483.

84 "Art. 1º (...). 2) A proteção da propriedade industrial tem por objeto as patentes de invenção, os modelos de utilidade, os desenhos ou modelos industriais,

venção de Paris de 1883, e o Acordo TRIPS (sigla inglesa para *Trade Related Aspects of Intellectual Property Rights*), resultado da Rodada Uruguai de Negociações Comerciais Multilaterais do GATT, realizada em 1994 e incorporada ao ordenamento nacional pelo Decreto n. 1.355/94.[85]

Mas mesmo os documentos internacionais não tratam o polivalente fenômeno da "concorrência desleal" em sua inteireza, isso porque, além de se inserir no Direito Criminal e no Direito de Propriedade Industrial, como visto acima, também se encaixa no Direito Civil das obrigações, no Direito Civil da responsabilidade extracontratual ou aquiliana, no Direito de Autor, no Direito do Consumidor, no Direito do Trabalho, no Direito Societário e, evidentemente, no Direito Concorrencial. Aliás, como espécie de fenômeno inserto nesse último campo, é que, em tese, o combate à concorrência desleal, em todas as situações, guardaria sempre a mesma finalidade (ainda que indiretamente): a garantia a dois dos princípios gerais da ordem econômica previstos no art. 170 da Constituição Federal[86] – a livre concorrência e a defesa do consumidor.

---

as marcas de serviço, o nome comercial e as indicações de procedência ou denominações de origem, bem como a repressão da concorrência desleal (...). Art. 10º bis. 1) Os países da União obrigam-se a assegurar aos nacionais dos países da União proteção efetiva contra a concorrência desleal. 2) Constitui ato de concorrência desleal qualquer ato de concorrência contrário aos usos honestos em matéria industrial ou comercial".

85 O TRIPS faz referência ao Acordo de Paris, tratando apenas da concorrência desleal em contratos de licença no item 8 de sua parte 2.

86 Art. 170. A ordem econômica, fundada na valorização do trabalho humano e na livre iniciativa, tem por fim assegurar a todos uma existência digna, conforme os ditames da justiça social, observados os seguintes princípios: I - soberania nacional; II - propriedade privada; III - função social da propriedade; IV - livre concorrência; V - defesa do consumidor; VI - defesa do meio ambiente, inclusive mediante tratamento diferenciado conforme o impacto ambiental dos produtos e serviços e de seus processos de elaboração e prestação; VII - redução das desigualdades regionais e sociais; VIII - busca do pleno emprego; IX - tratamento favorecido para as empresas brasileiras de capital nacional de pequeno porte.

A proteção contra a concorrência desleal, pois, implicaria em se garantir – tomando-se de empréstimo expressão utilizada por Calixto Salomão Filho – o "devido processo econômico", que corresponde à situação em que se permite aos agentes no mercado atuar em igualdade de condições.[87]

Porém, repita-se, o fenômeno é demasiadamente amplo, como se poderá verificar dos exemplos de situações concretas no item seguinte, de maneira a se pôr em dúvida, inclusive, se em toda e qualquer situação a finalidade de se coibi-lo seria a proteção à concorrência e ao consumidor (daí o uso dos verbos no futuro do pretérito). De toda sorte, a carência de tratamento legal e sistematização doutrinária impõem que se o faça, precisamente para se dar o devido contorno ao fenômeno, desvinculando-o de certa maneira da propriedade industrial, como se subtema dessa fosse.

1 A amplitude do fenômeno

O fenômeno da concorrência desleal é sobremaneira carregado de elementos fáticos, podendo assumir formas múltiplas, daí a dificuldade em sistematizá-lo.

E para se demonstrar a afirmação, confiram-se alguns exemplos dessa diversidade, colhidos da prática forense, lançando-se para todos eles a pergunta: configura-se a situação como hipótese de concorrência desleal?

a) Sociedade "A", farmacêutica, lança no mercado remédio com composto idêntico ou semelhante ao da sociedade "B", patenteado perante o Instituto Nacional de Propriedade Industrial (INPI), que alega haver violação da invenção;

---

87 SALOMÃO FILHO, Calixto. *Teoria crítico-estruturalista do Direito Comercial*. São Paulo: Marcial Pons, 2015, p. 28.

b) Sociedade "C", fabricante de achocolatados, lança no mercado produto com embalagem muito semelhante ao da sociedade "D", nela levando elementos de cor, formato das letras e gráficos parecidos, inexistindo, contudo, qualquer identidade ou semelhança em relação à marca;

c) Sociedade "E" se vale do serviço de anúncios pagos do buscador *Google*, vinculando a marca da sociedade "F" como elemento de pesquisa para anunciar a sua própria;

d) Sócio da sociedade "G" cria a sociedade "F" de mesmo objeto social que a primeira, atuando concorrentemente a ela, podendo haver ou não cláusula de não competição;

e) O mesmo sócio da sociedade "G" que criou a sociedade "F" passa a desviar clientela à segunda, assim como alicia funcionários de "G" para migrarem a "F";

f) Sócio de sociedade de advogados "H" dela se retira, carregando carteira de clientes, e não há cláusula de não concorrência no contrato social;

g) Ex-funcionário da sociedade "I", após seu desligamento, contata a antiga carteira de clientes, oferecendo serviços em condições econômicas mais vantajosas prestadas pela sociedade concorrente "J", à qual se vinculou;

h) Sociedade "K" contata altos funcionários da sociedade concorrente "L", oferecendo-lhes melhores condições salariais, sendo que para eles existe cláusula de não concorrência nos respectivos contratos de trabalho, com cláusula penal acessória em caso de descumprimento, sob a promessa de custeio da referida multa;

i) Sociedade "M" oferece melhores condições remuneratórias a fornecedor exclusivo da sociedade concorrente "N", sob a promessa de pagamento de cláusula penal acessória para extinção antecipada do pacto;

j) Fornecedor de equipamentos de beleza para cabelos oferta-os na entrada de feira de produtos de mesma natureza, para a qual não foi convidado, a preços muito mais baixos que os dos concorrentes participantes;

k) Franqueado da marca "O" de comida árabe abre estabelecimento semelhante próprio, fora dos limites territoriais da cláusula de não competição em seu contrato de franquia, ainda durante a vigência do pacto, valendo-se do *know how* adquirido perante a franqueadora.

Veja-se que as situações são muito díspares entre si e em apenas três delas há referência expressa a elementos da propriedade industrial; nas demais, entretanto, as relações jurídicas base inserem-se no campo do Direito Societário, das obrigações civis ou sequer existe uma relação jurídica base, sobrevindo essa a partir de certa conduta praticada pelo agente que cause dano a outrem (e aí se ingressa na seara da responsabilidade aquiliana).

Por tal motivo é que se torna imperiosa a dissecção do fenômeno da concorrência desleal, para se tentar (e frise-se que se tratará justamente de uma tentativa) extraírem pontos comuns a qualquer situação concreta, sem vinculação aos elementos da propriedade industrial.

Atualmente doutrina e jurisprudência valem-se analogicamente do art. 195 da LPI,[88] para definirem na seara cível condutas

---

88 "Art. 195. Comete crime de concorrência desleal quem: I - publica, por qualquer meio, falsa afirmação, em detrimento de concorrente, com o fim de obter vantagem; II - presta ou divulga, acerca de concorrente, falsa informação, com o fim de obter vantagem; III - emprega meio fraudulento, para desviar, em proveito próprio ou alheio, clientela de outrem; IV - usa expressão ou sinal de propaganda alheios, ou os imita, de modo a criar confusão entre os produtos ou estabelecimentos; V - usa, indevidamente, nome comercial, título de estabelecimento ou insígnia alheios ou vende, expõe ou oferece à venda ou tem em estoque produto com essas referências; VI - substitui, pelo seu próprio nome ou razão social, em produto de outrem, o nome ou

de concorrência desleal, constituindo-se o aludido dispositivo num tipo penal.[89] Contudo, tais condutas são a mera concretização do fenômeno, exemplos, não trazendo em si próprias as características daquele que, como visto pelas situações fáticas acima indicadas, pode assumir variadas e amplas formas nos diversos ramos do direito.

---

razão social deste, sem o seu consentimento; VII - atribui-se, como meio de propaganda, recompensa ou distinção que não obteve; VIII - vende ou expõe ou oferece à venda, em recipiente ou invólucro de outrem, produto adulterado ou falsificado, ou dele se utiliza para negociar com produto da mesma espécie, embora não adulterado ou falsificado, se o fato não constitui crime mais grave; IX - dá ou promete dinheiro ou outra utilidade a empregado de concorrente, para que o empregado, faltando ao dever do emprego, lhe proporcione vantagem; X - recebe dinheiro ou outra utilidade, ou aceita promessa de paga ou recompensa, para, faltando ao dever de empregado, proporcionar vantagem a concorrente do empregador; XI - divulga, explora ou utiliza-se, sem autorização, de conhecimentos, informações ou dados confidenciais, utilizáveis na indústria, comércio ou prestação de serviços, excluídos aqueles que sejam de conhecimento público ou que sejam evidentes para um técnico no assunto, a que teve acesso mediante relação contratual ou empregatícia, mesmo após o término do contrato; XII - divulga, explora ou utiliza-se, sem autorização, de conhecimentos ou informações a que se refere o inciso anterior, obtidos por meios ilícitos ou a que teve acesso mediante fraude; ou XIII - vende, expõe ou oferece à venda produto, declarando ser objeto de patente depositada, ou concedida, ou de desenho industrial registrado, que não o seja, ou menciona-o, em anúncio ou papel comercial, como depositado ou patenteado, ou registrado, sem o ser; XIV - divulga, explora ou utiliza-se, sem autorização, de resultados de testes ou outros dados não divulgados, cuja elaboração envolva esforço considerável e que tenham sido apresentados a entidades governamentais como condição para aprovar a comercialização de produtos. Pena - detenção, de 3 (três) meses a 1 (um) ano, ou multa".

89 Wilson Pinheiro Jabur tenta, inclusive, sistematizar as condutas do art. 195 da LPI, classificando-as em atos confusórios, tendentes ao descrédito, tendentes ao erro, atentatórios à organização do concorrente e outros atos desleais, tudo para, ao final, concluir que os pressupostos da concorrência desleal são a existência de efetiva concorrência, com simultaneidade e identidade geográfica e de área de atuação, deslealdade e produção de um resultado. (JABUR, Wilson Pinheiro. "Pressupostos do ato de concorrência desleal". *In*: SANTOS, Manoel J. Pereira dos; JABUR, Wilson Pinheiro (Coord.). *Criações industriais, segredos de negócio e concorrência desleal*. São Paulo: Saraiva, 2007, p. 365.

Tome-se, aliás, como modelo a situação em que uma pessoa descumpre cláusula de não competição inserida em contrato. Em qual dos incisos do art. 195 se haveria de enquadrar a conduta? Tem-se, aí, mora ou inadimplemento de obrigação contratual, onde a culpa é presumida, e, em se a caracterizando como concorrência desleal, o rol do art. 195 não seria suficiente para encerrar o adequado enquadramento.

Outrossim, o objeto material do tipo penal são os elementos da propriedade industrial, ao passo que o bem jurídico atingido pela concorrência desleal pode ser muito mais amplo, como uma relação obrigacional contratual ou a regularidade do mercado.

Aliás, quanto a esse último aspecto, a análise do fenômeno da concorrência desleal, para muito além de se traçarem suas características e conceituação, haverá de se debruçar acerca de um ponto fulcral relativamente a qualquer fenômeno concorrencial: seus efeitos em relação ao consumidor e à economia.

2 A concorrência desleal e o Direito Concorrencial

A concorrência desleal, como afirmado logo na introdução, está intrinsecamente ligada à propriedade industrial porque ambas vêm tratadas no mesmo diploma, a LPI, que erige a primeira como verdadeira ferramenta à proteção dos Direitos da Propriedade Industrial, para se atingir, inclusive, os fins sociais a que se destinam: o desenvolvimento econômico e tecnológico do país.[90]

E isso vem em seu artigo 2º, cuja relevância é imensurável ao Sistema da Propriedade Industrial, visto trazer para o âmbito

---

90 "Art. 2º A proteção dos direitos relativos à propriedade industrial, considerado o seu interesse social e o desenvolvimento tecnológico e econômico do País, efetua-se mediante: I - concessão de patentes de invenção e de modelo de utilidade; II - concessão de registro de desenho industrial; III - concessão de registro de marca; IV - repressão às falsas indicações geográficas; e V - repressão à concorrência desleal".

legal a finalidade precípua dos inventos industriais prevista na Constituição Federal (inciso XXIX do art. 5º);[91] e destacar a concorrência como uma das ferramentas para a consecução desses objetivos.

As razões pelas quais a concorrência desleal está ligada à propriedade industrial são pouco exploradas, não obstante isso venha desde o antigo Código de Propriedade Industrial de 1945 (Decreto-lei n. 7.903/45), que, no artigo 3º, estabeleceu a repressão à concorrência desleal como uma das formas de se promover a proteção à propriedade industrial,[92] o que se manteve nas leis posteriores, incluída a atual LPI.

Diz-se que a concorrência desleal está inserida no bojo da propriedade industrial porque seria a maneira de se protegerem ativos imateriais, dentre os quais os inventos. Nesse sentido, o Instituto Dannemann Siemsen de Estudos Jurídicos e Técnicos:

> Aliás, cabe observar aqui que as normas jurídicas de proteção à propriedade industrial se inserem no contexto mais amplo da proteção às relações de concorrência, pois, afinal, tratam das normas de proteção a certos elementos do fundo incorpóreo de comércio que, em razão de seu elevado valor e alcance dos direitos conferidos aos seus titulares, pedem legislação específica.

---

91 "A lei assegurará aos autores de inventos industriais privilégio temporário para sua utilização, bem como proteção às criações industriais, à propriedade das marcas, aos nomes de empresas e a outros signos distintivos, tendo em vista o interesse social e o desenvolvimento tecnológico e econômico do País".

92 "Art. 3º A proteção da propriedade industrial se efetua mediante: a) a concessão de privilégio de: patentes de invenção, modelos de utilidade desenhos ou modelos industriais, variedades novas de plantas. b) a concessão de registros de marcas de indústria e de comércio, nomes comerciais, títulos de estabelecimento, insígnias, comerciais ou profissionais, expressões ou sinais de propaganda, recompensas industriais; c) a repressão de falsas indicações de proveniência; d) a repressão da concorrência desleal".

> Manteve, portanto, o legislador, a tradição das leis de propriedade industrial brasileiras que, desde o Código de 1945 (Decreto-lei n. 7.903, de 27/08/1945) incluem na legislação de proteção à propriedade industrial as normas de repressão ao desvio fraudulento de clientela e reconhecem os fundos incorpóreos de comércio, tais como os segredos de fábrica e de negócio de uma empresa, como propriedade imaterial de valor econômico merecedor de tutela jurídica.[93]

E a razão pela qual a concorrência desleal seria a ferramenta adequada é o fato de tutelar, imediatamente, interesses privados, dos concorrentes diretos em âmbito particular, e não o mercado coletivamente:

> O conceito de concorrência desleal está arraigado à noção de proteção da propriedade industrial, estando a infração tipificada criminalmente na Lei de Propriedade Industrial. A repressão à concorrência desleal é um dos meios de proteger os direitos relativos à propriedade industrial, considerado o seu interesse social e o desenvolvimento tecnológico e econômico do país. Apesar do valor concorrencial desses ilícitos, a prática da concorrência desleal não aflige, necessariamente, o mercado. O seu objetivo é tutelar o concorrente prejudicado por uma conduta comercialmente enganosa e que vise ludibriar a clientela. O mesmo não ocorre com a defesa da concorrência, que se preocupa com a concorrência, não com o concorrente. Diversamente da concorrência desleal, o objeto da tutela do Direito da Concorrência não é o recurso a práticas ardilosas para angariar clientes, em particular aquelas ludibriosas voltadas ao fundo de comércio (a boa reputação que capta clientela) e à propriedade industrial

---

93 INSTITUTO DANNEMANN SIEMSEN DE ESTUDOS JURÍDICOS E TÉCNICOS. *Comentários à Lei de Propriedade Industrial*. Rio de Janeiro: Renovar, 2013, p. 14.

> do concorrente – mas, sim, qualquer prática que tenha por objetivo, ou como resultado causar danos à concorrência.[94]

Nessa linha, nada mais adequado que uma derivação da tutela da concorrência voltada a interesses particulares para proteger bens imateriais econômicos de conteúdo eminentemente privado, como os inventos industriais. Tal afirmação, contudo, configura-se equivocada, ao menos em parte, perante os objetivos publicísticos da propriedade industrial constitucionalmente assentados e que, não obstante, são ofuscados diante da carga patrimonial secular que impregna essa classe de bens e diante da concorrência desleal, que aquela deve acompanhar.

Tradicionalmente, a proteção jurídica a inventos se dá para garantir ao criador o retorno econômico pela obra e incentivar novas criações, conforme aponta Paula A. Forgioni:

> (...) a propriedade intelectual é encarada como "ilha de proteção" do agente econômico contra a força concorrencial, na qual lhe é assegurado *monopólio de exploração*. Os direitos de propriedade industrial corporificam privilégios que tendem a diminuir o grau de concorrência em determinado setor da economia, restringindo a livre-iniciativa e a livre-concorrência de forma a recompensar o criador por seu esforço de inovação e, desta feita, incentivar o desenvolvimento de produtos e tecnologias.[95]

---

94 TAUFICK, Roberto Domingos. "Introdução ao Direito da Concorrência". *Site do Governo Federal*, 2014, p. 14. Disponível em: https://www.gov.br/fazenda/pt-br/centrais-de-conteudos/publicacoes/apostilas/advocacia-da-concorrencia/4-seae_introducao_direito_concorrencia.pdf/. Acessado em: 23.02.2022.

95 FORGIONI, Paula A. *Os fundamentos do antitruste*. 3ª ed. São Paulo: Revista dos Tribunais, 2008, p. 326.

Eis a razão pela qual aos inventos se dá o título de propriedade *erga omnes*, podendo o titular deles usar, gozar, fruir, dispor e opor-se.

Se assim o é, noutra ponta, não se há de afastar o caráter socioeconômico das criações industriais, expresso no já mencionado art. 5º, XXIX, da Constituição Federal, e consistente no desenvolvimento tecnológico e econômico do país.

No mundo contemporâneo, uma das principais fontes – senão a principal – de desenvolvimento e geração de riqueza de uma nação é o conhecimento, a informação, de forma pura; o que vem dele concretamente é consequência.[96] E a propriedade intelectual, como ferramenta de proteção do conhecimento, não pode ser obstativa da circulação desse ativo tão valioso, promovendo sua concentração e geração de riqueza restritivamente.

Portanto, há de se encontrar o equilíbrio entre o caráter privado da propriedade intelectual, como forma de se assegurar o retorno pelo investimento à criação, e o caráter público, consubstanciado na circulação do conhecimento, para desenvolvimento nacional. O que pode conduzir a este equilíbrio é o Direito Concorrencial.

Esse pode ser tomado como uma ferramenta de ordenação da atuação dos agentes econômicos. Novamente se invocam os ensinamentos da Professora Paula A. Forgioni, na obra *Os fundamentos do antitruste*, onde define o porquê do sistema de concorrência:

---

96 Como referência a essa afirmação se aponta a obra de Keith Maskus - *Private rights and public problems: the global economics of intellectual property in the 21st century* -, uma atualização de seu estudo dos anos 2000, "Intellectual property rights in the global economy", debruçando-se sobre as mudanças globais da regulamentação dos direitos de propriedade intelectual desde a fundação da ONU, e analisando, ainda, os benefícios e os custos do sistema de propriedade intelectual no mundo. Nela, o que ressalta é a necessidade de readequação do sistema protetivo da propriedade intelectual em face do seu novo objeto, o conhecimento puro e a informação, e o papel que ambos desempenham no desenvolvimento socioeconômico das nações.

> O texto da Constituição de 1988 não deixa dúvidas quanto ao fato de a concorrência ser, entre nós, um meio, um instrumento para o alcance de outro bem maior, qual seja, "assegurar a todos existência digna, conforme os ditames da justiça social". José Alexandre Tavares Guerreiro, mesmo antes do advento da Constituição de 1988, já via a proteção da concorrência como serviçal de um bem maior, o interesse coletivo, de ordem pública.
>
> O fato é que a disciplina da concorrência, no Brasil, surge, como anotamos alhures, em um contexto de proteção da economia popular (cf. Decreto-lei 869, de 1938, e Decreto-lei 7.666, de 1945), o que, sem sombra de dúvidas, já lhe atribui um caráter instrumental, ainda que vinculado à economia popular e ao consumidor.[97]

Portanto, atribui-se a ele um caráter instrumental, voltado à proteção da economia popular e do consumidor e, em último grau, como decorrência da regularidade de ambos, o bem-estar coletivo.

Quando a ferramenta do Direito Concorrencial se volta à propriedade intelectual, ela o faz para garantir que a exclusividade temporária da criação sirva como estímulo à produção de outras criações concorrentes, em benefício do consumidor. Tem-se, assim, a circulação da informação e do conhecimento, com a possibilidade de outros agentes econômicos produzirem criações que suplantem as protegidas pela propriedade industrial, o que provoca maior geração de receitas, ofertas aos consumidores e, em última análise, bem-estar social.

Confira-se posicionamento semelhante de Karin Grau-Kuntz:

> Como sabemos, a propriedade intelectual é garantida desde que (ou para – eu não vou entrar aqui na discussão

---

97 FORGIONI, Paula A. *Os fundamentos do antitruste*. 3ª ed. São Paulo: Revista dos Tribunais, 2008, p. 190.

> interpretativa do dispositivo constitucional) promover o desenvolvimento econômico e tecnológico do país. Como já afirmei, o desenvolvimento desejado não decorre porém do simples fato da garantia da propriedade intelectual, mas antes de sua aplicação no mercado. Em miúdos, o direito de propriedade intelectual garante ao seu titular um "escudo" que o protege contra imitações. Dessa forma os concorrentes serão forçados a superarem o titular do direito de propriedade intelectual, oferecendo produtos "diferentes". O dínamo que culmina com o avanço econômico e tecnológico está no esforço de superação dos concorrentes e não na vantagem garantida contra a imitação.
>
> Em outras palavras, da mesma forma que o titular do direito de propriedade intelectual precisa do mercado para tirar utilidade do título exclusivo, também os efeitos positivos do instituto jurídico dependem de um mercado que possibilite a concorrência de superação. Onde os caminhos para o esforço de superação não estiverem abertos, a exclusividade sobre a informação, isto é, a vantagem contra a imitação, é fator de estagnação.
>
> Isto posto, surge evidente porque a vantagem contra a concorrência de imitação não poderá ser aplicada no mercado de modo a bloquear a concorrência de superação. Isso ocorrendo, a garantia exclusiva estará sendo empregada para além dos seus fins econômicos-sociais, apenas satisfazendo os interesses de um único agente econômico. O remédio jurídico para esses casos encontramos no Direito Antitruste.[98]

Pois bem. Mas onde se inseriria a concorrência desleal no meio da propriedade industrial e do Direito Concorrencial?

Como já afirmado ao longo deste trabalho, a concorrência desleal tem fundamentos idênticos aos do antitruste, diferenciando-se

98 KUNTZ, Karin Grau. "A interface da propriedade intelectual com o direito antitruste". *Site do IBPI*, 2011, p. 4.

ambos quanto à tutela *imediata* de interesses. Porém, assim como a propriedade industrial não mais é caracterizada por se restringir aos interesses do criador, a concorrência desleal tampouco há de se ater exclusivamente aos conflitos entre dois agentes econômicos em particular, mirando, em verdade, a proteção dos consumidores.

Tanto que o Código de Defesa do Consumidor (Lei n. 8.078/90), em seu art. 4º, VI, define como princípio da Política Nacional de Relações de Consumo

> a coibição e repressão eficientes de todos os abusos praticados no mercado de consumo, inclusive a concorrência desleal e utilização indevida de inventos e criações industriais das marcas e nomes comerciais e signos distintivos, que possam causar prejuízos aos consumidores.

É possível se afirmar que a prática de um ato de concorrência desleal não implicaria, inexoravelmente, em prejuízo aos consumidores, quando há, por exemplo, rebaixamento forçado de preços pelo mau uso do monopólio temporário de certo ativo industrial. No entanto, ainda que tal conduta possa se configurar benéfica no curto prazo, num período maior, o *dumping* implicaria em barreira à entrada de novos competidores, concentração de mercado pelo titular do exclusivo, falta de inovação na área, escassez de opções ao consumidor, para se elencarem alguns dos efeitos nefastos da conduta.[99]

---

99 A respeito, vide Denis Borges Barbosa: "a legislação brasileira prevê, no Código de Defesa do Consumidor (Lei n. 8.078/90), Art. 4º e incisos, os princípios da Política Nacional de Relações de Consumo. No inciso VI a lei menciona como propósitos a serem alcançados a 'coibição e repressão eficientes de todos os abusos praticados no mercado de consumo, inclusive a concorrência desleal (...) que possam causar prejuízos aos consumidores'. Isso, pois que há concorrências desleais que favorecem, e não lesam, os consumidores – como o rebaixamento de preços (*dumping*) que não afete o mercado de forma a atrair a sanção antitruste. O Código também lista os direitos dos consumidores (Art. 6º e incisos), dentre eles, 'a proteção contra a

Com isso se quer dizer que a concorrência desleal é uma derivação do Direito Concorrencial, voltada à tutela imediata de interesses particulares no ambiente concorrencial, mas destinada igualmente à proteção da economia popular e dos consumidores, que devem estar seguros dos produtos e serviços que consomem, sem ardis ou enganos, e poderem ter acesso a diferentes escolhas.

Essa é a concepção geral que se extrai da intersecção entre concorrência desleal e antitruste: a primeira servindo como uma derivação do segundo na proteção da circulação segura do conhecimento e da informação; portanto, os fundamentos da concorrência estariam presentes também nas situações em que não existiria risco imediato à ordem econômica como um todo, dando concretude a seu aspecto instrumental de balizamento da propriedade industrial para a promoção do bem-estar coletivo.

Conclusão

Em síntese, não obstante a concorrência desleal venha tratada no ordenamento brasileiro como um fenômeno típico da propriedade industrial, ela é muitíssimo mais ampla, pois, como visto, o que a caracteriza em essência não é a violação de Direito Patentário ou Marcário, mas sim a vontade de enganar, confundir, o tomador de certo serviço ou consumidor de um produto e, nessa linha, dispõe o agente infrator de infinitos recursos que passam ao largo dos institutos daquela.

---

publicidade enganosa e abusiva, métodos comerciais coercitivos ou desleais, bem como contra práticas e cláusulas abusivas ou impostas no fornecimento de produtos e serviços'. Mas de nenhuma forma a concorrência desleal se reduz, e antes sempre transcende o consumidor. Na concorrência, a relação é essencialmente horizontal, entre concorrentes, e afeta tanto à montante (os credores, que se retraem pela insolvência de uma empresa cujo nome é igual ou similar à devedora) quanto à jusante (os consumidores iludidos)" (BARBOSA, Denis Borges. *Uma introdução à propriedade intelectual.* Rio de Janeiro: Lumen Juris, 2003, p. 259).

Portanto, o que se pode extrair do texto é que a concorrência desleal é fenômeno gerador de responsabilidade civil numa relação de concorrência entre agentes econômicos, que visa à proteção do mercado e, especialmente, do consumidor, promovendo a livre e desviciada circulação de bens, serviços, informação e tecnologia.[100]

---

100 O seguinte julgado do Superior Tribunal de Justiça é, visando à proteção do consumidor, bastante elucidativo ao lidar com a concorrência desleal como fonte geradora de responsabilidade civil na específica situação de relação de concorrência entre agentes econômicos: "PROCESSO CIVIL. RECURSO ESPECIAL. PROPRIEDADE INDUSTRIAL. MARCA. COMERCIALIZAÇÃO DE CERVEJA. LATA COM COR VERMELHA. ART. 124, VIII, DA LEI N. 9.279/1996 (LPI). SINAIS NÃO REGISTRÁVEIS COMO MARCA. PRÁTICA DE ATOS TIPIFICADOS NO ART. 195, III E IV, DA LPI. CONCORRÊNCIA DESLEAL. DESCARACTERIZAÇÃO. OFENSA AO DIREITO DE MARCA. NÃO OCORRÊNCIA. CONDENAÇÃO INDENIZATÓRIA. AFASTAMENTO. RECURSO CONHECIDO E PROVIDO. 1. Por força do art. 124, VIII, da Lei n. 9.279/1996 (LPI), a identidade de cores de embalagens, principalmente com variação de tons, de um produto em relação a outro, sem constituir o conjunto da imagem ou *trade dress* da marca do concorrente – isto é, cores 'dispostas ou combinadas de modo peculiar e distintivo' –, não é hipótese legalmente capitulada como concorrência desleal ou parasitária. 2. A simples cor da lata de cerveja não permite nenhuma relação com a distinção do produto nem designa isoladamente suas características – natureza, época de produção, sabor, etc. –, de modo que não enseja a confusão entre as marcas, sobretudo quando suficiente o seu principal e notório elemento distintivo, a denominação. 3. Para que se materialize a concorrência desleal, além de visar à captação da clientela de concorrente, causando-lhe danos e prejuízos ao seu negócio, é preciso que essa conduta se traduza em manifesto emprego de meio fraudulento, voltado tanto para confundir o consumidor quanto para obter vantagem ou proveito econômico. 4. O propósito ou tentativa de vincular produtos à marca de terceiros, que se convencionou denominar de associação parasitária, não se configura quando inexiste ato que denote o uso por uma empresa da notoriedade e prestígio mercadológico alheios para se destacar no âmbito de sua atuação concorrencial. 5. A norma prescrita no inciso VIII do art. 124 da LPI - Seção II, 'Dos sinais não registráveis como marca' – é bastante, por si só, para elidir a prática de atos de concorrência desleal tipificados no art. 195, III e IV, do mesmo diploma, cujo alcance se arrefece ainda mais em face da inexistência de elementos fático-jurídicos caracterizadores de proveito parasitário que evidenciem que a empresa, por meio fraudulento, tenha criado confusão entre produtos no mercado com o objetivo de desviar a clientela de outrem em proveito próprio. 6.

Referências bibliográficas

BARBOSA, Denis Borges. *Tratado da Propriedade Intelectual*. 2ª ed. Rio de Janeiro: Lumen Juris, 2017.

BARBOSA, Denis Borges. *Uma introdução à Propriedade Intelectual*. Rio de Janeiro: Lumen Juris, 2003.

DUVAL, Hermano. *Concorrência desleal*. São Paulo: Saraiva, 1976.

FORGIONI, Paula A. *Os fundamentos do antitruste*. 3ª ed. São Paulo: Revista dos Tribunais, 2008.

INSTITUTO DANNEMANN SIEMSEN DE ESTUDOS JURÍDICOS E TÉCNICOS. *Comentários à Lei de Propriedade Industrial*. Rio de Janeiro: Renovar, 2013.

JABUR, Wilson Pinheiro. "Pressupostos do ato de concorrência desleal". *In*: SANTOS, Manoel J. Pereira; JABUR, Wilson Pinheiro (Coord.). *Criações industriais, segredos de negócio e concorrência desleal*. São Paulo: Saraiva, 2007.

KUNTZ, Karin Grau. "A interface da propriedade intelectual com o direito antitruste". *Site do IBPI*, 2011.

MASKUS, Keith E. *Private rights and public problems*: the global economics of intellectual property in the 21st century. Washington: Peterson Institute for International Economics, 2012.

SALOMÃO FILHO, Calixto. *Teoria crítico-estruturalista do Direito Comercial*. São Paulo: Marcial Pons, 2015.

TAUFICK, Roberto Domingos. "Introdução ao Direito da Concorrência". *Site do Governo Federal*, 2014. Disponível em: https://www.gov.br/fazenda/pt-br/centrais-de-conteudos/publicacoes/apostilas/advocacia-da-concorrencia/4-seae_introducao_direito_concorrencia.pdf/. Acessado em: 23.02.2022.

Descaracterizada a concorrência desleal, não há falar em ofensa ao direito de marca, impondo-se o afastamento da condenação indenizatória por falta de um dos elementos essenciais à constituição da responsabilidade civil – o dano. 7. Recurso especial conhecido e provido" (REsp 1376264/RJ, Rel. Ministro JOÃO OTÁVIO DE NORONHA, TERCEIRA TURMA, julgado em 09/12/2014, DJe 04/02/2015).

CAPÍTULO VIII

ASPECTOS MATERIAIS E PROCESSUAIS DO REGIME DE INVALIDADES DAS ASSEMBLEIAS GERAIS DE SOCIEDADE ANÔNIMA

Maíra de Melo Vieira Temple

Introdução

As sociedades anônimas nasceram na idade média, no contexto do colonialismo e da formação do capitalismo mercantil, como veículos para viabilizar grandes investimentos, para os quais contribuíam o Estado e particulares, com limitação do risco. No Brasil, a Lei n. 6.404/1976, Lei das Sociedades por Ações (LSA), que substituiu o Decreto-lei n. 2.627/1940, foi elaborada com o propósito de que as sociedades por ações constituíssem um fator de modernização da empresa brasileira, postas a serviço do intensivo desenvolvimento nacional.[101]

---

101 REQUIÃO, Rubens. *Curso de Direito Comercial*. vol. 2, 22ª ed. São Paulo: Saraiva, 2000, pp. 2-4 e 9.

Constou da Exposição de Motivos da lei de 1976, cuja elaboração ficou a cargo de José Luiz Bulhões Pedreira e Alfredo Lamy Filho:[102]

> O Projeto visa basicamente a criar a estrutura jurídica necessária ao fortalecimento do mercado de capitais de risco no País, imprescindível à sobrevivência da empresa privada na fase atual da economia brasileira. A mobilização da poupança popular e o seu encaminhamento voluntário para o setor empresarial exigem, contudo, o estabelecimento de uma sistemática que assegure ao acionista minoritário o respeito a regras definidas e equitativas, as quais, sem imobilizar o empresário em suas iniciativas, ofereçam atrativos suficientes de segurança e rentabilidade.

Segundo a Exposição de Motivos, este objetivo constituiria a base institucional das sociedades anônimas, muito presente na Lei n. 6.404/1976, embora não se possa ignorar que a sociedade anônima nasce, também, de um contrato plurilateral, como lembra Rubens Requião.[103]

Apesar da prevalência, no Brasil, de sociedades anônimas fechadas, grande parte delas de cunho familiar, a sociedade anônima permanece sendo, na atualidade, o veículo por excelência, previsto na Lei brasileira, para a estruturação jurídica de grandes empreendimentos, possibilitando captação de recursos junto ao público e limitação de risco. Apesar da crise econômica dos últimos anos e dos impactos da pandemia de Covid-19, permanece crescente, aqui, o número de companhias com ações negociadas em bolsa,

---

102 BRASIL, Ministério da Fazenda. *Exposição de Motivos n. 196*, de 24.06.1976. Disponível em: http://www.cvm.gov.br/export/sites/cvm/legislacao/leis-decretos/anexos/EM196-Lei6404.pdf/. Acessado em: 23.02.2022.

103 REQUIÃO, Rubens. *Curso de Direito Comercial*. vol. 2, 22ª ed. São Paulo: Saraiva, 2000, p. 14.

conforme se infere do número de novas empresas listadas, a cada ano, na bolsa brasileira, desde o final dos anos 1990 até 2021.[104]

Mesmo depois de mais de quarenta anos da entrada em vigor da Lei n. 6.404/1976, durante os quais passou por diversas reformas importantes, as sociedades anônimas continuam oferecendo um sem-número de temas relevantes para estudo e aprofundamento dos juristas. A solução dos imbróglios relativos a essas sociedades tem grande importância por tratar-se de questões que envolvem o desenvolvimento e a segurança das relações econômicas e do próprio mercado, do ponto de vista do acionista, do investidor, daqueles que contratam com a sociedade, e de todos os demais *stakeholders*, que são diretamente afetados por decisões envolvendo a companhia. Nessa matéria, ter em mente a existência de uma lógica própria do Direito Societário, visão de mercado, atenção às peculiaridades da realidade brasileira e prestígio à segurança jurídica são essenciais para um tratamento adequado dos problemas que se apresentam.

Este artigo aborda um desses temas, relevante tanto para as companhias abertas, quanto para as fechadas, e os principais problemas a ele relacionados. Trata-se de tema recorrente na prática, e que impõe desafios quase diários a advogados e julgadores (sejam árbitros ou juízes togados). Está-se a referir ao regime de invalidades das assembleias gerais, com suas particularidades materiais e processuais.

Após um breve introito sobre o papel da assembleia geral da sociedade anônima na atualidade e na realidade brasileira, expõem-se os critérios que devem pautar o exame de nulidades e anulabilidades no Direito Societário, buscando, no que tange às anulabilidades, identificar parâmetros que permitam aferir os casos em que seria adequada a tutela específica, haja vista que os

---

104 Relação por ano de listagem disponível em: http://www.b3.com.br/pt_br/produtos-e-servicos/negociacao/renda-variavel/empresas-listadas.htm/. Acessado em: 23.02.2022.

direitos políticos nem sempre são quantificáveis e que se trata de importante instrumento de defesa dos direitos dos minoritários, e aqueles em que seria preferível a tutela indenizatória, preservando-se o ato praticado. Distinguem-se, também, as diversas modalidades de vício que podem levar à invalidação de deliberações assembleares, à luz do art. 286 da Lei n. 6.404/1976, a saber, invalidade da assembleia, da deliberação propriamente dita e do voto, tratando-se das consequências de cada um deles (item 1).

Após, abordam-se os diversos aspectos ligados à ação de impugnação de assembleia ou deliberação assemblear (item 2): natureza da ação; prazo de exercício, sua natureza e motivos pelos quais deve ser curto; legitimidade ativa e passiva; particularidades em caso de jurisdição arbitral; eventual abuso no exercício do direito de impugnação; e os impactos de eventual invalidação sobre deliberações conexas posteriores, tendo em vista os limites da coisa julgada, de um lado, e a efetividade da decisão de invalidação, de outro, e destacando-se, ainda, mais algumas particularidades concernentes aos casos sujeitos à arbitragem (item 3).

Trata-se, por fim, da possibilidade da autotutela como meio de sanar vícios de assembleias gerais pretéritas por via extrajudicial, considerando os poderes de deliberação da assembleia geral e a necessidade de segurança e estabilidade na atividade social (item 4).

Tem-se o intuito de contribuir para a reflexão e construção de soluções para situações complexas, a partir de uma abordagem acadêmica, mas, concomitantemente, funcional. Espera-se que seja útil.

1 A assembleia geral na sociedade anônima e a realidade brasileira

A assembleia geral é órgão obrigatório, supremo, da sociedade anônima, que reúne os acionistas, com função deliberativa (não tem função administrativa, executiva, nem de representação).

É hierarquicamente superior aos demais órgãos da companhia na formação da vontade social.[105]

A Lei n. 6.404/1976 atribui à assembleia geral "poderes para decidir todos os negócios relativos ao objeto da companhia e tomar as resoluções que julgar convenientes à sua defesa e desenvolvimento" (art. 121).

A lei enumera, também, em rol exaustivo (art. 122), matérias cuja competência para deliberação é privativa e indelegável (salvo exceções legais) da assembleia geral, dentre as quais estão temas essenciais à condução da vida e dos negócios sociais, bem como a relação entre a companhia e os sócios, e esses entre si (sobretudo, entre controlador e minoritários). São elas: reforma do estatuto; eleição e destituição dos administradores e dos membros do Conselho Fiscal (ressalvada a competência do Conselho de Administração, se houver, para a eleição e destituição dos diretores); tomada anual das contas dos administradores e deliberação sobre as demonstrações financeiras por eles apresentadas; autorização para emissão de partes beneficiárias; autorização para emissão de debêntures (ressalvado o art. 59, §§ 1°, 2° e 4°); suspensão do exercício de direitos do acionista que deixar de cumprir obrigação imposta pela lei ou pelo estatuto; avaliação de bens para formação (incluindo aumento) do capital social; transformação, fusão, incorporação, cisão e dissolução; e autorização aos administradores para confessar falência ou pedir recuperação.

Nas últimas décadas (e quiçá no último século, gradativamente), assistiu-se, principalmente em países nos quais o mercado de capitais é mais evoluído, a um relativo declínio da importância da assembleia geral, em razão de fenômenos como grande dispersão acionária; controle gerencial (*management control*); nos casos de controle concentrado, dominação dos órgãos de administração

---

105 CARVALHOSA, Modesto; KUYVEN, Fernando. *Tratado de Direito Empresarial*: sociedades anônimas. vol. 3, 2ª ed. São Paulo: Revista dos Tribunais, 2018, p. 710.

pelo controlador (e consequente tendência ao aumento dos poderes dos órgãos de administração); e necessidade de maior agilidade e dinamismo nas decisões (que encontra óbice, em alguma medida, nas formalidades legais e, eventualmente, estatutárias impostas à convocação, instalação e deliberação da assembleia geral).[106]

Não obstante, particularmente no Brasil, em que a assembleia geral tem competências privativas e indelegáveis legalmente fixadas e de grande relevância, e cuja realidade ainda é de maioria de sociedades anônimas fechadas e, dentre as abertas, maioria em que se identifica com clareza um controlador ou bloco de controle, a assembleia geral continua sendo órgão de grande importância na companhia, no seio do qual são tomadas decisões que podem afetar, sobremaneira, a sociedade, os sócios e as relações entre eles e terceiros.

Não por outra razão, fala-se, no Brasil, não apenas em deveres fiduciários dos administradores, mas, também, em deveres fiduciários do acionista controlador, cujo voto, nas companhias fechadas e nas de controle concentrado, acaba, como regra, determinando as deliberações assembleares. Nesse sentido, recorre-se à preclara lição de Calixto Salomão Filho:

> O controle extremamente concentrado é um dado histórico e determinante da realidade societária brasileira. Em face dessa realidade, o legislador brasileiro procurou ser realista. O sistema foi elaborado em torno da figura do acionista controlador, tratado como verdadeiro centro decisório da sociedade.
>
> (...) A influência sobre a esfera administrativa é completa, indo desde a definição da orientação dos negócios sociais até a própria influência sobre a competência da diretoria. Seu poder é, portanto, amplo e o dos administradores limitado.

---

106 CARVALHOSA, Modesto; KUYVEN, Fernando. *Tratado de Direito Empresarial*: sociedades anônimas. vol. 3, 2ª ed. São Paulo: Revista dos Tribunais, 2018, pp. 705-707.

> Assumindo responsabilidade direta pela condução dos negócios sociais, inclusive na esfera administrativa, era óbvia a necessidade de reforçar sua estrutura de responsabilidade. Daí a longa lista de deveres previstos nos artigos 115, 116 e 117 da Lei Societária, que (...) constituem verdadeiros deveres fiduciários do acionista controlador.
>
> (...)
>
> Essas características, bastante peculiares da Lei brasileira, levam a consequências também específicas do Direito brasileiro.
>
> Nos sistemas societários, em geral, é o administrador que tem seus deveres qualificados como fiduciários. É ele que administra o patrimônio alheio, assumindo, portanto, funções semelhantes às do credor fiduciário nos negócios fiduciários. Daí porque ser assemelhado, em especial nos sistemas de *common law*, ao *trustee*.
>
> Ocorre que em função da realidade societária supradescrita, o controlador é o administrador por excelência do patrimônio alheio. Em especial no Direito brasileiro, onde além de determinar seu destino último, também o administra na prática.
>
> É natural, portanto, que a lei cerque o exercício de funções de deveres fiduciários.[107]

Com efeito, em nosso país, muitas das decisões estratégicas relativas aos negócios da companhia são tomadas pela assembleia geral, com o voto determinante do acionista controlador ou do bloco de controle. O conselho de administração ao qual, de acordo com a Lei brasileira, compete fixar a orientação geral dos negócios da companhia (art. 142, I, da LSA), não é órgão obrigatório em sociedades anônimas fechadas (art. 138, § 2°, LSA). Como ensina Nelson Eizirik,

---

107 SALOMÃO FILHO, Calixto. *O novo Direito Societário*. 4ª ed. São Paulo: Malheiros, 2011, pp. 193/194.

comentando o art. 117, § 1°, *c*, da LSA,[108] há uma presunção relativa de legitimidade a favor dos atos do acionista controlador, oriunda do princípio majoritário.[109] Tanto administradores, como controladores, têm deveres mínimos de cuidado, sendo que, "ao controlador devem ser aplicados todos os deveres fiduciários aplicáveis ao administrador".[110]

Essa realidade faz com que, no Brasil, o tema das (in)validades de deliberações da assembleia geral assuma maior relevância. De um lado, relaciona-se ainda mais estreitamente à disciplina do poder de controle (e de seu abuso) e do conflito de interesses. De outro, suscita ainda mais debates sobre a medida adequada da intervenção judicial (ou arbitral) na companhia, considerando que também as deliberações da assembleia geral podem ser decisões de "mérito empresarial", imbuídas de *business judgment*[111] (muito embora essa expressão seja,

---

108 "Art. 117. O acionista controlador responde pelos danos causados por atos praticados com abuso de poder. § 1° São modalidades de exercício abusivo de poder: (...) c) promover alteração estatutária, emissão de valores mobiliários ou adoção de políticas ou decisões que não tenham por fim o interesse da companhia e visem a causar prejuízo a acionistas minoritários, aos que trabalham na empresa ou aos investidores em valores mobiliários emitidos pela companhia".

109 "Presume-se a legitimidade dos atos praticados no exercício do poder de controle, dada a prevalência do princípio majoritário. O acionista controlador poderá ser responsabilizado pelos danos quando deliberar alterar o estatuto, emitir valores mobiliários, ou adotar políticas ou decisões que: (i) não tenham por fim o interesse da companhia; e (ii) visem a causar prejuízo aos acionistas minoritários, aos empregados ou aos investidores em títulos emitidos pela companhia" (EIZIRIK, Nelson. *A Lei das S.A. comentada*. vol. 1. São Paulo: Quartier Latin, 2011, p. 692).

110 SALOMÃO FILHO, Calixto. *O novo Direito Societário*. 4ª ed. São Paulo: Malheiros, 2011, pp. 196 e 198.

111 A título de exemplo, pode-se cogitar de decisão assemblear sobre orçamento de capital que justifique a retenção de parcela dos lucros sociais para reinvestimento na companhia, nos termos do art. 196 da LSA. Como observa Bruno Robert, "[p]ode haver abuso também na aprovação do orçamento de capital, se o fim desta aprovação for contrário ao interesse social. *A determinação da irregularidade na aprovação do orçamento de capital depende da análise de cada caso e pode ser complexa, em razão da correta proteção à liberdade de decisão empresarial* concedida a administradores *e controladores*" (ROBERT,

mais comumente, associada à regra jurisprudencialmente desenvolvida no Direito norte-americano no tocante à responsabilidade dos administradores, mais especificamente, dos membros do conselho de administração, e seja associada, no Brasil, ao art. 159, § 6°, da LSA).[112]

Bruno. *Dividendo mínimo obrigatório nas S.A.*: apuração, declaração e pagamento. São Paulo: Quartier Latin, 2011, p. 156, grifou-se).

112 A respeito do desenvolvimento do business *judgment rule* no direito norte-americano e seu reflexo na disciplina brasileira de responsabilidade dos administradores de sociedades anônimas, em particular no art. 159, § 6°, da LSA: PARGENDLER, Mariana. "Responsabilidade civil dos administradores e Business Judgment Rule no Direito brasileiro". *Revista dos Tribunais*, vol. 953, 2015. Pargendler aponta que "apesar das nuances quanto ao conteúdo da norma e as controvérsias quanto à sua natureza jurídica, a *ratio* é clara: proteger a discricionariedade decisória de administradores bem-intencionados, eximindo-os do dever de indenizar por eventuais prejuízos gerados à companhia". E bem resume os fundamentos que estão na origem da regra no direito norte-americano: "[a] imposição de deveres fiduciários aos administradores e de responsabilidade civil por sua violação visa a compelir, por lei, a superação das tendências egoísticas que afligem a gestão das companhias. É bem verdade, por outro lado, que a responsabilização dos administradores por danos causados no exercício de suas atribuições encontra dificuldades práticas importantes: como pode o juiz, presumivelmente sem qualquer expertise empresarial, avaliar o mérito das decisões gerenciais, contando ainda com o viés da passagem do tempo? A responsabilidade dos administradores por erros ou más decisões não teria por efeito inibir a assunção de risco empresarial, via de regra benéfica aos acionistas e ao funcionamento do sistema capitalista como um todo? Seria possível atrair os melhores talentos para a administração das companhias, responsabilizando-os pelos erros cometidos, quando os acertos se revertem preponderantemente em benefício alheio? Essas considerações, distintas, mas interligadas, relativas (i) à competência institucional do Judiciário, (ii) ao benefício da tomada de risco empresarial e (iii) à atratividade do cargo de administrador, servem de fundamento à chamada 'business judgment rule' do direito norte-americano, regra amplamente reconhecida como poderoso antídoto contra a responsabilização dos administradores" (pp. 4/5, versão digital). Pargendler informa, ainda, que, em sua formulação mais aceita, a *business judgment rule* implica uma "presunção *juris tantum* de que ao tomar uma decisão empresarial, os membros do *board of directors* de uma sociedade anônima agiram de maneira informada, de boa-fé e na crença sincera de que a sua ação atendia ao melhor interesse da companhia". Essa presunção somente poderia ser afastada "se demonstrada a violação aos deveres fiduciários de diligência (*duty of care*) e lealdade (*duty of loyalty*)",

Assim, inclusive, já teria sinalizado o Superior Tribunal de Justiça (STJ),[113]

---

ou "mediante prova de que a decisão em questão envolve manifesto desperdício dos recursos da sociedade (*waste of corporate assets*) e é desprovida de qualquer base racional – requisitos estes extremamente rigorosos e de difícil caracterização no caso concreto" (p. 6, versão digital). Pargendler observa que, nos EUA, as discussões sobre a *business judgment rule* estão atreladas muito mais a casos de conflito de interesses e violação do dever de lealdade (se constatado o conflito, a regra é afastada), do que ao dever de diligência, diferentemente do que ocorre no Brasil, notadamente em decisões da CVM (pp. 6-10, 20-22, versão digital). Para uma resenha detalhada de casos em que suscitada (e aplicada ou não) a *business judgment rule* em decisões da CVM, ver: BRIGAGÃO, Pedro Henrique Castello. *A administração de companhias e a business judgment rule*. São Paulo: Quartier Latin, 2017.

113 Refere-se a acórdão da Terceira Turma do STJ, do final de 2018, por meio do qual foram confirmados sentença e acórdão de improcedência de ação indenizatória ajuizada por acionistas minoritários de instituição financeira contra a acionista controladora, fundada no art. 246 da LSA. Conforme se extrai do acórdão, os minoritários autores argumentaram terem sofrido diluição injustificada, resultante de aumentos de capital alegadamente promovidos com abuso de poder de controle, decorrentes da aquisição de outra instituição financeira em grave crise econômico-financeira, com grande passivo a descoberto, contrária ao interesse da companhia, como "meio escuso de apropriação das ações pertencentes aos sócios minoritários visando ao fechamento do seu capital". Requereram que a acionista controladora fosse condenada ao pagamento de indenização, em favor da companhia (controlada), "equivalente aos prejuízos sofridos em decorrência do abuso do poder de controle". A tese não foi acolhida. Em que pese não se tratasse, no caso, de ação declaratória de nulidade ou anulatória de deliberação assemblear, e embora, em certa medida, tenha sido analisado o mérito da decisão de aquisição da instituição financeira em dificuldades e dos subsequentes aumentos de capital, a fim de avaliar a existência da alegada contrariedade ao interesse social e abuso do poder de controle, invocou-se expressamente, na fundamentação, a aplicação da *business judgment rule* ou "regra da autonomia da decisão empresarial" às "decisões tomadas pelo acionista controlador na condução dos negócios sociais", ressalvada a hipótese de abuso do poder de controle. O acórdão foi assim ementado:

"RECURSO ESPECIAL. DIREITO SOCIETÁRIO. AÇÃO DE REPARAÇÃO DE DANOS. ART. 246, § 1º, 'b', DA LEI N. 6.404/1976. ABUSO DO PODER DE CONTROLE. NÃO OCORRÊNCIA. 1. Recurso especial interposto contra acórdão publicado na vigência do Código de Processo Civil de 1973 (Enunciados Administrativos n. 2 e 3/STJ). 2. Ação proposta sob

invocando a doutrina de Modesto Carvalhosa,[114] embora se

---

a alegação de que a sociedade controladora agiu com abuso do poder de controle, a resultar na diluição injustificada da participação dos acionistas minoritários no capital social da sociedade controlada e na redução do valor patrimonial de suas ações. 3. A atuação em juízo do acionista minoritário, na específica hipótese do art. 246, § 1º, 'b', da Lei n. 6.404/1976, restringe-se a atos praticados pela sociedade controladora com infração ao disposto nos art. 116 e 117 do mesmo diploma legal. 4. Age com abuso do poder de controle a sociedade que orienta a atuação dos administradores para fim estranho ao objeto social, com desvio de poder ou em conflito com os interesses da companhia. 5. Hipótese em que o ato de aquisição do controle acionário de outra instituição bancária, a despeito do elevado valor do seu passivo a descoberto, mostrou-se perfeitamente alinhado ao objeto social da sociedade controlada. Necessidade de expansão da atividade empresarial, com aumento da sua participação no mercado financeiro nacional. 6. De acordo com a autonomia da decisão empresarial, não compete ao Poder Judiciário adentrar o mérito das decisões tomadas pelo acionista controlador na condução dos negócios sociais, ressalvada a hipótese de abuso do poder de controle, não verificada na espécie. 7. Havendo razões de ordem econômica ou administrativa para a proposta de aumento de capital, sobretudo quando tal medida é indispensável à própria sobrevivência da empresa, considera-se justificada a diluição da participação dos sócios minoritários, aos quais deve ser assegurado o direito de preferência na aquisição das novas ações, nos termos do art. 170, § 1º, da Lei n. 6.404/1976. 8. Recurso especial não provido".

114 "(...) Não há falar, desse modo, em abuso do poder de controle, ao menos sob a ótica do dever imposto à sociedade controladora de se abster da prática de negócios com desvio de poder ou em conflito com os interesses da companhia, tendo em vista que o ato de aquisição do controle acionário do BAS, na hipótese, mostrou-se perfeitamente alinhado ao objeto social da sociedade controlada e, de um modo geral, trouxe benefícios a todos os sócios.

Para esse fim, aliás, pouco importa se houve ou não desrespeito a uma condição supostamente ajustada, por meio da qual o SUDAMERIS teria manifestado desinteresse em adquirir o controle acionário do BAS se o seu passivo a descoberto fosse superior a R$ 15.000.000,00 (quinze milhões de reais), por se tratar dita aquisição de decisão empresarial a respeito da qual somente ao controlador/administrador é dado avaliar a conveniência da sua prática. Ao discorrer sobre a autonomia da decisão empresarial, Modesto Carvalhosa acentua: '(...) A autoridade judiciária, arbitral ou administrativa (CVM) não pode reexaminar o mérito das decisões adotadas pelo acionista controlador e pelos seus administradores na condução dos negócios sociais. Trata-se da regra da autonomia da decisão empresarial (*business judgement rule*)'. Há portanto, autonomia e liberdade quando se trata de decisão

observe a existência de controvérsia a respeito na jurisprudência de outros Tribunais.[115]

A especial importância e as peculiaridades da assembleia geral na realidade societária brasileira tornam igualmente importante,

---

empresarial, a cargo de seus controladores. (...) Isto posto, o poder-dever de controle se exerce de acordo com a regra da livre decisão empresarial. Assim, será exercício regular do poder de controle levar a companhia a otimizar as perspectivas de resultados. Não se admite, em consequência, a intervenção dos tribunais e dos entes regulatórios para substituírem-se ao juízo de risco que cabe unicamente ao controlador. Daí o consagrado princípio do Direito norte-americano: 'a court will not substitute its own notions of what is or not sound business judgment' (...). Assim, as razões negociais legítimas e racionais tomadas pelo controlador na condução da política da companhia (*sound business judgment*) não podem ser objeto de juízo de valor, questionadas, reformadas, alteradas, suprimidas ou acrescentadas pelos entes judicantes, judiciais, arbitrais, ou administrativos (CVM). O pressuposto é que, ao proceder ou decidir em determinado sentido empresarial, o controlador agiu no melhor interesse da companhia (*the honest belief that the action taken was in the best interests of the company*). Não pode, assim, o poder judicante substituir-se na esfera decisória legítima que se reconhece ao controlador, dentro da regra de livre decisão empresarial (*business judgment rule*). Essa autonomia de decisão da política empresarial por parte do controlador somente pode ser arguida quando há quebra do seu dever fiduciário, que se desdobra na estrita observância do dever de lealdade, de diligência e de inexistência de conflito de interesses. Assim, somente quando evidenciada a prevalência de outro direcionamento que não o do interesse da companhia e de seus acionistas minoritários, violando a lei, o estatuto, e de que resulte efetivo prejuízo para ambos, direta ou indiretamente, cabe adentrar no mérito dos atos ou da conduta do controlador. O pressuposto é o da autonomia do juízo de negócios, que a lei atribui autonomamente ao controlador (art. 116, *caput*). Somente quando houver quebra do dever fiduciário (art. 116, parágrafo único) é que o Poder Judiciário, arbitral ou administrativo (CVM), pode adentrar no mérito (*intrinsic fairness*) da conduta do controlador" (CARVALHOSA, Modesto; KUYVEN, Fernando. *Tratado de Direito Empresarial*: sociedades anônimas. vol. 3, 2ª ed. São Paulo: Revista dos Tribunais, 2018, pp. 691/692, grifou-se) (grifos omitidos).

115 Ver, por exemplo: Brasil, TJSP, acórdão, Apelação n. 1002546-43.2015.8.26.0565, 2ª Câmara Reservada de Direito Empresarial, Rel. Des. Grava Brazil, por maioria, j. em 22.10.2019; e Embargos de Declaração n. 1002546-43.2015.8.26.0565 (finais 50000, 50001 e 50002), de mesmo órgão julgador e relatoria, por maioria, j. em 23.06.2020.

aos operadores do Direito Societário no Brasil, o estudo do regime de invalidades das deliberações assembleares e suas particularidades no âmbito material e processual.

2 O regime de invalidades no Direito Societário

A Lei n. 6.404/1976 pouco fala sobre o regime de invalidades das assembleias gerais. A doutrina e a jurisprudência têm tido o importante papel de destrinchar e sistematizar esse regime, com olhar para as peculiaridades do Direito Societário.

Dessa construção, destaca-se a aplicação moderada (atenuação) do regime comum (civil) de invalidades, notadamente quanto às hipóteses de nulidade absoluta e relativa. Adotam-se critérios diversos daqueles previstos no Código Civil (CC) para definir quando se está em presença de uma ou outra, e lógica diversa, ao se ponderar e decidir pela preservação, não preservação ou modulação dos efeitos de determinado ato jurídico. Afasta-se, em particular, o rigor das consequências que, no Direito Civil, derivam da inobservância de norma considerada cogente.

A esse respeito, Modesto Carvalhosa e Fernando Kuyven[116] explicam que, não obstante o regime geral de invalidades do Código Civil:

> O Direito Societário apresenta características que justificam um regime de invalidades especial. Com efeito, a dinamicidade das atividades empresariais e a infinidade de negócios jurídicos paralelos, com efeitos imediatos e irreversíveis sobre terceiros, demandam uma aplicação moderada do regime comum de nulidades e, em particular, uma atenuação dos efeitos da nulidade absoluta.

---

116 CARVALHOSA, Modesto; KUYVEN, Fernando. *Tratado de Direito Empresarial*: sociedades anônimas. vol. 3, 2ª ed. São Paulo: Revista dos Tribunais, 2018, p. 741.

Entre as características especiais do regime de invalidades no Direito Societário, apontam-se a existência de prazos mais curtos e rol de legitimados mais restrito; a priorização da estabilidade dos atos societários e da segurança jurídica necessária à dinâmica dos negócios empresariais; a preferência pela tutela ressarcitória à tutela específica; a modulação dos efeitos de eventuais decisões reconhecendo invalidades, preferindo-se a atribuição de efeitos *ex nunc* e a preservação, sempre que possível, de situações jurídicas consolidadas;[117] e a inatingibilidade, em princípio, de terceiros de boa-fé, salvo os casos de nulidade ostensiva e de ineficácia.[118]

Esse afastamento do regime de nulidades no Direito Societário, em relação à teoria clássica das nulidades incorporada no Código Civil, também já foi reconhecido na jurisprudência do STJ. Assim se constata, por exemplo, em acórdão da Quarta Turma, de 2016, prolatado no âmbito de ação ordinária em que se discutia o resgate de ações ordinárias de determinada classe, deliberado em assembleia, no qual colacionados, ainda, julgados anteriores da Terceira e da Quarta Turmas no mesmo sentido, com amparo na doutrina brasileira e estrangeira sobre o tema. O entendimento foi assim refletido, na ementa:

> DIREITO SOCIETÁRIO E PROCESSO CIVIL. RECURSO ESPECIAL. [...] INCORPORAÇÃO DE COMPANHIA. A DELIBERAÇÃO ASSEMBLEAR CONSTITUI-SE A VONTADE DA SOCIEDADE ANÔNIMA, EM SUA FORMA MAIS GENUÍNA E SOBERANA, TENDO O PODER DE AFETAR AS PESSOAS QUE ESTÃO INSTITUCIONALMENTE VINCULADAS À COMPANHIA. HÁ DISTANCIAMENTO DA NULIDADE EM DIREITO SOCIETÁRIO

117 CARVALHOSA, Modesto; KUYVEN, Fernando. *Tratado de Direito Empresarial*: sociedades anônimas. vol. 3, 2ª ed. São Paulo: Revista dos Tribunais, 2018, pp. 741-743.

118 FRANÇA, Erasmo Valladão Azevedo e Novaes. *Invalidade das deliberações de assembleia das S.A. e outros escritos sobre o tema da invalidade das deliberações sociais*. 2ª ed. São Paulo: Malheiros, 2017, pp. 155 e 162/163.

DA TEORIA CLÁSSICA DAS NULIDADES. TENDÊNCIA NO DIREITO NACIONAL E COMPARADO DE ENTENDER AS NULIDADES NO ÂMBITO SOCIETÁRIO COMO RELATIVAS, RELEGANDO-SE A NULIDADE ABSOLUTA PARA SITUAÇÕES REALMENTE EXCEPCIONAIS, PRESERVANDO-SE OS EFEITOS JÁ PRODUZIDOS. A LEI ESTABELECE PRAZOS DE PRESCRIÇÃO REDUZIDOS PARA MITIGAR A INSTABILIDADE E INSEGURANÇA DECORRENTE DA POSSIBILIDADE DE ANULAÇÃO DE ATOS SOCIETÁRIOS POR UM LONGO PERÍODO. REEXAME DE PROVAS, EM SEDE DE RECURSO ESPECIAL. INVIABILIDADE.

1. A teor do art. 227, *caput*, da Lei n. 6.404/1976, a incorporação de companhia é a operação pela qual uma ou mais sociedades são absorvidas por outra, que lhes sucede em todos os direitos e obrigações; a sociedade incorporada se extingue, sendo sucedida pela incorporadora.

2. A assembleia geral é o órgão máximo de deliberação da sociedade anônima, que pode tratar sobre quaisquer assuntos que digam respeito ao objeto social da sociedade empresária. Por um lado, dispõe o art. 121 da Lei de Sociedades Anônimas que a assembleia geral, convocada e instalada de acordo com a Lei e o estatuto, tem poderes para decidir sobre todos os negócios relativos ao objeto da companhia e tomar as resoluções que julgar convenientes à sua defesa e desenvolvimento.

3. Embora existam correntes diversas defendidas por doutrinadores de renome, prevalece hodiernamente o entendimento – inclusive, com amparo na Lei n. 6.404/1976, no direito comparado e em precedentes das duas turmas de Direito Privado do STJ – que impõe certo distanciamento da nulidade em Direito Societário da Teoria Clássica das Nulidades, sendo reconhecido [sic] os seguintes traços peculiares: a) prazos de prescrição bem mais curtos; b) irretroatividade dos efeitos da invalidade, que acarretam apenas a liquidação da sociedade (não há o pleno retorno ao *status quo ante*); c) ampla possibilidade de o vício ser sanado a qualquer tempo, ainda que se trate de vício que,

> segundo o direito comum, acarretaria a nulidade do ato; d) diverso enfoque, quando comparado à Teoria Geral das Nulidades, para os atos nulos e anuláveis, havendo "tendência nacional e mundial de entender as nulidades do âmbito societário como relativas, relegando-se a nulidade absoluta para situações realmente excepcionais", preservando-se os efeitos já produzidos (BORBA, Gustavo Tavares. COELHO, Fábio Ulhoa (Coord.). Tratado de Direito Comercial: tipos societários, sociedade limitada e sociedade anônima. São Paulo: Saraiva, 2015, pp. 371, 386 e 387).
>
> (...)
>
> 6. Recurso especial não provido.[119]

A LSA trata do tema no art. 286, segundo o qual: "[a] ação para anular as deliberações tomadas em assembleia geral ou especial, irregularmente convocada ou instalada, violadoras da lei ou do estatuto, ou eivadas de erro, dolo, fraude ou simulação prescreve em 2 (dois) anos, contados da deliberação".

Desse dispositivo, extraem-se algumas atecnias.

Em primeiro lugar, embora fale apenas em anulabilidade, é pacífico haver, também, hipóteses de nulidade absoluta, calcadas em critérios próprios ao Direito Societário, embora haja discussão, na doutrina, se, nessas hipóteses, aplica-se o art. 286 da LSA ou os art. 166 a 169 do CC.

Para alguns doutrinadores, como Erasmo Valladão Azevedo e Novaes França,[120] as hipóteses de nulidade absoluta não

---

119 Brasil, STJ, 4ª T., acórdão, REsp 1.330.021/SP, Monsanto do Brasil Ltda. vs. Emílio Figer, Rel. Min. Luis Felipe Salomão, j. em 17.03.2016, DJe de 22.04.2016.

120 FRANÇA, Erasmo Valladão Azevedo e Novaes. *Invalidade das deliberações de assembleia das S.A. e outros escritos sobre o tema da invalidade das deliberações sociais*. 2ª ed. São Paulo: Malheiros, 2017, pp. 78-89. Bruno Robert, invocando Comparato, também afirma aplicar-se, na hipótese, o

são tratadas no art. 286, aplicando-se a elas o regime comum do CC. Diverso é o entendimento de outros, como Modesto Carvalhosa e Fernando Kuyven,[121] para os quais, também nesses casos, aplica-se o art. 286, não o CC; mas a contagem do prazo bienal para a ação de impugnação observaria tratar-se de situação que produz efeitos de forma continuada e permanente, de modo que o vício não convalesce com o tempo. Verifica-se, de todo modo, que, apesar da divergência, ambos os entendimentos permitem, em tese, o reconhecimento de nulidades absolutas a qualquer tempo.

Considera-se hipótese de mera anulabilidade a violação de interesse privado de sócio ou, até mesmo, de todos os sócios, em determinado momento.[122] Neste caso, ganha maior relevância a estabilidade dos atos e negócios sociais, o que recomenda que se busque, na medida do possível, a preservação dos atos praticados, em benefício da sociedade. Pode, assim, ser caso de privilegiar eventual tutela ressarcitória em lugar da tutela específica, caso haja efetivo prejuízo.

Por outro lado, apontam-se como hipóteses de nulidade absoluta aquelas que envolvem a violação de interesse geral, que

---

sistema de nulidades do direito civil, de modo que deliberações nulas "não produzem qualquer efeito, sendo a provocação judicial necessária apenas para a reversão de atos e compensação de prejuízos" (ROBERT, Bruno. *Dividendo mínimo obrigatório nas S.A.*: apuração, declaração e pagamento. São Paulo: Quartier Latin, 2011, p. 162). No mesmo sentido, ainda: PENTEADO, Mauro Rodrigues. *Aumentos de capital das sociedades anônimas*. 2ª ed. (atual. e anotada por Alfredo Sérgio Lazzareschi Neto), São Paulo: Quartier Latin, 2012, pp. 391-394 (perfilhando as opiniões de Pontes de Miranda, Ascarelli e Comparato).

121 CARVALHOSA, Modesto; KUYVEN, Fernando. *Tratado de Direito Empresarial*: sociedades anônimas. vol. 3, 2ª ed. São Paulo: Revista dos Tribunais, 2018, pp. 742 e 747-749.

122 CARVALHOSA, Modesto; KUYVEN, Fernando. *Tratado de Direito Empresarial*: sociedades anônimas. vol. 3, 2ª ed. São Paulo: Revista dos Tribunais, 2018, p. 742.

extrapola a órbita da sociedade, podendo prejudicar, de forma permanente, terceiros, futuros acionistas ou o interesse público.[123]

Em segundo lugar, embora o art. 286 fale em prescrição, prevalece o entendimento de que o prazo nele referido é de decadência,[124] o que implica consequências relevantes, tratadas adiante.

E, em terceiro lugar, embora o art. 286 mencione tão somente a anulabilidade de deliberações assembleares, a nulidade ou a anulabilidade podem ser: (i) da assembleia; (ii) da deliberação assemblear; ou (iii) do voto, cada qual com diferentes fundamentos e consequências.

2.1 Invalidade da assembleia

A invalidade da assembleia pode decorrer da inobservância de regras procedimentais, legais ou estatutárias, como aquelas referentes à competência para convocação, às regras de convocação

---

123 CARVALHOSA, Modesto; KUYVEN, Fernando. *Tratado de Direito Empresarial*: sociedades anônimas. vol. 3, 2ª ed. São Paulo: Revista dos Tribunais, 2018, pp. 742 e 744; FRANÇA, Erasmo Valladão Azevedo e Novaes. *Invalidade das deliberações de assembleia das S.A. e outros escritos sobre o tema da invalidade das deliberações sociais*. 2ª ed. São Paulo: Malheiros, 2017, pp. 111-126. No mesmo sentido, do ponto de vista especificamente do acionista, bem sumariza Bruno Robert, com amparo na lição de Luiz Gastão Paes de Barros Leães: "do ponto de vista do acionista, e em outras palavras, pode-se dizer que são anuláveis as deliberações e regras estatutárias que afrontem, no caso concreto, direitos disponíveis dos sócios, enquanto que são nulas aquelas que retirem ou reduzam, de maneira permanente, direito essencial do acionista" (ROBERT, Bruno. *Dividendo mínimo obrigatório nas S.A.*: apuração, declaração e pagamento. São Paulo: Quartier Latin, 2011, p. 162).

124 FRANÇA, Erasmo Valladão Azevedo e Novaes. *Invalidade das deliberações de assembleia das S.A. e outros escritos sobre o tema da invalidade das deliberações sociais*. 2ª ed. São Paulo: Malheiros, 2017, pp. 144-149; e LAZZARESCHI NETO, Alfredo Sérgio. *Lei das S.A. comentada e anotada*. 6ª ed. São Paulo: Quartier Latin, 2020, pp. 1.173/1.174, nota 3d, colacionando farta jurisprudência no mesmo sentido.

(forma e prazos), ao quórum de instalação, ao direito de presença, voz, legitimação e representação dos acionistas na assembleia e aos quóruns de deliberação. Neste caso, há invalidade formal da própria assembleia e, consequentemente, das deliberações nela tomadas. Tal invalidade pode, contudo, ser apenas parcial. É o caso, por exemplo, de inobservância de regra procedimental apenas no momento de deliberação de determinada matéria da ordem do dia. A invalidação da assembleia, nessas hipóteses, prescindiria da arguição de prejuízo, presente ou futuro.[125]

Deve-se, contudo, atentar para o quanto acima destacado, no que tange a tratar-se, no caso concreto, de hipótese de nulidade absoluta ou anulabilidade, conforme o interesse jurídico a ser tutelado. Nesse caso, a regra deve ser a anulabilidade, pois, apesar do caráter imperativo das normas acima referidas (como é o caso da maioria das normas previstas na LSA), seriam atingidos exclusivamente os interesses dos sócios à época em que se realizou a reunião.[126] Desse modo, nem sempre será caso de invalidação do conclave.

Discute-se, notadamente, se cabível a anulação, quando possível ou prevista na legislação apenas a tutela indenizatória do acionista prejudicado. É o caso, por exemplo, no que concerne a vício formal da assembleia, de violação do direito do sócio de ser intimado pessoalmente para a convocação de assembleias gerais, na forma do art. 124, § 3°, da LSA.

---

125 CARVALHOSA, Modesto; KUYVEN, Fernando. *Tratado de Direito Empresarial*: sociedades anônimas. vol. 3, 2ª ed. São Paulo: Revista dos Tribunais, 2018, pp. 712 e 743/744.

126 FRANÇA, Erasmo Valladão Azevedo e Novaes. "Apontamentos sobre a invalidade das deliberações conexas das companhias". *In*: ______. *Temas de Direito Societário, falimentar e Teoria da Empresa*. São Paulo: Malheiros, 2009, pp. 77/78; no mesmo sentido: CARVALHOSA, Modesto; KUYVEN, Fernando. *Tratado de Direito Empresarial*: sociedades anônimas. vol. 3, 2ª ed. São Paulo: Revista dos Tribunais, 2018, pp. 743/744.

Segundo esse dispositivo, sua inobservância "dará ao acionista direito de haver dos administradores da companhia, indenização pelos prejuízos sofridos". O acionista tem, portanto, nessa hipótese, pretensão indenizatória em face dos administradores, desde que demonstre ter sofrido prejuízo.

Poder-se-ia, em tese, sustentar que tal acionista poderia, também, na hipótese, impugnar a própria validade da assembleia, sob o fundamento de irregularidade na convocação, com fulcro no art. 286 da LSA. Contudo, essa tese, a princípio, não mereceria vingar, pelos seguintes motivos:

(i) o art. 124, § 3°, da LSA, parece excluir essa possibilidade, ao prever expressamente que a consequência de sua inobservância será a pretensão indenizatória do acionista em face dos administradores, nada mais; e

(ii) trata-se de violação que atinge direito exclusivo de um único acionista (partindo-se da premissa de que a convocação teria sido regularmente realizada, no mais, por meio da publicação dos editais legalmente previstos), de modo que, como regra, não deve ter o condão de invalidar a assembleia, devendo-se primar pela estabilidade do ato societário praticado.[127]

A depender das circunstâncias em que proposta, eventual ação de impugnação da assembleia, na hipótese tratada, poderia configurar, até mesmo, exercício abusivo do direito de ação, não se vislumbrando interesse de agir (sob a ótica da necessidade) do

---

127 Perfilha-se, assim, o entendimento de Erasmo Valladão Azevedo e Novaes França e Marcelo Vieira von Adamek, para os quais a violação do art. 124, § 3°, apenas concede aos prejudicados indenização substitutiva (FRANÇA, Erasmo Valladão Azevedo e Novaes; ADAMEK, Marcelo Vieira von. "Algumas notas sobre o exercício abusivo da ação de invalidação de deliberação assemblear". *In*: YARSHELL, Flávio Luiz; PEREIRA, Guilherme Setoguti (Coord.). *Processo societário*. São Paulo: Quartier Latin, 2012, p. 174).

acionista na pretensão de invalidação do conclave, dado ter garantida a tutela indenizatória.

Por outro lado, deve-se observar se, no caso concreto, a violação do direito previsto no art. 124, § 3°, da LSA, não teria sido utilizada dolosamente, como meio de evitar ou impedir a participação de determinado acionista na assembleia, e/ou se o voto deste teria o condão de alterar o resultado das deliberações nela tomadas. Há, portanto, eventuais aspectos particulares que podem ser objeto de exame no caso concreto, e que poderão justificar, ainda no caso concreto, a invalidação do conclave.

Outro exemplo concreto concerne à assembleia em que tenha sido deliberada matéria que não tenha constado da publicação da ordem do dia. O STJ já decidiu, na hipótese, ser inválida a deliberação em questão, não a assembleia. Não se extrai, porém, com clareza, do acórdão, entender-se ser caso de nulidade ou apenas anulabilidade, que permitiria, em tese, que a deliberação não seja invalidada, a depender das circunstâncias do caso concreto[128] (como parece ser mais adequado, à luz das considerações feitas acima).

---

128 "As instâncias ordinárias reconheceram que houve a convocação para a assembleia geral ordinária. Contudo, a ordem do dia foi omissa em relação a um ponto: a deliberação sobre a destinação do lucro líquido do exercício e a distribuição de dividendos. Apesar da omissão, tais matérias foram discutidas na reunião, por isso a sentença decretou a nulidade da deliberação com a devolução dos dividendos efetivamente distribuídos. A convocação para a AGO foi realizada adequadamente, havendo omissão quanto a uma das matérias tratadas no concílio. Por óbvio, não se pode anular toda a assembleia, mas tão somente aquele ponto acerca do qual não foi dada a necessária publicidade. Houve o chamamento público e foi dada aos acionistas a oportunidade de avaliar o interesse em comparecer ao ato. Apenas a discussão referente ao lucro líquido e dividendos não foi levada ao conhecimento prévio dos interessados, razão pela qual somente essa deliberação deve ser invalidada. A ocorrência da assembleia, em si, não foi prejudicada, tendo em vista que os demais assuntos tratados constaram da ordem do dia. É nítido que a hipótese retratada nos autos é de nulidade da deliberação, e não de toda a assembleia" (Brasil, STJ, 3ª Turma, acórdão, REsp 1.152.849/MG, Lucas

2.2 Invalidade da deliberação assemblear

Neste caso, o vício está no conteúdo (e não na forma) da deliberação assemblear.[129]

Invocam-se como exemplos de nulidade da deliberação assemblear: objeto ilícito, impossível, contrário à ordem pública, aos bons costumes, ou ao interesse público (por exemplo, violação ao art. 222, da Constituição Federal); alteração estatutária que viole normas cogentes que não possam ser derrogadas sequer pela unanimidade dos acionistas, como, por exemplo, a exclusão de direitos essenciais do art. 109 (caráter duradouro ou permanente, atingindo os direitos não apenas dos acionistas atuais, mas também de acionistas futuros); violação de direito

---

Monteiro Machado Neto *et al.* vs. Maternidade Octaviano Neves S/A, Rel. Min. João Otávio de Noronha, j. em 07.11.2013, DJe de 18.11.2013).

129 Além das hipóteses de nulidade e anulabilidade da deliberação assemblear, que estão no plano da validade, a doutrina aponta, também, hipóteses de ineficácia da deliberação assemblear. Estas contemplam: deliberações que alterem, ou sejam suscetíveis de alterar, direitos especiais dos sócios, sem o respectivo consentimento (caso de deliberações que alterem a situação ou disciplina das ações preferenciais, nos termos previstos nos incisos I e II do art. 136 c.c. § 1º da LSA); deliberações cujo objeto seja alteração estatutária sujeita à prévia aprovação dos titulares de uma ou mais classes de ações preferenciais (art. 18, parágrafo único, da LSA); deliberações que tenham por objeto alteração estatutária que possa atingir, direta ou reflexamente, os direitos de credores titulares de partes beneficiárias, de debêntures conversíveis em ações ou de debêntures em geral (nos termos dos art. 51, 57, § 2º, 174, § 3º, e 231, ressalvado, neste último caso, o disposto nos §§ 1º e 2º), até que haja o consentimento desses credores, reunidos em assembleia especial, na forma da lei; outras deliberações que possam trazer prejuízos aos credores da sociedade, e cuja eficácia a lei subordine ao consentimento dos interessados, à falta de notificação da sociedade (caso do § 1º do art. 174 e do parágrafo único do art. 233) ou à falta de pagamento do credor ou depósito judicial de seu crédito (art. 222 e § 2º do art. 174); deliberações de reforma estatutária, em relação a terceiros, enquanto não forem arquivadas e publicadas (art. 135, § 1º). Cf. FRANÇA, Erasmo Valladão Azevedo e Novaes. "Apontamentos sobre a invalidade das deliberações conexas das companhias". *In*: ______. *Temas de Direito Societário, falimentar e Teoria da Empresa*. São Paulo: Malheiros, 2009, pp. 87-89.

de terceiros, como, por exemplo, ofensa a normas sobre a integridade patrimonial e do capital social e veracidade das demonstrações financeiras.[130]

De outra banda, apontam-se como hipóteses de anulabilidade da deliberação assemblear, dentre outras: a violação de regra estatutária; conteúdo (fim) ilícito, ainda que lícito o objeto; violação de direito de um, alguns ou todos os sócios, em determinado caso concreto, como, por exemplo, desrespeito a direito essencial em uma dada situação;[131] ofensa a direito do acionista ao dividendo, decorrente da lei ou do estatuto social (violação à regra geral do art. 202, *caput* e I, nos casos de omissão estatutária, ou às regras previstas no estatuto quanto ao pagamento de dividendo mínimo obrigatório, diferenciado para ações preferenciais ou extraordinária); retenção de lucros sem destinação específica, em desacordo com o art. 202, § 6°, ou com fundamento em orçamento de capital elaborado em desacordo com o art. 196.[132]

---

130 FRANÇA, Erasmo Valladão Azevedo e Novaes. "Apontamentos sobre a invalidade das deliberações conexas das companhias". *In*: ______. *Temas de Direito Societário, falimentar e Teoria da Empresa*. São Paulo: Malheiros, 2009, pp. 79-87; FRANÇA, Erasmo Valladão Azevedo e Novaes. *Invalidade das deliberações de assembleia das S.A. e outros escritos sobre o tema da invalidade das deliberações sociais*. 2ª ed. São Paulo: Malheiros, 2017, pp. 116-118 e 120-126; CARVALHOSA, Modesto; KUYVEN, Fernando. *Tratado de Direito Empresarial*: sociedades anônimas. vol. 3, 2ª ed. São Paulo: Revista dos Tribunais, 2018, pp. 744-746 e 749.

131 FRANÇA, Erasmo Valladão Azevedo e Novaes. "Apontamentos sobre a invalidade das deliberações conexas das companhias". *In*: ______. *Temas de Direito Societário, falimentar e Teoria da Empresa*. São Paulo: Malheiros, 2009, pp. 79-87; FRANÇA, Erasmo Valladão Azevedo e Novaes. *Invalidade das deliberações de assembleia das S.A. e outros escritos sobre o tema da invalidade das deliberações sociais*. 2ª ed. São Paulo: Malheiros, 2017, pp. 117-120; CARVALHOSA, Modesto; KUYVEN, Fernando. *Tratado de Direito Empresarial*: sociedades anônimas. vol. 3, 2ª ed. São Paulo: Revista dos Tribunais, 2018, pp. 744-746.

132 ROBERT, Bruno. *Dividendo mínimo obrigatório nas S.A.*: apuração, declaração e pagamento. São Paulo: Quartier Latin, 2011, pp. 162-164 e nota 253.

Tome-se como exemplo concreto a discussão, recorrente na prática, sobre a validade de deliberação assemblear que aprova aumento de capital com emissão de novas ações, do qual resulte diluição de acionistas minoritários, que a impugnam ao argumento de que o aumento seria abusivo. São três as principais questões que se põem:

(i) há diluição injustificada dos minoritários?

(ii) havendo diluição injustificada, é nula ou anulável a deliberação que aprovou o aumento de capital?

(iii) se anulável, a tutela específica deve ceder lugar à tutela indenizatória?

Quanto à primeira questão, deve-se lembrar que nem todo aumento de capital, com emissão de novas ações, de que resulte diluição dos minoritários, é abusivo, nem toda diluição é injustificada. Se legítimo o aumento de capital, realizado no interesse da companhia, será justificada a diluição dos minoritários dele resultante, desde que garantido o exercício de seu direito de preferência na subscrição das novas ações (art. 109, IV, da LSA).

Por outro lado, observado que a necessidade, oportunidade e conveniência do aumento de capital estão, a princípio, associadas a juízo de negócio que não cabe ao julgador fazer em substituição ao órgão competente da companhia,[133] pode-se constatar, no caso

133 A linha entre exame de legalidade, exame de mérito empresarial e definição do interesse social pode ser tênue. Nas palavras de Mauro Rodrigues Penteado: "A apreciação judicial do mérito das deliberações relativas aos aumentos de capital não significa, todavia, o exame de sua oportunidade ou conveniência, como salientou Ferro-Luzzi (...); ao invés de substituir-se à própria assembleia geral, cumpre ao Judiciário examinar, no caso concreto, se a deliberação é conforme ao interesse social, entendido este como o interesse comum de todos os sócios, enquanto tal". E cita o jurista português Guerra da Mota, para quem a proteção das minorias é fim a ser perseguido "sem que com ele se suponha atribuir a estas o poder de se substituir à maioria na determinação do interesse social" (PENTEADO, Mauro Rodrigues. *Aumentos de capital das*

concreto, ser o aumento abusivo, quando ficar demonstrado ter sido injustificado, desnecessário ou excessivo, voltado exclusivamente à diluição dos minoritários. Nessa hipótese, a deliberação assemblear que o aprovou será anulável por ilicitude no conteúdo da deliberação.[134]

O abuso pode estar, ainda, na definição do preço de emissão das novas ações, de que trata o art. 170, § 1°, da LSA.[135]

---

sociedades anônimas. 2ª ed. (atual. e anotada por Alfredo Sérgio Lazzareschi Neto), São Paulo: Quartier Latin, 2012, p. 367 e nota 597). Interessante, a título ilustrativo, a ponderação de Penteado e a posição do italiano Trimarchi, por ele colacionada, a respeito da validade de deliberação assemblear que aprove aumento de capital que importe queda dos dividendos, sob a ótica da proteção dos acionistas minoritários: "sucede que a situação mais frequente é a de os aumentos de capital importarem em queda dos níveis de dividendos, embora os lucros globais da sociedade experimentem elevação. Nesse caso Trimarchi não vê como se possa questionar a validade da deliberação, na medida em que o interesse dos minoritários deve ceder ao interesse social, em sentido estrito, que é o de obter maior lucratividade. Tal não se dá, ao reverso, se do aumento de capital não resultar qualquer acréscimo aos lucros da companhia, nas hipóteses em que a operação tenha sido aprovada para prejudicar os acionistas não controladores" (PENTEADO, Mauro Rodrigues. *Aumentos de capital das sociedades anônimas*. 2ª ed. (atual. e anotada por Alfredo Sérgio Lazzareschi Neto), São Paulo: Quartier Latin, 2012, p. 364).

134 Modesto Carvalhosa e Fernando Kuyven atentam para a distinção entre a ilicitude do objeto e a ilicitude do conteúdo da deliberação: "não se pode confundir a ilicitude do objeto da deliberação com a deliberação cujo objeto seja lícito e a ilicitude se encontre no seu conteúdo: a primeira será nula, a segunda, anulável. Desse modo, a decisão de reduzir o capital da sociedade tem objeto lícito, mas seu conteúdo será ilícito se tiver por único propósito a diluição da participação dos acionistas" (CARVALHOSA, Modesto; KUYVEN, Fernando. *Tratado de Direito Empresarial*: sociedades anônimas. vol. 3, 2ª ed. São Paulo: Revista dos Tribunais, 2018, pp. 745/746).

135 "O preço de emissão deverá ser fixado, sem diluição injustificada da participação dos antigos acionistas, ainda que tenham direito de preferência para subscrevê-las, tendo em vista, alternativamente ou conjuntamente: I - a perspectiva de rentabilidade da companhia; II - o valor do patrimônio líquido da ação; III - a cotação de suas ações em Bolsa de Valores ou no mercado de balcão organizado, admitido ágio ou deságio em função das condições do mercado".

Caso os critérios previstos no art. 170, § 1°, da LSA, sejam observados, não há que se falar em aumento de capital abusivo e consequente diluição injustificada dos minoritários (desde que assegurado seu direito de preferência na subscrição das novas ações). Outrossim, ainda que se afaste, em alguma medida, dos critérios previstos no art. 170, § 1°, da LSA, uma vez comprovado que aqueles utilizados para a fixação do preço de emissão das ações no aumento de capital foram justificados e legítimos, tampouco se configurará a diluição injustificada a que se refere o dispositivo legal em comento.

O problema surge ao se constatar que o preço de emissão das novas ações foi fixado sem a observância dos critérios previstos no art. 170, § 1°, da LSA, e sem que se possam identificar, no caso concreto, outros critérios razoáveis e legítimos que o justifiquem. Nessa hipótese, caracterizados estarão o abuso e a diluição injustificada dos minoritários decorrente do aumento de capital.

A Quarta Turma do STJ manifestou o entendimento de que a norma do art. 170, § 1°, da LSA, não seria cogente, de modo que, não sendo observada, não acarretaria a anulabilidade da assembleia, mas apenas eventual dever de indenizar dos controladores:

> DIREITO SOCIETÁRIO. AUMENTO DE CAPITAL DE SOCIEDADE ANÔNIMA. EMISSÃO DE NOVAS AÇÕES. DILUIÇÃO DA PARTICIPAÇÃO ACIONÁRIA DE MINORITÁRIOS. PREÇO DAS AÇÕES. FIXAÇÃO. BALIZAS PREVISTAS NO ART. 170, § 1°, DA LSA. NORMA NÃO COGENTE DE CUJO DISTANCIAMENTO, SE VERIFICADO, NÃO ENSEJA A ANULAÇÃO DOS ATOS DELIBERATIVOS. EVENTUAL VIOLAÇÃO QUE SE RESOLVE EM PERDAS E DANOS.
>
> 1. O art. 170, § 1°, da LSA, não garante a equivalência na participação societária dos antigos acionistas, depois de se proceder ao aumento de capital, apenas impede a diluição injustificável dessa participação, geralmente, em abuso de

> poder dos controladores. A equivalência da participação acionária é garantida pelo exercício do direito de preferência na aquisição dessas novas ações.
>
> 2. A norma insculpida no art. 170, § 1º, da LSA não é cogente, por isso que a sua não observância na fixação do preço de emissão da ação ou a escolha de critério diferente, na hipótese de aumento de capital, não acoima o ato deliberativo de nulo, mesmo porque o dispositivo não prevê tal consequência.
>
> 3. Ademais, o acórdão recorrido reconheceu que o aumento de capital se fazia necessário e urgente, tendo havido demonstração dos aspectos técnicos para a fixação do preço tal como deliberado em assembleia e que o critério utilizado pelo autor como sendo o melhor estava baseado em premissa equivocada, conforme esclarecido pelo perito do Juízo. Assim, no particular, o recurso encontra óbice na Súmula 7/STJ.
>
> 4. Recurso especial não provido.[136]

Mais acertado se mostra, todavia, o entendimento, sustentado por Erasmo Valladão Azevedo e Novaes França e Marcelo Vieira von Adamek,[137] de acordo com o qual, nessa hipótese, a deliberação assemblear é passível, em tese, de anulação (não nulidade, pois envolve interesse exclusivo dos atuais acionistas).

O art. 170, § 1º, da LSA, constitui mecanismo de proteção das minorias acionárias, que não devem ficar à mercê de abusos comprovados dos controladores com o objetivo de diluí-los ou,

---

136 Brasil, STJ, 4ª T., acórdão, REsp 1.190.755/RJ, Fundo Fator Sinergia – Fundo Mútuo de Investimento em Ações Carteira Livre vs. Portobello S/A, Rel. Min. Luis Felipe Salomão, j. em 21.06.2011, DJe de 01.08.2011.

137 FRANÇA, Erasmo Valladão Azevedo e Novaes; ADAMEK, Marcelo Vieira von. "Da invalidade da deliberação assemblear contrastante com as regras de fixação de preço de emissão das ações (LSA, art. 170, § 1º)". *Revista de Direito Mercantil, Industrial, Econômico e Financeiro*, nº 161-162, jan. 2012, pp. 17-37.

até mesmo, excluí-los da companhia. Nesse aspecto, a norma em questão é cogente, ainda que comporte flexibilização, para permitir a adoção de critérios diversos daqueles nela elencados, que se mostrem razoáveis e legítimos no caso concreto.

A diluição pode implicar perda de poder político na companhia, o que, para o acionista, pode valer mais do que eventual prejuízo imediatamente quantificável em dinheiro. Eventuais prejuízos pecuniários podem, portanto, nessa hipótese, ser dificilmente mensuráveis, e indenização pode não ser suficiente para tutelar os interesses legítimos do acionista injustificadamente diluído. A possibilidade de tutela indenizatória não deve afastar, portanto, automaticamente, a possibilidade de anulação da deliberação, se ajuizada a ação anulatória dentro do prazo legal. Os acionistas prejudicados podem ter legítimo interesse em que a deliberação seja invalidada, sem prejuízo de eventual dever de indenizar do controlador pelo abuso praticado, caso comprovados outros prejuízos experimentados pelos acionistas injustificadamente diluídos, impassíveis de serem sanados pela invalidação da deliberação.

Em suma, o caso concreto deverá ser examinado.

2.3 Invalidade do voto

Entende-se que os votos eivados de erro, dolo e incapacidade relativa do votante são anuláveis, a teor do que dispõem, respectivamente, os art. 138 a 150 e 171, I, do CC.[138] Também são viciados os votos eivados de coação, embora esta figura não seja mencionada no art. 286 da LSA.[139]

---

138 FRANÇA, Erasmo Valladão Azevedo e Novaes. *Invalidade das deliberações de assembleia das S.A. e outros escritos sobre o tema da invalidade das deliberações sociais*. 2ª ed. São Paulo: Malheiros, 2017, pp. 130 e 132.

139 CARVALHOSA, Modesto; KUYVEN, Fernando. *Tratado de Direito Empresarial*: sociedades anônimas. vol. 3, 2ª ed. São Paulo: Revista dos Tribunais, 2018, p. 747.

Afirma-se serem nulos, a seu turno, os votos revestidos de simulação, os proferidos com fraude e aqueles proferidos por absolutamente incapaz, também na esteira do que prevê o CC (respectivamente, art. 167, 166, VI, e 166, I); os votos abusivos (art. 115, *caput*, da LSA) e os proferidos com conflito de interesses (art. 115, § 1°, 134, § 1°, e 228, § 2°, da LSA).[140]

Sejam considerados nulos ou anuláveis, os votos viciados não necessariamente implicam a invalidade da deliberação assemblear para a qual concorreram.

A deliberação poderá ser invalidada, com esse fundamento, se os votos maculados tiverem sido decisivos para a formação do quórum de aprovação ("prova de resistência"),[141] sem prejuízo (i) de eventual exigência cumulativa a que a lei condicione a anulação, como é o caso do prejuízo, ainda que potencial, à companhia, exigido no art. 115, *caput* e § 4°, e (ii) do dever de indenizar os prejuízos decorrentes do voto viciado, ainda que não tenha prevalecido, conforme prevê o art. 115, § 3°.[142]

Ademais, mesmo que o voto seja nulo e tenha sido decisivo, a hipótese será de anulabilidade, não de nulidade, da deliberação assemblear para a qual concorreu,[143] na esteira do que dispõe o art. 286 da LSA (no caso específico da deliberação tomada em

---

140 FRANÇA, Erasmo Valladão Azevedo e Novaes. *Invalidade das deliberações de assembleia das S.A. e outros escritos sobre o tema da invalidade das deliberações sociais*. 2ª ed. São Paulo: Malheiros, 2017, pp. 130-132.

141 CARVALHOSA, Modesto; KUYVEN, Fernando. *Tratado de Direito Empresarial*: sociedades anônimas. vol. 3, 2ª ed. São Paulo: Revista dos Tribunais, 2018, p. 744.

142 FRANÇA, Erasmo Valladão Azevedo e Novaes. *Invalidade das deliberações de assembleia das S.A. e outros escritos sobre o tema da invalidade das deliberações sociais*. 2ª ed. São Paulo: Malheiros, 2017, p. 129, nota 120.

143 FRANÇA, Erasmo Valladão Azevedo e Novaes. *Invalidade das deliberações de assembleia das S.A. e outros escritos sobre o tema da invalidade das deliberações sociais*. 2ª ed. São Paulo: Malheiros, 2017, pp. 132-134 e nota 127.

decorrência de voto com conflito de interesses, expressamente, o art. 115, § 4º;[144] e o § 3º do art. 134,[145] que remete ao art. 286).

Note-se que o § 4º, do art. 115, se refere à anulabilidade da deliberação tomada em decorrência de voto de acionista com interesse conflitante com o da companhia, ao passo que o § 3º, quanto ao voto abusivo, prevê apenas, de modo expresso, o dever de indenizar; do mesmo modo, o art. 117, *caput* e § 1º, alínea *c*, quanto ao voto proferido com abuso do poder de controle. Não obstante, há, na doutrina, o entendimento de que o voto abusivo, do qual resulte prejuízo direto apenas para outro acionista, e não para a companhia, também pode justificar a anulação da deliberação tomada em decorrência dele, por também ser nulo (violação do *caput* do art. 115), com fundamento no dever societário de lealdade e como uma espécie de reparação *in natura*, sem prejuízo do dever de indenizar, caso o prejuízo não seja integralmente sanado pela invalidação da deliberação.[146]

Observe-se, por fim, que o voto contrário a acordo de acionistas é ineficaz, não podendo sequer ser levado em consideração pela mesa da assembleia no cálculo do quórum de deliberação, se devidamente arquivado na sede da companhia (art. 118 da LSA).[147] Assim, nesta hipótese, em regra, o vício no voto não terá

---

144 "A deliberação tomada em decorrência do voto de acionista que tem interesse conflitante com o da companhia é anulável; o acionista responderá pelos danos causados e será obrigado a transferir para a companhia as vantagens que tiver auferido".

145 "A aprovação, sem reserva, das demonstrações financeiras e das contas, exonera de responsabilidade os administradores e fiscais, salvo erro, dolo, fraude ou simulação (artigo 286)".

146 FRANÇA, Erasmo Valladão Azevedo e Novaes; ADAMEK, Marcelo Vieira von. "Da invalidade da deliberação assemblear contrastante com as regras de fixação de preço de emissão das ações (LSA, art. 170, § 1º)". *Revista de Direito Mercantil, Industrial, Econômico e Financeiro*, nº 161-162, jan. 2012, pp. 26 e 32-36.

147 CARVALHOSA, Modesto; KUYVEN, Fernando. *Tratado de Direito Empresarial*: sociedades anônimas. vol. 3, 2ª ed. São Paulo: Revista dos Tribunais, 2018, p. 744.

nenhum impacto sobre a deliberação assemblear. Se, porém, for computado e for determinante para a aprovação da deliberação, poderá ensejar a anulação desta, sem prejuízo da responsabilização do presidente da assembleia por perdas e danos decorrentes da inobservância do art. 118, § 8°, que não sejam sanáveis pela invalidação da deliberação assemblear, desde que constatado que agiu com culpa ou dolo.

3 Ação de impugnação

A ação de impugnação de deliberação assemblear não é o único meio de obter provimento jurisdicional sobre a invalidade de determinada deliberação. Ela pode ser suscitada como questão prejudicial, incidentalmente no âmbito de outra ação, em contestação.[148] Nesse caso, deverá ser observado o art. 503, § 1°, do Código de Processo Civil (CPC), que admite que a decisão sobre questão incidental faça coisa julgada entre as partes, desde que atendidos determinados requisitos.[149]

O exame incidental como questão prejudicial poderá ocorrer, porém, ainda que a respectiva decisão não faça coisa julgada, por não atendimento dos requisitos cumulativos do § 1° do art. 503. Disso emerge risco de decisões conflitantes sobre a mesma deliberação assemblear, caso seja, também, objeto de impugnação em outras demandas, as quais podem, até mesmo, estar sujeitas a jurisdições distintas (estatal e arbitral).

---

148 LAZZARESCHI NETO, Alfredo Sérgio. *Lei das S.A. comentada e anotada*. 6ª ed. São Paulo: Quartier Latin, 2020, p. 1.160, nota 1b.

149 "Art. 503. A decisão que julgar total ou parcialmente o mérito tem força de lei nos limites da questão principal expressamente decidida. § 1° O disposto no *caput* aplica-se à resolução de questão prejudicial, decidida expressa e incidentemente no processo, se: I - dessa resolução depender o julgamento do mérito; II - a seu respeito tiver havido contraditório prévio e efetivo, não se aplicando no caso de revelia; III - o juízo tiver competência em razão da matéria e da pessoa para resolvê-la como questão principal".

Também por essa razão, a ação de impugnação é o meio por excelência para se obter decisão sobre a (in)validade de determinada deliberação assemblear, com todos os efeitos que dela possam decorrer. Mostra-se, então, importante o exame das principais características dessa ação.

3.1 Natureza da ação

A terminologia "ação de impugnação", utilizada por Tulio Ascarelli para se referir à ação anulatória de deliberações assembleares,[150] se refere, aqui, às ações declaratórias de nulidade e às ações anulatórias de assembleias ou deliberações assembleares.

Embora a natureza dessa ação seja discutível, conforme se trate de hipótese de nulidade absoluta ou anulabilidade, nos termos antes expostos, há quem defenda que ela tem sempre a natureza de tutela constitutiva negativa, seja a hipótese de nulidade, anulabilidade ou, até mesmo, inexistência, pois a deliberação produziria efeitos, ainda que provisórios, enquanto não prolatada decisão judicial capaz de extirpar esses efeitos do mundo jurídico.[151]

3.2 Prazo para ajuizamento

Discute-se se o prazo de 2 (dois) anos previsto no art. 286 da LSA se aplicaria às hipóteses de nulidade absoluta ou apenas às de anulabilidade.

---

150 Cf. FRANÇA, Erasmo Valladão Azevedo e Novaes; ADAMEK, Marcelo Vieira von. "Da invalidade da deliberação assemblear contrastante com as regras de fixação de preço de emissão das ações (LSA, art. 170, § 1º)". *Revista de Direito Mercantil, Industrial, Econômico e Financeiro*, nº 161-162, jan. 2012, p. 29, nota 30.

151 Nesse sentido: CARVALHOSA, Modesto; KUYVEN, Fernando. *Tratado de Direito Empresarial*: sociedades anônimas. vol. 3, 2ª ed. São Paulo: Revista dos Tribunais, 2018, pp. 747/748.

Para parte da doutrina,[152] esse prazo se aplica a todas as hipóteses, mas a lei deveria prever prazo mais longo para as hipóteses de nulidade e mais curto para as de anulação. Ademais, como já mencionado, haveria invalidades que produzem efeitos de forma continuada e permanente, o que teria impacto no termo inicial de contagem do prazo e contemplaria situações de invalidades que não convalescem com o tempo. Para outros, diversamente, o prazo do art. 286 da LSA não se aplica às hipóteses de nulidade absoluta, sujeitas ao regime do Código Civil.[153]

Como também adiantado, o prazo bienal previsto no art. 286 da LSA tem natureza decadencial, não prescricional. Destarte, não admite suspensão, nem interrupção, conforme dispõe o art. 207 do CC. Sendo assim, será inútil eventual protesto interruptivo da prescrição feito por acionista ou terceiro que tenha a intenção de ajuizar, subsequentemente, ação de impugnação de assembleia ou deliberação assemblear.

Embora a natureza decadencial evite um indesejável prolongamento do prazo, o interregno de 2 (dois) anos para que se possa impugnar assembleia ou deliberação assemblear é muito criticado pela doutrina. Entende-se que esse prazo é muito longo, considerando-se a dinâmica dos negócios, o que implica fonte de grande insegurança para a companhia. Nota-se, ainda, que uma multiplicidade de ações pode ser ajuizada nesse prazo, impugnando a mesma assembleia ou deliberação assemblear, o que poderá prejudicar ou inviabilizar eventual reunião para julgamento conjunto, gerando

---

152 CARVALHOSA, Modesto; KUYVEN, Fernando. *Tratado de Direito Empresarial*: sociedades anônimas. vol. 3, 2ª ed. São Paulo: Revista dos Tribunais, 2018, pp. 747-749.

153 FRANÇA, Erasmo Valladão Azevedo e Novaes. *Invalidade das deliberações de assembleia das S.A. e outros escritos sobre o tema da invalidade das deliberações sociais*. 2ª ed. São Paulo: Malheiros, 2017, pp. 78-89; PENTEADO, Mauro Rodrigues. *Aumentos de capital das sociedades anônimas*. 2ª ed. (atual. e anotada por Alfredo Sérgio Lazzareschi Neto). São Paulo: Quartier Latin, 2012, pp. 391-394.

ainda mais insegurança jurídica para a sociedade. Destaca-se que, no Direito Comparado, o prazo legalmente previsto para a impugnação de assembleias ou deliberações assembleares é, em regra, bem mais curto, de poucos meses ou, até, dias. E sustenta-se que, para garantir maior segurança jurídica ao tráfego societário, mais adequado seria, no Brasil, reduzir em larga medida o prazo legal para impugnação, em vez de buscar, por via judicial, restringir as hipóteses de invalidação da assembleia ou deliberação assemblear, excluindo delas casos em que seria justificada.[154]

O prazo bienal do art. 286 da LSA pode, também, se aplicar às sociedades limitadas, nos casos em que o contrato social preveja a regência supletiva da LSA, conforme expressamente autoriza o art. 1053, parágrafo único, do CC. O Código Civil não contém previsão específica quanto ao prazo para ajuizamento de ação de impugnação (seja anulatória, seja declaratória de nulidade) de deliberações dos sócios de sociedade limitada, o que atrai a aplicação supletiva da regra das sociedades anônimas na hipótese.

Na omissão do contrato social (hipótese em que se aplica a regra do art. 1.053, *caput*, do CC), ou caso o contrato social preveja a regência supletiva das normas relativas às sociedades simples, sustenta-se que o art. 286 da LSA não poderia ser aplicado, a despeito da inexistência de regra específica sobre a matéria no capítulo relativo às sociedades simples e ainda que a bem da coerência do sistema societário e da segurança jurídica. Isso porque o art. 286 consubstanciaria restrição a direito do sócio e, por conseguinte, não comportaria aplicação por analogia. Em realidade, como relata

---

154 FRANÇA, Erasmo Valladão Azevedo e Novaes; ADAMEK, Marcelo Vieira von. "Da invalidade da deliberação assemblear contrastante com as regras de fixação de preço de emissão das ações (LSA, art. 170, § 1º)". *Revista de Direito Mercantil, Industrial, Econômico e Financeiro*, nº 161-162, jan. 2012, p. 30; e FRANÇA, Erasmo Valladão Azevedo e Novaes. *Invalidade das deliberações de assembleia das S.A. e outros escritos sobre o tema da invalidade das deliberações sociais*. 2ª ed. São Paulo: Malheiros, 2017, pp. 80-82.

Erasmo Valladão Azevedo e Novaes França,[155] esse argumento já era levantado antes mesmo da entrada em vigor do Código Civil de 2002, quando a regra era a regência supletiva das sociedades limitadas pela LSA (art. 18 do Decreto n. 3.708/1919) e não se tratava, portanto, de aplicação analógica do art. 286, mas de aplicação direta por expressa determinação legal.[156]

Embora o tema desse artigo sejam as deliberações assembleares de sociedades anônimas, cabe uma última observação sobre as sociedades limitadas. No que tange às situações regidas pelo Código Civil de 2002 e na ausência de cláusula contratual prevendo a regência supletiva da LSA, afastar a aplicação analógica do prazo bienal do art. 286 da LSA dá lugar à controvérsia ainda maior quanto ao prazo de impugnação aplicável e, consequentemente, à insegurança jurídica ainda maior em relação às limitadas.[157]

---

155 FRANÇA, Erasmo Valladão Azevedo e Novaes. "Aspectos atuais das sociedades por quotas. Invalidade das deliberações sociais". *In*: ______. *Temas de direito societário, falimentar e teoria da empresa*. São Paulo: Malheiros, 2009, p. 544.

156 Nessa linha, em julgado de 2018, envolvendo a anulação de alteração contratual de sociedade limitada realizada na vigência do Decreto n. 3.708/1919, a Terceira Turma do STJ entendeu inaplicável o art. 286 da LSA, afastando-se, inclusive, de precedente anterior, da Quarta Turma (Brasil, STJ, 4ª T., acórdão, REsp 687.351/MG, Ricardo Pereira *et al.* vs. Ondina Passos Pereira *et al.*, Rel. Min. Aldir Passarinho Jr., j. em 05.03.2009, DJe de 27.04.2009). Entretanto, adotou-se fundamento diverso daquele atinente ao descabimento da analogia na hipótese. A Ministra Relatora ponderou que, no regime anterior ao CC/2002, as alterações contratuais de sociedades limitadas tinham disciplina mais simples e não eram necessariamente precedidas de algum tipo de reunião ou assembleia de sócios, cuja realização não havia sido demonstrada no caso concreto. Considerando isso e a natureza contratual do contrato social, entendeu aplicável, à pretensão anulatória, o prazo decadencial quadrienal previsto no art. 178 do CC de 1916, na hipótese correspondente ao art. 178, II, do CC de 2002 (Brasil, STJ, 3ª T., acórdão, REsp 1.543.070/PR, Bristol Construções e Empreendimentos Ltda. – ME *et al.* vs. Cláudio Antonio Binatti (espólio), Rel. Min. Nancy Andrighi, j. em 06.02.2018, DJe de 20.02.2018).

157 Pode-se sustentar que, nessa hipótese, aplicar-se-iam as regras do regime geral de invalidades do Código Civil, conforme se trate de caso de nulidade ou de

3.3 Legitimidade ativa e passiva

Nos casos de nulidade absoluta, qualquer interessado tem legitimidade ativa para a impugnação, inclusive o acionista que votou a favor da deliberação ou ingressou posteriormente na sociedade, administradores, terceiros prejudicados e a Comissão de Valores Mobiliários (CVM), quanto a atos relacionados à sua competência fiscalizatória sobre companhias abertas; a companhia, porém, não tem legitimidade para impugnar suas próprias assembleias e deliberações.[158] É controversa a possibilidade de pronunciamento de ofício pelo juiz.[159]

---

anulabilidade, de modo que a primeira não estaria sujeita à decadência ou à prescrição e, quanto à segunda, definir-se-ia o prazo decadencial aplicável (se bienal ou quadrienal) a partir do vício imputado. Assim, se decorrente a anulabilidade de incapacidade relativa do acionista votante que contribuiu decisivamente, com seu voto, para o quórum de aprovação, ou de erro, dolo ou coação, aplicar-se-ia o prazo decadencial de 4 (quatro) anos previsto no art. 178 do CC, com termo inicial definido segundo as regras estabelecidas nos incisos desse dispositivo. Caso a anulabilidade decorra de vício diverso dos mencionados no art. 178 (por exemplo, voto com conflito de interesses com o da sociedade, que tenha contribuído decisivamente para a aprovação da deliberação de sócios), aplicar-se-ia o prazo decadencial bienal previsto no art. 179 do CC. Há quem sustente, ainda, que se aplicaria o prazo decadencial de 3 (três) anos previsto no art. 48, parágrafo único, do CC, muito embora a assembleia de sócios não seja órgão de administração. Nesse último sentido: Brasil, STJ, 4ª T., acórdão, REsp 1.459.190/SP, Alida Maria Fleury Bellandi *et al.* vs. YHZ Empreendimentos e Participações Ltda., Rel. Min. Luis Felipe Salomão, j. em 15.12.2015, DJe de 01.02.2016 ("O prazo decadencial para exercício do direito à anulação da deliberação de exclusão de sócio minoritário de sociedade limitada é de 3 anos, nos termos do art. 48 do Código Civil").

158 FRANÇA, Erasmo Valladão Azevedo e Novaes. *Invalidade das deliberações de assembleia das S.A. e outros escritos sobre o tema da invalidade das deliberações sociais*. 2ª ed. São Paulo: Malheiros, 2017, pp. 136/137.

159 Em que pesem as respeitabilíssimas vozes doutrinárias que defendem essa possibilidade, em linha com o regime civil das nulidades, há tradicional julgado do STJ em sentido contrário, prolatado na vigência do CC/1916 (3ª T., acórdão, REsp n. 35.230/SP, TV Globo de São Paulo S.A. vs. Aryovaldo Guimarães Nogueira, Rel. Min. Sálvio de Figueiredo Teixeira, J.

Vale anotar não ter a CVM, ela própria, competência para anular ou declarar a nulidade de deliberação assemblear, embora eventual vício possa ser reconhecido incidentalmente pela autarquia, no âmbito do exercício de suas competências. Nem tem competência a CVM para determinar à companhia (aberta) a anulação, revogação ou modificação de decisão assemblear ou a tomada de nova deliberação.[160]

Nos casos de anulabilidade, a princípio, somente acionista que tenha votado contrariamente à deliberação, que se absteve de votar ou esteve ausente, ou acionista sem direito de voto, teria legitimidade para impugnar a assembleia ou deliberação. Não

---

em 10.04.1995, DJ de 20.11.1995). O acórdão foi assim ementado (caixa alta omitida):

"Direito comercial. Sociedade anônima. Empresa de radiodifusão e telecomunicação. Exigência do órgão público fiscalizador. Comprovação da nacionalidade brasileira dos acionistas. Convocação editalícia dos sócios, marcando prazo para apresentação de certidão de nascimento ou casamento. Deliberação assemblear de venda das ações dos que não atenderam à convocação. Ilegalidade. Lapso prescricional específico (art. 156 do DL 2.627/40 e 286 da Lei 6.404/76). Ausência de impugnação tempestiva. Convalidação. Prescrição também do direito a haver dividendos distribuídos sob a forma de bonificação (art. 287, II, 'a', da Lei 6.404/76). Inaplicabilidade da teoria geral das nulidades. Recurso provido. I - em face das peculiaridades de que se reveste a relação acionistas 'versus' sociedade anônima, não há que se cogitar da aplicação, em toda a sua extensão, no âmbito do Direito Societário, da Teoria Geral das Nulidades, tal como concebida pelas doutrina e dogmática civilistas. II - em face disso, o direito de impugnar as deliberações tomadas em assembleia, mesmo aquelas contrárias a ordem legal ou estatutária, sujeita-se à prescrição, somente podendo ser exercido no exíguo prazo previsto na Lei das Sociedades por Ações (art. 156 do DL 2.627/40 art. 286 da Lei 6.404/76). III - *pela mesma razão não pode o juiz, de ofício, mesmo nos casos em que ainda não atingido o termo 'ad quem' do lapso prescricional, reconhecer a ilegalidade da deliberação e declará-la nula*. IV - também o exercício do direito de haver dividendos, colocados à disposição dos acionistas sob a forma de bonificação, se submete a condição temporal (art. 287, II, 'a', da Lei 6.404/76)" (grifou-se).

160 LAZZARESCHI NETO, Alfredo Sérgio. *Lei das S.A. comentada e anotada*. 6ª ed. São Paulo: Quartier Latin, 2020, p. 1.163, notas 1f e 1h.

obstante, em alguns casos de vício de voto (erro, dolo, coação ou incapacidade do votante), admite-se a legitimidade ativa de acionista que tenha estado presente e votado favoravelmente à deliberação. Por outro lado, não teria legitimidade, a princípio, o acionista que ingressou na companhia posteriormente à assembleia em que ocorreu o vício ou que se retirou da sociedade. Não teriam legitimidade, também, diretores, conselheiros fiscais e membros do Conselho de Administração que não sejam acionistas, bem como credores e terceiros em geral.[161]

Outras situações específicas podem justificar a legitimidade ativa, como, por exemplo, usufrutuário de ações, nu-proprietário, fideicomissário, fiduciário, credor pignoratício ou garantido por alienação fiduciária, depositário judicial, entre outras.[162]

Nos casos de ineficácia, têm legitimidade ativa para impugnar a assembleia ou a deliberação aqueles a cujo consentimento ou inação a lei condiciona a eficácia do ato.[163]

A legitimidade passiva da ação de impugnação é sempre da companhia. Não há litisconsórcio passivo necessário com os sócios. Pode haver litisconsórcio passivo facultativo (unitário, quanto à pretensão de invalidação da assembleia ou de deliberação assemblear). Pode haver, ainda, assistência. E admitem-se pedidos cumulados em face de uma pluralidade de réus, como é o caso, por exemplo, de impugnação cumulada com pedido indenizatório em face do controlador ou do acionista que votou com conflito

---

161 FRANÇA, Erasmo Valladão Azevedo e Novaes. *Invalidade das deliberações de assembleia das S.A. e outros escritos sobre o tema da invalidade das deliberações sociais*. 2ª ed. São Paulo: Malheiros, 2017, pp. 138-140 e 142.

162 FRANÇA, Erasmo Valladão Azevedo e Novaes. *Invalidade das deliberações de assembleia das S.A. e outros escritos sobre o tema da invalidade das deliberações sociais*. 2ª ed. São Paulo: Malheiros, 2017, pp. 141/142.

163 FRANÇA, Erasmo Valladão Azevedo e Novaes. *Invalidade das deliberações de assembleia das S.A. e outros escritos sobre o tema da invalidade das deliberações sociais*. 2ª ed. São Paulo: Malheiros, 2017, p. 137.

de interesses.[164] É o caso, também, *e.g.*, de pedido de anulação ou declaração de nulidade da assembleia ou deliberação assemblear cumulado com pedido condenatório tendo por objeto a restituição à companhia de valores recebidos indevidamente por acionista, administrador ou terceiro, por força da deliberação impugnada.

É de grande importância atentar à correta formulação dos pedidos e à correlata composição do polo passivo, de acordo com o resultado que se pretende obter com a demanda e observados os art. 114 a 116 do CPC. Não poderá ser condenado à restituição de valores ou ao pagamento de indenização, por exemplo, quem não foi parte na demanda, ainda que o pedido de invalidação da assembleia ou da deliberação assemblear seja acolhido. Nem responde civilmente a companhia em face de acionista minoritário, por abuso do controlador. Para a cumulação de pedidos, ainda que contra réus diversos (o que admite o STJ),[165] devem ser atendidos, também, os requisitos dos parágrafos do art. 327 do CPC.

3.4 Particularidades em caso de jurisdição arbitral

Sem prejuízo do exposto acima quanto à legitimidade *ad causam* para a ação de impugnação, há algumas particularidades a serem observadas caso a pretensão esteja sujeita à jurisdição arbitral, por força de cláusula compromissória contida no estatuto da companhia, como permite o § 3° do art. 109 da LSA.[166]

---

164 FRANÇA, Erasmo Valladão Azevedo e Novaes. *Invalidade das deliberações de assembleia das S.A. e outros escritos sobre o tema da invalidade das deliberações sociais*. 2ª ed. São Paulo: Malheiros, 2017, p. 143.

165 Cf. PRETTO, Pedro Siqueira de. "Comentários ao art. 327". *In*: SANTOS, Silas Silva; CUNHA, Fernando Antonio Maia da; CARVALHO FILHO, Milton Paulo de; RIGOLIN, Antonio (Coord.). *Comentários ao Código de Processo Civil*: perspectivas da magistratura. 2ª ed. São Paulo: Revista dos Tribunais, 2020, p. 328, nota 15.

166 "O estatuto da sociedade pode estabelecer que as divergências entre os acionistas e a companhia, ou entre os acionistas controladores e os acionistas

Questão relevante concernente à arbitragem estatutária, que ainda é objeto de intensos debates e não encontra solução uníssona, concerne às disputas cuja decisão interesse, em tese, a um grupo ou a todos os acionistas, e que possam, ainda, ter impacto no mercado.

A relevância é maior no caso das companhias abertas, com significativo índice de dispersão acionária. Diferentemente do que ocorre em outros sistemas jurídicos, como, por exemplo, o italiano, em que há vedação expressa para o uso da arbitragem envolvendo companhias abertas, atuantes no mercado de capitais,[167] no Brasil, inexiste tal vedação. Ao contrário, exige-se cláusula arbitral estatutária para as empresas que desejam negociar suas ações nos segmentos especiais de listagem da bolsa,[168] por considerar-se

minoritários, poderão ser solucionadas mediante arbitragem, nos termos em que especificar".

167 BONATO, Giovanni. "Arbitragem societária italiana: análise comparativa sobre a abrangência subjetiva da cláusula compromissória e a nomeação de árbitros". *Revista de Arbitragem e Mediação*, ano 12, nº 46, jul. 2015, pp. 340 e 347.

168 O Regulamento do Novo Mercado (art. 39) exige que as companhias listadas nesse segmento prevejam, no estatuto social, cláusula compromissória por meio da qual "a companhia, seus acionistas, administradores, membros do conselho fiscal, efetivos e suplentes, se houver", resolverão por arbitragem, perante a Câmara de Arbitragem do Mercado, "qualquer controvérsia que possa surgir entre eles, relacionada com ou oriunda da sua condição de emissor, acionistas, administradores e membros do conselho fiscal, e em especial, decorrentes das disposições contidas na Lei n. 6.385/76, na Lei n. 6.404/76, no estatuto social da companhia, nas normas editadas pelo CMN, pelo BCB e pela CVM, bem como nas demais normas aplicáveis ao funcionamento do mercado de valores mobiliários em geral, além daquelas constantes deste regulamento, dos demais regulamentos da B3 e do contrato de participação no Novo Mercado". No mesmo passo, nos Regulamentos do Nível 2, do Bovespa Mais e do Bovespa Mais – Nível 2 (art. 13.1 de ambos), exige-se a previsão de cláusula compromissória estatutária com vinculação expressa abrangendo "a BM&FBOVESPA, a Companhia, o Acionista Controlador, os demais acionistas da Companhia, os Administradores e os membros do conselho fiscal". Já o Regulamento de Arbitragem da Câmara de Arbitragem do Mercado, vinculada à B3, prevê a vinculação das "companhias cujos valores mobiliários sejam admitidos à negociação nos segmentos especiais

a arbitragem meio mais célere e especializado para a resolução de disputas societárias, que importa boa prática de governança corporativa.

Alguns doutrinadores aventaram que, nesses casos, em linha com o que já prevalecia na jurisprudência estatal quanto a demandas tendo por objeto a anulação de deliberação assemblear, haveria litisconsórcio facultativo unitário, como referido acima. Desse modo, não seria necessário que todos os acionistas (ou todos do grupo afetado) participassem da arbitragem. Houve, contudo, divergência quanto à eficácia subjetiva da sentença arbitral a ser prolatada nessa hipótese. Houve quem sustentasse que haveria a vinculação de todos os acionistas apenas no caso em que a decisão arbitral lhes fosse favorável (coisa julgada *secundum evento litis*, como já ocorre no ordenamento brasileiro com a ação coletiva disciplinada no Código de Defesa do Consumidor), ao passo que outros sustentaram que todos estariam vinculados, independentemente do resultado da arbitragem, com sistemática similar à das *class actions* norte-americanas e à das ações judiciais tendo por objeto a anulação ou declaração de nulidade de deliberação assemblear.[169]

Pode haver, no regulamento de instituições arbitrais, dispositivos que regulem a possibilidade de integração de terceiros, inclusive a pedido do terceiro, como há, entre as instituições brasileiras mais relevantes, no regulamento de arbitragem da Câmara de Arbitragem do Mercado, da B3 (art. 6.1). Há, ainda, nos regulamentos

---

de listagem da BM&FBOVESPA, seus acionistas controladores e demais acionistas, seus administradores e membros de conselhos fiscais, bem como os investidores e intermediários em operações com títulos e valores mobiliários emitidos pelas referidas companhias ou a eles referenciados" (art. 1.2).

169 VIEIRA, Maíra de Melo; BENETTI, Giovana Valentiniano; VERONESE, Lígia Espolaor; BÔSCOLO, Ana Teresa de Abreu Coutinho. "Arbitragem nos conflitos societários, no mercado de capitais e a reforma do Regulamento da Câmara de Arbitragem do Mercado (CAM) da BM&FBovespa". *Revista de Arbitragem e Mediação*, ano 11, nº 40, jan. 2014, pp. 221/222.

de arbitragem das principais instituições arbitrais, a possibilidade de consolidação de procedimentos paralelos conexos.

Estas podem ser importantes ferramentas à disposição dos acionistas e demais sujeitos potencialmente interessados para o fim de evitar a existência de procedimentos paralelos, com o inerente risco de decisões contraditórias; para dar maior legitimidade à decisão a ser proferida; e para aumentar a segurança jurídica para a companhia e seus *stakeholders*. A divulgação da instauração de procedimento arbitral como fato relevante pela companhia aberta (antes prevista na Instrução CVM 358/2002, com a redação dada pela Instrução CVM 590/2017, e atualmente prevista na Resolução CVM 44/2021, que revogou a primeira, mas ainda de modo insuficiente), se acompanhada de elementos bastantes sobre o litígio submetido à arbitragem, poderia ser importante ferramenta para dar conhecimento da existência da arbitragem a todos os acionistas, em momento ainda incipiente, oportunizando eventual pedido de integração de terceiro na arbitragem em curso, ou mesmo a instauração de novo procedimento arbitral conexo, com pedido de consolidação de procedimentos pela parte interessada.

As ferramentas atualmente existentes não resolvem, contudo, a dúvida quanto à eficácia subjetiva da sentença arbitral nos casos de demandas que envolvam interesse coletivo, nem eliminam, por completo, o risco de decisões conflitantes. As atuais regras de prestação e divulgação de informações (considerando, também, o que dispõe a Instrução CVM 480/2009)[170] se mostram insuficientes. Ademais, como já tivemos oportunidade de alertar, tais ferramentas podem não ser utilizadas pelo acionista, ser descabidas

170 A Instrução CVM 480 distingue procedimentos arbitrais sujeitos e não sujeitos a sigilo, exigindo expressamente, apenas em relação aos últimos, informações mais detalhadas (instituição e tribunal arbitral, como equivalentes, *mutatis mutandis*, de juízo e instância, data de instauração, partes, valores, bens ou direitos envolvidos, principais fatos, chance de perda – provável, possível ou remota, análise do impacto de eventual perda, valor provisionado, se houver), para efeitos de formulário de referência e correlatos.

ou inócuas no caso, a depender do conhecimento do acionista a respeito da existência da arbitragem; da iniciativa do acionista; das condições econômicas dele ou da existência de outros meios de financiamento dos custos da arbitragem, como financiamento de terceiros ou fundo da própria companhia para esta finalidade; do momento em que se encontra o procedimento arbitral; e das condições previstas em regulamento para a integração de terceiro ou consolidação de procedimentos.[171]

Diante desse cenário, nos últimos anos, cada vez mais, a doutrina nacional especializada tem discutido sobre o cabimento, no Brasil, das denominadas "arbitragens de classe" ou "arbitragens coletivas", em linha com as *class arbitrations* norte-americanas, inclusive por meio de entidades associativas, como alternativa para litígios societários. Embora já haja menção a essa possibilidade, ao menos em tese, na jurisprudência,[172] há, ainda, diversas questões em aberto a respeito, relacionadas à legitimidade ativa e suas modalidades (litisconsorcial pura, representação ou substituição processual), nomeação de árbitros, eficácia subjetiva da sentença arbitral, inclusive a depender de quem tenha instaurado o procedimento,

---

171 VIEIRA, Maíra de Melo; BENETTI, Giovana Valentiniano; VERONESE, Lígia Espolaor; BÔSCOLO, Ana Teresa de Abreu Coutinho. "Arbitragem nos conflitos societários, no mercado de capitais e a reforma do Regulamento da Câmara de Arbitragem do Mercado (CAM) da BM&FBovespa". *Revista de Arbitragem e Mediação*, ano 11, nº 40, jan. 2014, pp. 223-225.

172 Nesse sentido: Brasil, TJSP, 1ª Câmara Reservada de Direito Empresarial, acórdão, Apelação n. 1031861-80.2020.8.26.0100, Vale S.A. vs. B3 S.A. – Brasil, Bolsa, Balcão *et al.*, Rel. Des. Cesar Ciampolini, J. em 30.06.2021, colacionando posições doutrinárias a favor e contra a admissibilidade da arbitragem coletiva no Brasil, distinguindo *class actions* de *class arbitration* no direito norte-americano, e reconhecendo competência ao tribunal arbitral para decidir sobre a admissibilidade da arbitragem coletiva no caso: "é certo que a autora nega a admissibilidade, entre nós, de procedimento arbitral coletivo, o que será examinado pelo Tribunal Arbitral, que detém a competência para tanto. Não se pode, porém, como já assinalei quando da análise do pedido de antecipação da tutela recursal formulado pela apelante, negar, de plano, essa possibilidade".

dever de informação *vs.* confidencialidade, repartição dos custos da arbitragem, litispendência, dentre outros.[173]

3.5 Exercício abusivo da ação de impugnação

Além da redução do prazo para ajuizamento da ação de impugnação, acima tratada, outra forma de dar maior segurança jurídica às deliberações sociais e, consequentemente, à vida social, seria prever legalmente algumas medidas com o fim de coibir eventual exercício abusivo da ação de invalidação de deliberações assembleares. Dentre as medidas apontadas pela doutrina, estão, por exemplo: o estabelecimento de um piso de legitimação para a propositura da ação (acionistas detentores de participação que represente um percentual mínimo do capital social, ou um valor mínimo), em especial para os casos de anulabilidade; exigência de que somente aquele que já era acionista à época da convocação da assembleia em que aprovada a deliberação seja legitimado a impugná-la; previsão de hipóteses em que a ação anulatória seria, desde logo, excluída ou vedada, prevendo-se, alternativamente, outro tipo de remédio (em regra, direito à indenização); exigência de caução *pro expensis*; e condicionamento da ação à prévia tentativa de solução extrajudicial da controvérsia.[174]

Mesmo inexistindo, atualmente, na Lei brasileira, medidas desse cunho, o julgador, no exame de eventual ação de impugnação de assembleia ou deliberação assemblear, deve estar atento a possível viés abusivo no ajuizamento da ação. Trata-se de realidade

---

173 BARBOSA, Henrique Cunha. "Arbitragem societária". *In*: LEVY, Daniel; PEREIRA, Guilherme Setoguti J. (Coord.). *Curso de arbitragem*. São Paulo: Thomson Reuters Brasil, 2018, pp. 532-536.

174 FRANÇA, Erasmo Valladão Azevedo e Novaes; ADAMEK, Marcelo Vieira von. "Algumas notas sobre o exercício abusivo da ação de invalidação de deliberação assemblear". *In*: YARSHELL, Flávio Luiz; PEREIRA, Guilherme Setoguti (Coord.). *Processo societário*. São Paulo: Quartier Latin, 2012, pp. 157-184.

da vida societária que não deve ser ignorada, podendo haver desde casos mais velados a casos mais evidentes. Verifica-se, até mesmo, na prática societária, casos de litigantes profissionais que compram ações para, posteriormente, propor ações anulatórias e, com isso, obter algum tipo de vantagem da companhia, de outros acionistas ou dos administradores – o denominado "valor da dor de cabeça" (*headache value*) na experiência norte-americana, ou "valor da importunação", na experiência alemã.[175]

Eventual abuso no ajuizamento da ação de impugnação poderá ser coibido pela via mais genérica do abuso de direito (em regra, não se estará diante de ação ajuizada pelo controlador, hipótese em que se poderia cogitar, mais especificamente, de abuso de poder de controle); da boa-fé objetiva (notadamente nas vertentes da vedação ao comportamento contraditório e da *supressio*); do interesse de agir (caso a eventual lesão a direito do acionista possa ser satisfatoriamente reparada ou sanada por outra via, menos nefasta à estabilidade da sociedade, ou de outro modo se verifique que a invalidação da assembleia ou da deliberação assemblear não terá, para ele, efetiva utilidade, o que também poderá ser examinado sob a ótica dos princípios da razoabilidade e da proporcionalidade); e da legitimidade processual (caso a lesão alegada como fundamento da impugnação atinja exclusivamente a esfera jurídica de terceiro, não atingindo a sociedade ou o autor).[176]

A adoção, de *lege ferenda*, de medidas mais específicas para coibir eventual abuso, como aquelas *retro* elencadas, poderia trazer

---

175 FRANÇA, Erasmo Valladão Azevedo e Novaes. *Invalidade das deliberações de assembleia das S.A. e outros escritos sobre o tema da invalidade das deliberações sociais*. 2ª ed. São Paulo: Malheiros, 2017, p. 167, nota 24.

176 No mesmo sentido é a lição de Erasmo Valladão Azevedo e Novaes França e Marcelo Vieira von Adamek (FRANÇA, Erasmo Valladão Azevedo e Novaes; ADAMEK, Marcelo Vieira von. "Algumas notas sobre o exercício abusivo da ação de invalidação de deliberação assemblear". *In*: YARSHELL, Flávio Luiz; PEREIRA, Guilherme Setoguti (Coord.). *Processo societário*. São Paulo: Quartier Latin, 2012).

vantagens para a sociedade e para a administração da justiça, evitando ou, pelo menos, diminuindo o ajuizamento de ações aventureiras, oportunistas e/ou desnecessárias. Por outro lado, vias mais genéricas e, portanto, mais flexíveis, como as apontadas no parágrafo anterior, permitem um melhor sopesamento, pelo julgador, no caso concreto, das hipóteses em que a invalidação seria, ou não, a solução mais adequada, de modo a evitar abusos de parte a parte.

O manejo abusivo da ação de impugnação de assembleia ou deliberação assemblear poderá dar ensejo a eventual pretensão indenizatória da sociedade e/ou de outros acionistas, caso venha a causar-lhes danos. O abuso de direito é ato ilícito, gerador do dever de indenizar, desde que presentes, também, os demais elementos da responsabilidade civil (dano e nexo causal).

3.6 Deliberações conexas

Pode haver dependência lógica ou voluntária entre diferentes deliberações assembleares. Sendo uma delas nula, anulada ou ineficaz, serão também nulas, anuláveis ou ineficazes, conforme o caso (considerando-se os critérios já acima explanados quanto às hipóteses de nulidade, anulabilidade e ineficácia), as deliberações dela dependentes, sejam anteriores ou posteriores à decisão que reconheceu a invalidade ou ineficácia da primeira.[177]

Também nesse ponto, porém, como em outros já tratados, verifica-se divergência na doutrina.

De um lado, há quem entenda que a invalidade ou ineficácia das deliberações dependentes daquela que foi declarada nula, anulada ou declarada ineficaz não é automática e depende de pronunciamento

177 FRANÇA, Erasmo Valladão Azevedo e Novaes. "Apontamentos sobre a invalidade das deliberações conexas das companhias". *In*: _____. *Temas de Direito Societário, falimentar e Teoria da Empresa*. São Paulo: Malheiros, 2009, pp. 91/92.

judicial – diferentemente do que ocorreria na hipótese de perda de objeto, que dispensaria pronunciamento judicial específico.[178]

De outro lado, defende-se que, se da conexão resulta a nulidade absoluta da deliberação subsequente, esta não produzirá quaisquer efeitos e "cairá" automaticamente, como resultado da anulação da primeira deliberação.[179] Mauro Rodrigues Penteado fala em "conexão necessária", invocando decisão da Corte de Cassação italiana, colacionada pelo jurista português Lobo Xavier, segundo a qual "a anulação de uma deliberação da assembleia geral elimina os efeitos das deliberações posteriores, que da primeira sejam 'genética e funcionalmente dependentes', sem necessidade de estas haverem sido impugnadas". Para Penteado, essa "conexão necessária" afasta a regra do art. 184 do CC, "consagradora do princípio *utile per inutile non vitiatur*".[180]

Esse último entendimento parece mais condizente com a efetividade das decisões e evita desnecessário prolongamento e multiplicação de disputas envolvendo uma cadeia de deliberações conexas subsequentes.

Dever-se-á atentar, de todo modo, a situações em que, apesar da invalidade da primeira deliberação, não se justifique a anulação da segunda, a despeito da conexão.[181] Para facilitar esse exame,

---

178 CARVALHOSA, Modesto; KUYVEN, Fernando. *Tratado de Direito Empresarial*: sociedades anônimas. vol. 3, 2ª ed. São Paulo: Revista dos Tribunais, 2018, pp. 750/751.

179 FRANÇA, Erasmo Valladão Azevedo e Novaes. "Apontamentos sobre a invalidade das deliberações conexas das companhias". *In*: ______. *Temas de Direito Societário, falimentar e Teoria da Empresa*. São Paulo: Malheiros, 2009, p. 95.

180 PENTEADO, Mauro Rodrigues. *Aumentos de capital das sociedades anônimas*. 2ª ed. (atual. e anotada por Alfredo Sérgio Lazzareschi Neto), São Paulo: Quartier Latin, 2012, pp. 399/400.

181 FRANÇA, Erasmo Valladão Azevedo e Novaes. "Apontamentos sobre a invalidade das deliberações conexas das companhias". *In*: ______. *Temas de*

Erasmo Valladão Azevedo e Novaes França[182] sugere, também na esteira de Lobo Xavier, que o operador se faça a seguinte pergunta: "o que aconteceria com a última deliberação se, por ocasião em que foi tomada, já tivesse sido prolatada a sentença (definitiva, por certo) de anulação da primeira?" O eventual vício que decorrer desse exercício informará a consequência da conexão no caso. Também aqui, a situação deverá ser examinada no caso concreto.

O prazo bienal do art. 286 da LSA se aplica a cada uma das deliberações individualmente. Defende-se, porém, que, caso se trate de impugnação de deliberação conexa subsequente ajuizada por terceiro à demanda em que impugnada a anterior, o prazo deve ser contado do trânsito em julgado da decisão que anulou ou reconheceu a nulidade da primeira deliberação ou da data em que o terceiro tomou conhecimento da primeira demanda.[183]

Em caso de multiplicidade de demandas impugnando a mesma assembleia ou deliberação assemblear, deve haver, em regra, reunião para julgamento conjunto, observado o art. 55 do CPC. Se houver ações paralelas impugnando assembleias ou deliberações diversas entre as quais exista relação de dependência, poderá ser o caso de reunião, à luz do art. 55, § 3°, ou, a depender do momento processual em que se encontre cada uma, de suspensão de uma delas, com o fim de aguardar o julgamento da outra, observado o art. 313, V, "a", e § 4°, do CPC, haja vista a relação de prejudicialidade existente entre as demandas.

Direito Societário, falimentar e Teoria da Empresa. São Paulo: Malheiros, 2009, pp. 91/92.

182 FRANÇA, Erasmo Valladão Azevedo e Novaes. "Apontamentos sobre a invalidade das deliberações conexas das companhias". *In*: ______. *Temas de Direito Societário, falimentar e Teoria da Empresa*. São Paulo: Malheiros, 2009, pp. 92-98.

183 CARVALHOSA, Modesto; KUYVEN, Fernando. *Tratado de Direito Empresarial*: sociedades anônimas. vol. 3, 2ª ed. São Paulo: Revista dos Tribunais, 2018, p. 750.

Finalmente, também nesse ponto, pode haver particularidades e complexidade adicional caso haja cláusula arbitral no estatuto da companhia.

Pense-se, por exemplo, em uma demanda cujo objeto seja a invalidação de deliberações sociais da sociedade A, acionista da sociedade B, nas quais se decidiu não aportar novos recursos em B, e a consequente invalidação das deliberações sociais de B, por meio das quais aprovaram-se aumentos de capital, com renúncia de A ao direito de preferência à subscrição das novas ações, levando à sua diluição. O objetivo final da demanda seria reverter a diluição de A no capital de B e, via de consequência, experimentar as repercussões patrimoniais de atos praticados em B (por exemplo, distribuições de dividendos), considerada a participação social de A em B antes da diluição. Os pedidos relativos à invalidação das deliberações assembleares de A visariam, portanto, à invalidação das deliberações assembleares de B, que tem a primeira como premissa. Há cláusula arbitral no estatuto de B, no âmbito da qual foram aprovados os aumentos de capital e a diluição ocorreu, e cláusula de eleição de foro judicial no estatuto social de A. Lembre-se, como se viu, que a validade ou não das deliberações de A pode ser examinada como questão incidental na demanda que discute a validade das deliberações de B, ainda que sem a possibilidade de fazer coisa julgada.

Todos os pedidos conexos estão sujeitos à cláusula compromissória prevista no estatuto social de B, haja vista que todos os pedidos visam a objetivo final que concerne diretamente a B?

Ou, a despeito da conexão e do risco de decisões conflitantes, os pedidos relativos à invalidação das deliberações assembleares de A não estariam abrangidos pela cláusula arbitral estatutária de B e deveriam ser submetidos à jurisdição estatal, haja vista a cláusula de eleição de foro judicial prevista no estatuto de A?

Mais ainda, ante a conexão, o risco de decisões conflitantes e a inexistência de cláusula arbitral no estatuto de A, que contém cláusula de eleição de foro judicial, poder-se-ia sujeitar todos os pedidos à jurisdição estatal, desprovendo de qualquer eficácia, em relação a esta demanda, a cláusula compromissória estatutária de B?

Qual é a implicação do art. 327, § 1°, II, do CPC, nessa decisão? Seria cabível, na hipótese, a suspensão da arbitragem ou do processo judicial, conforme o caso, nos termos do art. 313, V, "a", e § 4°, do CPC?

Essas questões envolvem diretamente a efetividade da decisão a ser prolatada e a segurança jurídica, haja vista o risco de decisões conflitantes caso disputas conexas (ou a mesma disputa, em relação a partes diversas) sejam decididas em foros diversos, com potencial impacto negativo para a companhia, para os acionistas e para o mercado em geral.[184]

---

184 Pontos de inflexão como esse e outros, como os supramencionados, têm levado a questionamentos, por parte de alguns agentes do mercado, quanto a ser a arbitragem, de fato, o meio mais adequado de resolução de litígios societários, em especial aqueles envolvendo companhias abertas. Bem ilustra tais questionamentos comunicados ao mercado da Associação dos Investidores no Mercado de Capitais (AMEC), de maio de 2017, no qual expressamente questionou a opção pela via arbitral no Novo Mercado sob a ótica dos pequenos investidores: "[a] Câmara de Arbitragem deve ser revista com urgência. Os pequenos investidores nas empresas do Novo Mercado simplesmente não têm a quem reclamar, pois iniciar um procedimento arbitral é muito caro. Adicionalmente, as decisões são sigilosas, permitindo acordos confidenciais que não resolvem a situação do mercado de uma maneira geral. A pequena demanda pelos serviços da Câmara, diante da profusão de problemas, é um indicativo que ela precisa de reformas" (BARBOSA, Henrique Cunha. "Arbitragem societária". *In*: LEVY, Daniel; PEREIRA, Guilherme Setoguti J. (Coord.). *Curso de arbitragem*. São Paulo: Thomson Reuters Brasil, 2018, p. 522, nota 53). Isso tem influenciado a busca por soluções a idiossincrasias e a consequente evolução da arbitragem no Brasil, do que são exemplos o financiamento de terceiros, em relação à questão dos custos; as discussões em curso para reforma da regulamentação da CVM no tocante à confidencialidade e à divulgação de informações relativas a litígios societários; e as discussões envolvendo a arbitragem coletiva no Brasil.

4 Possibilidade de autotutela

A intervenção judicial nem sempre será necessária. Poderá a própria assembleia geral revogar a deliberação irregular, ou retificar o ato praticado, sanando eventual vício, ou, ainda, submeter a matéria a nova deliberação, sem o vício, ressalvados eventuais direitos de terceiros. Isso pode ocorrer, inclusive, na pendência de eventual ação de impugnação da assembleia ou deliberação assemblear, o que poderá acarretar a extinção do processo sem resolução do mérito, caso se verifique a falta superveniente de interesse de agir. Essa hipótese tem previsão legal no art. 285, parágrafo único, da LSA, que, embora se refira à assembleia de constituição da sociedade, pode ser aplicado, analogicamente, às assembleias gerais realizadas no curso da vida social.[185]

Erasmo Valladão Azevedo e Novaes França destaca, contudo, que, na prática, a questão pode se mostrar objeto de controvérsia, a depender, por exemplo, do vício que inquinava a assembleia ou a deliberação (se seria ou não sanável); da existência de ação de impugnação em que prolatada decisão suspendendo ou anulando a assembleia ou a deliberação assemblear originária; do momento a partir do qual se pretenda que a nova deliberação produza efeitos; e se foram criados direitos de terceiros.[186]

---

185 PENTEADO, Mauro Rodrigues. *Aumentos de capital das sociedades anônimas*. 2ª ed. (atual. e anotada por Alfredo Sérgio Lazzareschi Neto), São Paulo: Quartier Latin, 2012, pp. 400-402; e LAZZARESCHI NETO, Alfredo Sérgio. *Lei das S.A. comentada e anotada*. 6ª ed. São Paulo: Quartier Latin, 2020, pp. 1.181/1.182, nota 5c. Penteado esclarece que as deliberações nulas não são passíveis de ratificação, mas são passíveis de confirmação, "mediante nova deliberação que, em verdade, é outro negócio jurídico, ligado, entretanto, ao anterior, pela ideia de não deixar que se perca o *animus* de construir uma relação de direito" (pp. 401/402).

186 FRANÇA, Erasmo Valladão Azevedo e Novaes. *Invalidade das deliberações de assembleia das S.A. e outros escritos sobre o tema da invalidade das deliberações sociais*. 2ª ed. São Paulo: Malheiros, 2017, pp. 86-88, nota 18.

Além da possibilidade de uma "autotutela" pela própria assembleia geral, há, também, entendimento doutrinário segundo o qual os administradores da companhia têm o direito e o dever de recusar cumprimento de deliberações viciadas, ainda que meramente anuláveis, quando chegarem ao seu conhecimento e sua execução for de molde a causar danos irreparáveis à companhia, antes mesmo de sua revogação pela própria assembleia geral ou de sua anulação, inclusive sob pena de responsabilização, com fulcro em violação do dever de diligência (art. 153 da LSA). Seria o caso, por exemplo, da recusa de acesso à informação e documentos a conselheiros fiscais nomeados pela assembleia geral, que ocupem cargos em companhias concorrentes.[187]

Modesto Carvalhosa e Fernando Kuyven alertam, contudo, para o risco de responsabilização assumido pelo administrador nessa hipótese, por infringência a seus deveres fiduciários, caso, ao fim e ao cabo, se venha a concluir que sua avaliação foi equivocada.[188]

Conclusão

Como visto ao longo deste trabalho, diversas são as particularidades do regime de invalidades das assembleias gerais de sociedade anônima e diversas são as questões que se colocam, materiais e processuais, muitas delas ainda objeto de divergência doutrinária e jurisprudencial.

A escolha do tema se deveu, precisamente, ao desafio que ele coloca ao operador do direito e, em especial, ao julgador, ao apreciar litígios societários que o envolvem, muitas vezes colocando

187 FRANÇA, Erasmo Valladão Azevedo e Novaes. *Invalidade das deliberações de assembleia das S.A. e outros escritos sobre o tema da invalidade das deliberações sociais*. 2ª ed. São Paulo: Malheiros, 2017, pp. 250-273.

188 CARVALHOSA, Modesto; KUYVEN, Fernando. *Tratado de Direito Empresarial*: sociedades anônimas. vol. 3, 2ª ed. São Paulo: Revista dos Tribunais, 2018, p. 751.

em jogo uma multiplicidade de interesses divergentes, todos merecedores, em tese e em alguma medida, de proteção.

Embora sem a pretensão de fazer um exame exaustivo da doutrina e da jurisprudência existentes no país sobre os diversos pontos tratados, buscou-se, a partir de trabalhos doutrinários atuais e de julgados ilustrativos, sobretudo do STJ (competente para a uniformização da interpretação da legislação federal), e de alguns exemplos práticos, problematizar e sistematizar pontos chaves para o entendimento da matéria, visando a contribuir para um melhor enfrentamento dos casos concretos que a envolvem. Espera-se ter logrado esse objetivo.

Referências bibliográficas

BARBOSA, Henrique Cunha. "Arbitragem societária". *In*: LEVY, Daniel; PEREIRA, Guilherme Setoguti J. (Coord.). *Curso de arbitragem*. São Paulo: Thomson Reuters Brasil, 2018.

BONATO, Giovanni. "Arbitragem societária italiana: análise comparativa sobre a abrangência subjetiva da cláusula compromissória e a nomeação de árbitros". *Revista de Arbitragem e Mediação*, ano 12, nº 46, jul. 2015.

BRIGAGÃO, Pedro Henrique Castello. *A administração de companhias e a business judgment rule*. São Paulo: Quartier Latin, 2017.

CARVALHOSA, Modesto; KUYVEN, Fernando. *Tratado de Direito Empresarial*: sociedades anônimas. vol. 3, 2ª ed. São Paulo: Revista dos Tribunais, 2018.

EIZIRIK, Nelson. *A Lei das S.A. comentada*. vol. 1, São Paulo: Quartier Latin, 2011.

FRANÇA, Erasmo Valladão Azevedo e Novaes. "Apontamentos sobre a invalidade das deliberações conexas das companhias". *In*: ______. *Temas de Direito Societário, falimentar e Teoria da Empresa*. São Paulo: Malheiros, 2009.

FRANÇA, Erasmo Valladão Azevedo e Novaes. "Aspectos atuais das sociedades por quotas. Invalidade das deliberações sociais". *In*:

______. *Temas de direito societário, falimentar e teoria da empresa*. São Paulo: Malheiros, 2009.

FRANÇA, Erasmo Valladão Azevedo e Novaes. *Invalidade das deliberações de assembleia das S.A. e outros escritos sobre o tema da invalidade das deliberações sociais*. 2ª ed. São Paulo: Malheiros, 2017.

FRANÇA, Erasmo Valladão Azevedo e Novaes; ADAMEK, Marcelo Vieira von. "Algumas notas sobre o exercício abusivo da ação de invalidação de deliberação assemblear". *In*: YARSHELL, Flávio Luiz; PEREIRA, Guilherme Setoguti (Coord.). *Processo societário*. São Paulo: Quartier Latin, 2012.

FRANÇA, Erasmo Valladão Azevedo e Novaes; ADAMEK, Marcelo Vieira von. "Da invalidade da deliberação assemblear contrastante com as regras de fixação de preço de emissão das ações (LSA, art. 170, § 1°)". *Revista de Direito Mercantil, Industrial, Econômico e Financeiro*, nº 161-162, jan. 2012.

LAZZARESCHI NETO, Alfredo Sérgio. *Lei das S.A. comentada e anotada*. 6ª ed. São Paulo: Quartier Latin, 2020.

PARGENDLER, Mariana. "Responsabilidade civil dos administradores e Business Judgment Rule no Direito brasileiro". *Revista dos Tribunais*, vol. 953, 2015.

PENTEADO, Mauro Rodrigues. *Aumentos de capital das sociedades anônimas*. 2ª ed. (atual. e anotada por Alfredo Sérgio Lazzareschi Neto). São Paulo: Quartier Latin, 2012.

PRETTO, Pedro Siqueira de. "Comentários ao art. 327". *In*: SANTOS, Silas Silva; CUNHA, Fernando Antonio Maia da; CARVALHO FILHO, Milton Paulo de; RIGOLIN, Antonio (Coord.). *Comentários ao Código de Processo Civil*: perspectivas da magistratura. 2ª ed. São Paulo: Revista dos Tribunais, 2020.

REQUIÃO, Rubens. *Curso de Direito Comercial*. vol. 2, 22ª ed. São Paulo: Saraiva, 2000.

ROBERT, Bruno. *Dividendo mínimo obrigatório nas S.A.*: apuração, declaração e pagamento. São Paulo: Quartier Latin, 2011.

SALOMÃO FILHO, Calixto. *O novo Direito Societário*. 4ª ed. São Paulo: Malheiros, 2011.

VIEIRA, Maíra de Melo; BENETTI, Giovana Valentiniano; VERONESE, Lígia Espolaor; BÔSCOLO, Ana Teresa de Abreu Coutinho.

"Arbitragem nos conflitos societários, no mercado de capitais e a reforma do Regulamento da Câmara de Arbitragem do Mercado (CAM) da BM&FBovespa". *Revista de Arbitragem e Mediação*, ano 11, nº 40, jan. 2014.

Normas e regulamentos:

BRASIL. B3 – Brasil, Bolsa e Balcão. *Regulamento da Câmara de Arbitragem do Mercado*. Disponível em: http://www.b3.com.br/pt_br/b3/qualificacao-e-governanca/camara-de-arbitragem-do-mercado-cam/regulamentacao/. Acessado em: 23.02.2022.

__________. *Regulamento do novo mercado*. Disponível em: http://www.b3.com.br/pt_br/regulacao/estrutura-normativa/listagem/. Acessado em: 23.02.2022.

__________. *Regulamento do nível 2*. Disponível em: http://www.b3.com.br/pt_br/regulacao/estrutura-normativa/listagem/. Acessado em: 23.02.2022.

__________. *Regulamento do BOVESPA Mais*. Disponível em: http://www.b3.com.br/pt_br/regulacao/estrutura-normativa/listagem/. Acessado em: 23.02.2022.

__________. *Regulamento do BOVESPA Mais*: nível 2. Disponível em: http://www.b3.com.br/pt_br/regulacao/estrutura-normativa/listagem/. Acessado em: 23.02.2022.

BRASIL. Comissão de Valores Mobiliários. *Instrução 358*. 2002. Disponível em: http://conteudo.cvm.gov.br/legislacao/instrucoes/inst358.html. Acessado em: 23.02.2022.

__________. *Resolução 44*. 2021. Disponível em: http://conteudo.cvm.gov.br/legislacao/resolucoes/resol044.html. Acessado em: 23.02.2022.

__________. *Instrução 480*. 2009. Disponível em: http://conteudo.cvm.gov.br/legislacao/instrucoes/inst480.html. Acessado em: 23.02.2022.

BRASIL. Ministério da Fazenda. *Exposição de Motivos n. 196*, de 24.06.1976. Disponível em: http://www.cvm.gov.br/export/sites/cvm/legislacao/leis-decretos/anexos/EM196-Lei6404.pdf/. Acessado em: 23.02.2022.

BRASIL. Lei das Sociedades Anônimas. *Lei n. 6.404*, de 15.12.1976. Disponível em: http://www.planalto.gov.br/ccivil_03/leis/l6404consol.htm. Acessado em: 23.02.2022.

BRASIL. Código Civil. *Lei 10.406*, de 10.01.2002. Disponível em: http://www.planalto.gov.br/ccivil_03/leis/2002/l10406.htm. Acessado em: 23.02.2022.

BRASIL. Código de Processo Civil. *Lei 13.105*, 16.03.2015. Disponível em: http://www.planalto.gov.br/ccivil_03/_ato2015-2018/2015/lei/l13105.htm/. Acessado em: 23.02.2022.

Jurisprudência:

BRASIL. Superior Tribunal de Justiça. Disponível em: www.stj.jus.br. Acessado em: 23.02.2022.

BRASIL. Tribunal de Justiça do Estado de São Paulo. Disponível em: www.tjsp.jus.br. Acessado em: 23.02.2022.

CAPÍTULO IX

NORMAS DE ESTABILIZAÇÃO DOS CONFLITOS NO PROCESSO FALIMENTAR: POTENCIAIS EFEITOS PARA AUMENTO DA SUA CELERIDADE E EFETIVIDADE

Maria Rita Rebello Pinho Dias

Introdução

As alterações trazidas pela Lei n. 14.112/20 à Lei n. 11.101/05 – Lei de Falências e Recuperações Judiciais (LRF) – ainda são muito recentes e precisarão de tempo para serem aplicadas na prática pelos operadores do direito e pela jurisprudência, permitindo, assim, verificar se os objetivos pretendidos pelo legislador conseguirão ser, de fato, implementados.

Contudo, a despeito da necessidade de se ter que, em alguns casos, aguardar a aplicação das novas regras pela jurisprudência, em outros, já é possível desde logo identificar alterações potencialmente positivas.

Especificamente sobre a disciplina do regime falimentar, algumas alterações promovidas pela reforma de 2020 são interessantes e podem contribuir para o aprimoramento da tramitação desses processos, na medida em que, como se verá, têm potencial de reduzir a litigiosidade inerente ao processo concursal[189] ao fixar marcos temporais para a definição do ativo e passivo e ao disciplinar algumas peculiaridades da alienação judiciais de bens em tais processos, afastando questionamentos que tradicionalmente são feitos. Acredita-se que tais alterações poderão contribuir para o atendimento dos princípios que foram elencados pelo artigo 75, §1º da LRF – outra alteração legislativa trazida pela reforma e que desempenha importante função de orientar o intérprete para a aplicação dessas novas regras no caso concreto.

Como se sabe, de forma excessivamente simplificada, não é incorreto afirmar que o processo de falência é um grande concurso de credores. É, portanto, processo que envolve uma pluralidade de interesses de partes distintas – primariamente credores e devedor e secundariamente a sociedade –, os quais, nem mesmo entre credores, serão necessariamente convergentes. Existe uma infinidade de questões que surgem nos processos falimentares que, justamente por essa característica, podem ser alvo de questionamentos, denotando a complexidade do procedimento e a inerente litigiosidade interna que se observa. Dentro desse contexto, a positivação de normas que reduzam essa litigiosidade interna, organizando melhor os interesses existentes, inserindo-os no contexto da insolvência, se mostra medida salutar.

---

189 "Sem embargo de inúmeros outros aspectos que são discutidos e decididos durante a falência, ainda assim, com certa liberdade, se podem dizer que a falência é 'uma grande execução' emprestando aqui ao termo 'execução' o significado de procedimento destinado à satisfação de créditos pecuniários, ou por quantia certa (art. 824 a 910 do CPC/2015); há um determinado momento no qual surge a necessidade de se 'transformar' em dinheiro os bens e direitos arrecadados" (BEZERRA FILHO, Manoel Justino. *Lei de Recuperação de Empresas e Falência*: Lei 11.101/2005 comentada artigo por artigo. 15ª ed. São Paulo: Revista dos Tribunais, 2021, p 490).

Este artigo pretende analisar justamente essas normas da reforma que mitigam as hipóteses de questionamento de questões no processo falimentar e que criam normas temporais preclusivas. Adota-se, como hipótese, que essas normas contribuem para a estabilização dos conflitos no processo falimentar, na medida em que reduzem a sua litigiosidade interna. Por este motivo, foram chamadas neste artigo de "normas estabilizadoras" do processo falimentar.

Analisar-se-á, portanto, as normas estabilizadoras que disciplinam a apuração do ativo e do passivo, para verificar a hipótese sugerida neste artigo de que a reforma de 2020 contribui para tramitação mais célere do processo falimentar.

1 Normas de estabilização do passivo

O Decreto-lei n. 7.661/45 trazia etapas sucessivas e subsequentes do processo falimentar, condicionando o começo de uma ao término da outra, e todas com grande intervenção judicial. Apenas a título de exemplo, somente após a publicação do quadro geral de credores é que se poderia iniciar a fase de realização de ativos e pagamento do passivo – artigos 63, XIX, 92 e 114 do referido normativo.

Vale ressaltar que a necessidade de aguardar o término da fase de conclusão da apuração do passivo, mediante a verificação de crédito, antes de se iniciar a realização do ativo, trazia prejuízos à massa, que, muitas vezes, observava seus bens perderem valor em razão da impossibilidade de sua alienação, seja pela depreciação, seja pela perda, ocupação, dentre outras questões. Além disso, impunha-se aos credores a necessidade de aguardar por muitos anos até que seu crédito fosse satisfeito, trazendo uma percepção muito ruim quanto à efetividade do procedimento falimentar.

Já a Lei n. 11.101/05, que passou a disciplinar o rito falimentar e está atualmente vigente, não condiciona o início de uma etapa ao término da outra e confere maior autonomia ao administrador judicial. Essas modificações foram benéficas e contribuíram para aprimoramento do procedimento, tornando-o mais célere e menos engessado.[190]

No entanto, ainda assim, por expressa previsão do texto legal, o falido permanecia responsável por todas as obrigações durante a falência, impondo-se, inclusive, como consequência da sentença de quebra, a suspensão da prescrição dessas obrigações durante toda a sua tramitação (artigos 6º e 157 da LRF). Era possível, também, a habilitação de créditos, mesmo que retardatários, enquanto não houvesse o encerramento da falência. Assim, apesar da maior flexibilidade nas fases do processo falimentar, ainda havia incerteza quanto à questão fulcral, que é justamente a definição do passivo. A incerteza quanto ao montante do passivo, que podia aumentar a qualquer momento até o encerramento da falência, trazia incerteza quanto ao seu término.

A situação indicada no parágrafo acima gerava, além da incerteza, também desorganização do rito em si, especialmente diante da necessidade de se observar o princípio do tratamento paritário

---

190 "O Decreto-lei anterior tratava, em seu Título VI, art. 80 a 102, da verificação e da classificação dos créditos. A Lei atual dividiu essa matéria em duas partes. Nesta Seção II do Capítulo II, nos art. 7º a 20, trata da verificação e habilitação dos créditos, deixando para a Seção II do Capítulo V (art. 83 e 84) a classificação dos créditos. Atuou aqui o legislador de forma correta, com o chamado espírito de 'desjudicialização' de matérias que podem ser solucionadas independentemente de atividade jurisdicional (...). Dentro de tais parâmetros, aqui agiu corretamente o legislador, pois para a simples formação de um quadro de credores, não há mesmo necessidade da jurisdição. Se o administrador judicial, no exercício de seu trabalho, elabora o quadro geral e estão todos de acordo, tal quadro deve ser apenas apresentado em juízo para os fins de direito, não havendo qualquer necessidade de decisões jurisdicionais, tendo em vista que todas as partes estão de acordo com a classificação feita e com os valores apontados" (BEZERRA FILHO, Manoel Justino. *Lei de Recuperação de Empresas e Falência*: Lei 11.101/2005 comentada artigo por artigo. 15ª ed. São Paulo: Revista dos Tribunais, 2021, pp. 114/115).

de credores. O tratamento legal conferido ao credor retardatário, com as consequências que lhe foram impostas pelo legislador, não eram suficientes para desestimular essas habilitações.

A possibilidade de credores retardatários poderem ingressar na falência a qualquer momento também era fator que aumentava a litigiosidade, pois o seu interesse era, em muitas vezes, contraposto aos demais credores. Enquanto os primeiros tinham interesse em retardar a marcha processual até terem seu crédito inserido no Quadro Geral de Credores, os últimos, e provavelmente mais diligentes, tinham todo interesse em receber seu crédito o quanto antes. Essa situação, evidentemente, era foco de constante desinteligência entre os próprios credores.

Outra questão que se mostrou insatisfatória era o tratamento conferido pela redação originária da LRF às obrigações do falido após o encerramento da falência, pois postergava excessivamente no tempo a declaração judicial de sua extinção. Assim, se não bastasse as incertezas observadas com relação ao próprio passivo submetido ao procedimento falimentar, também a persistência da exigibilidade dessas obrigações, após o encerramento da falência, de forma individual, contribuía para a percepção da ineficiência do procedimento enquanto mecanismo para solução de conflitos.

A redação originária da LRF previa que mesmo após o encerramento da falência as obrigações do falido somente seriam extintas na hipótese artigo158 da LRF. Desse modo, mesmo após o encerramento da falência, os credores da falida ainda poderiam tentar localizar ativos porventura não encontrados e ajuizar medidas executivas individuais até que surgisse ao falido o direito de postular a extinção de suas obrigações. Havia, ainda, regra expressa prevendo que somente após o encerramento da falência os prazos prescricionais das obrigações do falido voltariam a correr (antiga redação do art. 157, LRF). Ou seja, uma falência poderia durar 20 anos, e, somente após o seu término é que havia o retorno do curso do prazo prescricional.

Pela redação originária da LRF, se não houvesse a prática de crime falimentar, as obrigações do falido somente poderiam ser extintas definitivamente por decisão judicial após 5 anos do encerramento da falência, a ser postulada em ação própria.

Essa situação trazia grande insegurança jurídica ao falido, empreendedor, o qual não tinha qualquer previsibilidade, após a decretação da quebra, de qual seria o prazo de exigibilidade das obrigações por ele assumidas.

Como os procedimentos falimentares tendiam a ser longos, a exigibilidade das obrigações do falido postergava-se no tempo, o que fazia com que o seu patrimônio permanecesse vinculado ao passivo falimentar. Essa situação era duplamente insatisfatória: o credor aguardava por anos até ter seu crédito satisfeito (em regra, apenas parcialmente em razão da insuficiência de ativos) e, por outro lado, o devedor, falido, persistia por anos vinculado a um passivo. Tratava-se, claramente, de situação que conduzia a um procedimento ineficiente e que deixava a todos os envolvidos insatisfeitos, gerando grande insegurança quanto aos seus resultados.

As alterações promovidas na LRF pela Lei n. 14.112/20 modificam substancialmente esse cenário.

Apesar de evidentemente manter a responsabilidade patrimonial do falido, a reforma de 2020 trouxe aos credores também responsabilidades, que contribuirão para a apuração mais célere, organizada e efetiva do passivo, tornando a tramitação do feito mais dinâmica e com menor insegurança jurídica.

Nesse sentido, o artigo 10, §10[191] da LRF trouxe prazo decadencial de 3 anos, contados da data da publicação da sentença

---

191 "§ 10. O credor deverá apresentar pedido de habilitação ou de reserva de crédito em, no máximo, 3 (três) anos, contados da data de publicação da sentença que decretar a falência, sob pena de decadência (...)".

que decretar a quebra, para que os credores possam habilitar seu crédito no processo falimentar.

Conforme já mencionado, antes da reforma de 2020 não havia qualquer norma temporal prevendo prazo dentro do qual se poderia formular pedido de habilitação de crédito, de modo que, a rigor, isso poderia ocorrer em qualquer momento, desde que anterior ao encerramento da falência, tendo, como única consequência, o seu tratamento como credor retardatário.[192] Certamente essa situação gerava incertezas no procedimento falimentar, uma vez que em qualquer momento do processo seria possível haver aumento do passivo devido pela massa.

O fato de a reforma expressamente consignar que o prazo é decadencial é relevante.

A decadência macula não a pretensão obrigacional de uma determinada pessoa, mas sim de determinado poder que possui de intervir na esfera jurídica de outrem.[193] Isso significa dizer que o

---

192 "Antes da reforma da Lei, não havia previsão acerca do prazo para requerer habilitação retardatária, o que levava a presumir-se que o pedido de habilitação retardatária poderia ser apresentado em qualquer momento, desde que antes do encerramento do processo falimentar ou Recuperacional. Com a reforma, porém, foi incluído o § 10, do art. 10, que dispõe que o pedido de habilitação retardatária deve ser apresentado no prazo de três anos contados a partir da data da publicação da sentença que decretar a quebra (...)" (COSTA, Daniel Carnio; MELO, Alexandre Nasser de. *Comentários à Lei de Recuperação de Empresas e Falência*. 2ª ed. Curitiba: Juruá, 2021, p. 83).

193 Sobre o conceito de decadência, é interessante destacar entendimento doutrinário: "*Decadência*. Instituto também voltado à estabilização das relações sociais por força do transcurso do tempo, a decadência caminha ao lado da prescrição desde o Direito Romano. Distingui-las nunca foi tarefa fácil (...). Entretanto, o critério mais aceito pela doutrina atual é o que, valendo-se de impactos que já eram suscitados nas construções anteriores, procura extremar a prescrição da decadência com base na natureza das situações jurídicas subjetivas que a originam. Já vimos que a prescrição assenta na pretensão, que nasce da violação do direito subjetivo. Há direitos, contudo, que são desprovidos de pretensão, direitos em que a exigibilidade (*facultas exigendi*) não chega a surgir. São os direitos potestativos, que exprimem o poder do

prazo decadencial previsto no artigo 10, § 10 da LRF, importa na perda do direito processual de poder habilitar o crédito na falência e, portanto, de participar do procedimento concursal da falência.

A perda do direito processual de participar do processo falimentar, pela habilitação do crédito, ganha especial destaque sobretudo quando se verifica o tratamento dispensado pela legislação falimentar para a tutela da pretensão obrigacional do credor diante do devedor falido, conforme se verá a seguir.

Constata-se, assim, que o credor de uma empresa insolvente deverá estar extremamente atento à data da sua quebra, tendo o legislador lhe imposto o ônus de acompanhar o procedimento falimentar para verificar se seu crédito foi corretamente inserido em relação de credores, sob pena de, em não o fazendo, correr o risco de não poder mais participar do procedimento em si, pela ocorrência da decadência.

Outro ganho da estipulação de marco temporal para habilitação do crédito é eliminar conflito entre interesses de credores já habilitados e credores retardatários após 3 anos da decretação da quebra, como acabava sendo permitido pela redação originária da LRF. Agora, superado esse período, em razão da decadência, todos os credores estarão atuando com o mesmo propósito: o recebimento no menor tempo possível de seu crédito. Certamente essa convergência de propósitos contribuirá para que as medidas tomadas para alienação de ativos sejam tomadas com menor questionamentos.

---

seu titular de interferir na esfera jurídica alheia por declaração unilateral de vontade. Os direitos potestativos não podem, por isso mesmo, ser violados, porque não dependem para a realização senão da vontade dos titulares, e, não podendo ser violados, não dão ensejo ao nascimento de pretensão (...). A decadência pode ser, portanto, definida, como a perda do direito potestativo pelo transcurso do prazo previsto em lei. Não extingue a pretensão, que aí inexiste, extingue o próprio direito potestativo" (SCHREIBER, Anderson. *Manual de Direito Civil contemporâneo*. 3ª ed. (rev. e ampl.). São Paulo: Saraivajus, 2018, pp. 307/308).

Importante destacar que o legislador impôs o ônus de habilitação do crédito a qualquer credor, independentemente de sua vulnerabilidade ou categoria de crédito em que está inserido. Trata-se de inovação bastante relevante, visto que, agora, o credor deve atuar de forma ágil, tendo o tempo atuando em desfavor de seu crédito. A sua inércia, passa, agora, a sofrer graves repercussões. Parte da doutrina destaca, inclusive, que a redação anterior sacrificava a massa de credores, em detrimento de credores individuais.[194]

A atribuição dessa responsabilidade ao credor, em prol da melhor e mais célere tramitação do processo falimentar, objetiva dar concretude ao objetivo de fomentar o empreendedorismo e o célere retorno do empresário à atividade econômica, tal como preceitua o artigo 75, III da LRF.

Uma questão que não foi expressamente esclarecida pelo legislador, na reforma, é no tocante às obrigações ainda não constituídas do falido.

É verdade que o artigo 10, §10 da LRF menciona que o credor deverá solicitar a reserva de seu crédito nesse prazo de 3 anos, o que poderia ser uma solução para acautelar sua pretensão e seu direito de habilitar o crédito.

Desse modo, mostra-se razoável sustentar que, mesmo credores de obrigações ilíquidas, terão o exíguo prazo de 3 anos da sentença de quebra para solicitar a reserva de seu crédito e, assim,

---

194 "A reforma de 2020 deveria ter simplesmente suprimido a figura do retardatário. Os credores que não respeitam os prazos para a habilitação de seu crédito ou para a apresentação de divergência tumultuam a falência e a recuperação judicial, quando se apresentam intempestivamente. É uma despropositada inversão, em que a comunidade de credores é prejudicada pela inércia de um credor isolado. O legislador já deveria ter eliminado o direito à habilitação intempestiva já em 2005" (COELHO, Fábio Ulhoa. *Comentários à Lei de Falências e de Recuperações de Empresas.* 14ª ed. (atual. e ampl.), São Paulo: Revista dos Tribunais, 2021, p. 85).

evitar a decadência de seu direito. Será preciso, contudo, aguardar a manifestação de jurisprudência sobre esse aspecto.

Frise-se que apenas os credores titulares de crédito fiscal não estarão sujeitos ao prazo decadencial de 3 anos, uma vez que o artigo 187 do Código Tributário Nacional afirma, textualmente, que eles não se sujeitam ao procedimento falimentar, muito embora possuam a faculdade de se habilitar. O crédito público recebeu tratamento próprio, que será analisado mais adiante.

Reforçando a pretensão do legislador de estabilizar a apuração do passivo passados 3 anos da sentença da quebra, constata-se que o artigo 158, V, da LRF[195] prevê que, passado esse mesmo período, ocorre a extinção da obrigação do falido, independentemente do pagamento das obrigações. Ou seja, trata-se de norma que isenta o falido de responsabilidade antes do encerramento da falência, sendo importante inovação trazida pela reforma. Trata-se do *fresh start*.[196]

No entanto, mais do que permitir o retorno do falido ao exercício da atividade empresarial, o artigo 158, V da LRF, evidencia a pretensão do legislador de indicar como ideal que a falência tenha um curto tempo de duração, isso porque sinaliza que passados 3 anos da decretação da quebra não se espera qualquer

---

195 "Art. 158. Extingue as obrigações do falido: (...) V - o decurso do prazo de 3 (três) anos, contado da decretação da falência, ressalvada a utilização dos bens arrecadados anteriormente, que serão destinados à liquidação para a satisfação dos credores habilitados ou com pedido de reserva realizado".

196 "Pela inserção do art. 10, §10, as habilitações e impugnações retardatárias não têm mais prazo ilimitado na falência. O dispositivo legal inseriu prazo decadencial às habilitações e impugnações, que devem ser apresentadas em até três anos da data da publicação da sentença que decretar a falência. A inserção do prazo de decadência é harmônica com a extinção das obrigações do devedor falido. Conforme disposto no art. 158, V, a extinção das obrigações do falido ocorrerá no prazo de três anos contados da decretação da falência. A norma procura assegurar o direito de o falido voltar a desenvolver suas atividades empresariais, o *fresh start*" (SACRAMONE, Marcelo Barbosa. *Comentários à Lei de Recuperação de Empresas e Falência*. 2ª ed. São Paulo: Saraivajus, 2021, p. 133).

responsabilidade do falido, que passa a ter o direito de exigir a declaração da extinção de sua responsabilidade e a sua reabilitação, podendo, assim, constituir outro patrimônio o qual não responderá pelas obrigações pregressas.

Evidentemente que não é correto afirmar que a falência deve durar 3 anos, visto que o próprio artigo 158, V da LRF, assegura que as obrigações da massa serão pagas com os bens arrecadados, compostos, inclusive, por aqueles que são alvo de ações revocatórias que também possuem prazo decadencial de 3 anos. Contudo, exerce função de sinalizar objetivos a serem perseguidos.

Além disso, as demais hipóteses do artigo 158 da LRF preveem, em síntese, que encerrada a falência – por pagamento, pagamento parcial ou por falta de bens – haverá também a concomitante extinção da obrigação do falido.

Constata-se, assim, que a extinção da obrigação do falido passou a ser concomitante com o encerramento da falência, exceto se ela durar mais do que 3 anos, hipótese em que a antecederá.

Em decorrência das alterações apontadas acima, não mais terá o credor após o encerramento da falência – exceto o fisco – o direito de executar individualmente o falido. Se perder o prazo de habilitação, perde, também, direito de reaver seu crédito, visto que, após o decurso de 3 anos, não poderá mais participar da falência e, por outro lado, observará a declaração judicial de extinção das obrigações do falido.

Nesse ponto, no tocante à extinção das obrigações do falido, há um ponto de conflito de microssistemas legais, a saber o da falência e o do crédito fiscal, que exigirá melhor reflexão da doutrina e da jurisprudência.

Se por um lado o artigo 158, V da LRF, é taxativo ao indicar como única condição para extinção das obrigações do falido o simples decurso do prazo de 3 anos (isso se não for concomitante ao encerramento da falência), por outro lado, o artigo 191 do CTN[197] impõe, como condição para tal declaração, a prova de quitação de todos os tributos por ele devidos. Rememora-se que o Código Tributário Nacional se equipara à Lei Complementar, sendo, portanto, hierarquicamente superior à Lei Ordinária, como é o caso da LRF.

Ocorre que a redação do artigo 191 do CTN era harmônica com a antiga dinâmica do processo falimentar, em que era possível encerrar uma falência sem se extinguir as obrigações do falido, sobretudo pelo fato de que o prazo prescricional ficava suspenso durante toda a falência e voltava a correr após o seu encerramento, conforme assegurado no artigo 157 da LRF.

Agora, contudo, com a revogação do artigo 157 da LRF e com a previsão de que há a extinção das obrigações do falido em qualquer hipótese de encerramento da falência – inclusive após a realização de todo o seu ativo, nos termos dos artigos 156 e 158, VI do mesmo diploma normativo –, não se justifica permanecer um processo falimentar sem ser encerrado, mesmo após a realização de todo o ativo, apenas porque o devedor não conseguiu quitar todas as suas obrigações tributárias. Trata-se de solução que afrontaria princípios declarados pelo legislador no artigo 75 da LRF de buscar a tramitação célere de feitos e fomentar o empreendedorismo, permitindo ao empresário o retorno à atividade empresarial. Ademais, se não bastasse, é solução extremamente onerosa ao Estado, que manteria em andamento processo sem qualquer efetividade, apenas aguardando o decurso do prazo prescricional das obrigações do Fisco.

Logo, talvez, diante da impossibilidade de o falido provar que quitou integralmente suas obrigações para com o Fisco, seria razoável esperar que se proferissem sentenças de extinção das

---

197 “Art. 191. A extinção das obrigações do falido requer prova de quitação de todos os tributos”.

obrigações do falido abrangendo todas aquelas que não as fiscais, ressalvando, para estas, a possibilidade de prosseguimento em execuções fiscais individuais. Vale lembrar que a falta de ativos a arrecadar e a realizar é causa de encerramento da falência, de modo que seria totalmente irracional manter prosseguimento de procedimento falimentar em situação como essa.

A interpretação dos dispositivos ora em análise, propostas no parágrafo acima, parece tratar-se de melhor solução, pois procura compatibilizar de forma mais harmônica, racional e econômica os microssistemas do processo falimentar com o da execução fiscal. Não é demais lembrar que a manutenção de um processo em andamento gera custos ao Estado, que precisa manter disponível estrutura judicial disponível, com servidores, magistrado e de prédios e maquinários, mas também aos credores, com a manutenção da contratação de advogados, sem qualquer perspectiva de recuperação de seu crédito.

Apesar de ter trazido importantes normas de estabilização do procedimento, constata-se que a reforma de 2020 não resolveu a existência de microssistemas legais independentes, mas conexos, que podem se verificar na disciplina da execução de créditos de empresas em crise. Essa situação traz, como já mencionado, ineficiências que prejudicam a tramitação do processo falimentar.

Contudo, ainda que não tenha trazido uma solução definitiva para essa sobreposição de microssistemas legais, a reforma de 2020 trouxe inovações importantes, que podem contribuir para melhor funcionamento. Um exemplo é o artigo 7º-A, da LRF, que disciplina o incidente de verificação do crédito público.[198]

198 "Art. 7º-A. Na falência, após realizadas as intimações e publicado o edital, conforme previsto, respectivamente, no inciso XIII do *caput* e no § 1º do art. 99 desta Lei, o juiz instaurará, de ofício, para cada Fazenda Pública credora, incidente de classificação de crédito público e determinará a sua intimação eletrônica para que, no prazo de 30 (trinta) dias, apresente diretamente ao administrador judicial ou em juízo, a depender do momento processual, a

Esse dispositivo impôs a obrigatoriedade da distribuição de ofício de incidente para classificação de todo o crédito titularizado por cada Fazenda Pública, que deverá apresentar relação completa de seus créditos inscritos em dívida ativa, para fins de sua inscrição no Quadro Geral de Credores. Prevê, também, que se esta relação não for apresentada no prazo estipulado, haverá o arquivamento do incidente.

Interessante observar que o art. 7º-A, §4º, V, da LRF, prevê que as execuções fiscais permanecerão suspensas até o encerramento

---

relação completa de seus créditos inscritos em dívida ativa, acompanhada dos cálculos, da classificação e das informações sobre a situação atual. § 1º Para efeito do disposto no *caput* deste artigo, considera-se Fazenda Pública credora aquela que conste da relação do edital previsto no § 1º do art. 99 desta Lei, ou que, após a intimação prevista no inciso XIII do *caput* do art. 99 desta Lei, alegue nos autos, no prazo de 15 (quinze) dias, possuir crédito contra o falido. § 2º Os créditos não definitivamente constituídos, não inscritos em dívida ativa ou com exigibilidade suspensa poderão ser informados em momento posterior. § 3º Encerrado o prazo de que trata o *caput* deste artigo: I - o falido, os demais credores e o administrador judicial disporão do prazo de 15 (quinze) dias para manifestar objeções, limitadamente, sobre os cálculos e a classificação para os fins desta Lei; II - a Fazenda Pública, ultrapassado o prazo de que trata o inciso I deste parágrafo, será intimada para prestar, no prazo de 10 (dez) dias, eventuais esclarecimentos a respeito das manifestações previstas no referido inciso; III - os créditos serão objeto de reserva integral até o julgamento definitivo quando rejeitados os argumentos apresentados de acordo com o inciso II deste parágrafo; IV - os créditos incontroversos, desde que exigíveis, serão imediatamente incluídos no quadro-geral de credores, observada a sua classificação; V - o juiz, anteriormente à homologação do quadro-geral de credores, concederá prazo comum de 10 (dez) dias para que o administrador judicial e a Fazenda Pública titular de crédito objeto de reserva manifestem-se sobre a situação atual desses créditos e, ao final do referido prazo, decidirá acerca da necessidade de mantê-la. § 4º Com relação à aplicação do disposto neste artigo, serão observadas as seguintes disposições: (...) V - as execuções fiscais permanecerão suspensas até o encerramento da falência, sem prejuízo da possibilidade de prosseguimento contra os corresponsáveis; (...) VII - o disposto no art. 10 desta Lei será aplicado, no que couber, aos créditos retardatários. (...) § 5º Na hipótese de não apresentação da relação referida no *caput* deste artigo no prazo nele estipulado, o incidente será arquivado e a Fazenda Pública credora poderá requerer o desarquivamento, observado, no que couber, o disposto no art. 10 desta Lei".

da falência, sem prejuízo de seu prosseguimento contra os corresponsáveis. Essa norma parece ser aplicável mesmo para o caso de não apresentação da relação contendo a totalidade dos créditos do Fisco e independentemente do arquivamento sem qualquer apuração no incidente de classificação do crédito público.

Em face desse dispositivo, razoável concluir que a interpretação do art. 7º- A e art. 10, §10, ambos da LRF, parece apontar que o Fisco possui a faculdade de habilitar seu crédito na falência, por meio da apresentação de relação completa com a dívida ativa no incidente de apuração de crédito público. Contudo, se não o fizer, receberá o tratamento dispensado aos créditos retardatários, sujeitando-se, assim, ao prazo decadencial para participar do processo falimentar.[199] A não habilitação do crédito público durante o procedimento falimentar importa, também, na suspensão por expressa determinação legal das respectivas execuções fiscais, no tocante ao falido, a partir do momento em que houver a distribuição do incidente de classificação de crédito público.[200]

---

199 "Se posteriormente alguma Fazenda Pública Municipal quiser apresentar relação de crédito existente, pedirá o desarquivamento do incidente e procederá como se procede para habilitação de crédito retardatário ou intempestivo, conforme previsto no art. 10" (BEZERRA FILHO, Manoel Justino. *Lei de Recuperação de Empresas e Falência*: Lei 11.101/2005 comentada artigo por artigo. 15ª ed. São Paulo: Revista dos Tribunais, 2021, p. 122).

200 Fábio Ulhoa Coelho sustenta, inclusive, que, nesse ponto, houve derrogação do Código Tributário Nacional: "o Código Tributário Nacional determina que o crédito tributário não participe de concurso de credores (art. 187). A Reforma de 2020 derrogou-o em relação à falência, instituindo incidente de classificação de crédito público. A Lei Ordinária pode derrogar a Lei Complementar nesse aspecto, porque o conceito de 'normas gerais' do art. 146, III, da Constituição Federal, não inclui a sujeição ou não, do crédito tributário aos processos concursais. Em razão, assim, da sujeição do crédito tributário ao concurso falimentar, a instauração deste suspende também o curso das execuções fiscais" (COELHO, Fábio Ulhoa. *Comentários à Lei de Falências e de Recuperações de Empresas*. 14ª ed. (atual. e ampl.). São Paulo: Revista dos Tribunais, 2021, pp. 80/81).

Note-se que a reforma da lei falimentar não é contraditória ao disposto no artigo 187 do CTN. Respeita, portanto, a faculdade titularizada pela Fazenda de optar por habilitar seu crédito na falência. Limita, apenas, a trazer causa de suspensão das execuções fiscais caso a Fazenda opte por não habilitar seu crédito.

A inovação em comento traz, portanto, maior racionalização da tramitação do processo concursal, ao concentrar no Juízo Universal da Falência não só a apuração do ativo – algo que já ocorria antes da reforma de 2020 –, e, portanto, do patrimônio que seria utilizado para pagamento do passivo, como, também, centralizar no mesmo Juízo a exata definição do montante dos débitos que será quitada com ele.

Com a suspensão das execuções fiscais, eliminam-se, consequentemente, as incertezas que eram causadas pelas penhoras realizadas no rosto dos autos falimentares, que iam desde a saber exatamente quantos eram os atos constritivos realizados e de quais execuções fiscais partiam, para, também, qual era o valor por que podiam ser aceitas e qual era o momento em que deviam ser consideradas, em face das normas específicas que disciplinam o pagamento do processo concursal.[201]

Razoável sustentar, ainda, que a inovação em análise contribui com a maior certeza quanto ao passivo que deverá ser pago com os bens arrecadados na falência, uma vez que aparentemente,

---

201 "Houve sempre um aspecto que causava bastante desconforto no processo de falência, que era o fato de não se poder ter segurança sobre qual seria o valor do débito fiscal. Na ausência de determinação específica, a qualquer momento do processo, o fisco informava a existência de seu crédito, ou a alteração de seu valor, o que, por óbvio, era causa não só de insegurança como também de tumulto processual. A reforma, visando neutralizar esse problema, trouxe neste artigo o que se poderia chamar de incidente de habilitação de crédito fiscal" (BEZERRA FILHO, Manoel Justino. *Lei de Recuperação de Empresas e Falência*: Lei 11.101/2005 comentada artigo por artigo. 15ª ed. São Paulo: Revista dos Tribunais, 2021, p. 118).

não existirão mais penhoras no rosto dos autos falimentares, provenientes das execuções fiscais.[202]

Também nesse caso a opção legislativa foi responsabilizar o credor do falido, para permitir que o processo concursal fosse conduzido com maior racionalidade e segurança jurídica. O credor público pode optar por submeter ou não o seu crédito, mas, nesta última situação, sujeitar-se-á às consequências, ou seja: não poderá ter acesso ao ativo arrecadado da massa falida e somente poderá voltar a tramitar a execução fiscal contra o falido após o encerramento da falência.

Interessante observar, nesse ponto, que a redação do dispositivo em análise parece indicar que a suspensão provocada pelo incidente de verificação do crédito público somente termina com o encerramento da falência, ainda que a extinção das obrigações do falido ocorra antes. Desse modo, o patrimônio do falido obtido após a declaração da extinção das obrigações, em face dela e enquanto não encerrada a falência, não poderia, a princípio, ser alcançado pela execução fiscal, posto que suspensa suas obrigações. É necessário aguardar para observar como será executada essa questão pela jurisprudência.

De qualquer modo, caso o credor público opte por não habilitar o seu crédito no procedimento falimentar, terá, com o encerramento da falência, a possibilidade de prosseguir com as execuções fiscais que estavam suspensas em face do falido. Caso decida seguir por esse caminho, é necessário observar que houve revogação do artigo

202 "Para a generalidade dos credores, a decretação da falência determina a suspensão, mas, para o credor tributário, o ato determinante é a instauração do incidente de classificação de crédito público (art. 7º-A, §4º, V). Mesmo que a Fazenda não se manifeste no prazo de 30 dias, seguintes à intimação eletrônica, a simples instauração do incidente de classificação de crédito público já tem o efeito de suspender a execução fiscal" (COELHO, Fábio Ulhoa. *Comentários à Lei de Falências e de Recuperações de Empresas*. 14ª ed. (atual. e ampl.). São Paulo: Revista dos Tribunais, 2021, pp. 80/81).

157 da LRF,[203] que previa que o prazo de suspensão da prescrição, estipulado no artigo 6º, I.[204] O art. 7º-A, V, da LRF, menciona que as execuções fiscais ficam suspensas durante a falência. Logo, por falta de disposição em contrário, o prazo prescricional voltaria a correr no primeiro dia imediatamente subsequente. Também nesse ponto, será preciso verificar o posicionamento da jurisprudência.

Interessante observar, por fim, que as execuções fiscais ficam, por força do dispositivo supratranscrito, suspensas até o encerramento da falência, podendo prosseguir em face dos corresponsáveis (art. 7º-A, V, LRF) – mas não da obrigação do falido. Logo, se essas se extinguirem no prazo de 3 anos, do art. 158, V, da LRF, ainda que não abranjam as obrigações tributárias, poderá a Fazenda requerer o seu prosseguimento? Será necessário aguardar como essas normas serão aplicadas no caso concreto.

Constata-se, assim, que a reforma criou um dilema interessante que deverá ser enfrentado pelo Fisco: caso pretenda participar do rateio dos ativos arrecadados da massa falida, necessariamente deverá se habilitar no processo falimentar, sob pena de, caso opte por prosseguir apenas com as execuções fiscais, ter que aguardar o encerramento do procedimento falimentar e tentar prosseguir o falido com o patrimônio que tiver amealhado após a sentença que declarar a extinção de suas obrigações, visto que, todo o restante existente até esta data, será arrecadado na falência, por força expressa do disposto no artigo 158, V, da LRF.

A apuração do valor total do passivo da massa falida em tempo célere contribui, também, para definir o destino do ativo

---

203 "Art. 157. O prazo prescricional relativo às obrigações do falido recomeça a correr a partir do dia em que transitar em julgado a sentença do encerramento da falência".

204 "Art. 6º A decretação da falência ou o deferimento do processamento da recuperação judicial implica: I - suspensão do curso da prescrição das obrigações do devedor sujeitas ao regime desta Lei".

da massa. Isso porque, a depender dos bens arrecadados, servirá para orientar a distribuição de ações revocatórias ou de ineficácia, ou, ainda, pedidos de desconsideração da personalidade jurídica. Afinal, a distribuição dessas medidas somente se justifica se houver a necessidade de pagamento de passivo em aberto, posto que, do contrário, encaminha-se ao encerramento da falência.

Somente o tempo dirá como essas alterações serão aplicadas na prática. No entanto, é possível verificar desde já que os artigos 7º-A, 10, §10 e 158, V da LRF, alterados e/ou inseridos na legislação falimentar pela Lei n. 14.112/20, estabilizam o processo de falência, na medida em que contribuem para permitir a identificação em definitivo do valor do passivo submetido ao procedimento falimentar, o qual será conhecido impreterivelmente em 3 anos por toda a massa de credores, e, consequentemente, viabilizam uma tramitação mais célere e racional, com maior clareza quanto ao valor do passivo.

A reforma de 2020 trouxe, ainda, alterações relevantes, que também trazem estabilidade para a definição do ativo, conforme se verá a seguir.

2 Normas de estabilização do ativo

A fase de liquidação do ativo, no Decreto-lei n. 7.661/45, não podia ocorrer de forma concomitante com a verificação de crédito, pois o falido podia requerer a sua concordata. Conforme já mencionado, essa situação fazia com que os ativos, em muitos casos, perdessem o seu valor,[205] seja pela depreciação, sobretudo

205 "No Decreto-lei revogado, a fase de liquidação era estanque e não podia ocorrer simultaneamente à verificação de crédito e arrecadação de ativos, pois o devedor poderia, até o seu início, pretender a concordata suspensiva (art. 178 do Decreto-lei n. 7.661/45). Apenas após a publicação do relatório do síndico, o qual descreverá todo o valor do ativo arrecadado e do passivo submetido à execução concursal, a fase de liquidação dos ativos poderá ser

no caso de bens móveis, seja pelo risco de invasão, no caso de bens imóveis, além de onerar em demasia a massa, com custos para sua manutenção, depósito e tributos.

Justamente para enfrentar essa situação, o artigo 139 da LRF permitiu o início da fase de liquidação tão logo seja juntado aos autos o auto de arrecadação, desvinculando-a dos procedimentos realizados para se apurar o ativo ou mesmo da arrecadação integral de todo o ativo.[206] A desvinculação, pelo legislador, da alienação de bens a fases processuais específicas conferiu maior celeridade ao rito falimentar e potencializou o retorno de recursos à massa.[207]

---

iniciada. Essa divisão do procedimento falimentar em fases estanques resultava, em regra, na alienação dos bens apenas após longos anos de trâmite processual, não sem grande prejuízo à coletividade de credores em razão de sua deterioração ou de terem se tornado ultrapassados" (SACRAMONE, Marcelo Barbosa. *Comentários à Lei de Recuperação de Empresas e Falência.* 2ª ed. São Paulo: Saraivajus, 2021, pp. 567/568).

206 "Com o intuito de maximizar a utilidade produtiva dos bens e de obter uma maior satisfação dos créditos, em benefício da coletividade de credores e do próprio devedor, que receberá o valor remanescente após a satisfação de todos os credores, a liquidação dos ativos do falido deverá ser realizada assim que o auto de arrecadação e avaliação dos bens for juntado ao processo e independentemente de qualquer publicação. Ela independe da formação ou homologação do quadro geral dos credores, assim como independe necessariamente do encerramento da própria arrecadação de todos os ativos do devedor" (SACRAMONE, Marcelo Barbosa. *Comentários à Lei de Recuperação de Empresas e Falência.* 2ª ed. São Paulo: Saraivajus, 2021, p. 568).

207 "No sistema da lei anterior, de 1945, só se podia ser dado início à realização do ativo do falido ou sociedade falida após sua completa apuração. Como as providências para tanto normalmente retardam mais do que o desejável, o resultado era a deterioração dos bens arrecadados, com prejuízos imensos para toda a comunidade dos credores. Uma das mais importantes e salutares inovações da reforma da legislação falimentar brasileira está na simultaneidade da apuração e realização do ativo. Quer dizer, tão logo concluída a arrecadação, o administrador judicial dá início à realização do ativo" (COELHO, Fábio Ulhoa. *Comentários à Lei de Falências e de Recuperações de Empresas.* 14ª. ed. (atual. e ampl.). São Paulo: Revista dos Tribunais, 2021, p. 455).

A reforma da legislação falimentar, em 2020, trouxe dispositivos que podem contribuir para aprimoramento da realização do ativo.

A reforçar o período de 3 anos da decretação da quebra, como sinalizador de prazo ideal para que os principais atos do procedimento falimentar ocorressem, constata-se que o legislador fixou prazo de 3 anos da data da decretação da quebra para ajuizamento da ação revocatória, conforme disposto no artigo 132 da LRF.[208]

Além disso, o artigo 158, V da LRF, expressamente menciona que responderão pelo passivo apurado no procedimento falimentar todos os bens arrecadados durante o período de 3 anos da decretação da quebra.

As suas normas acima mencionadas parecem evidenciar desejo do legislador de que os processos falimentares tenham como "meta ideal" de tramitação prazo próximo a 3 anos.

Evidentemente que se é preciso ter em mente que a reforma não alterou a redação do artigo 129 da LRF, de modo que não há prazo para ajuizamento de ação de reconhecimento da ineficácia de determinados atos.

A reforma tampouco afastou a possibilidade de desconsideração da personalidade jurídica. Ao contrário, previu-a expressamente no artigo 82-A da LRF.

Tais ações/incidentes poderão trazer novos ativos à massa falida, podendo, assim, ampliar o prazo esperado de duração do feito falimentar, já que o artigo 158, V da LRF, é claro ao assegurar que o ativo arrecadado responde pelo passivo habilitado, ainda que superado o prazo de 3 anos.

---

208 "Art. 132. A ação revocatória, de que trata o art. 130 desta Lei, deverá ser proposta pelo administrador judicial, por qualquer credor ou pelo Ministério Público no prazo de 3 (três) anos contado da decretação da falência".

De qualquer modo, a reforma de 2020 trouxe duas disposições que poderão contribuir para reduzir a litigiosidade do processo falimentar, e, consequentemente, trarão maior estabilidade à apuração do ativo. São elas: a estipulação de prazo ideal para alienação de ativo – 180 dias da lavratura do auto de arrecadação – e a disciplina do preço vil. Essas alterações são benéficas pois, conforme se verá, reduzem a possibilidade de suscitar diversos questionamentos frequentes em alienações forçadas de bens.

O artigo 22, III, "j" da LRF, trouxe a previsão de que o administrador judicial deve providenciar a venda de todos os bens da massa no prazo máximo de 180 dias contados da juntada do auto de arrecadação judicial, sob pena de destituição, salvo por impossibilidade fundamentada, reconhecida por decisão judicial. Além disso, o artigo 99, §3º da LRF, traz para o administrador judicial a obrigação de, no prazo de até 60 dias de sua nomeação, apresentar plano de realização de ativos, observando esse prazo de 180 dias.

O fato de o legislador indicar prazo consideravelmente exíguo para alienação dos ativos, sinaliza o comprometimento do legislador com os objetivos declarados no artigo 75, em especial a preservação e a otimização da utilização produtiva dos bens, dos ativos e dos recursos produtivos e, inclusive, intangíveis da empresa, permitindo a liquidação célere de empresas inviáveis, com vistas à realocação eficiente de recursos na economia.

A doutrina reconhece a importância dessa alteração como importante ferramenta de eficiência ao procedimento.[209]

---

209 "Em 2020, muda-se a LF com o mesmo objetivo de melhorar a eficiência da falência: desta vez, visa-se também combater as distorções na recuperação judicial, a criação de um ambiente realmente livre para os credores negociarem racionalmente a novação recuperacional. O cerne nessa importante e salutar mudança se encontra na ampliação dos objetivos da falência. Além de preservação e otimização dos bens, ativos e recursos produtivos de uma empresa (inc. I), a falência passa a ter por finalidade duas acelerações: a

As alterações promovidas pela reforma de 2020 evidenciam não apenas a importância da alienação célere de ativos, para maximizar o seu valor à massa, como, também, tornam parte do dever do administrador judicial atuar para que isso ocorra. Por fim, eliminam qualquer questionamento que se poderia suscitar na venda rápida de bens, desvinculando essa situação de eventual arguição de dilapidação de patrimônio. Ao contrário, o legislador reconhece que, no contexto da falência, a venda célere de bens é a melhor solução para a massa de credores – já que não os onera com custos de manutenção/encargos e tributos – e, também, para a própria atividade econômica em si, permitindo sua rápida realocação desses recursos na economia.

É evidente que a jurisprudência deverá modular a aplicação desse dispositivo, visto que o próprio legislador assegura, no artigo 142, ordem de preferência de alienação de ativos. O prazo de 180 diais para venda não pode ser peremptório e impor a venda isolada de um bem se a sua venda conjuntamente com outros for mais benéfica, sob pena de se prejudicar a massa.

Nota-se o efeito estabilizador dessa norma, visto que afasta questionamentos que poderiam ser feitos, ou ao menos dúvidas que poderiam ser suscitadas, por parte do falido ou de terceiros interessados em uma pretensão de aceleração da venda da massa falida. Mostra-se útil para sinalizar para um tempo médio a ser

---

realocação eficiente dos recursos da massa falida (inc. II) e o retorno do empreendedor às atividades econômicas (inc. III). O principal instrumento para a ampliação da eficiência da falência consiste em priorizar o início da liquidação, por meio da aceleração da realização do ativo. Desde 2005, o administrador judicial não precisa aguardar o término da verificação dos créditos para dar início à liquidação. Mas algo na cultura forense acabou minando a eficácia desse esquema. Os administradores judiciais continuam gastando tempo, recursos e energia em definir o quadro geral de credores, quando nem se sabe ao certo quanto a massa terá de disponibilidades para os pagamentos" (COELHO, Fábio Ulhoa. *Comentários à Lei de Falências e de Recuperações de Empresas*. 14ª ed. (atual. e ampl.). São Paulo: Revista dos Tribunais, 2021, p. 291).

perseguido e, em especial, que sua implementação está em total consonância com os objetivos do legislador.

Por fim, outra importante inovação que foi trazida pela Lei n. 14.112/20, consiste na disciplina da alegação do preço vil e da impugnação à alienação de bens na falência.

O artigo 142, §2º-A, I, III, IV e V da LRF, esclarece que a alienação de bens não deve depender da consolidação do quadro geral de credores e que deve idealmente ser feita no prazo de 180 dias da lavratura do auto de arrecadação e informa, também, que ela ocorrerá independentemente da conjuntura do mercado no momento da venda, se favorável ou não, tendo em vista o caráter forçado da venda, e, ainda, não estará sujeita à aplicação do conceito de preço vil.

Corroborando essa constatação, o artigo 142, §3º-A, da LRF, estipula parâmetros que devem ser seguidos em leilões judiciais dos procedimentos falimentares, admitindo como regulares lances que sejam efetuados, em terceira chamada, por qualquer preço. Ou seja, admite como válidos lances inferiores a 50% do valor da avaliação. Mais do que isso: admite como regulares lances por qualquer valor, desvinculado da avaliação realizada, relativizando, assim, a importância desta última.

As disposições referidas nos parágrafos acima afastam a possibilidade de arguições que eram tradicionalmente suscitadas em alienações de bens em falências, sobretudo por parte do falido ou de terceiros interessados.

Com a reforma, deixou de existir, no procedimento falimentar, presunção legal quanto à irregularidade de lances efetuados em leilões judiciais em valores inferiores a um determinado percentual do valor apurado em avaliação. O impugnante terá todo o ônus de demonstrar que o valor apurado em leilão, após lances realizados, é, por algum motivo, insuficiente ou injusto, e que resultará em dilapidação dos ativos da massa.

O legislador reconhece o contexto de venda de bens no processo falimentar – ou seja, o seu caráter forçado –, e, ainda, a importância de sua celeridade, seja para a massa de credores, na medida em que diminui os seus encargos, seja para a economia em geral, com a realocação dos bens na economia, e, justamente por isso, compreende que esse contexto influencia o valor final apurado[210] e que eventual descompasso entre o valor de mercado de um bem e aquele obtido não pode ser arguido para obstaculizar o processo de realização do ativo.

Há, portanto, uma mitigação dos argumentos que podem ser utilizados para questionar venda judicial efetuada no âmbito do processo falimentar.[211]

---

210 "Prevalência da celeridade em detrimento da avaliação. Na alienação judicial da falência, a celeridade prevalece sobre a avaliação dos bens. É preferível a célere realização do ativo à tentativa de alcançar, na venda, o valor atribuído aos bens arrecadados, seja pelo administrador judicial no próprio ato de arrecadação, seja qualquer outro calculado por especialista. É que, falindo uma empresa, o que interessa à economia em geral, e aos credores em particular, é a mais rápida realocação dos recursos dela, que ainda se mostrem aptos à geração de valor. Mostrou-se uma verdadeira ilusão, altamente prejudicial aos interesses envolvidos no concurso falimentar, o apego obstinado a qualquer valor atribuído aos bens na avaliação ou avaliações feitas no processo judicial. Assim, a venda deve acontecer no máximo em 180 dias, contados do respectivo auto de arrecadação – a Lei diz isso em mais de uma vez (art. 22, III, j, 99, §3° e 142, §2°-A, IV). Devem ser empregados, sem dúvida, os meios e procedimentos que possibilitem a alienação dos bens do falido pelo preço mais alto. Mas sem perder de vista as circunstâncias específicas em que a venda está sendo realizada (vale dizer, 'forçada', no contexto da realização dos ativos de um falido). Realisticamente falando é difícil que se obtenha, diante de tais circunstâncias, o valor de mercado dos bens objeto da alienação. Por isso, deve-se tentar alcançar o valor de mercado, mas não interessa a ninguém se insistir na tentativa por muito tempo, em caso de frustação" (COELHO, Fábio Ulhoa. *Comentários à Lei de Falências e de Recuperações de Empresas*. 14ª ed. (atual. e ampl.). São Paulo: Revista dos Tribunais, 2021, p. 46).

211 "As impugnações aos valores de avaliação e da submissão dos bens à venda eram grande ponto de retardamento da liquidação dos ativos no procedimento falimentar. Para se acelerar o procedimento liquidatório como forma de maximizar o valor dos ativos, reduzir as despesas e gerar maior satisfação

Além disso, o artigo 143, §1º, inserido pela reforma de 2020, esclarece que se a impugnação for baseada no valor da venda do bem, somente poderá ser recebida se acompanhada de oferta firme do impugnante ou de terceiro para a aquisição do bem, respeitado os termos do edital, por valor presente superior ao valor da venda e depósito caucionado equivalente a 10%.

Ou seja, como consequência da reforma, além de ter o ônus de comprovar que o valor é, por algum motivo, irregular e prejudicial à massa, o impugnante deverá, também, trazer proposta firme que reforce a credibilidade de sua contrariedade. Não basta, simplesmente, a alegação genérica de prejuízo. É necessário trazer proposta que o evidencie.

Constata-se, portanto, que as alterações legislativas trazidas pela reforma de 2020 para a apuração do ativo falimentar contribuem para a criação de um ambiente de menor incertezas, na medida em que permite reduzir a litigiosidade do processo de alienação de bens, trazendo, também, maior estabilidade ao procedimento.

Conclusão

A análise das alterações legislativas trazidas pela reforma de 2020 efetuada neste artigo evidenciou que foram realizadas importantes inovações no procedimento falimentar, que, ao reduzirem a sua litigiosidade interna, estabilizando o procedimento de apuração de ativos e do passivo, podem contribuir para sua tramitação mais célere. Permitiram, também, melhor acomodação entre as intersecções dos microssistemas jurídicos da falência e da execução fiscal, trazendo maior racionalidade à sua coordenação pelo Juízo Falimentar.

---

dos credores, exigiu-se que as impugnações sobre o valor de venda fossem tempestivas, no prazo de 48 horas da assinatura do juiz do auto de arrematação" (SACRAMONE, Marcelo Barbosa. *Comentários à Lei de Recuperação de Empresas e Falência*. 2ª ed. São Paulo: Saraivajus, 2021, p. 581).

A maior estabilidade dessas etapas do procedimento falimentar e a melhor coordenação entre os microssistemas falimentar e de execução fiscal permite que os credores da empresa falida possam ter maior segurança e previsibilidade quanto às chances de recebimento de seu crédito em um relativo curto espaço de tempo: em 3 anos.

Acredita-se que as referidas inovações foram positivas e poderão efetivamente contribuir para o aprimoramento do procedimento falimentar, reduzindo seu tempo de duração e, desse modo, permitindo que cumpra os propósitos para qual foi concebido pelo legislador, elencados no art. 75 da LRF.

Ainda que muitas dessas alterações apliquem-se, apenas, aos processos distribuídos após a entrada em vigor da Lei n. 14.112/20, nos termos de seu artigo 5º, é interessante questionar se as alterações acima analisadas produzirão, efetivamente, um aprimoramento na tramitação do processo falimentar e, em caso positivo, se poderão trazer algum impacto à dinâmica das negociações das recuperações judiciais. Somente o tempo para responder.

Referências bibliográficas

BEZERRA FILHO, Manoel Justino. *Lei de Recuperação de Empresas e Falência*: Lei 11.101/2005 comentada artigo por artigo. 15ª ed. São Paulo: Revista dos Tribunais, 2021.

COELHO, Fábio Ulhoa. *Comentários à Lei de Falências e de Recuperações de Empresas*. 14ª ed. (atual. e ampl.). São Paulo: Revista dos Tribunais, 2021.

COSTA, Daniel Carnio; MELO, Alexandre Nasser de. *Comentários à Lei de Recuperação de Empresas e Falência*. 2ª ed. Curitiba: Juruá, 2021.

SCHREIBER, Anderson. *Manual de Direito Civil contemporâneo*. 3ª ed. (rev. e ampl.). São Paulo: Saraivajus, 2018.

SACRAMONE, Marcelo Barbosa. *Comentários à Lei de Recuperação de Empresas e Falência*. 2ª ed. São Paulo: Saraivajus, 2021.

CAPÍTULO X

PEQUENAS ANOTAÇÕES SOBRE A NOVÍSSIMA LEI DAS *STARTUPS* (LEI COMPLEMENTAR 182/2021)

Marcello do Amaral Perino

Introdução

A partir do final do século XX e com o início do século XXI, as chamadas *startups*[212] e o empreendedorismo digital se destacaram e alavancaram no mundo tecnológico. O crescimento das *startups* passou a ganhar força juntamente com a propagação da internet, mesmo tendo em seu campo de trabalho um mercado de alto risco. O início desse fenômeno aconteceu durante a época que chamamos de bolha da internet, entre os anos 1996 e 2001 e, apesar de usado nos EUA há várias décadas, só nesse momento da "bolha ponto. com" o termo *startup* começou a ser usado por aqui. Significava,

212 Aqui no texto definimos *startups* como um grupo de pessoas iniciando uma empresa, trabalhando com uma ideia diferente, escalável e em condições de extrema incerteza.

originalmente, um grupo de pessoas trabalhando com uma ideia diferente que, aparentemente, poderia render frutos e passou a ser sinônimo de iniciar uma empresa e colocá-la em funcionamento.

Esse novo conceito, o *startup*, é baseado na ideia de uma modalidade empresarial que se dá a partir de uma instituição humana projetada para criar produtos e serviços sob condições de extrema incerteza e, nessa concepção, podemos entender como empresa com o vislumbramento de ideias potencialmente boas, mas que nunca se saberá ao certo se irão obter sucesso devido a extrema incerteza aplicada na criação e execução de um projeto por determinado grupo de pessoas. Várias são as dúvidas acerca dos primeiros passos, sobre as regras contratuais e societárias mais adequadas para a consolidação de uma parceria – em especial as parcerias com investidor-anjo e *startups* –, incertezas acerca da tributação aplicável a essa parceria, entre muitas outras. O que podemos caracterizar nesse campo de *startups* é que elas surgem e procuram se desenvolver em um cenário de incertezas, dependem do modelo de negócios para gerar valor e chances de lucro e procuram ser repetível e escalável. Assim, *startup* não é uma categoria de empresa e sim um estágio inicial do desenvolvimento de uma empresa.

Antes mesmo do ano de 2020, pesquisas[213] já mostravam que o Brasil atingiria, como de fato o fez, sua marca de maior número de empreendedores em estágio inicial dos últimos 20 (vinte) anos, e isto aconteceu em meio à crise econômica mundial gerada pela pandemia causada pelo vírus COVID-19. Isso nos mostra que em tempos de crise os brasileiros buscam meios de superação e buscam empreender. É patente o potencial brasileiro voltado para o empreendedorismo, todavia, a falta de recursos, apoio financeiro,

---

213 PEGN. "Brasil deve atingir marca histórica de empreendedorismo em 2020". *Revista PEGN*, 2020. Disponível em: https://revistapegn.globo.com/Noticias/noticia/2020/06/brasil-deve-atingir-marca-historica-de-empreendedorismo-em-2020.html/. Acessado em: 24.02.2022.

incentivo, políticas governamentais e a ausência de segurança jurídica têm enfraquecido potenciais provedores de ideias inovadoras. Assim, para qualquer modelo de negócio, a falta de segurança jurídica ameaça o desenvolvimento da ideia e pode ocasionar danos jurídicos que dificultam o sucesso do empreendimento. A proteção jurídica visa entender as necessidades gerais e as particularidades de cada empresa observando as obrigações legais impostas e as mais adequadas para cada modelo empresarial. Quando mais segura for a *startup*, poderá ter maiores investimentos e atrair um retorno financeiro mais significativo.

As pequenas e médias empresas ocupam posição de destaque na economia brasileira, mas não verificamos um efetivo acesso por parte delas ao mercado de capitais pois a sociedade anônima foi pensada para o desenvolvimento dos grandes empreendimentos; então, surge a necessidade de debate sobre como essa e suas formas societárias se organizam e se ela poderia ou não ser repensada para as pequenas e médias empresas. Buscamos aqui, então, investigar de modo geral as regras contratuais e societárias mais adequadas para a consolidação de uma parceria investidor-anjo e *startups* e qual será a tributação aplicável para que seja possível o favorecimento de ambos no negócio jurídico de modo a verificar os tipos contratuais existentes para a constituição de uma sociedade e meios de como amenizar a tributação do investidor-anjo com o intuito de incentivar o empreendedorismo no país, a partir de uma análise inaugural do Marco Legal sobre o assunto.

1 Caracterização de *startup* como sociedade

Nosso esforço para enquadrar empresas elegíveis às determinações da lei, levou o marco legal a modificar a definição de *startups*, até então utilizada no ordenamento nacional com o intuito de torná-la mais precisa. Assim, a primeira vez que o termo surge em normatização é recente, somente a partir do texto do Projeto de Lei Complementar 67/2019 transformado na Lei Complementar

182/2021. Foi nesse momento do projeto que uma *startup* foi definida, em especial pelo seu caráter inovador de modelo de empresa que "visa a aperfeiçoar sistemas, métodos ou modelos de negócio, de produção, de serviços ou de produtos", além de "desenvolver suas inovações em condições de incerteza que requerem experimentos e validações constantes, inclusive mediante comercialização experimental provisória, antes de procederem à comercialização plena e à obtenção de receita" (art. 65-A, § 1° e 2° LC 67/2019).

Nessa medida, a inspiração de nosso Marco Legal das *Startups* procurou simplificar a definição dessa forma de empresa, e a diferenciou de outras, ao concentrá-la em dois princípios que são o caráter inovador e a fase inicial de desenvolvimento. Além disso, especifica os três modos de identificação de ambos (art. 4° da LC 182/2021).

2 Do enquadramento legal de empresas como *startups*

No artigo 4° da Lei Complementar são enquadradas como *startups* as organizações empresariais ou societárias, nascentes ou em operação recente, cuja atuação *caracteriza-se pela inovação aplicada a modelo de negócios ou a produtos ou serviços ofertados.*

E o dispositivo legal continua em seu § 1° explicando que para os fins dessa norma e sua aplicação:

> são elegíveis para o enquadramento na modalidade de tratamento especial destinada ao fomento de *startup* o empresário individual, a empresa individual de responsabilidade limitada, as sociedades empresárias, as sociedades cooperativas e as sociedades simples:
>
> I – com receita bruta de até R$ 16.000.000,00 (dezesseis milhões de reais) no ano-calendário anterior ou de R$ 1.333.334,00 (um milhão, trezentos e trinta e três mil, trezentos e trinta e quatro reais) multiplicado pelo número

> de meses de atividade no ano-calendário anterior, quando inferior a 12 (doze) meses, independentemente da forma societária adotada;
>
> II – com até 10 (dez) anos de inscrição no Cadastro Nacional da Pessoa Jurídica (CNPJ) da Secretaria Especial da Receita Federal do Brasil do Ministério da Economia; e
>
> III – que atendam a um dos seguintes requisitos, no mínimo: a) declaração em seu ato constitutivo ou alterador e utilização de modelos de negócios inovadores para a geração de produtos ou serviços, nos termos do inciso IV do caput do art. 2º da Lei n. 10.973, de 2 de dezembro de 2004; ou b) enquadramento no regime especial Inova Simples, nos termos do art. 65-A da Lei Complementar n. 123, de 14 de dezembro de 2006.

Assim, entendemos que, para que a empresa seja considerada nascente, ou seja, constituir-se como *startup*, deve ter uma *receita bruta* de até dezesseis milhões de reais (um limite bem maior do que o aplicado para Micro e Pequenas Empresas pela Lei 123/2006) e até o máximo de 10 (dez) anos de existência. Já quanto ao *caráter inovador*, o marco estipula que as *startups* declarem em seu ato constitutivo a utilização de modelos de negócios inovadores para a geração de produtos ou serviços – ficando a sugestão aos senadores para que o Marco apresente uma lista não exaustiva de atividades que sejam automaticamente reconhecidas como inovadoras (tal como lemos na listagem das atividades de baixo risco do artigo 9º da Declaração de Liberdade Econômica).

3 Microempresas e empresas de pequeno porte

Por amor à reconstituição histórica de nossos marcos legais e em prol de uma hermenêutica sistêmica, voltando ao tempo em nossa legislação, em 1984, em 27 de novembro, foi aprovada a Lei n. 7.256 e foi instituído o Estatuto da Microempresa, todavia podemos afirmar que o instituto foi mais teórico do que prático na medida em que o Brasil não possuía uma economia forte e estável e o tratamento diferenciado não operou as facilidades e melhorias, apesar do avanço em nosso Estado reconhecer a economia informal e tentar trazê-la para a formalidade. Em nossa Carta Constitucional de 1988, os princípios básicos a respeito do tema foram sintetizados no art. 179:

> Art. 179. A União, os Estados, o Distrito Federal e os Municípios dispensarão às microempresas e às empresas de pequeno porte, assim definidas em lei, tratamento jurídico diferenciado, visando a incentivá-las pela simplificação de suas obrigações administrativas, tributárias, previdenciárias e creditícias, ou pela eliminação ou redução destas por meio de lei" (BRASIL, 1988, Art. 179).

Embora toda a força política, jurídica e legislativa voltada para esse tema tenha se voltado para a desburocratização, facilitação e barateamento dos procedimentos de formalização, foi com a nova regulamentação da microempresa e empresa de pequeno porte, Lei Complementar n. 123/2006, que efetivamente a sistematização aconteceu de forma ampla, instituindo o então novo Estatuto Nacional da Microempresa e Empresa de Pequeno Porte que unifica nos níveis federal, estadual e municipal, o conceito de microempresa e empresa de pequeno porte, notadamente no seu art. 3º:

> Para os efeitos desta Lei Complementar, consideram-se microempresas ou empresas de pequeno porte, a sociedade empresária, a sociedade simples, a empresa individual de responsabilidade limitada e o empresário a que se refere o art. 966 da Lei n. 10.406, de 10 de janeiro de 2002 (Código Civil), devidamente registrados no Registro de Empresas Mercantis ou no Registro Civil de Pessoas Jurídicas, conforme o caso, desde que: I - no caso da microempresa, aufira, em cada ano calendário, receita bruta igual ou inferior a R$ 360.000,00 (trezentos e sessenta mil reais); e II - no caso

> da empresa de pequeno porte, aufira, em cada ano-calendário, receita bruta superior a R$ 360.000,00 (trezentos e sessenta mil reais) e igual ou inferior a R$ 3.600.000,00 (três milhões e seiscentos mil reais).

Entendemos que o Estatuto Nacional da Microempresa e Empresa de Pequeno Porte do Brasil avançou de modo decisivo para a efetividade jurídico-social da inclusão e permanência destas empresas no domínio econômico. Desde a aprovação da Lei Complementar 123 de 2006, várias alterações ocorreram para aperfeiçoar este sistema, tanto no aspecto normativo (Legislativo), quanto fiscalizatório (Executivo) e de incentivos (Legislativo e Executivo). Frente a este desafio, várias questões quanto à interpretação e aplicação dos direitos destas empresas foram levadas ao Judiciário, em busca de amparo Estatal para pleitear avanços, especialmente com o objetivo de possibilitar a permanência no mercado.

A Lei Complementar n. 155/2016 que altera o Estatuto Nacional da Micro Empresa e Empresa de Pequeno Porte (Lei Complementar n. 123, de 14 de dezembro de 2006), para reorganizar e simplificar a metodologia de apuração do imposto devido por optantes pelo Simples Nacional, entende que as *startups* poderiam se enquadrar como empresa de pequeno porte, também conhecido como EPP, ou, como microempresa (ME), obtendo personalidade jurídica, e poderiam optar pelo Simples Nacional seguindo o disposto no seu artigo 13-A:

> Para efeito de recolhimento do ICMS e do ISS no Simples Nacional, o limite máximo de que trata o inciso II do *caput* do art. 3º será de R$ 3.600.000,00 (três milhões e seiscentos mil reais), observado o disposto nos §§ 11, 13, 14 e 15 do mesmo artigo, nos §§ 17 e 17-A do art. 18 e no § 4º do art. 19.

Com o advento da Lei Complementar 182/2021 serão elegíveis o empresário individual, a empresa individual de responsabilidade limitada (EIRELI), as sociedades empresariais, as sociedades corporativas e/ou as sociedades simples, conforme art. 4º extraído da Lei que terminou seu período de vacância.

> Art. 4º São enquadradas como *startups* as organizações empresariais ou societárias, nascentes ou em operação recente, cuja atuação caracteriza-se pela inovação aplicada a modelo de negócios ou a produtos ou serviços ofertados.
>
> § 1º Para fins de aplicação desta Lei Complementar, são elegíveis para o enquadramento na modalidade de tratamento especial destinada ao fomento de *startup* o empresário individual, a empresa individual de responsabilidade limitada, as sociedades empresárias, as sociedades cooperativas e as sociedades simples.

Assim, por força desse mesmo artigo, deverão ainda, ter uma receita bruta de até R$ 16.000.000,00 (dezesseis milhões de reais) no ano-calendário anterior ou de R$ 1.333.334,00 (um milhão, trezentos e trinta e três mil trezentos e trinta e quatro reais) devendo este ser multiplicado pelo número de meses de atividade no ano-calendário anterior, quando inferior a 12 (doze) meses, o que independerá da forma societária em que se enquadre e, com até 10 (dez) anos de inscrição no Cadastro Nacional da Pessoa Jurídica (CNPJ) da Secretaria Especial da Receita Federal do Brasil do Ministério da Economia, além de exigir a declaração em seu ato constitutivo ou que seja enquadrada em um novo regime jurídico especial, *o que não era exigência da Lei Complementar 155/2016.*

4 Entendimento integrado

Tratamos aqui de um entendimento sistêmico, integrando as normas e princípios da empresa em nosso Direito, a partir do tratamento dado pela Lei Complementar n. 155/2016 combinada com a Lei Complementar n. 182/2021 e a Teoria Geral dos Contratos Empresariais. Diante disso, não se pode olvidar que o tipo societário mais utilizado é o de responsabilidade limitada devido ao risco do negócio, conforme a Associação Brasileira de *Startups*,[214] sob a forma de Sociedades Limitadas (Ltda.) ou Sociedades por Ações (S.A.), que gera obrigações de *responsabilidade limitada aos sócios em relação ao capital social*. No que tange a responsabilidade dos sócios com base na Lei Complementar 182, vale anotar que ela é pontual e específica ao dizer que eles não serão responsabilizados por qualquer dívida da empresa, ainda que esteja em recuperação judicial salvo se o investidor incorrer em dolo, fraude ou simulação.

5 Sociedades Anônimas

A Sociedade Anônima foi positivada em nosso ordenamento jurídico e concebida como formato societário direcionado às sociedades de grande porte, uma sociedade de capital, um conglomerado complexo de grandes engrenagens sociais econômicas, que permitem a captação de investimentos, recursos, investidores individuais, coletivos e de outras sociedades, cuja expectativa principal é o retorno do capital investido e lucros. Nessa linha de percepção e ontologia na Teoria da Empresa, em uma sociedade com essas características, mais importante que o próprio acionista é o capital investido e as formas de subscrição e consolidação desse capital, e por essas, dentre outras, razões vige o princípio da livre cessão da participação societária que compõe esse capital.

Fato é que esse modelo societário de S.A., cada vez mais vem sendo utilizado por empreendimentos menores, pequenas e médias sociedades, onde a identidade do sócio acionista ganha maior relevo e seus atributos passam a ter uma maior importância e influenciam diretamente na alienação societária, não só garantem que o cessionário tenha qualidades tão importantes quanto a do

214 Ver: "O universo de *startups* como você nunca viu". *Associação Brasileira de Startups*. Disponível em: https://abstartups.com.br/pesquisas/. Acessado em: 24.02.2022.

cedente, como as qualidades pessoais passam a ter um peso antes não considerado, tomando as características de uma sociedade de pessoas onde a qualidade das partes é essencial para a relação societária, as chamadas sociedades *intuito personae*.

6 SAS – Sociedade Anônima Simplificada

Não obstante os diversos modelos societários positivados em um determinado ordenamento, a mudança na forma de organização e estruturação dos órgãos societários, influenciada pela frequente mutação das relações comerciais, eventualmente pede a criação de um novo modelo societário. Exemplo disso é, aqui no país, a própria sociedade anônima, cuja criação decorreu diretamente da insuficiência dos antigos modelos de sociedades contratuais que não eram adequadas à organização de grandes empreendimentos, nos quais a captação de investimentos é de vital importância. Posteriormente, em razão do notável hiato existente entre a sociedade anônima e os demais regimes societários, surgiu a sociedade limitada, de responsabilidade limitada, ou por quotas, criada com o objetivo de ser um meio termo entre as companhias e as sociedades contratuais mais simples, fato que também comprova a contínua adequação dos modelos societários às necessidades empresariais.

Não há dúvidas de que as pequenas e médias empresas ocupam posição de destaque para a economia brasileira, considerando a grande quantidade presente no Brasil e é, também, certo que, com a abertura de capital, as empresas auferem muitas vantagens, como facilidade na obtenção de recursos para planos de expansão, diluição do risco entre vários sócios, liquidez para o patrimônio dos acionistas, aumento da capacidade de endividamento, melhor imagem institucional da empresa, melhor solução para o problema da sucessão no caso das empresas familiares e profissionalização em sua administração em função da maior transparência de suas operações.

O desafio se dá então em como permitir a ligação entre as pequenas e médias empresas e o mercado de capitais. Urge a necessidade de construir mais um caminho para organizar o sistema societário das pequenas e médias empresas e, mais ainda, fomentar de forma estruturada a liberdade de escolha do empresário e das pequenas companhias fechadas. Uma das opções legislativas foi exatamente, sob o modelo de S.A. organizado com determinado limite de acionistas e de capital total sob uma nova via de direito para essas pequenas e médias sociedades, as SAS, de modo que no geral, aplicam-se as medidas normativas da Lei n. 6.404, exceto as incompatíveis. Para isso e voltados a essa nova via normativa, nossos legisladores debateram as possibilidades e criaram o Regime Especial da Sociedade Anônima Simplificada, presente no Projeto de Lei n. 4.303, hoje Lei Complementar.

Em nossa epistemologia, não se trata de uma nova forma societária mas sim de uma via de direito mais adequada para as pequenas e médias empresas, sem os pesados custos regulatórios do artigo 294 das S.A. Mas o fato de se enquadrar como S.A., mesmo que em regime especial simplificado, permite reduzir custos de transação para os investidores e, ao mesmo tempo, garantir o máximo de resultado econômico para as partes interessadas na companhia. As formas de organização jurídica da pequena e média empresa atualmente disponíveis são incapazes de permitir o seu real desenvolvimento. Assim, através da sanção da Lei Complementar n. 182/2021 em 01 de junho de 2021 foi estabelecido o Marco Legal das *Startups*, que, ao se voltar a criação de um regramento específico para este setor, fomentando o ambiente de negócios,[215] introduziu, na Lei das Sociedades Anônimas o modelo societário da Sociedade Anônima Simplificada (SAS), visando a diminuição de burocracia e custos, tendo como alvo as sociedades menores. Apesar desta mudança recente, as SAS já são comuns em países europeus como a França, em que a espécie de sociedade mais liberal

215 BRASIL. "Lei Complementar que estabelece Marco Legal das *Startups* entra em vigor nesta terça-feira (31)". *Site Governo do Brasil.* Disponível em: www.gov.br. Acessado em: 24.02.2022.

que as demais faz sucesso no país desde 1944, influenciando a sua positivação no Direito Brasileiro, o qual anteriormente previa a chamada "pequena sociedade anônima", que, apesar de apresentar algumas simplificações, não correspondia à Sociedade Anônima Simplificada.[216]

7 Modificações (especialidades das SAS)

A primeira modificação a ser citada, com o objetivo de reduzir os processos demasiadamente burocráticos, foi a promovida no art. 143 da LSA pelo art. 16 da LC 182/2021, que autoriza a diretoria destas sociedades a funcionarem com apenas um diretor, em um formato e forma mais simplificada. O art. 294 da LSA, por sua vez, autoriza a adoção da forma Sociedade Anônima Fechada para as empresas com faturamento igual ou inferior a R$78 milhões ao ano, permite a realização de publicações de forma eletrônica e a substituição dos livros elencados no art. 100 da LSA por registros mecanizados ou eletrônicos. A nova modalidade de sociedade também permite dividendos desproporcionais, algo comum nas sociedades limitadas. Assim, como é possível inferir da denominação da sociedade simplificada em questão, e da introdução das já referidas previsões, podemos perceber o intuito claro de descomplicar, desburocratizar e diminuir os custos para sua efetivação. Neste raciocínio, entende Leonardo Garcia Barbosa:

> A facilidade na constituição da sociedade por ações simplificada tem por finalidade reduzir os custos de transação de negócios jurídicos que seriam praticados no mercado a um custo mais alto, reduzir as deficiências das formas tradicionais

216 Ver: FREDERICO, Paulo Eduardo. "Novas perspectivas para *Startups*: sociedade anônima simplificada (SAS)". Site *Frederico & Magri Advogados*. Disponível em: https://www.fredericoemagri.com.br/novas-perspectivas-para-startups-sociedade-anonima-simplificada-sas/. Acessado em: 24.02.2022.

de sociedade e superar a dicotomia entre sociedades civis e comerciais.[217]

Nesse mesmo trilho e linhas de pensamento, cabe ainda mencionarmos o art. 294-A que trouxe a possibilidade de companhias de menor porte, ou seja, aquelas com receita bruta inferior a R$500.000.000,00 (quinhentos milhões de reais), acessarem o mercado de capitais – propiciando o maior desenvolvimento deste[218] –, cabendo à CVM regulamentar as condições facilitadas para tanto. Assim, as empresas menores, que antes captavam recursos financeiros nos bancos, tiveram suas opções de financiamento francamente ampliadas pela LC 182/2021, podendo realizá-lo através da oferta de ações no mercado de capitais, tendo o acesso a esse, tornado mais simples e barato, bastando a conversão das empresas para o regime simplificado das sociedades anônimas.[219]

Ainda em agosto de 2012, na sessão plenária da Câmara dos Deputados, foi apresentado pelo Deputado Federal Laércio de Oliveira (PR-SE) o PL n. 4.303/2012 de lavra dos Professores Walfrido Jorge Warde Jr. e Rodrigo Rocha Monteiro Castro. Conforme a descrição do projeto, seu escopo era de alterar a Lei n. 6.404/1976, mais especificamente o seu art. 294, substituindo pelos artigos 294-A a 294-J,[220] a fim de criar e disciplinar a Socie-

---

217 BARBOSA, Leonardo Garcia. *Sociedade Anônima Simplificada*. Brasília: Senado Federal, 2015. Disponível em: http://www2.senado.leg.br/bdsf/handle/id/521113/. Acessado em: 24.02.2022.

218 BARBOSA, Leonardo Garcia. *Sociedade Anônima Simplificada*. Brasília: Senado Federal, 2015. Disponível em: http://www2.senado.leg.br/bdsf/handle/id/521113/. Acessado em: 24.02.2022.

219 CONJUR. "Marco legal das *startups* cria 'sociedade anônima simplificada'". *Conjur*, 2021. Disponível em: https://www.conjur.com.br/2021-jun-03/marco-legal-startups-cria-sociedade-anonima-simplificada/. Acessado em: 24.02.2022.

220 WARDE JR, Walfrido Jorge; CASTRO, Rodrigo R. Monteiro de. *Regime Especial da Sociedade Anônima Simplificada*. São Paulo: Saraiva, 2013, p. 45.

dade Anônima Simplificada.[221] Ao discorrer sobre a "companhia do art. 294", que apresentava um regime especialmente maleável, Walfrido Warde expõe ter o surgimento do Regime Especial da Sociedade Anônima Simplificada (RE-SAS), resultado deste regime jurídico imperfeito das pequenas e médias empresas, prestando-se a remediar suas inconsistências sem rechaçar suas qualidades.

Conforme leciona Warde Jr., Sociedade Anônima Simplificada não se trata de uma nova forma societária, mas sim de uma "nova 'via de direito' capaz de oferecer caminhos às empresas pequenas e médias", a fim de lhes prover formas adequadas de organização jurídica.[222] Em seu projeto, Warde Jr e Castro explicam que a adesão ao RE-SAS é facultada a algumas companhias, as quais continuam a ser regidas pelas normas gerais da LSA, e necessitam preencher um critério de enquadramento a fim de serem capazes de optar por este Regime Especial, qual seja, apresentar um patrimônio líquido inferior a 100 milhões de reais, sob a justificativa de permitir a adesão de qualquer companhia, sejam abertas ou fechadas, e independentemente do número de acionistas.[223] Ademais, complementa que a adesão pode se dar no ato constitutivo da empresa ou a qualquer tempo de sua existência, cumprido o requisito relativo ao valor de seu patrimônio líquido.[224]

Dentro deste entendimento, percebemos a adoção das denominadas Sociedades Anônimas Simplificadas advinda de uma

---

221 MOSER, Gianluca Tillmann. *O Regime Especial da Sociedade Anônima Simplificada como tipo societário*. [Trabalho de Conclusão de Curso], Universidade Federal de Santa Catarina, 2018.

222 WARDE JR, Walfrido Jorge; CASTRO, Rodrigo R. Monteiro de. *Regime Especial da Sociedade Anônima Simplificada*. São Paulo: Saraiva, 2013, pp. 45-48.

223 WARDE JR, Walfrido Jorge; CASTRO, Rodrigo R. Monteiro de. *Regime Especial da Sociedade Anônima Simplificada*. São Paulo: Saraiva, 2013, pp. 48/49.

224 WARDE JR, Walfrido Jorge; CASTRO, Rodrigo R. Monteiro de. *Regime Especial da Sociedade Anônima Simplificada*. São Paulo: Saraiva, 2013, p. 63.

derivação facultativa da LSA, como um novo caminho para as empresas de menor porte. Assim, as empresas com patrimônio líquido inferior a 100 milhões de reais podem gozar deste instrumento, sendo para essas, ferramenta mais viável. Assim, fica facultado às menores empresas a adesão ao RE-SAS (Regime Especial das Sociedades Anônimas Simplificadas), podendo aderir ao novo modelo de sociedade a qualquer momento desde que se adequem aos pressupostos supracitados. Além disso, o RE-SAS, conta com estrutura menos complexa e burocrática, sendo o instituto mais atrativo para os empresários que se enquadram nas condições pré-estabelecidas. Ademais, além de respaldar com menos complexidade aquelas empresas com menor poder aquisitivo, o RE-SAS auxilia as grandes empresas que enfrentam períodos conflituosos em virtude de crises financeiras ou similares.[225]

Contudo, além de abarcar as menores sociedades e dispor de regras menos custosas e burocráticas, o instituto se faz útil também em momentos turbulentos advindos de crises financeiras dentro das sociedades, muitas vezes causadas por um contexto externo como no caso do Brasil. Sendo assim, viável também para as grandes empresas, em momentos de dificuldades financeiras.

8 Sobre o termo "companhia" do artigo 294

Há ainda, e passa quase despercebida pela maioria dos operadores do Direito, a expressão "companhia" do art. 294, que alguns, de forma lúdica, denominam de "superanônima" ou "supercompanhia", em razão de seu regime especialmente maleável.

O referido artigo da LSA, que se insere no Capítulo XXV, ou seja, nas Disposições Gerais da Lei, atribui disciplina específica à companhia fechada que contar com menos de 20 acionistas e com

225 WARDE JR, Walfrido Jorge; CASTRO, Rodrigo R. Monteiro de. *Regime Especial da Sociedade Anônima Simplificada*. São Paulo: Saraiva, 2013, p. 59.

patrimônio líquido inferior a um milhão de reais. A essa companhia é dado: (i) convocar assembleia geral por anúncio entregue a todos os acionistas, contra recibo, com a antecedência prevista no art. 124; (ii) deixar de publicar os documentos de que trata o art. 133, desde que sejam, por cópias autenticadas, arquivados no registro de comércio juntamente com a ata da assembleia que sobre eles deliberar; e (iii) pagar participação aos administradores, sem observância do limite disposto no § 2º do art. 152 da LSA, desde que isso seja aprovado pela unanimidade dos acionistas.

O referido artigo 294, sob a redação que lhe conferiu a Lei n. 10.303, de 2001, institui, em verdade, mais uma disciplina suplementar, que se conecta à disciplina-base, com vistas a, como já aludimos aqui, ampliar ainda mais o âmbito regulatório da LSA.

O seu fundamento é evidente: permitir que a companhia possa organizar as pequenas e as médias empresas, das quais são afastados os pesados custos com a publicação de convocações e de documentos (à exceção dos atos constitutivos). Ainda que seja difícil avaliar o bom sucesso dessa iniciativa, vez que essas companhias não se diferenciam das demais companhias da Lei por meio de sinais externos, senão pela análise de balanços patrimoniais e das listas de presença em assembleias, a sensibilidade e a experiência dos operadores permitem concluir porque não tenha vingado.

E isso se explica com alguma facilidade. Existem pesados custos regulatórios, para além daqueles que decorrem da publicação de convocações e de documentos, a exemplo dos relacionados: (i) a uma administração mínima (diretoria com ao menos 2 componentes, limitações a recondução, entre outras); (ii) à formação das deliberações; (iii) à vedação à unipessoalidade (companhia com único acionista pessoa física); (iv) aos entraves à retirada e à exclusão de acionistas e a dificuldade de "pacificação" de conflitos; e, por fim, (v) à impossibilidade de pagamento desproporcional de dividendos.

9 Sociedade Anônima Simplificada e seu regime especial (RE-SAS)

A existência de um regime jurídico para as pequenas e médias empresas, plasmado no nosso já tratado artigo 294 da LSA, mesmo que imperfeito, sugere uma reflexão acerca de modificações capazes de prover a essa disciplina suplementar os predicados que deve modelarmente ostentar.

O RE-SAS nasce, nessa mesma toada, como consequência evolutiva desse estado de coisas. Nasce mesmo dos clamores das ruas, das "bocas de foro", dos escritórios de advocacia, das associações comerciais e industriais, dos sindicatos e, também, da academia. Trata-se da disciplina suplementar, que se acopla ao "chassi regulatório" das companhias, em substituição à "companhia do art. 294", com vistas a remediar as inconsistências da "superanônima", sem rechaçar suas qualidades. Vale, nesse contexto, reforçar que o RE-SAS não cria uma forma societária, mas apenas uma nova "via de direito", capaz de prover caminhos às pequenas e às médias empresas. Por conseguinte, o RE-SAS, que se inseriu no Projeto de Lei n. 4.303/2012, revoga o art. 294 da LSA e o substitui pelos art. 294-A a 294-J.

Uma companhia sob o regime da Sociedade Anônima Simplificada não é uma nova forma societária. O que se faz aqui é sujeitar algumas companhias – tipos societários que ostentam, ao mesmo tempo, características de sociedades contratuais e institucionais –, às quais são facultadas a adesão ao novo regime, ao RE-SAS – mas sempre observados os critérios do artigo 294-A – ou seja, a uma disciplina particular capaz de equipará-las à estrutura e ao manejo que caracterizam as formas societárias híbridas.

A finalidade desse dispositivo é atender às necessidades jurídicas de pequenas e médias empresas. A técnica é, desse modo, distinta da que se empregou em outros países, como a França, a Colômbia, os Estados Unidos ou o Reino Unido onde foram criados tipos societários novos, para também prover "vias de direito" à organização jurídica das pequenas e das médias empresas.

Tratando-se de um regime – como outros já existentes na Lei das SA, a exemplo das *companhias* do art. 4º (abertas e fechadas) –, surge como um subsistema, e, nessa medida, aplicam-se às companhias enquadradas no RE-SAS, portanto, todas as demais normas da LSA, exceto aquelas que lhe forem contrárias ou incompatíveis.

Nesta toada, entendemos que o RE-SAS apresenta as seguintes características: (i) integra a LSA, como uma disciplina particular; (ii) é elegível por companhias enquadradas; e (iii) as companhias enquadradas aderentes sujeitam-se à disciplina particular, mas, de resto, continuam a ser regidas pelas normas gerais da LSA.

10 Critérios de enquadramento no RE-SAS: que companhias podem aderir ao regime?

O art. 294, em sua redação atual, enumera três critérios claros e objetivos de enquadramento, todos de observância obrigatória: (i) ser companhia fechada; (ii) ter menos de 20 acionistas; e (iii) ostentar patrimônio líquido inferior a R$ 1 milhão.

Assim, a inexistência de qualquer um desses critérios impede a adoção desse regime.

O RE-SAS oferece um novo paradigma, a saber – abandona critérios extremamente restritivos que, em verdade, não descrevem as pequenas e as médias empresas. Destarte, o critério de enquadramento ao RE-SAS é único: patrimônio líquido inferior a R$ 100 milhões, assim, para se submeter a esse regime, basta que a sociedade anônima exiba essa específica característica e adira ao regime. A ideia é, portanto, permitir a adesão de quaisquer companhias, abertas ou fechadas, independentemente do número de acionistas, que ostentem patrimônio líquido inferior a R$ 100 milhões.

As razões para a facilitação do ingresso são evidentes: a quantidade de sócios é um mero indício das dimensões de uma empresa. Além disso, não é conveniente impedir que a companhia emergente, sempre necessitada de recursos e com auspiciosos planos de desenvolvimento empresarial, tenha acesso ao mercado de capitais e que, portanto, possa apelar à poupança privada para financiar suas atividades. Esse impedimento contraria, por certo, as mais recentes iniciativas.

Pensamos aqui nas vias de negociações de ações como as da BM&F com vistas a tornar o mercado de ações brasileiro acessível a um número maior de companhias, especialmente aquelas de pequeno e de médio porte, que desejam se financiar por meio de oferta pública de valores mobiliários.

Realmente não faz sentido submeter companhias emergentes, ao menos em uma fase inicial (às vezes pré-operacional), aos custos elevados impostos às companhias abertas. Uma das funções do mercado de valores mobiliários é prover meios ao empreendedorismo, financiar a empresa nacional, nunca a impedir. Cabe, assim, ao nosso legislador, prover meios, com criatividade e sensatez, para compatibilizar os requisitos de *full disclosure* e de atendimento das boas regras de governança à necessidade de mitigar os custos de manejo das companhias em desenvolvimento.

Vale, nesse sentido, monitorar todas as reflexões e iniciativas voltadas a atrair as pequenas e médias empresas para o mercado de capitais. O limite patrimonial corrente não é, do mesmo modo, razoável, na medida em que não expressa as grandes disparidades regionais que caracterizam a realidade econômica do Brasil.

A imposição de um critério restritivo, nessa questão, seria um incentivo à manutenção da insignificância, pelo que o legislador cria uma zona de conforto, que sugere à empresa que se mantenha pequena se quiser se valer dos benefícios da lei. O que deve querer, ao contrário, é promover o crescimento, ao ponto em que o privilégio não seja mais necessário. É difícil, todavia, afirmar um critério objetivo, capaz de caracterizar o ponto de transição da companhia média à companhia de grande porte e, desse modo, em que medida o incentivo regulatório é necessário.

Há, em nosso ordenamento jurídico, inúmeras hipóteses de incidência de normas e de disciplinas jurídicas especiais que se caracterizam por um critério de mensuração da empresa. Neste aspecto, pois, vale anotar a sociedade de grande porte, definida no art. 3º da Lei n. 11.638/2007, que se caracteriza ora pelo total de ativos, ora pela receita bruta anual, nos seguintes termos:

> Art. 3º Aplicam-se às sociedades de grande porte, ainda que não constituídas sob a forma de sociedades por ações, as disposições da Lei n. 6.404, de 15 de dezembro de 1976, sobre escrituração e elaboração de demonstrações financeiras e a obrigatoriedade de auditoria independente por auditor registrado na Comissão de Valores Mobiliários. Parágrafo único. Considera-se de grande porte, para os fins exclusivos desta Lei, a sociedade ou conjunto de sociedades sob controle comum que tiver, no exercício social anterior, ativo total superior a R$ 240.000.000,00 (duzentos e quarenta milhões de reais) ou receita bruta anual superior a R$ 300.000.000,00 (trezentos milhões de reais).

11 A medida da "média"

Assim entendemos que o critério de aplicação da disciplina jurídica da atual "companhia do art. 294" é, como já colocamos, restritivo.

O RE-SAS oferta, por outro lado, um incentivo material – e não apenas formal – ao empreendedorismo, com base em estruturas societárias menos complexas e menos custosas, estendendo às pequenas e às médias companhias eficientes técnicas de financiamento, sem prejuízo da transparência e do acesso às informações sobre o estado da empresa.

Daí a importância de se estabelecer um critério de enquadramento que compasse o incentivo às dimensões empresariais que se quer incentivar. É difícil fazê-lo em um país com grandes e graves disparidades regionais socioeconômicas. Os dados econômicos dos estados brasileiros demonstram essas diferenças e explicam, por si, a dificuldade de encontrar uma medida da média empresa. A mitigação de custos de constituição e de manejo, que se propõe por meio do RE-SAS, ganhará mais evidentes justificativas se beneficiar as pequenas e as médias empresas. O incentivo, portanto, só deve desaparecer quando esses custos já não se mostrarem significativos no contexto do montante de negócios da companhia e de seus resultados. Em um cenário, reitere-se, de grandes disparidades, a determinação de uma medida restritiva da média empresa produziria exclusão e, o que é pior, um efeito paralisante, um desincentivo ao crescimento. Uma companhia que ostenta patrimônio líquido de R $100 milhões não é mais uma companhia de pequeno porte, mesmo nas regiões economicamente mais pujantes do país, mas também não é grande, visto que a grande empresa exibe patrimônio líquido de centenas de milhões, senão de bilhões de reais.

O RE-SAS, portanto, foi concebido para prover organização jurídica às pequenas e às médias empresas, mas também pode servir à grande empresa que passa por um momento de crise, para que regule a sua situação patrimonial com o critério de enquadramento. Nesse particular, o regime é especialmente útil e, se bem utilizado, poderá contribuir para a recuperação de sociedades em crise, pois seu manejo simplificado reduz formalidades e custos desnecessários nesses momentos difíceis.

Referências bibliográficas

BARBOSA, Leonardo Garcia. *Sociedade Anônima Simplificada*. Brasília: Senado Federal, 2015. Disponível em: http://www2.senado.leg.br/bdsf/handle/id/521113/. Acessado em: 24.02.2022.

CONJUR. "Marco legal das startups cria 'sociedade anônima simplificada'". *Conjur*, 2021. Disponível em: https://www.conjur.com.br/2021-jun-03/marco-legal-startups-cria-sociedade-anonima-simplificada/. Acessado em: 24.02.2022.

MOSER, Gianluca Tillmann. *O Regime Especial da Sociedade Anônima Simplificada como tipo societário*. [Trabalho de Conclusão de Curso], Universidade Federal de Santa Catarina, 2018.

PEGN. "Brasil deve atingir marca histórica de empreendedorismo em 2020". *Revista PEGN*. Disponível em: https://revistapegn.globo.com/Noticias/noticia/2020/06/brasil-deve-atingir-marca-historica-de-empreendedorismo-em-2020.html/. Acessado em: 24.02.2022.

WARDE JR, Walfrido Jorge; CASTRO, Rodrigo R. Monteiro de. *Regime Especial da Sociedade Anônima Simplificada*. São Paulo: Saraiva, 2013.

CAPÍTULO XI

HABILITAÇÃO DE CRÉDITO E A SUJEIÇÃO À RECUPERAÇÃO JUDICIAL

Marcelo Barbosa Sacramone

Gabriel de Orleans e Bragança

Introdução

Após mais de 16 anos da Lei 11.101/05, algumas questões cruciais à negociação coletiva propiciada pela recuperação judicial começaram a ser decididas pelo egrégio Superior Tribunal de Justiça.

Dentre essas questões, afetou-se à Segunda Seção do Superior Tribunal de Justiça o julgamento da submissão dos créditos existentes à recuperação judicial independentemente da habilitação de crédito e dos efeitos que essa posição acarretaria ao prosseguimento do processo de execução ou cumprimento de sentença do referido crédito originário.

1 A sujeição de todos os créditos existentes

A Lei 11.101 foi em 2005 promulgada com o entendimento de que os interesses dos credores não eram os únicos a serem afetados por uma crise do empresário devedor. A atividade empresarial afetava os interesses dos consumidores, que poderiam adquirir produtos mais baratos ou com maior diversidade, dos trabalhadores que poderiam preservar seus postos de trabalho, do mercado em geral que se beneficiaria de maior concorrência e da maior circulação de riquezas. Nas palavras do Senador Ramez Tebet, autor do relatório apresentado à Comissão de Assuntos Econômicos à época sobre o Projeto, a atividade empresarial deve ser preservada pois "gera riqueza econômica e cria emprego e renda, contribuindo para o crescimento e desenvolvimento social do País".

Essa preservação da atividade empresarial, em benefício de todos os envolvidos, foi estruturada por meio de dois sistemas: a recuperação e a falência.

Diante de uma crise econômico-financeira temporária e reversível, permitiu-se ao empresário devedor, por meio do instituto da recuperação, negociar com os seus credores uma solução comum para a superação da crise que acometia a atividade. A preservação da atividade empresarial viável sob a condução do empresário, orientada por um plano de recuperação negociado com os credores, poderia resultar na maior satisfação de todos os interessados.

Nesse sentido, o art. 47 da Lei 11.101/05 determina que a recuperação judicial tem por objetivo viabilizar a superação da situação de crise econômico-financeira do devedor, a fim de permitir a manutenção da fonte produtora, do emprego dos trabalhadores e dos interesses dos credores, promovendo, assim, a preservação da empresa, sua função social e o estímulo à atividade econômica.

A postergação injustificada de uma liquidação forçada de empresa economicamente inviável sob a condução do devedor, contudo, apenas protelaria sua falência e consumiria os recursos escassos. Inviável a condução da empresa pelo devedor, a decretação da quebra, com a imediata alienação dos bens, permitiria a preservação da empresa por meio da arrematação dos bens do falido por outros empresários, que passariam a desenvolver a atividade de forma mais eficiente e em benefício de toda a coletividade.

Nesse aspecto, a preservação da empresa também ocorreria no cenário falimentar. Nos termos do art. 74 da Lei 11.101/05, a falência, ao promover o afastamento do devedor de suas atividades, visa a preservar e a otimizar a utilização produtiva dos bens, dos ativos e dos recursos produtivos, inclusive os intangíveis, da empresa; permitir a liquidação célere das empresas inviáveis, com vistas à realocação eficiente de recursos na economia; e fomentar o empreendedorismo, inclusive por meio da viabilização do retorno célere do empreendedor falido à atividade econômica. Trata-se de mecanismo de preservação de benefícios econômicos e sociais decorrentes da atividade empresarial, por meio da liquidação imediata do devedor e da rápida realocação útil de ativos na economia.

A decisão sobre qual das duas soluções é a melhor para a preservação da empresa do devedor foi alocada justamente aos credores. Ao contrário do Decreto Lei 7.661/45, que concebia a concordata como um benefício legal a ser conferido pelo Judiciário, a análise da viabilidade econômica da manutenção da condução da empresa pelo devedor exige conhecimentos específicos de determinado ramo de negócio, o que pode ser custoso a ser obtido.

O processo de concordata sofria de inconvenientes, não condizentes com ideais econômicos: era extremamente formal, sobretudo quanto aos prazos fixados em lei e, mais relevante ao caso, não envolvia todos os credores, deixando ao largo os trabalhadores e os credores com garantia real. Com a evolução teórica e o paradigma com ordenamentos estrangeiros, percebeu-se que a concordata não recuperava a empresa; apenas postergava um fim inevitável: a falência.

Com o advento da Lei n. 11.101, surgem no sistema os institutos da recuperação judicial e extrajudicial, cujo escopo visa a preservar as empresas viáveis, mediante maior participação de trabalhadores e credores no processo.[226] Pela nova sistemática, credores trabalhadores (classe I), e com garantia real (classe II), passaram a participar obrigatoriamente do processo de recuperação.

Nesse aspecto, os credores se apresentam como destinatários diretos mais interessados em uma decisão correta de alocação eficiência dos diversos fatores de produção escassos. Ainda que os interesses dos terceiros não detentores de créditos sejam o objetivo da preservação da empresa, os credores terão o maior incentivo para tomar decisões eficientes, pois sofrerão imediatamente as consequências financeiras de uma decisão equivocada ou a maior satisfação dos respectivos créditos, caso a decisão tenha sido correta.[227]

Ao pretenderem a maximização dos pagamentos dos referidos créditos, os credores deliberarão, por maioria, pela recuperação judicial apenas se seus créditos fossem mais bem satisfeitos como coletividade de credores do que na falência. Nesse aspecto, ao tutelarem os respectivos interesses pecuniários individuais, assegurariam a análise da viabilidade econômica do devedor na condução de sua atividade e a alocação mais eficiente de recursos, o que beneficiaria todos os demais interessados na preservação da empresa.

---

226 Ivo Waisberg ressalta com precisão a importância da nova legislação: "a recuperação judicial representa uma verdadeira revolução no Direito de insolvência brasileiro. Suas diferenças com a antiga concordata são fruto não só de uma alteração de regras, mas, precipuamente, de uma mudança de vetores sociais e princípios de Direito (...). Na sua busca por soluções de mercado, privilegia o aspecto negocial. Devedor e credores são instados a negociar uma saída tecnicamente viável, utilizando instrumentos da ciência das finanças para a efetiva restruturação da dívida e otimização da utilização dos ativos". (WAISBERG, Ivo. "Proteção dos ativos essenciais da recuperanda". *In*: MENDES, Bernardo Bicalho de Alvarenga (Coord.). *Aspectos polêmicos e atuais da Lei de Recuperação de Empresas*. Belo Horizonte: D'Plácido, 2016, p. 431).

227 "Those directly affected bear the most identifiable costs, and collectively they presumably make the most rational decisions regarding the long-term survival of the business" (WARREN, Elizabeth. "Bankruptcy policymaking in an imperfect world". *Michigan Law Review*, vol. 92, 1993, p. 355).

Nesse sentido, apontamos anteriormente:

> a tutela dos interesses dos terceiros, ainda que sem voto na Assembleia Geral de Credores, não é contrária à alocação exclusiva do poder aos credores. Ao tutelar seu interesse patrimonial na satisfação de seus créditos, esses credores assegurariam a recuperação judicial apenas dos empresários com atividades econômicas viáveis e garantiriam a decretação da falência e o melhor aproveitamento dos recursos dos demais, com benefício a todos.[228] [229]

A harmonização dos interesses da coletividade de credores com os interesses dos demais envolvidos, entretanto, pressupõe que todos os credores estejam submetidos à recuperação judicial. Apenas se todos os créditos submetidos ao procedimento falimentar estiverem envolvidos no procedimento de recuperação judicial seria possível aos credores avaliarem as alternativas e optarem pela solução mais viável economicamente a preservar a empresa.

A distinção entre os credores submetidos ao procedimento falimentar e ao procedimento de recuperação judicial permitiria que os credores votassem não para tutelar o melhor interesse de toda a coletividade de credores, mas para satisfazer os respectivos

---

228 Sacramone, Marcelo Barbosa. "A (in)eficiência da recuperação judicial". *Site Migalhas*, 20 nov. 2018.

229 "A análise da maior possibilidade de satisfação do referido crédito em comparação à decretação da falência assegura que os credores avaliem a melhor alocação dos fatores de produção e, por consequência, ao assegurarem a melhor possibilidade de recebimento conseguem tutelar se o devedor é o mais eficiente para conduzir a sua atividade e proteger os interesses de todos os demais envolvidos com a sua realização" (TOMAZETTE, Marlon; SACRAMONE, Marcelo. "Créditos não incluídos e sua submissão à recuperação judicial". *JOTA*, 2021. Disponível em: https://www.jota.info/opiniao-e-analise/artigos/creditos-nao-incluidos-e-sua-submissao-a-recuperacao-judicial-28062021. Acessado em: 24.02.2022).

interesses individuais, ainda que em detrimento dos interesses de outros credores não sujeitos.

Dessa forma, o art. 49 da Lei 11.101/05 determinou que todos os créditos existentes anteriormente à distribuição do pedido sujeitam-se aos efeitos da recuperação judicial. A submissão dos créditos à recuperação judicial, outrossim, como de todos os créditos existentes antes da distribuição do pedido de recuperação judicial, já fora dirimida pela 2ª Seção em precedente. Nos termos da tese 1.051 do STJ, "para o fim de submissão aos efeitos da recuperação judicial, considera-se que a existência do crédito é determinada pela data em que ocorreu o seu fato gerador".[230]

A submissão de todos os créditos existentes à data do pedido, ainda que não vencidos, ressalvadas as situações especiais dos créditos excluídos expressamente, assegura que a coletividade de credores tutele a maior satisfação dos referidos créditos.

2 A habilitação do crédito

A sujeição de todos os créditos existentes não se confunde, entretanto, com as respectivas habilitações de crédito.

Os créditos existentes na data do pedido de recuperação judicial participarão do procedimento de verificação de créditos para identificar aqueles que poderão negociar, votar e participar do acordo de recuperação judicial, de forma a melhor tutelar os respectivos interesses enquanto coletividade.

Para que todos os credores possam participar das deliberações assembleares e da aprovação ou rejeição do plano de recuperação judicial, o devedor tem a obrigação de habilitar todos os créditos existentes à data da recuperação judicial, sejam vencidos ou vincendos, líquidos ou ilíquidos (art. 51, III, da LRE).

---

230 Tema 1.051 do STJ.

Referida obrigação é tornada clara pela tipificação criminal da conduta de omitir propositadamente qualquer crédito. A apresentação de relação de créditos incompleta ou falsa é conduta penalizada inclusive criminalmente, com pena de reclusão de dois a quatro anos e multa, nos termos do art. 175 da Lei 11.101/05.[231]

Ocorre que essa lista, pelos mais variados motivos, pode não corresponder à exata realidade. Eventuais incorreções deverão ser supridas pelo administrador judicial na fase administrativa, com a apresentação da lista de credores do art. 7º, §2º, da Lei 11.101/05, ou poderão ser objeto de impugnações judiciais perante o Juiz da Recuperação Judicial.

Trata-se de obrigação imputada ao devedor e ônus imposto aos credores e mesmo ao Ministério Público. A inclusão do *parquet* como legitimado às impugnações judiciais pelo art. 8º da Lei 11.101/05 e às ações de retificação do quadro corrobora a necessidade de proteção do interesse público na regularidade do procedimento de insolvência.

A não inclusão na lista de credores impede que o credor possa exercer seu direito de voto e de voz na Assembleia Geral de Credores. Nos termos do art. 39 da Lei 11.101/05, apenas terão direito a voto na assembleia geral de credores as pessoas arroladas no quadro geral de credores ou, na sua falta, na relação de credores apresentada pelo administrador judicial ou, ainda, na falta dessa, na relação de credores apresentada pelo próprio devedor.

---

231 "Tipo Objetivo: O núcleo da conduta consiste na apresentação, no processo de falência, ou na recuperação judicial ou extrajudicial, relação de créditos, habilitação de crédito ou reclamação que sabidamente são falsos ou instruir quaisquer desses com título falso, no sentido material da expressão, ou produto de simulação, hipótese de falsidade ideológica. Tipo Subjetivo: é o dolo direto, consistente na prática do ato, com a inequívoca ciência da falsidade" (BEZERRA FILHO, Manoel Justino. Nova Lei de Recuperação e Falência comentada/Lei 11.101: comentada artigo por artigo. 3ª ed. São Paulo: Revista dos Tribunais, 2005, p. 375).

3 A submissão do crédito não habilitado aos efeitos da recuperação judicial

Embora a habilitação de crédito seja uma obrigação imposta ao devedor e um ônus imposto aos demais credores, sua falta apenas restringe o exercício do direito de voto nas assembleias gerais de credores. A falta de habilitação, entretanto, não afeta a sujeição do crédito aos efeitos da recuperação judicial.

Como procedimento que permite aos devedores e aos credores a autorregulamentação dos seus interesses privados e sem cuja concordância a recuperação judicial não poderá ser concedida pelo Juízo,[232] a recuperação judicial pretende que o quórum de maioria de voto pelos credores seja harmônico com os interesses de todos os terceiros afetados pela preservação da atividade.

Para tanto, o instituto da recuperação judicial pressupõe a submissão de todos os créditos existentes à data da distribuição do pedido. Dessa forma, assegura-se que os credores se manifestem coletivamente de forma a avaliar se a empresa é viável economicamente na condução do devedor, ou se a falência gerará uma alocação mais eficiente dos recursos escassos e a maior satisfação de todos os credores.

---

232 "The root difficulty is that judicial review is a counter-majoritarian force in our system. There are various ways of sliding over this ineluctable reality. Marshall did so when he spoke of enforcing, in behalf of 'the people', the limits that they have ordained for the institutions of a limited government (...). But the word 'people' so used is an abstraction. Not necessarily a meaningless or pernicious one by any means – an abstraction obscuring the reality that when the Supreme Court declares unconstitutional a legislative act or the action of an elected executive, it thwarts the will or representatives of the actual people of the here and now; it exercises control, not in behalf of the prevailing majority, but against it. That, without mystic overtones, is what actually happens. It is an altogether different kettle of fish, and it is the reason the charge can be made that judicial review is undemocratic" (BICKEL, Alexander. The least dangerous branch: the Supreme Court at the bar of politics. 2ª ed. New Haven: Yale University Press, 1986, pp. 16/17).

Por essa razão, a aprovação do plano de recuperação judicial produz a novação das obrigações nos termos do plano.[233] Aprovado e homologado o plano de recuperação judicial, todas as obrigações existentes anteriormente à distribuição do pedido são novadas, ainda que a novação seja submetida à condição resolutiva de que as obrigações vencidas durante o período de supervisão sejam satisfeitas (LRE, art. 59).[234]

A submissão de todos os créditos existentes à recuperação judicial, ainda que não habilitados, é expressamente determinada por dois dispositivos legais, os quais são complementares. O art. 49 da Lei n. 11.101/2005 estabelece que a sujeição à recuperação judicial é de todos os créditos existentes, ainda que não estejam no quadro geral de credores, seja porque o credor não foi listado pelo devedor ou por não ter tomado medidas para participar do processo.[235] Por seu turno, o art. 59 o complementa. Estabelece que o plano de recuperação judicial implica novação de todos os créditos anteriores ao pedido e obriga o devedor e todos os credores a ele sujeitos, sem prejuízo das garantias.

Além dos referidos dispositivos da Lei não excepcionarem os seus efeitos apenas aos créditos habilitados, a facultatividade de submissão de alguns credores à recuperação judicial permitiria comportamentos estratégicos, seja do devedor, ao não incluir

---

233 Para Luis de Gásperi, a novação "es todo un contrato por cuanto extingue uma relación obligatoria y crea outra que la substituye, con la particularidad de la concomitancia y solidariedad de estos dos efectos, tanto que ninguno de ellos puede obtenerse sin el outro" (GÁSPERI, Luis de. *Tratado de las obligaciones – Parte Especial*. vol. III. Buenos Aires: Editorial Depalma, 1946, p. 124).

234 MOREIRA, Alberto Camiña. "Poderes da Assembleia de Credores, do Juiz e Atividade do Ministério Público". *In*: PAIVA, Luiz Fernando de (Coord.). Direito Falimentar e a nova Lei de Falências e Recuperação de Empresas. São Paulo: Quartier Latin, 2005, p. 272.

235 Vide Sacramone, Marcelo Barbosa. *Comentários à Lei de Recuperação de Empresas e Falência*. 2ª ed. São Paulo: Saraiva, 2021, p. 249.

referidos credores, seja pelos próprios credores, que não poderiam ser beneficiados pela sua inércia.

Quanto à vedação do comportamento estratégico do devedor, em complemento à criminalização de sua conduta de omitir dolosamente credores da lista apresentada, vedou o art. 67, parágrafo único, o tratamento privilegiado aos credores que possuam idênticas condições. Conforme a redação da norma legal, o plano de recuperação judicial poderá prever tratamento diferenciado apenas aos créditos sujeitos à recuperação judicial pertencentes a fornecedores de bens ou serviços que continuarem a provê-los normalmente após o pedido de recuperação judicial, desde que tais bens ou serviços sejam necessários para a manutenção das atividades e que o tratamento diferenciado seja adequado e razoável no que concerne à relação comercial futura.

Não há a possibilidade, ainda que haja concordância dos demais credores, de o devedor, em seu plano de recuperação judicial, pretender favorecer alguns credores da mesma classe, em detrimento do remanescente sujeito à recuperação judicial, a menos que a diferenciação seja justificada, razoável, e baseada em relação comercial futura de fornecedores ou prestadores de serviços.

Por seu turno, quanto ao comportamento estratégico dos credores, esse também deve ser evitado. Ao assegurar que o credor que não for incluído na lista de credores, seja pelo devedor ou por inércia do comportamento próprio, possa não se sujeitar à recuperação judicial permitiria benefício individual em detrimento de todos os demais credores e da própria preservação da empresa em crise. Nesse sentido, "a submissão dos créditos ao procedimento de negociação coletiva visa a garantir uma solução mais justa e eficiente quanto à situação do empresário na data do pedido".[236]

---

236 SATIRO, Francisco. "O 'dinheiro novo' como elemento de interpretação do conceito de 'crédito existente' na recuperação judicial". *In:* WAISBERG, Ivo; RIBEIRO, J.H. H. R. *Temas de Direito da Insolvência: estudos em*

Ainda que exista ônus quanto à apresentação ou não da habilitação de crédito, ele é restrito apenas ao exercício do direito de voto. Não significa que tal crédito não sofrerá a novação prevista no plano aprovado e homologado. A habilitação como condição para a sujeição permitiria que o credor se beneficiasse da própria inércia, bem como que credores na mesma situação jurídica e fática possam ter tratamento distintos. Ferir-se-ia a condição de equivalência em que se encontram os credores admitidos, situação inerente a todo processo de insolvência.

Especificamente sobre o tema,

> apenas a inclusão de todos os créditos existentes, excepcionados apenas os expressamente excluídos pela lei, assegura que os credores da mesma classe sejam tratados com igualdade de condições e que seja obtida a melhor solução para a superação da crise comum e alcançada a eficiente alocação dos recursos de produção para proteger os interesses de todos os envolvidos.[237]

Nesse sentido, a não inclusão de créditos existentes à data do pedido, seja pela lista de credores apresentada pelo devedor, na lista de credores apresentada pelo administrador judicial ou no quadro geral de credores, não torna esse credor indiferente aos efeitos do plano de recuperação judicial aprovado.[238] Esse credor, pelos artigos 49, 59 e 67, parágrafo único, da LRE, , está sujeito

---

homenagem ao Professor Manoel Justino Bezerra Filho. São Paulo: IASP, 2017, p. 271.

237 TOMAZETTE, Marlon; SACRAMONE, Marcelo. "Créditos não incluídos e sua submissão à recuperação judicial". *JOTA*, 2021. Disponível em: https://www.jota.info/opiniao-e-analise/artigos/creditos-nao-incluidos-e-sua-submissao-a-recuperacao-judicial-28062021. Acessado em: 24.02.2022.

238 Nesse sentido: (i) STJ, 2ª Seção, CC 114.952/SP, Rel. Min. Raul Araújo, j. 14.9.2011; (ii) STJ, 4ª T., REsp 1272697/DF, Rel. Min. Luis Felipe Salomão, j. 2.6.2015 (iii) TJSP; 18ª Câm. Dir. Privado, AP 1014091-16.2016.8.26.0100; Des. Rel. Helio Faria; j. 14.11.2017.

à novação do crédito empreendida pela aprovação do plano de recuperação judicial (excetuado o credor não sujeito à recuperação judicial, *i.e.* art. 49, §§3º e 4º da LRE) e por sua concessão judicial como uma forma de se assegurar os próprios fins do instituto da recuperação judicial e de se permitir a preservação da empresa.

4 A extinção necessária da ação de execução

A sujeição do crédito à recuperação judicial implica que os efeitos de sua concessão produzirão novação do crédito nos termos do plano de recuperação judicial, quer tenham sido incluídos na lista de credores ou não. Com efeito, a novação provocada pela recuperação judicial se submete a uma condição resolutiva consistente no cumprimento do plano de recuperação judicial pelo período de até dois anos, em que haverá a fiscalização judicial.

Caso, no referido período, as obrigações previstas no plano não sejam satisfeitas, a recuperação judicial será convolada em falência. Nessa hipótese, os credores terão seus direitos reconstituídos nas condições originalmente contratadas, o que implicará a extinção dos processos de execução, cujos créditos deverão se habilitar no procedimento falimentar.

Convolada em falência a recuperação judicial, a novação se resolve e as obrigações voltam às suas condições anteriores, como se a novação não tivesse ocorrido, com exceção dos atos validamente praticados em cumprimento do plano de recuperação.[239] Para que possam os créditos serem satisfeitos, nesse contexto, os credores deverão habilitar-se na falência.

A universalidade do Juízo Falimentar, como o único competente a liquidar os ativos da Massa Falida e de satisfazer a

---

239 No mesmo sentido: TOMAZETTE, Marlon. Curso de Direito Empresarial: falência e recuperação de empresas. vol. 3, 5ª ed. (rev. e atual.). São Paulo: Atlas, 2017, p. 310.

coletividade de credores, exige que os credores dela se habilitem no procedimento falimentar para que seus créditos sejam satisfeitos conforme a ordem legal de preferência e a paridade de credores da mesma classe. Na hipótese de convolação em falência, nesses termos, a continuidade do processo de execução revela-se sem qualquer utilidade prática.

Por outro lado, caso as obrigações sejam descumpridas depois dos dois anos, a condição existente na novação para fins de recuperação judicial não teria se implementado, de modo que a novação das obrigações sujeitas ao plano de recuperação judicial tornou-se definitiva. Cumpridas as obrigações vencidas no período de fiscalização e encerrada a recuperação judicial, haveria um novo título executivo a ser exigido, decorrente do plano de recuperação judicial.

Ainda que o descumprimento do plano posteriormente permita a cobrança do referido crédito, as novas obrigações possuem novo título executivo judicial, a sentença de homologação da aprovação do plano de recuperação judicial. Por consequência, para a satisfação do referido crédito, exigir-se-ia um novo processo de execução, baseado no novo título ou eventual pedido de falência com base no descumprimento de obrigação prevista no plano de recuperação judicial, mas não a continuidade de um processo cujo título executivo não mais existe.[240]

---

240 "A nosso ver, mesmo sendo uma novação condicional, não há possibilidade de retomada da execução contra o devedor em recuperação judicial, desde que o crédito esteja abrangido pelo plano e consequentemente tem sido objeto da novação. Em primeiro lugar, ainda que condicional, a novação é causa de extinção de crédito e, por conseguinte, da execução. Em segundo lugar, a condição para a retomada da situação anterior do crédito é a decretação da falência, nos dois anos seguintes e, havendo falência, não há espaço para execuções individuais, mas apenas para a execução concursal. Ademais, se mantida a novação, isto é, após o decurso do prazo de dois anos sem a convolação em falência, com a extinção do processo de recuperação, a lei dá ao credor, em caso de inadimplemento do plano, a opção de executar o plano ou pedir a falência do devedor, sem a abertura da possibilidade de

A esse respeito, confira-se a oportuna lição do Professor Fabio Ulhoa Coelho:

> a decisão concessiva da recuperação judicial é título executivo judicial. Desse modo, se no plano de recuperação é, por exemplo, previsto que o credor Carlos será pago em 6 meses da concessão do benefício, vencido esse prazo, caberá àquele credor mover a cobrança executiva contra o empresário em recuperação. Instruirá a execução com o plano de recuperação, por ser este título executivo judicial apto a promovê-la.[241]

De forma a corroborar essa conclusão, a jurisprudência do Superior Tribunal de Justiça já teve a oportunidade de se manifestar sobre a questão. Concedida a recuperação judicial, as execuções anteriores de créditos sujeitos à recuperação judicial devem ser extintas, por falta de utilidade em seu prosseguimento.[242]

---

retomada do processo. 'Em nenhuma circunstância vislumbra-se a possibilidade de o credor retomar a execução embasada no crédito extinto por novação'" (TOMAZETTE, Marlon. *Curso de Direito Empresarial: falência e recuperação de empresas.* vol. 3, 5ª ed. (rev. e atual.). São Paulo: Atlas, 2017, p. 311).

241 COELHO, Fábio Ulhoa. *Comentários à Lei de Falências e de Recuperação de Empresas.* 14ª ed. (rev. atual. e ampli.). São Paulo: Thomson Reuters Brasil, 2021, p. 246.

242 "DIREITO EMPRESARIAL. RECUPERAÇÃO JUDICIAL. APROVAÇÃO DO PLANO. NOVAÇÃO. EXECUÇÕES INDIVIDUAIS AJUIZADAS CONTRA A RECUPERANDA. EXTINÇÃO. 1. A novação resultante da concessão da recuperação judicial após aprovado o plano em assembleia é sui generis, e as execuções individuais ajuizadas contra a própria devedora devem ser extintas, e não apenas suspensas. 2. Isso porque, caso haja inadimplemento da obrigação assumida por ocasião da aprovação do plano, abrem-se três possibilidades: (a) se o inadimplemento ocorrer durante os 2 (dois) anos a que se refere o caput do art. 61 da Lei n. 11.101/2005, o juiz deve convolar a recuperação em falência; (b) se o descumprimento ocorrer depois de escoado o prazo de 2 (dois) anos, qualquer credor poderá pedir a execução específica assumida no plano de recuperação; ou (c) requerer a falência com base no art. 94 da Lei. 3. Com efeito, não há possibilidade de

Decerto, com a aprovação e homologação do plano de recuperação judicial, não há razão para a continuidade das execuções individuais. Qualquer que seja o desenlace da recuperação judicial durante a fase de fiscalização, as consequências havidas para a satisfação dos respectivos créditos terão lugar ou em novo processo de execução com base em novo título executivo judicial ou no procedimento falimentar, com a habilitação do respectivo crédito, de modo que o prosseguimento dos processos de execução não possui qualquer utilidade.

Conclusão

A Lei 11.101/05 pretendeu, com o instituto da recuperação judicial, assegurar a preservação da empresa na condução do empresário eficiente, como uma forma de se assegurar a proteção dos interesses de todos os afetados pelo seu desenvolvimento.

Como uma forma de se avaliar a viabilidade econômica do devedor, foi conferido poder aos credores. Eram esses que

---

a execução individual de crédito constante no plano de recuperação – antes suspensa – prosseguir no juízo comum, mesmo que haja inadimplemento posterior, porquanto, nessa hipótese, se executa a obrigação específica constante no novo título judicial ou a falência é decretada, caso em que o credor, igualmente, deverá habilitar seu crédito no juízo universal. 4. Recurso especial provido" (STJ, 4ª Turma, REsp n. 1.272.697, Min. Rel. Luis Felipe Salomão, j. 2.6.2015).

"DIREITO EMPRESARIAL E PROCESSO CIVIL. AGRAVO INTERNO NO RECURSO ESPECIAL. JURISPRUDÊNCIA DOMINANTE. DECISÃO MONOCRÁTICA. POSSIBILIDADE. RECUPERAÇÃO JUDICIAL. APROVAÇÃO DO PLANO. EXECUÇÕES INDIVIDUAIS CONTRA A RECUPERANDA. EXTINÇÃO. DECISÃO MANTIDA (...). 2. Após a aprovação do plano de recuperação judicial pela assembleia de credores e posterior homologação pelo juízo competente, devem ser extintas e não apenas suspensas as execuções individuais até então propostas contra a recuperanda, sem nenhum tipo de condicionante à novação de que trata o art. 59 da Lei 11.101/2005. Precedentes. Agravo interno a que se nega provimento" (STJ, 4ª Turma, AgInt no REsp n. 1.367.848, Min. Rel. Antonio Carlos Ferreira, J. em 19.04.2018).

maximizariam a satisfação dos respectivos créditos por uma decisão correta ou suportariam todos os custos de eventual insucesso imediatamente com a redução do patrimônio do devedor e do montante de adimplemento de seus créditos. Por consequência, teriam, assim, os maiores incentivos econômicos a tomarem a decisão mais correta em relação à alocação eficiente de recursos e, por consequência, protegeriam os interesses de todos os demais envolvidos com a continuidade da atividade empresarial.

Essa tutela dos interesses dos terceiros afetados, contudo, apenas seria possível se toda a coletividade de credores existentes à data da distribuição da recuperação judicial, excetuados os excluídos por Lei tanto da recuperação judicial quanto da falência, fosse submetida aos efeitos da decisão.

A não inclusão de credores por comportamento estratégico do devedor ao não listar os créditos, ou dos próprios credores, ao se manterem inertes em habilitar os respectivos créditos, não poderá evitar sua sujeição à novação empreendida pelo plano de recuperação judicial ou a extinção das execuções individuais.

Os diversos dispositivos da Lei 11.101/05 e a interpretação sistemática da norma legal asseguram que todos os créditos existentes à distribuição do pedido de recuperação judicial estejam submetidos aos efeitos da concessão, ainda que não habilitados e que, por isso, não tenham participado das deliberações assembleares de credores com direito à voto.

Apenas a sujeição de toda a coletividade de credores permitirá que os votos sejam efetivamente direcionados à proteção dos interesses de toda à coletividade e não de apenas alguns credores, ainda que em detrimento de outros. Somente com a sujeição de todos os créditos, os credores poderiam deliberar pela proteção dos seus respectivos interesses patrimoniais e, como tal, assegurariam a recuperação judicial apenas dos empresários com atividades econômicas viáveis ou garantiriam a decretação da falência e o melhor aproveitamento dos recursos dos demais, com benefício a todos os demais envolvidos com o prosseguimento da atividade empresarial, objetivo maior de todo o instituto da recuperação judicial.

Referências bibliográficas

BEZERRA FILHO, Manoel Justino. Nova Lei de Recuperação e Falência comentada/Lei 11.101: comentada artigo por artigo. 3ª ed. São Paulo: Revista dos Tribunais, 2005.

BICKEL, Alexander. The least dangerous branch: the Supreme Court at the bar of politics. 2ª ed. New Haven: Yale University Press, 1986.

COELHO, Fábio Ulhoa. Comentários à Lei de Falências e de Recuperação de Empresas. 14ª ed. (rev. atual. e ampli.). São Paulo: Thomson Reuters Brasil, 2021.

GÁSPERI, Luis de. *Tratado de las obligaciones – Parte Especial*. vol. III. Buenos Aires: Editorial Depalma, 1946.

MOREIRA, Alberto Camiña. "Poderes da Assembleia de Credores, do Juiz e Atividade do Ministério Público". *In:* PAIVA, Luiz Fernando de (Coord.). *Direito Falimentar e a nova Lei de Falências e Recuperação de Empresas*. São Paulo: Quartier Latin, 2005.

SACRAMONE, Marcelo Barbosa. "A (in)eficiência da recuperação judicial". *Migalhas*, 2018.

__________. Comentários à Lei de Recuperação de Empresas e Falência. 2ª ed. São Paulo: Saraiva, 2021.

SATIRO, Francisco. "O 'dinheiro novo' como elemento de interpretação do conceito de 'crédito existente' na recuperação judicial". *In:* WAISBERG, Ivo; RIBEIRO, J.H. H. R. *Temas de Direito da Insolvência: estudos em homenagem ao Professor Manoel Justino Bezerra Filho*. São Paulo: IASP, 2017.

TOMAZETTE, Marlon; SACRAMONE, Marcelo. "Créditos não incluídos e sua submissão à recuperação judicial". *JOTA*, 2021. Disponível em: https://www.jota.info/opiniao-e-analise/artigos/creditos-nao-incluidos-e-sua-submissao-a-recuperacao-judicial-28062021. Acessado em: 24.02.2022.

TOMAZETTE, Marlon. Curso de Direito Empresarial: falência e recuperação de empresas. vol. 3, 5ª ed. (rev. e atual.). São Paulo: Atlas, 2017.

WAISBERG, Ivo. "Proteção dos ativos essenciais da recuperanda". *In*: MENDES, Bernardo Bicalho de Alvarenga (Coord.). *Aspectos polêmicos e atuais da Lei de Recuperação de Empresas*. Belo Horizonte: D'Plácido, 2016.

WARREN, Elizabeth. "Bankruptcy policymaking in an imperfect world". *Michigan Law Review*, vol. 92, 1993.

CAPÍTULO XII

EXERCÍCIO DO DIREITO DE RETIRADA IMOTIVADO E CRITÉRIOS PARA APURAÇÃO DE HAVERES: CORRELAÇÃO NECESSÁRIA?

Maurício Pessoa

Renata Mota Maciel

Introdução

A sociedade limitada é o tipo societário de maior incidência no Brasil. Em razão da aplicação supletiva das regras das sociedades simples, o direito de retirada imotivado, previsto no artigo 1.029 do Código Civil, é aplicado às sociedades limitadas de prazo indeterminado.

A hipótese de pesquisa do presente artigo consiste em verificar se haveria uma necessária correlação entre a possibilidade do exercício imotivado do direito de retirada em sociedades limitadas e os critérios adotados para apuração de haveres.

A abordagem levará em conta pesquisa de jurisprudência, especialmente do Superior Tribunal de Justiça e das Câmaras Reservadas de Direito Empresarial do Tribunal de Justiça do Estado de São Paulo, complementada por amostragem de pesquisa de ações julgadas em primeiro grau de jurisdição, na 2ª Vara Empresarial e de Conflitos Relacionados à Arbitragem da Capital do Estado de São Paulo, e conforme a doutrina relacionada ao tema.

Ainda que não seja propriamente o objetivo deste artigo, serão analisadas as metodologias mais recorrentes para apuração de haveres em casos de dissolução parcial de sociedade, bem como a importância de sua relação com o objeto social das empresas e as características de suas atividades, sobretudo em novos modelos de negócio que envolvam tecnologia ou arranjos societários diversos.

1 Direito de retirada em sociedades limitadas: aplicação do artigo 1.029 do código civil e implicações na atividade empresarial

O tipo societário mais utilizado no Brasil é o das sociedades limitadas. Nesse sentido, de acordo com o Boletim do 2º quadrimestre/2021, elaborado pelo Ministério da Economia, no Brasil há 4.200.293 sociedades limitadas ativas,[243] o que corresponde a 93,98% das sociedades empresárias brasileiras ativas.

Entre as regras dispostas no Código Civil para esse tipo societário, dispõe o artigo 1.077 sobre a possibilidade de o sócio que dissentiu, nos casos em que houver modificação do contrato – fusão

---

243 BRASIL. Ministério da Economia. *Mapa de Empresas*: boletim do 2º quadrimestre de 2021. Disponível em: https://www.gov.br/governodigital/pt-br/mapa-de-empresas/boletins/mapa-de-empresas-boletim-do-2o-quadrimestre-de-2021-1.pdf/. Acessado em: 24.02.2022.

da sociedade, incorporação de outra, ou dela por outra –, exercer o direito de retirar-se da sociedade, nos trinta dias subsequentes à reunião, aplicando-se, no silêncio do contrato social antes vigente, o disposto no artigo 1.031 do mesmo Código.

Ocorre que também se encontra entre as regras de regência da sociedade limitada, na omissão do capítulo que trata da sociedade limitada (artigo 1.053, *caput*), disposição acerca da aplicação das normas da sociedade simples, ressalvada a previsão do contrato social sobre a regência supletiva da sociedade limitada pelas normas da sociedade anônima.

Ainda que não se tenham dados estatísticos precisos sobre o tema, a maioria das sociedades limitadas não adota a regência supletiva das normas das sociedades anônimas, assim como boa parte delas têm seu capital social dividido entre dois sócios, muitas vezes na proporção de 50% para cada.

A afirmação acima é relevante para o objeto deste artigo, exatamente porque, na prática, o exercício do direito de retirada em sociedades limitadas está fundado no disposto no artigo 1.029 do Código Civil, o qual é aplicável às limitadas, por força da aplicação supletiva das regras da sociedade simples.

Assim, esteja ou não previsto no contrato social, pela dicção do referido artigo:

> Além dos casos previstos na Lei ou no contrato, qualquer sócio pode retirar-se da sociedade; se de prazo indeterminado, mediante notificação aos demais sócios, com antecedência mínima de sessenta dias; se de prazo determinado, provando judicialmente justa causa.

O direito de retirada imotivado é reconhecido como potestativo no caso das sociedades limitadas por prazo indeterminado de maneira praticamente uníssona pela jurisprudência.

Nesse sentido, mencionam-se julgados das Câmaras Reservadas de Direito Empresarial do Tribunal de Justiça do Estado de São Paulo:

> SOCIEDADE – DIREITO DE RETIRADA DE SÓCIO DO QUADRO SOCIETÁRIO DA EMPRESA "T.O.D. COMÉRCIO DE ARTIGOS ESPORTIVOS LTDA". – ACADEMIA DE GINÁSTICA – DISSOLUÇÃO PARCIAL DE SOCIEDADE – APURAÇÃO DOS HAVERES – AVERBAÇÃO DA JUNTA COMERCIAL – CITAÇÃO REGULAR – A citação por carta foi recebida regularmente pelo porteiro do condomínio, nos termos do art. 248, § 4º, CPC – Validade da citação – Ausência de recusa ou de devolução da carta de citação – O sócio tem direito de se retirar da sociedade, em razão da perda da *affectio societatis* (art. 1.029, Código Civil) – *O direito de retirada, sobre ser garantia constitucional, encerra direito potestativo ao sócio de se retirar da sociedade* – (art. 5º, XX, CF; art. 1.029, Código Civil) – APURAÇÃO DOS HAVERES – Quanto à apuração dos haveres, o parágrafo único da cláusula sétima do contrato social é expresso: "no caso de um dos sócios desejar retirar-se da sociedade, deverá notificar o outro sócio, por escrito, com antecedência mínima de 60 (sessenta) dias, e seus haveres, apurados em balanço especial, serão pagos em 20 (vinte) prestações iguais e sucessivas, vencendo-se a primeira após 60 (sessenta) dias da data do balanço especial" – Averbação da retirada do sócio autor no quadro societário na ficha cadastral da T.O.D COMÉRCIO DE ARTIGOS ESPORTIVOS LTDA. perante JUCESP – Sentença de procedência mantida – RECURSO DESPROVIDO NESTE TÓPICO. DIREITO DE RETIRADA DE SÓCIO DO QUADRO SOCIETÁRIO DA EMPRESA T.O.D. COMÉRCIO DE ARTIGOS DISPOSITIVO – SENTENÇA QUE FAZ ALUSÃO À APURAÇÃO DE HAVERES DE TERCEIRA PESSOA QUE NÃO SE REFERE AO PROCESSO EM DISCUSSÃO – ERRO MATERIAL – Acolhimento – No caso, deve ser reconhecido o erro contido na r. sentença, determinando-se a exclusão da alínea "e" do dispositivo da r. sentença

– determinar que a data-base para a apuração dos haveres de ROSANA MARTINELLI é o dia 16/05/2018, tornando sem efeito a menção à ROSANA MARTINELLI, por ser pessoa estranha à lide – RECURSO PROVIDO NESTE TÓPICO (TJSP; Apelação Cível 1003590-92.2019.8.26.0004; Relator (a): Sérgio Shimura; Órgão Julgador: 2ª Câmara Reservada de Direito Empresarial; Foro Central Cível – 2ª VARA EMPRESARIAL E CONFLITOS DE ARBITRAGEM; Data do Julgamento: 10/12/2021; Data de Registro: 10/12/2021) (grifo nosso).

APELAÇÃO – DISSOLUÇÃO PARCIAL DE SOCIEDADE – RECURSO PRINCIPAL – MÉRITO – PREJUDICIAIS EXTERNAS – Pedido de extinção ou suspensão da ação até que se finde processo de inventário – Argumento com base no processo de inventário em curso com pedido de apuração e extensão da participação societária do falecido nas empresas em partilha – Inexistência de óbice ao julgamento do processo de dissolução parcial de sociedade – Eventual valor apurado que deverá ser remetido ao Juízo do Inventário – *Direito potestativo à retirada* – Preliminar afastada – JUROS MORATÓRIOS – Pretensão de incidência a parir do decurso do prazo nonagesimal – Impossibilidade – Dívida ilíquida – Aplicação do art. 405 do CC e 2019 do CPC – Precedentes do STJ e da 2ª Câmara Reservada de Direito Empresarial – Inaplicabilidade do art. 1.031, § 2º do CC – Precedente jurisprudencial paradigma que se refere a caso em que a liquidação dos haveres ocorre sem a necessidade de intervenção judicial, que não é o caso em exame – Sentença de acerto mantida – Recurso principal desprovido. APELAÇÃO – DISSOLUÇÃO PARCIAL DE SOCIEDADE – RECURSO ADESIVO – MÉRITO – Honorários de sucumbência – Base de cálculo – Pretensão ao percentual de 10% a 20% – Hipótese que reclama arbitramento por equidade – Precedente do STJ – Fixação inclusive mais benéfica ao apelante – Sentença mantida – Recurso adesivo desprovido. Dispositivo: negaram provimento aos recursos (principal e adesivo) (TJSP; Apelação Cível 0038799-38.2012.8.26.0602; Relator (a): Ricardo Negrão; Órgão

Julgador: 2ª Câmara Reservada de Direito Empresarial; Foro de Sorocaba – 4ª. Vara Cível; Data do Julgamento: 23/11/2021; Data de Registro: 26/11/2021) (grifo nosso).

Agravo de instrumento – Ação de apuração de haveres e obrigação de fazer c.c. dissolução parcial de sociedade por direito de retirada de sócio – Indeferimento de tutela de urgência aduzida em sede de contestação, para autorizar a saída do autor do quadro societário – Inconformismo – Não acolhimento – Inadequação do pedido de tutela de urgência em sede de contestação, sem que fosse apresentada reconvenção ou pedido contraposto, a manifestar pretensão própria – Precedente desta C. 2ª CRDE – Decisão agravada que indeferiu a pretensão, por entender ser necessária a instauração do contraditório – Inteligência do art. 1.029, do CC – *Direito de retirada que constitui um direito potestativo do sócio que deseja se desligar do quadro de uma sociedade de prazo indeterminado* – Notificação enviada pelo sócio que, entretanto, não possui os elementos necessários ao reconhecimento do exercício do direito de retirada – Questão que deve ser analisada antecedentemente pelo Juízo de origem – Decisão mantida – Recurso desprovido (TJSP; Agravo de Instrumento 2142720-24.2021.8.26.0000; Relator (a): Grava Brazil; Órgão Julgador: 2ª Câmara Reservada de Direito Empresarial; Foro de Praia Grande – 1ª. Vara Cível; Data do Julgamento: 10/11/2021; Data de Registro: 10/11/2021) (grifo nosso).

SOCIEDADE LIMITADA – Dissolução parcial – *Direito potestativo de retirada – Inteligência do art. 1.029 do CC* – Envio de notificação extrajudicial – Procedimento bifásico – Art. 603, do CPC – Inexistência de cerceamento de defesa – Prova requerida pelas apelantes que não é produzida na primeira fase do procedimento, mas sim na segunda, de "liquidação", momento processual adequado para que sejam apurados os haveres do sócio retirante – Honorários advocatícios arbitrados em consonância com o art. 85, § 2º, do CPC – Recurso improvido (TJSP; Apelação Cível 1001641-86.2018.8.26.0224; Relator (a): J. B. Franco de Godoi; Órgão Julgador: 1ª Câmara Reservada de Direito

Empresarial; Foro de Guarulhos – 4ª Vara Cível; Data do Julgamento: 16/07/2021; Data de Registro: 16/07/2021) (grifo nosso).

Ação de dissolução parcial de sociedade limitada. Sentença de extinção do feito, sem resolução de mérito, em razão da existência de cláusula compromissória no contrato social da empresa. Apelação da autora. Reconhecimento da intempestividade da contestação e da reconvenção. Preclusão do direito de alegar a existência de cláusula compromissória no contrato social. Matéria não cognoscível de ofício pelo Magistrado, que deve ser arguida "no tempo e modo adequados". Doutrina de LUIZ HENRIQUE VOLPE CAMARGO. Precedentes deste Tribunal. Anulação da sentença. Causa madura para julgamento, cabendo apreciar-se o mérito diretamente no Tribunal (CPC, art. 4º, c/c § 3º, inc. I, do art. 1.013). "Deve-se ter em mente que o duplo grau não detém '*status*' de garantia constitucional. A despeito de a Constituição fixar a competência dos Tribunais para o julgamento de recursos, ela própria estabelece exceções à regra, como a previsão de hipóteses de competência originária dos Tribunais. Na realidade, o duplo grau de jurisdição caracteriza-se mais como uma regra técnica de processo e, como tal, admite que o ordenamento jurídico apresente soluções mais condizentes com a efetividade do processo, afastando o reexame específico da matéria impugnada" (STJ, REsp 1.195.636, NANCY ANDRIGHI). "O *direito de retirada imotivada de sócio de sociedade limitada por tempo indeterminado constitui direito potestativo à luz dos princípios da autonomia da vontade e da liberdade de associação*" (REsp 1.403.947, RICARDO VILLAS BÔAS CUEVA). Inocorrência, ademais, de oposição pela ré à pretensão da autora de se retirar da sociedade. Ausente notificação prévia da ré, deve ser fixada como data-base de retirada da autora a da citação da ré. Interpretação do art. 1.029 do Código Civil e dos art. 240, *caput*, e 605, inc. II, do CPC. Precedentes desta Câmara. Anulação da sentença. No mérito, na continuação, demanda julgada procedente para decretar-se a dissolução parcial. Apelação

> a que se dá provimento (TJSP; Apelação Cível 1025748-84.2018.8.26.0002; Relator (a): Cesar Ciampolini; Órgão Julgador: 1ª Câmara Reservada de Direito Empresarial; Foro Central Cível – 2ª VARA EMPRESARIAL E CONFLITOS DE ARBITRAGEM; Data do Julgamento: 24/06/2021; Data de Registro: 24/06/2021) (grifo nosso).
>
> AGRAVO DE INSTRUMENTO. AÇÃO DE DISSOLUÇÃO PARCIAL DE SOCIEDADE. TUTELA PROVISÓRIA REJEITADA. DIREITO DE RETIRADA. *Autores têm o direito potestativo de retirar-se de sociedade limitada, constituída por prazo indeterminado, mediante simples manifestação de vontade.* Notificações extrajudiciais recebidas pelos demais sócios. Dissolução parcial da sociedade ocorrida 60 dias depois de recebidas as notificações. Inteligência do art. 1.029 do Código Civil. RECURSO PROVIDO (TJSP; Agravo de Instrumento 2007832-21.2021.8.26.0000; Relator (a): AZUMA NISHI; Órgão Julgador: 1ª Câmara Reservada de Direito Empresarial; Foro de Sertãozinho - 3ª Vara Cível; Data do Julgamento: 11/06/2021; Data de Registro: 11/06/2021) (grifo nosso).

Portanto, parece não haver maior debate acerca da possibilidade de o sócio postular o exercício de seu direito de retirada imotivado, o que pode ocorrer extrajudicialmente, por meio da notificação com antecedência mínima de sessenta dias aos demais sócios ou, no caso de resistência, por meio da propositura de ação de dissolução parcial de sociedade, na qual postulará a resolução da sociedade em relação a um sócio e a consequente apuração de seus haveres.

Os litígios que envolvem o tema, na verdade, acabam relacionados ao recebimento ou não da notificação prévia pelos sócios remanescentes, o que terá efeitos na fixação da data da resolução da sociedade. Ainda, em alguns casos, a controvérsia estará relacionada à imputação de fatos ao sócio que pretende retirar-se, especialmente a envolver sua responsabilização por atos praticados, com reflexos na apuração de seus haveres, por meio de compensação de valores.

Não se pode deixar de mencionar, também, que muitas vezes o próprio contrato social replica a redação do artigo 1.029 do Código Civil ou, ao menos, faz remissão a sua aplicação, o que, na verdade, ainda que não ocorresse, na omissão do contrato, imporia a aplicação do referido artigo.

Em uma pesquisa realizada por amostragem na 2ª Vara Empresarial e de Conflitos Relacionados à Arbitragem da Capital, entre as ações de dissolução parcial de sociedade julgadas desde a instalação da Vara, no ano de 2017, aproximadamente 65% envolviam direito de retirada de sócio, o que reforça a importância de reconhecer o contexto sobre o qual o exercício do direito de retirada de forma imotivada em sociedades limitadas constitui prática recorrente, somado ao perfil da distribuição do capital social das sociedades limitadas brasileiras, e que pode indicar, em um hipótese preliminar, que seja necessário correlacionar o direito à retirada imotivada com a forma como se dará a apuração dos haveres do sócio retirante.[244]

A confirmação da hipótese acima está relacionada diretamente às implicações do exercício do direito de retirada para a atividade da sociedade envolvida. É dizer, se o exercício do direito de retirada pode ser imotivado e as consequências da apuração e do pagamento dos haveres do retirante não podem ser desprezadas, dada a repercussão para o exercício da atividade social da empresa, sobretudo em termos de fluxo de caixa para pagamento dos haveres, o critério a ser utilizado para a apuração de haveres

---

244 A pesquisa foi realizada por meio da ferramenta "banco de sentenças" disponível para pesquisa pública em: http://esaj.tjsp.jus.br/cjpg/. Acessado em: 24.02.2022. Utilizou-se como marcadores os termos "dissolução parcial de sociedade" e "direito de retirada", em duas etapas, além da restrição dos resultados à 2ª Vara Empresarial e de Conflitos Relacionados à Arbitragem da Capital.

parece guardar relação direta com a possibilidade de retirar-se da sociedade sem apresentação de justificativa.

Assim, para que se possa compreender de forma ampla o fenômeno da resolução da sociedade em relação a um sócio, a partir do exercício do direito de retirada imotivado, acredita-se que verificar tanto a forma como redigidos os contratos sociais em relação a tal tema, como a força obrigatória desses acordos firmados entre os sócios ao reunirem-se em sociedade, e, ainda, a solução dada nos casos de omissão do contrato social sejam pontos centrais para responder à pergunta da pesquisa aqui elaborada.

A preocupação não é recente, destacando-se, até mesmo para finalidade histórica, o profundo debate entabulado no julgamento pelo Supremo Tribunal Federal do Recurso Extraordinário n. 89.464, em 12.12.1978, e que teve como Relator do acórdão o Ministro Décio Miranda, cujo julgamento contou com os Ministros Cordeiro Guerra (Relator originário), Leitão de Abreu, Moreira Alves e Djaci Falcão.

A ementa do acórdão assim se enunciou:

> COMERCIAL. DISSOLUÇÃO DE SOCIEDADE LIMITADA. PEDIDA A DISSOLUÇÃO TOTAL POR SÓCIO DISSIDENTE, NÃO É POSSÍVEL, EM PRINCÍPIO, DECRETAR A DISSOLUÇÃO PARCIAL, COM SIMPLES APURAÇÃO CONTÁBIL DOS HAVERES DO AUTOR. ADMITIDA QUE SEJA A DISSOLUÇÃO PARCIAL EM ATENÇÃO À CONVENIÊNCIA DA PRESERVAÇÃO DO EMPREENDIMENTO, DAR-SE-Á ELA MEDIANTE FORMA DE LIQUIDAÇÃO QUE A APROXIME DA DISSOLUÇÃO TOTAL. NESSE CASO, DEVE SER ASSEGURADA AO SÓCIO RETIRANTE SITUAÇÃO DE IGUALDADE NA APURAÇÃO DE HAVERES, FAZENDO-SE ESTA COM A MAIOR AMPLITUDE POSSÍVEL, COM A EXATA VERIFICAÇÃO, FÍSICA E CONTÁBIL, DOS VALORES DO ATIVO (RE 89464/SP – SÃO

> PAULO. RECURSO EXTRAORDINÁRIO. Relator(a): Min. CORDEIRO GUERRA. Redator(a) do acórdão: Min. DÉCIO MIRANDA. Julgamento: 12/12/1978. Publicação: 04/05/1979. Órgão julgador: Segunda Turma. Publicação: DJ 04-05-1979 PP-03521 EMENT VOL-01130-03 PP-00859).

A propósito, seguem as reflexões do Ministro Moreira Alves no julgamento *retro* referido:

> (...) com referência ao sócio que sai, a ele não se deve aplicar, por analogia, o artigo 15, da Lei de Sociedades por Cotas de Responsabilidade Limitada, uma vez que este artigo dá ao sócio dissidente a possibilidade de retirar-se, possibilidade essa de que ele só se utilizará se verificar que o valor dos bens, constante do balanço social, corresponde exatamente à realidade. Em se tratando, porém, de dissolução parcial, em que ele se retira sem se utilizar dessa faculdade de retirada voluntária, entendo que aqui deverá aplicar-se a regra da dissolução total com referência a ela, isto é, que – como salientou o eminente Ministro Décio Miranda – seja feita, quanto a ele, a avaliação dos bens sociais, para o efeito da retirada da sua cota com base nos valores reais, e não apenas nos valores contábeis.

Ainda que o debate, há época, envolvesse a revogada Lei de Sociedades por Cotas de Responsabilidade Limitada, o certo é que a consideração acerca da circunstância de que o exercício imotivado do direito de retirada deva ser considerado para fins de análise do critério para apuração dos haveres do sócio retirante não perde a atualidade.

2 A apuração de haveres e a previsão de critério no contrato social

A apuração de haveres visa aferir o valor patrimonial da participação societária do sócio que se desvincula da sociedade na data de seu desligamento.[245] No entanto, a grande discussão reside exatamente no critério utilizado para estimar o valor patrimonial[246] da participação societária do sócio retirante.

Não é preciso dizer muito acerca do tema quando se verificam os julgados do Superior Tribunal de Justiça, os quais bem denotam o grande debate envolvendo o tema, com destaque para o julgamento do REsp 1335619/SP, no ano de 2015, e que serviu de paradigma para a aferição do critério de apuração de haveres em diversos casos que se seguiram, cuja ementa segue abaixo:

> DIREITO EMPRESARIAL. DISSOLUÇÃO PARCIAL DE SOCIEDADE POR QUOTAS DE RESPONSABILIDADE LIMITADA. SÓCIO DISSIDENTE. CRITÉRIOS PARA APURAÇÃO DE HAVERES. BALANÇO DE DETERMINAÇÃO. FLUXO DE CAIXA. 1. Na dissolução parcial de sociedade por quotas de responsabilidade limitada, o critério previsto no contrato social para a apuração dos haveres do sócio retirante somente prevalecerá se houver consenso entre as partes quanto ao resultado alcançado. 2. Em caso de dissenso, a jurisprudência do Superior Tribunal de Justiça está consolidada no sentido de que o balanço de determinação é o critério que melhor reflete o valor patrimonial da empresa. 3. O fluxo de caixa descontado, por representar a metodologia que melhor revela a situação econômica e a capacidade de geração de riqueza de uma empresa, pode ser aplicado juntamente com o balanço de determinação na apuração de haveres do sócio dissidente. 4. Recurso especial desprovido (REsp 1335619/SP, Rel.

---

245 Para uma abordagem mais detalhada sobre a apuração de haveres ver ESTRELLA, Hernani. *Apuração de haveres de sócio*. 5ª ed. (atual.) Rio de Janeiro: Forense, 2010.

246 Para informações técnicas e contábeis core o conceito de valor patrimonial de sociedades, ver GELBCKE, Ernesto Rubens; MARTINS, Eliseu (*et al.*). *Manual de contabilidade societária*: aplicável a todas as sociedades de acordo com as normas internacionais e do CPC. 3ª ed. São Paulo: Atlas, 2018.

> Ministra NANCY ANDRIGHI, Rel. p/ Acórdão Ministro JOÃO OTÁVIO DE NORONHA, TERCEIRA TURMA, julgado em 03/03/2015, DJe 27/03/2015).

Mais recentemente, em abril de 2021, o Superior Tribunal de Justiça voltou a analisar o tema, no REsp 1877331/SP, merecendo destaque os pontos envolvidos na discussão, entre os quais estão as consequências do critério de apuração de haveres utilizado como desestímulo ao cumprimento dos deveres dos sócios minoritários; o incentivo ao exercício do direito de retirada, em prejuízo da estabilidade das empresas; e o enriquecimento indevido do sócio desligado em detrimento daqueles que permanecem na sociedade.

A ementa do referido julgado assim se enuncia:

> RECURSO ESPECIAL. DIREITO EMPRESARIAL. SOCIEDADE EMPRESÁRIA LIMITADA. DISSOLUÇÃO PARCIAL. SÓCIO RETIRANTE. APURAÇÃO DE HAVERES. CONTRATO SOCIAL. OMISSÃO. CRITÉRIO LEGAL. ART. 1.031 DO CCB/2002. ART. 606 DO CPC/2015. VALOR PATRIMONIAL. BALANÇO ESPECIAL DE DETERMINAÇÃO. FUNDO DE COMÉRCIO. BENS INTANGÍVEIS. METODOLOGIA. FLUXO DE CAIXA DESCONTADO. INADEQUAÇÃO. EXPECTATIVAS FUTURAS. EXCLUSÃO. 1. Recurso especial interposto contra acórdão publicado na vigência do Código de Processo Civil de 2015 (Enunciados Administrativos n. 2 e 3/STJ). 2. Cinge-se a controvérsia a definir se o Tribunal de origem, ao afastar a utilização da metodologia do fluxo de caixa descontado para avaliação dos bens imateriais que integram o fundo de comércio na fixação dos critérios da perícia contábil para fins de apuração de haveres na dissolução parcial de sociedade, violou o disposto nos artigos 1.031, *caput*, do Código Civil e 606, *caput*, do Código de Processo Civil de 2015. 3. O artigo 606 do Código de Processo Civil de 2015 veio reforçar o que já estava previsto no Código Civil de 2002 (artigo 1.031), tornando ainda mais nítida a

> opção legislativa segundo a qual, na omissão do contrato social quanto ao critério de apuração de haveres no caso de dissolução parcial de sociedade, o valor da quota do sócio retirante deve ser avaliado pelo critério patrimonial mediante balanço de determinação. 4. O legislador, ao eleger o balanço de determinação como forma adequada para a apuração de haveres, excluiu a possibilidade de aplicação conjunta da metodologia do fluxo de caixa descontado. 5. Os precedentes do Superior Tribunal de Justiça acerca do tema demonstram a preocupação desta Corte com a efetiva correspondência entre o valor da quota do sócio retirante e o real valor dos ativos da sociedade, de modo a refletir o seu verdadeiro valor patrimonial. 6. *A metodologia do fluxo de caixa descontado, associada à aferição do valor econômico da sociedade, utilizada comumente como ferramenta de gestão para a tomada de decisões acerca de novos investimentos e negociações, por comportar relevante grau de incerteza e prognose, sem total fidelidade aos valores reais dos ativos, não é aconselhável na apuração de haveres do sócio dissidente. 7. A doutrina especializada, produzida já sob a égide do Código de Processo Civil de 2015, entende que o critério legal (patrimonial) é o mais acertado e está mais afinado com o princípio da preservação da empresa, ao passo que o econômico (do qual deflui a metodologia do fluxo de caixa descontado), além de inadequado para o contexto da apuração de haveres, pode ensejar consequências perniciosas, tais como (i) desestímulo ao cumprimento dos deveres dos sócios minoritários; (ii) incentivo ao exercício do direito de retirada, em prejuízo da estabilidade das empresas, e (iii) enriquecimento indevido do sócio desligado em detrimento daqueles que permanecem na sociedade.* 8. Recurso especial não provido (REsp 1877331/SP, Rel. Ministra NANCY ANDRIGHI, Rel. p/ Acórdão Ministro RICARDO VILLAS BÔAS CUEVA, TERCEIRA TURMA, julgado em 13/04/2021, DJe 14/05/2021) (grifo nosso).

Antes de analisar propriamente o critério de apuração de haveres para a hipótese de omissão do contrato social, é importante verificar se, de fato, são recorrentes os casos em que há omissão de cláusulas nos contratos sociais acerca dos critérios de apuração dos haveres do sócio retirante.

Nesse sentido, ainda que não se tenham dados empíricos extraídos de forma metodologicamente adequada, é possível apresentar pelo menos três cenários: i. contratos sociais que não trazem nenhuma previsão acerca do critério para apuração de haveres; ii. contratos sociais que fazem remissão ao disposto no artigo 1.031 do Código Civil ou apresentam regras genéricas sobre o tema; e iii. contratos sociais que apresentam regras para apuração de haveres e, também, para o pagamento desses haveres ao sócio retirante.

Nos dois primeiros casos, a aplicação do artigo 606 do Código de Processo Civil parece ser a solução mais adequada, ainda que com algum debate quanto à interpretação a ser dada ao artigo 1.031 do Código Civil e ao próprio artigo 606, ou mesmo ao critério mais adequado a ser utilizado,[247] conforme será referido a seguir.

Nos casos em que o contrato social apresenta solução para a apuração de haveres, ou seja, dispõe sobre o critério a ser utilizado para a apuração de haveres, o questionamento é o de se seria possível desconsiderar a disposição prevista no contrato social para a apuração de haveres, partindo em busca de uma metodologia que assegurasse a efetiva indenização do sócio retirante.

No já mencionado julgamento do REsp 1335619/SP, a Ministra Nancy Andrighi expressamente destacou em seu voto:

---

247 O valor patrimonial das cotas sociais é abordado em COELHO, Fábio Ulhoa. "O valor patrimonial das quotas na sociedade limitada". *Revista de Direito Mercantil, Industrial, Econômico e Financeiro*, São Paulo, nº 123, 2001. Ainda, ver do mesmo autor: COELHO, Fábio Ulhoa. "A dissolução de sociedades no Código de Processo Civil". *In*: YARSHELL, Flávio Luiz; PEREIRA, Guilherme Setoguti (Coord.). *Processo societário*. vol. 3. São Paulo: Quartier Latin, 2018.

> Nesse contexto – em respeito à premissa adrede fixada, de preservação da sociedade e do montante devido ao sócio dissidente – mesmo que o contrato social eleja critério para a apuração de haveres, este somente prevalecerá caso haja a concordância das partes com o resultado alcançado. Havendo dissenso, faculta-se a adoção da via judicial, a fim de que seja determinada a melhor metodologia de liquidação, hipótese em que a cláusula contratual somente será aplicada em relação ao modo de pagamento.

Ocorre que a questão não pode ser vista sem maior cautela, exatamente porque no caso em julgamento, ao que parece, o critério previsto no contrato social era insuficiente para garantir a efetiva aferição do valor patrimonial da participação societária do sócio que se retirava da sociedade.

Não se perca de vista, ainda, que o artigo 606 do Código de Processo Civil expressamente dispôs que "em caso de omissão do contrato social", o juiz definirá o critério para apuração de haveres.

Portanto, não se trata apenas de considerar a concordância das partes com o resultado alcançado, até porque, não raras vezes, a disputa envolverá exatamente a expectativa do sócio retirante quanto aos haveres que tenha a receber, em detrimento do que os sócios remanescentes acreditam que deva ser o devido àquele.

Assim, nas hipóteses em que o contrato social reflita critério que atenda à realidade da empresa envolvida, ou seja, leve em conta as características de seu objeto social, é preciso analisar até que ponto deve o Poder Judiciário imiscuir-se na autonomia da vontade das partes.

Ademais, não se olvide do disposto no artigo 607 do Código de Processo Civil,[248] o qual parece autorizar a revisão judicial do

---

248 Erasmo Valladão Azevedo e Novaes França e Marcelo Vieira von Adamek apresentam crítica à redação do mencionado artigo (FRANÇA, Erasmo

critério de apuração de haveres a pedido da parte, antes do início da perícia, circunstância que pode recomendar, nas hipóteses em que instaurada controvérsia acerca do critério previsto no contrato social, eventual possibilidade de análise judicial, obviamente, desde que haja fundado motivo, não bastando para tanto a simples discordância entre as partes, sobretudo quando foram os sócios quem estabeleceram, quando da celebração do contrato social e subsequentes alterações, o critério que entendiam mais adequado para apuração dos haveres em caso de exercício do direito de retirada.

A propósito, no voto vencido prolatado pelo Ministro Villas Bôas Cueva, no REsp 1335619/SP, a questão foi abordada, nos seguintes termos:

> A tese foi acolhida pelas instâncias ordinárias sob o singelo fundamento de que o sócio não é obrigado a se submeter à cláusula contratual avençada, "sendo esta uma faculdade que lhe é concedida" (e-STJ fls. 951/952). Nesse contexto, tenho que está a merecer reforma o acórdão recorrido por mais de um fundamento. Em primeiro lugar, há nítida ofensa ao artigo 668 do Código de Processo Civil de 1939 porquanto afastado o modo de pagamento estabelecido no contrato sem que tenha sido sequer cogitado algum vício na avença. Eis a redação do mencionado dispositivo legal: "art. 668. Se a morte ou a retirada de qualquer dos sócios não causar a dissolução da sociedade, serão apurados exclusivamente os seus haveres, *fazendo-se o pagamento pelo modo estabelecido no contrato social*, ou pelo convencionado, ou, ainda, pelo determinado na sentença" (grifou-se). Há, também, clara violação dos preceitos legais que regem o princípio do *pacta sunt servanda*, que como cediço, assumem superlativa relevância quando se trata de relações inseridas no âmbito do Direito Empresarial.

Valladão Azevedo e Novaes; ADAMEK, Marcelo Vieira von. *Da ação de dissolução parcial de sociedade*: comentários breves ao CPC/2015. São Paulo: Malheiros, 2016, p. 75).

No particular, vale reproduzir as valiosas palavras de Hernani Estrella e Caio Mário da Silva Pereira, cujas lições permanecem atuais, amoldando-se com perfeição ao tema ora em debate:

"(...) Finalmente, também a revisão do contrato deve ser evitada porque, *se a estipulação não contém vício algum e é suficientemente clara quanto às obrigações dos estipulantes, toda intervenção judicial acabará por deformá-la, com o perigo de comprometimento da estabilidade e segurança das relações judiciais.* Precavenham-se os magistrados contra certos postulantes que, tomando ares de vítimas, lhes suplicam que os liberem de compromisso conscientemente assumidos, em nome da pretensa espiritualização ou humanização do Direito. Pois, se é inegável a valia de todos aqueles princípios e instituições que contribuem para o aprimoramento da justiça, também é inegável que, se não forem manejados com muita circunspeção e prudência, podem levar a consequências porventura mais perniciosas. São de transcrever-se aqui estas agudíssimas observações de Caio Mário da Silva Pereira: 'sempre que um indivíduo não retirar da convenção livremente pactuada o interesse que inicialmente suponha obter; sempre que um verificar que o cocontratante sacou melhor proveito que ele da recíproca obrigação ajustada – erguerá os braços para o céu, e clamará que foi lesado. Pode proceder assim de má-fé, ciente de que foram outras as condições que lhe reduziram o lucro querido, muitas vezes provindas de seu próprio modo de agir e, não obstante, maliciosamente postular a revisão ou anulação do negócio. E pode também, de boa-fé, convicto de que é vítima de uma exploração miserável, pedir a reposição ao estado anterior, único meio que se lhe afigura hábil a restabelecer a justiça, a se ver ferida. E é bem possível que, numa ou noutra hipótese, sem que tenha havido a exploração característica do negócio usuário, a desproporção em si mesma impressione, levando o juiz a intervir no negócio, para restabelecer a igualdade que se lhe antolha ferida, e só por isto bastante para conceituar a lesão. *Ter-se-á assim, sob o pretexto de resguardar a regra moral e restabelecer a justiça no contrato, um resultado que na essência é divorciado da mesma regra moral e atentatório da mesma justiça. Uma vez que o direito positivo forneça o meio de faltar o contratante à fé jurada, e venha em abono da atitude assumida pela parte inadimplente, é todo o comércio jurídico que sofre, é a insegurança que se institui como norma, é a infidelidade protegida pela Lei que abala e ameaça todo o edifício do Direito Obrigacional, lançando o germe da desconfiança e do receio nos meandros da vida econômica.* Se o pretexto de fazer justiça é que leva à própria injustiça e se é o Direito que consagra a quebra da fidelidade sob calor de afinar-se com a regra moral, no fundo quem se desprestigia é a Justiça e quem se desvaloriza é o Direito'" (ESTRELLA, Hernani. Apuração dos haveres de sócio. 5ª ed. Rio de Janeiro: Forense, 2010, pp. 104/105).

De fato, no caso dos autos, segundo as instâncias de cognição plena, estipulou-se, em contrato, que a apuração de haveres do sócio retirante deve obedecer ao *balanço especial, ajustado a valores de mercado*, levantado à época da exclusão do sócio, por força das cláusulas contratuais n. 10, parágrafo 3º, e n. 12 do contrato social, datado de maio de 1996 (e-STJ fls. 21-29), e da cláusula contratual n. 3 da alteração contratual, datada de novembro de 2000 (e-STJ fls. 68-72).

Nesse contexto, imperiosa a utilização de tais parâmetros no cálculo da apuração de haveres em atenção ao princípio da autonomia da vontade. Não é outra a orientação desta Corte, que privilegia, em havendo cláusula contratual prevendo o tema controvertido, o princípio da força obrigatória dos contratos na apuração de haveres do sócio retirante:

"DIREITO EMPRESARIAL. RECURSO ESPECIAL. DISSOLUÇÃO DE SOCIEDADE. APURAÇÃO DE HAVERES. FORMA DE PAGAMENTO. 1. *A apuração de haveres – levantamento dos valores referentes à participação do sócio que se retira ou que é excluído da sociedade – se processa da forma prevista no contrato social, uma vez que, nessa seara, prevalece o princípio da força obrigatória dos contratos, cujo fundamento é a autonomia da vontade, desde que observados os limites legais e os princípios gerais do direito. Precedentes.* 2. No caso sob exame, o contrato social previu o pagamento dos haveres parcelados em 48 (quarenta e oito) prestações mensais e sucessivas, tendo o Tribunal estadual determinado o vencimento da primeira por ocasião do trânsito em julgado da decisão.

3. Em ação que versa sobre o inadimplemento dos haveres oriundos da retirada de sócio, a sociedade é constituída em mora com a citação válida, que passa então a ser considerada como termo inicial para o pagamento das parcelas, sendo certo que aquelas que venceram no curso do processo devem ser pagas de imediato, após o trânsito em julgado da sentença condenatória, enquanto as remanescentes serão adimplidas consoante determinado no contrato social. (Precedentes). 4. Recurso especial parcialmente provido" (REsp 1.239.754/RS, Rel. Ministro LUIS FELIPE SALOMÃO, QUARTA TURMA, julgado em 15/05/2012, DJe 22/05/2012 – grifou-se).

"Dissolução de sociedade por quotas de responsabilidade limitada. Pagamento dos haveres do sócio. Precedentes da Corte. 1. *Não destacada nas instâncias ordinárias nenhuma peculiaridade, impõe-se que o pagamento seja feito na forma prevista no contrato social.* 2. Recurso especial conhecido e provido" (REsp 654.288/SP, Rel. Ministro CARLOS ALBERTO MENEZES DIREITO, TERCEIRA TURMA, julgado em 22/03/2007, DJ 18/06/2007 – grifou-se).

"Dissolução parcial. Sociedade por cotas de responsabilidade limitada. Reconvenção. Pagamento dos haveres. Previsão contratual. Precedentes da Corte. 1. A ausência de intimação para oferecer contestação à reconvenção não ensejou qualquer prejuízo ao autor reconvindo, isto porque o pedido formulado na reconvenção foi atendido na própria ação de dissolução proposta pelo reconvindo, decretada a dissolução, apenas, parcial da sociedade. Não há, portanto, ofensa ao artigo 316 do Código de Processo Civil. 3. *Conforme jurisprudência desta Corte, a regra geral é a de que os haveres do sócio que se retira da sociedade devem ser pagos na forma prevista no contrato, salvo se existente alguma peculiaridade com força para afastar este entendimento, o que não ocorre no presente caso.* 4. Os paradigmas que servem de apoio ao dissídio devem estar no especial, apresentados de forma regular, não servindo, para tanto, paradigma posteriormente juntado. 5. Recurso especial não conhecido" (REsp 450.129/MG, Rel. Ministro CARLOS ALBERTO MENEZES DIREITO, TERCEIRA TURMA, julgado em 08/10/2002, DJ 16/12/2002 – grifou-se).

"COMERCIAL. SOCIEDADE POR QUOTAS DE RESPONSABILIDADE LIMITADA. DISSOLUÇÃO PARCIAL. *A apuração dos haveres na dissolução parcial da sociedade por quotas de responsabilidade limitada segue as regras da retirada do sócio previstas no contrato social.* Recurso especial conhecido, mas não provido" (REsp 83.031/RS, Rel. Ministro ARI PARGENDLER, TERCEIRA TURMA, julgado em 19/11/1999, DJ 13/12/1999 – grifou-se).

"SOCIEDADE – SAÍDA DE SÓCIO. *Não havendo ofensa à lei de ordem pública nem se vislumbrando hipótese de enriquecimento sem causa, não há razão para negar eficácia a cláusula contratual que estabeleceu* [que] *devessem os haveres do sócio que se retira serem pagos em parcelas. Aplicação do princípio da força obrigatória dos contratos* e incidência, ademais, do disposto no artigo 302, 6 e 7 do Código Comercial (Decreto 3.708/19 – art. 2º) e no artigo 668 do Código de Processo Civil de 39, em vigor por força do artigo 1.218 da vigente Lei Processual. Cláusula contratual que se justifica por interessar a continuação da empresa que se poderia inviabilizar caso o pagamento do sócio que se retira devesse fazer-se integralmente, de uma só vez" (REsp 33.458/SP, Rel. Ministro EDUARDO RIBEIRO, TERCEIRA TURMA, julgado em 13/06/1994, DJ 22/08/1994 – grifou-se).

Não se desconhece a jurisprudência e a doutrina mais atenta que preconiza, por vezes, o afastamento do avençado e a substituição por metodologia que reflita do modo mais

> real e efetivo a participação dos sócios a fim de evitar o desequilíbrio entre as partes. Ocorre que, no caso dos autos, a análise mais aprofundada do tema não recomenda a apuração dos haveres empregando a metodologia pretendida pelos autores na inicial.

Como se vê, o tema ainda é objeto de diversas controvérsias, podendo-se mencionar os seguintes julgados das Câmaras Reservadas de Direito Empresarial do Tribunal de Justiça do Estado de São Paulo:

> AÇÃO DE EXCLUSÃO DE SÓCIO E AÇÃO DE DISSOLUÇÃO PARCIAL DE SOCIEDADE – Julgamento em conjunto – Data da resolução da sociedade – Retirada imotivada (art. 1 029 do CC) – Sexagésimo (60º) dia seguinte ao do recebimento, pela sociedade, da notificação do sócio retirante que, no caso em tela, corresponde à data do comparecimento espontâneo dos réus aos autos da dissolução parcial de sociedade (art. 605, II, do CPC) – *Apuração de haveres que deve observar o quanto disposto no contrato social – Precedente do STJ* – Inexistência de resistência em relação à pretensão de dissolução parcial da sociedade e de apuração de haveres – Incidência do art. 603, § 1º, do CPC – Recurso do réu improvido. AÇÃO DE EXCLUSÃO DE SÓCIO E AÇÃO DE DISSOLUÇÃO PARCIAL DE SOCIEDADE – Julgamento em conjunto – Estabilização da tutela – Inocorrência – Convicção preliminar que, entretanto, não foi confirmada nos exatos termos, após o contraditório, em um exercício de cognição exauriente – Tendo em vista que o réu ajuizou ação de dissolução parcial de sociedade, exercendo seu direito de retirada, a pretensão de sua exclusão da sociedade ficou prejudicada – Hipótese, ademais, em que não restou comprovada a prática de meios desleais por parte do réu na busca por clientes e colaboradores – Recurso dos autores improvido (TJSP; Apelação Cível 1120840-23.2017.8.26.0100; Relator (a): J. B. Franco de Godoi; Órgão Julgador: 1ª Câmara Reservada de Direito

Empresarial; Foro Central Cível – 2ª VARA EMPRESARIAL E CONFLITOS DE ARBITRAGEM; Data do Julgamento: 30/06/2021; Data de Registro: 01/07/2021) (grifo nosso).

Cumprimento de sentença – Ação de dissolução de sociedade com pedido de liminar – Apuração de haveres – Determinação para que as partes apresentem pareceres e/ou documentos que possibilitem a apuração de haveres em liquidação por arbitramento – *Sentença exequenda que determinara a apuração de haveres conforme disposição contratual (CPC, art. 604) – Observância* – Decisão recorrida reformada – Recurso provido (TJSP; Agravo de Instrumento 2288252-63.2020.8.26.0000; Relator (a): Maurício Pessoa; Órgão Julgador: 2ª Câmara Reservada de Direito Empresarial; Foro de São Bernardo do Campo – 1ª Vara Cível; Data do Julgamento: 02/03/2021; Data de Registro: 02/03/2021) (grifo nosso).

Ação de dissolução parcial de sociedade por quotas de responsabilidade limitada e de apuração de haveres de sócia retirante. Reconvenção de caráter indenizatório. Ação julgada procedente, determinado o levantamento de balanço de apuração dos haveres e pagamento destes de uma só vez, em dinheiro. Reconvenção extinta sem apreciação de mérito. Apelações recíprocas das partes. Apelo da autora-reconvinda em busca de alteração do valor da causa na reconvenção, elevação da verba advocatícia sucumbencial a ela relativa e pronúncia de prescrição da pretensão indenizatória que era seu objeto. Apelação dos réus-reconvintes em busca do reconhecimento de culpa da autora por sua saída da sociedade, de alteração do critério do balanço de determinação, a ser substituído por aquele contratualmente estabelecido, bem assim de pagamento dos haveres não em pecúnia, mas noutros ativos. Recurso da autora que se provê apenas no capítulo acessório da verba advocatícia, trazida ao critério legal (§ 2º do art. 85 do CPC). Pedido indenizatório genérico que não permite estimativa precisa, devendo prevalecer aquela feita pelos reconvintes. Pretensão de declaração de prescrição do pedido indenizatório reconvencional incompatível com o acolhimento, pela sentença, de defesas de índole processual feitos pela própria autora ao contestar, conducentes à extinção da reconvenção sem apreciação de mérito. *Recurso dos réus que se provê apenas no que tange ao critério contratualmente previsto para apuração de haveres, que deve prevalecer sobre o legal.* Art. 1.031 do Código Civil, *caput*. Pagamento dos haveres que se há de fazer na forma do § 2º do mesmo art. 1.031, em moeda corrente nacional. O direito de retirada de sócio de sociedade pessoal contratada por prazo indeterminado é potestativo, independente de apuração de eventual culpa pelas desavenças. Jurisprudência das Câmaras de Direito Empresarial deste Tribunal. Inutilidade, pois, no caso concreto, da pretendida perquirição de culpa pela saída da sócia. Apelações parcialmente providas (TJSP; Apelação Cível 1065640-60.2019.8.26.0100; Relator (a): Cesar Ciampolini; Órgão Julgador: 1ª Câmara Reservada de Direito Empresarial; Foro Central Cível – 2ª VARA EMPRESARIAL E CONFLITOS DE ARBITRAGEM; Data do Julgamento: 29/09/2020; Data de Registro: 29/09/2020) (grifo nosso).

Agravo de instrumento – Ação de dissolução parcial de sociedade c/c apuração de haveres e com pedido de tutela antecipada – Fase de avaliação da sociedade para apuração de haveres – Decisão que ao nomear perito avaliador determina que o perito apresente, inicialmente, a melhor sistemática para avaliação da sociedade, oportunizando manifestação das partes, inclusive com apoio de assistentes técnicos – *Decisão recorrida que não contraria o disposto em contrato social da sociedade em liquidação que, expressamente, impõe observância das regras dispostas no Código Civil (art. 1.031), mas, sobretudo, visa a apuração do real e justo valor da sociedade consideradas suas especificidades* (CPC, art. 607) – Decisão recorrida mantida – Recurso desprovido (TJSP; Agravo de Instrumento 2212523-31.2020.8.26.0000; Relator (a): Maurício Pessoa; Órgão Julgador: 2ª Câmara Reservada de Direito Empresarial; Foro Central Cível – 1ª VARA EMPRESARIAL E CONFLITOS DE ARBITRAGEM; Data do Julgamento: 01/12/2020; Data de Registro: 03/12/2020) (grifo nosso).

Evidentemente, ainda que a prevalência ou não da vontade das partes seja tema bastante debatido, como se viu, o certo é que em muitos casos o contrato social é silente quanto ao critério para apuração de haveres ou, no máximo, contém regras bastante genéricas, que acabam impondo ao juiz, por força do disposto no artigo 606 do Código de Processo Civil, determinar o critério de apuração de haveres.

Nesse sentido, como mencionado no início deste item, o Superior Tribunal de Justiça, no REsp 1877331/SP, formulou diversas ponderações acerca dos objetivos e consequências da adoção de determinados critérios de apuração de haveres.

Na verdade, o critério do fluxo de caixa descontado, malgrado fosse entendido como o método que melhor refletia o valor econômico da sociedade já que, sem descartar os elementos contábeis, analisa a situação da empresa dentro do contexto macroeconômico, projetando lucros futuros nos próximos cinco a dez anos, mas aplicando taxa que reduz o valor futuro para o presente, de fato, não se adequa às hipóteses de retirada ou falecimento de sócio.[249]

Isso porque, o aludido método traça uma perspectiva de lucro futuro, sendo adequadamente utilizado para fins de avaliação de empresa objeto de trespasse, cisão, fusão ou incorporação, não nas hipóteses de falecimento ou retirada de sócio que, se não responde pelos insucessos supervenientes à sua saída, igualmente não pode auferir os supervenientes sucessos da sociedade.

Neste sentido, é o entendimento das Câmaras Reservadas de Direito Empresarial do Tribunal de Justiça do Estado de São Paulo:

> Agravo de instrumento – Ação ordinária de dissolução parcial de sociedade c/c apuração de haveres – Decisão recorrida

---

249 Para uma maior reflexão sobre as formas de avaliação de uma empresa e, por consequência, das metodologias utilizadas, ver MARTINS, Eliseu. *Avaliação de empresas*: da mensuração contábil à econômica. São Paulo: Atlas, 2001.

que (i) julgou procedente o pedido declaratório de dissolução parcial da sociedade empresária Consult Us Empresarial Ltda., determinando-se a retirada do autor Luis Guilherme Rossi Piranha do quadro societário, estabelecendo como data-base do pedido de resolução a data da notificação extrajudicial encaminhada pelo autor à sociedade empresária e demais sócios, conforme artigo 1.029 do Código Civil, ou seja, o dia 30/10/2019, com fulcro no artigo 605, inciso III, do Código de Processo Civil; (ii) determinou a produção de prova pericial contábil, estabelecendo a utilização da metodologia do fluxo de caixa descontado na avaliação da sociedade, além de determinar que o expert analise "o balanço patrimonial da empresa desde a data da entrada do autor no quadro societário até a data-base fixada na sentença, avaliando-se criteriosamente os bens integrantes do ativo e passivo da sociedade empresária CONSULT US EMPRESARIAL LTDA, excluindo-se da avaliação o fundo de comércio e acervo imaterial da sociedade dissolvida, pois não impugnado especificamente em réplica"; (iii) no tocante ao pagamento dos haveres, determinou o afastamento da disposição contida na cláusula décima terceira do contrato social, de modo a prevalecer a disposição constante no parágrafo 2º, do artigo 1.031, do Código Civil – Preliminar de incognoscibilidade – Descabimento – Insurgência dos autores no tocante à utilização da metodologia do fluxo de caixa descontado na avaliação da sociedade – Réu que fundamentou seu direito de retirada e a consequente apuração de seus haveres na dicção estabelecida pelo artigo 1.031 do Código Civil que, por sua vez, trata exatamente da hipótese de liquidação do valor de sua quota "com base na situação patrimonial da sociedade, à data da resolução, verificada em balanço especialmente levantado" – *Método do fluxo de caixa descontado que, ademais, não se revela adequado à hipótese de retirada do sócio – Precedentes deste Tribunal de Justiça – Adoção do método do balanço de determinação* – Exegese do artigo 1.031 do Código Civil – Inconformismo no tocante ao afastamento, de ofício, da disposição contida na cláusula décima terceira do contrato social, de modo a prevalecer a disposição constante no parágrafo 2º, do artigo 1.031, do Código Civil – Réu que, no tocante à periodicidade com a qual deve se dar o pagamento dos haveres a ele devidos, formulou pedido expresso voltado à realização do pagamento na forma "contratual" e, em sede de réplica e por ocasião da apresentação da resposta ao presente recurso, não se insurgiu contra a questão – Decisão *extra petita* neste ponto – Necessidade de prevalência da disposição contida na cláusula décima terceira do contrato social, de modo que, apurado o valor devido a título de haveres, seu pagamento seja realizado "em 60 (sessenta) prestações mensais e sucessivas, corrigidas pelo índice da poupança", observando-se que o vencimento da primeira parcela corresponde ao 60º dia subsequente à "data de retirada do sócio" – Decisão recorrida parcialmente reformada – Recurso provido (TJSP; Agravo de Instrumento 2166247-05.2021.8.26.0000; Relator (a): Maurício Pessoa; Órgão Julgador: 2ª Câmara Reservada de Direito Empresarial; Foro de São José do Rio Preto – 8ª Vara Cível; Data do Julgamento: 01/10/2021; Data de Registro: 01/10/2021) (grifo nosso).

AÇÃO DE DISSOLUÇÃO PARCIAL DE SOCIEDADE – APURAÇÃO DE HAVERES – METODOLOGIA APLICADA PELO PERITO ("FLUXO DE CAIXA DESCONTADO") – DESCABIMENTO – No presente caso, houve a prolação de (primeira) sentença, acolhendo o laudo pericial para fixar os haveres devidos à sócia retirante (CÍNTIA) em R$ 677.829,77. Porém, tal sentença foi anulada por esta 2ª Câmara Reservada de Direito Empresarial, com determinação a que fossem prestados esclarecimentos pelo perito judicial – Após a complementação do laudo, sobreveio nova sentença, fixando os haveres devidos pelas autoras apelantes à ré em R$ 268.973,85 – Inconformismo das autoras – Acolhimento – Em primeiro lugar, impende remarcar que o v. acórdão anterior, ao anular a primeira sentença, não fixou nem impôs o método a ser adotado, mas apenas determinou que fossem esclarecidos quais foram os critérios e fatores utilizados para o cálculo. *Segundo, no caso vertente, não se pode falar em incidência do método "fluxo de caixa descontado", visto que a ré CINTIA permaneceu na sociedade por apenas 5 (cinco) meses, não tendo direito à expectativa de lucros futuros, muito menos ao "fundo de comércio".* Por fim, conquanto o laudo pericial tenha indicado, como um dos fatores, considerados pelo método do fluxo de caixa descontado, as projeções de fluxos de caixas futuros, não trouxe esclarecimentos suficientes sobre como o "fundo de comércio" seria mensurável, mormente quando reconhece que não houve tempo hábil à apuração (apenas 5 meses de sociedade) – RECURSO PROVIDO, COM OBSERVAÇÃO. (TJSP; Apelação Cível 1051117-53.2013.8.26.0100; Relator (a): Sérgio Shimura; Órgão Julgador: 2ª Câmara Reservada de Direito Empresarial; Foro Central Cível – 29ª Vara Cível; Data do Julgamento: 14/09/2021; Data de Registro: 16/09/2021) (grifos nossos).

SOCIEDADE LIMITADA – Dissolução parcial de sociedade – Apuração de haveres – Inclusão do fundo de comércio por entender o perito que o patrimônio líquido da empresa é negativo – Magistrado que determinou a complementação do laudo para que se considerasse não só o resultado negativo nos cinco antes anteriores ao desligamento do sócio, mas também eventual a expectativa de lucros – Distinções – Métodos de avaliação das empresas – *Método do fluxo de caixa descontado apropriado para avaliação do valor econômico da empresa nos casos de trespasse, fusão, cisão ou incorporação – Método que contempla juros e riscos projetados para depois da saída do sócio – Cabimento do balanço especial de determinação (CC, art. 1.031, caput) para as hipóteses de dissolução parcial da sociedade –* Método que, para apurar o valor do fundo de comércio, se utiliza da média histórica dos lucros operacionais líquidos, do lucro normal, da taxa de custo de capital próprio e da perpetuidade financeira – Necessidade de apurar-se o fundo de comércio, observando-se que não se trata de expectativa de lucros futuros a serem auferidos pelo sócio retirante, mas de avaliar o valor econômico da empresa em determinado momento – Agravo desprovido. AGRAVO INTERNO – Interposição contra r. decisão que deferiu o efeito suspensivo pleiteado – Perda superveniente do interesse em razão do resultado do julgamento do instrumento – Agravo interno com julgamento prejudicado. Dispositivo: Agravo não provido, com observação. Julgam prejudicado o agravo interno (TJSP; Agravo de Instrumento 2253663-45.2020.8.26.0000; Relator (a): Ricardo Negrão; Órgão Julgador: 2ª Câmara Reservada de Direito Empresarial; Foro Regional XI – Pinheiros – 4ª Vara Cível; Data do Julgamento: 20/07/2021; Data de Registro: 21/07/2021) (grifos nossos).

Sociedade limitada – Ação declaratória, de dissolução parcial de sociedade, apuração de haveres e prestação de contas – Indeferimento de tutela provisória de urgência, fixação de critério para a apuração de haveres e arbitramento de honorários periciais provisórios – Premissa incorreta adotada pela parte recorrente, confundido o herdeiro menor, que não participa da relação processual, com o espólio composto pelos bens deixados por sua mãe falecida – Falta de preenchimento dos requisitos previstos no art. 300 do CPC de 2015 – Critério patrimonial proposto pelo perito oficial compatível com a avaliação projetada – *Método de avaliação pelo fluxo de caixa descontado que não se compatibiliza com a maior parcela das sociedades limitadas, nada impedindo que possa ser apresentada alguma fórmula alternativa de apuração dos haveres* – Arbitramento de honorários periciais compatível com o trabalho profissional previsto para ser realizado – Impugnação genérica – Recurso desprovido. (TJSP; Agravo de Instrumento 2071665-81.2019.8.26.0000; Relator (a): Fortes Barbosa; Órgão Julgador: 1ª Câmara Reservada de Direito Empresarial; Foro de Itaquaquecetuba – 1ª Vara Cível; Data do Julgamento: 07/08/2019; Data de Registro: 09/08/2019) (grifos nossos).

No caso da retirada ou falecimento, a pessoa jurídica deve reembolsar ao sócio dissidente o valor de sua participação societária, calculado com base no patrimônio líquido da sociedade, ou seja, com "base na situação patrimonial da sociedade, verificada em balanço especialmente levantado, à data da resolução", conforme previsão expressa do artigo 1.031, *caput*, do Código Civil.

Assim, tem-se que o método que melhor reflete a situação patrimonial da sociedade na data da resolução é o balanço especial de determinação a que se refere o artigo 1.031 do Código Civil.

Em arremate ao até aqui referido, oportunas as lições do Ministro Villas Bôas Cueva, em seu voto prolatado no REsp 1877331/SP, ao esclarecer as razões pelas quais não se mostra recomendável, para fins de apuração de haveres em caso de dissolução parcial de sociedade, a adoção da metodologia do fluxo de caixa descontado:

> Na determinação do preço a pagar ao sócio retirante, por outro lado, só haverá encontro de vontades se estipulada cláusula contratual prevendo o cálculo na respectiva apuração de haveres. Caso contrário, ocorrerá imposição de valor, que deve ser, por força da lei, da doutrina e da jurisprudência, o mais próximo possível do real, ou seja, sem elementos arbitrários como as prognoses acerca de eventos futuros e incertos (faturamento e lucratividade futuros, taxa de juros utilizada no desconto etc.).
>
> Essa incerteza – que advém de fatores macroeconômicos (taxa de crescimento do PIB, taxa de juros, taxa de desemprego), jurídicos (normas regulatórias e normas que criem ou ampliem incidências tributárias) e também internos (a própria gestão da empresa) – torna, a meu ver, a metodologia do fluxo de caixa descontado desaconselhável na apuração de haveres do sócio dissidente.
>
> Nesse sentido, vale citar a mais recente doutrina, produzida já sob a égide do Código de Processo Civil de 2015, a corroborar que o critério legal (patrimonial) continua sendo o mais acertado, ao passo que o econômico (do qual deflui a metodologia do fluxo de caixa descontado), além de inadequado para o contexto da apuração de haveres, pode ensejar consequências perniciosas, tais como (i) desestímulo ao cumprimento dos deveres dos sócios minoritários; (ii)

incentivo ao exercício do direito de retirada, em prejuízo da estabilidade das empresas, e (iii) enriquecimento indevido do sócio desligado em detrimento daqueles que permanecem na sociedade.

Confira-se:

"*(...) Repito que a escolha do legislador pelo critério patrimonial, no caso de omissão do contrato social, foi a mais acertada.* Isso porque o critério econômico não é, e não pode ser visto, como um aperfeiçoamento do patrimonial, um modo mais 'moderno' de avaliar as empresas. Trata-se exclusivamente de definir a metodologia mais adequada para cada contexto. Numa mesa de negociações, cada parte propõe e contrapropõe sobre o preço de participações societárias tomando por referência o quanto a empresa vai gerar de riqueza a partir daquele momento. Tanto o potencial comprador como o potencial vendedor raciocinam a partir do mesmo parâmetro – o futuro do negócio explorado pela sociedade. Fazem (é certo!) apostas diametralmente inversas. Quer dizer, se chegarem ao acordo de ser justo, por exemplo, o preço de $100 para as quotas sociais, é porque o comprador considerou que, com esse dinheiro, ele terá mais lucro num outro investimento e o vendedor, de sua parte, calculou que investir naquela sociedade é o melhor emprego que se pode fazer com este dinheiro, não havendo outro investimento melhor. Antes de se sentarem à mesa para negociar, cada parte contratou a avaliação da empresa para terem elementos substanciais a nortearem suas propostas e contrapropostas. Pois bem, não há dúvidas de que essa avaliação teve que ser feita pela metodologia econômica, isto é, olhando o futuro da sociedade, o potencial de geração de riqueza que ela apresenta. *Mas, atente-se, a racionalidade da avaliação econômica é incontestável apenas quando se trata de fornecer elementos para uma negociação de empresas. Fora desse contexto, isto é, fora das tratativas visando à compra e venda de participações societárias, nem sempre a metodologia da avaliação econômica mostra-se racional. Quando se trata de reembolso de sócio desligado, ao contrário, ela é prenhe de irracionalidade. Calcular o reembolso do sócio desligado em função das perspectivas de rentabilidade da sociedade implica sérias contradições com fundamentos básicos da economia de modelo liberal. Porque o sócio desligado, nesse caso, terá assegurado um retorno ao investimento sem estar correndo os riscos correspondentes.* Isto é, a partir da resolução parcial da sociedade, ele deixa de ser sócio e, consequentemente, não corre mais nenhum risco empresarial em relação àquela empresa. A metodologia econômica de avaliação procura quantificar exatamente o retorno que o investimento naquela sociedade tende a proporcionar, num prazo definido, a quem for sócio dela. Mas esse retorno pode ou não existir, em razão dos riscos próprios da atividade empresarial. Trata-se de simples estimativa. *Com a adoção do critério econômico na apuração de haveres, o sócio desligado tem assegurado um retorno projetado de um investimento sem correr minimamente o risco correspondente. Não é só isso. Quem vai arcar com a conta são os sócios que permanecerem na sociedade.* Isto é, aqueles que estão correndo o risco empresarial e que não têm nenhuma garantia de que realmente embolsarão o lucro projetado pelos especialistas em avaliação de ativos. Quer dizer, avaliada a sociedade resolvida pela metodologia econômica, os investidores que irão correr o risco empresarial (os sócios que permanecem) ficam obrigados a anteciparem o valor de um hipotético retorno a quem deixou de investir na mesma empresa (o sócio desligado). *É uma clara distorção nos fundamentos da economia, nos estímulos e desestímulos próprios do capitalismo, que associam lucro ao risco, e este àquele. Note-se bem o alcance da impropriedade: se a lei tivesse escolhido a metodologia econômica como supletiva da vontade dos sócios, para a apuração de haveres, isso implicaria claro e altamente indesejável estímulo ao descumprimento dos deveres societários pelo minoritário.* Para ele, seria muito mais interessante descumpri-los para ser excluído da sociedade, porque embolsaria, antecipadamente, todo

> o lucro que (calcula-se) ele receberia em alguns anos, mas sem correr minimamente nenhum risco empresarial. Mesmo se abstraindo o descumprimento dos deveres societários, *a adoção pela lei da metodologia econômica no caso de omissão do contrato social serviria de estímulo ao exercício do direito de retirada, sempre em prejuízo da estabilidade das empresas*. Quem não se interessaria em substituir seu investimento de risco pela garantia de recebimento do mesmo retorno, calculado pelos especialistas, independentemente do sucesso ou fracasso da empresa? Se, na questão relativa ao critério de avaliação mais adequado no contexto da dissolução parcial, há enriquecimento indevido, certamente seria do sócio desligado em prejuízo dos que permanecem na sociedade, caso a lei tivesse elegido o econômico para a apuração de haveres, no caso de omissão de contrato" (COELHO, Fábio Ulhoa. "Apuração de haveres na ação de dissolução de sociedade". *In*: RIBEIRO, Márcia Carla Pereira, CARAMÊS, Guilherme Bonato Campos. *Direito Empresarial e o novo CPC*. Belo Horizonte: Fórum, 2017, pp. 27/28, grifou-se).

A citação de trecho de artigo de Fabio Ulhoa Coelho, colacionada pelo Ministro Cueva em seu voto, vai ao encontro da hipótese levantada no início deste artigo, qual seja, a necessária ponderação ou correlação entre os critérios adotados para a apuração de haveres e o fato de que o exercício do direito de retirada imotivado, tal como disposto no artigo 1.029 do Código Civil, é utilizado de forma recorrente em sociedades limitadas, as quais, por sua vez, constituem o tipo societário de maior incidência no País.

Logo, a necessária cautela na escolha do critério para apuração de haveres em casos de exercício do direito de retirada imotivado devem passar por considerações acerca do estímulo ou desestímulo ao comportamento dos sócios, o que inclui o cumprimento de deveres por sócios minoritários, ou mesmo nos casos de distribuição igualitária do capital social entre dois sócios (contexto também recorrente nas sociedades limitadas brasileiras), assim como a busca de vantagens indevidas por um dos sócios, a partir do exercício do direito de retirada, em prejuízo da estabilidade da empresa.

Finalmente, mas não menos importante, apresentar-se-ão algumas reflexões sobre a escolha do critério de apuração de haveres e sua relação com o objeto social da empresa, tema que guarda relação direta com os pontos acima referidos, mas que traz consigo outros tantos debates acerca da própria interpretação dos artigos 1.031 do Código Civil e 606 do Código de Processo Civil.

3 Critério de apuração de haveres e sua relação com o objeto social: reflexão necessária

Consideradas as ponderações formuladas acima, poder-se-ia reconhecer, na ausência de previsão no contrato social sobre a forma de apuração de haveres, aplicável o disposto nos artigos 606 do Código de Processo Civil e 1.031 do Código Civil.

Ocorre que, ainda assim, muitos são os debates envolvendo como apurar o valor patrimonial em balanço de determinação, o que inclui a própria extensão da avaliação dos bens e direitos do ativo, tangíveis e intangíveis, a preço de saída, além do passivo a ser apurado de igual forma.

Obviamente a questão justificaria um artigo específico para que fosse abordada de forma minimamente suficiente. Seja como for, o objetivo de mencioná-la aqui é destacar que as transformações pelas quais a atividade empresarial passa nos últimos anos, inevitavelmente, refletem-se nas características de seus ativos e do próprio passivo. Como consequência, considerações acerca da avaliação de tangíveis e intangíveis ganham relevo a cada dia.[250]

---

250 Sobre o tratamento dos intangíveis, ver NISHI, Eduardo Azuma. "O critério de apuração de haveres na dissolução parcial de sociedades e o princípio da preservação da empresa". *In*: YARSHELL, Flávio Luiz; PEREIRA,

Nesse sentido, a relação do objeto social com a escolha do critério de apuração de haveres parece reflexão necessária, sobretudo em atividades empresariais que envolvam novos modelos de negócio, com forte traço tecnológico ou com arranjos societários diversos, nas quais seu valor patrimonial deverá levar em conta ativos intangíveis de mensuração nem sempre simples.

Apenas para ilustrar o problema, sem nenhuma pretensão de esgotar a abordagem, seguem alguns julgados das Câmaras Reservadas de Direito Empresarial do Tribunal de Justiça do Estado de São Paulo:

> Ação ordinária de apuração de haveres – Sociedade de advogados – Laudo pericial que constatou patrimônio negativo – Hipótese em que os autores reclamam a divisão da carteira de clientes e participação nas futuras verbas de sucumbência em processos que foram patrocinados pela sociedade de advogados, antes da dissolução – Sociedade de advogados que, em face da natureza da atividade de advocacia, é de prestação de serviços por profissionais liberais, de forma pessoal, não se aplicando as regras atinentes ao fundo de comércio (*goodwill*) que é o conjunto de bens incorpóreos, utilizados na atividade empresária, como ponto comercial, clientela, marca, patente, tecnologia, segredos do negócio e contratos comerciais, razão pela qual não há como se impor uma divisão na carteira de clientes, pois esta não integra o capital da sociedade, além do que, caberá ao próprio cliente decidir com qual grupo de advogados manterá relação contratual – Com relação aos processos em curso que foram iniciados ao tempo da sociedade, caberá aos interessados reclamar eventual participação nos honorários de sucumbência quando, efetivamente, houver concretização do resultado – Precedente do STJ – Sentença de improcedência – Manutenção – Recurso desprovido (TJSP; Apelação Cível

---

Guilherme Setoguti J. *Processo Societário*. vol. 4. São Paulo: Quartier Latin, 2021, pp. 270-274.

1006315-54.2018.8.26.0565; Relator (a): Maurício Pessoa; Órgão Julgador: 2ª Câmara Reservada de Direito Empresarial; Foro de São Caetano do Sul – 5ª Vara Cível; Data do Julgamento: 28/10/2021; Data de Registro: 28/10/2021).

DISSOLUÇÃO PARCIAL DE SOCIEDADE. APURAÇÃO DE HAVERES. DECISÃO AGRAVADA QUE DETERMINOU A COMPLEMENTAÇÃO DA PROVA PERICIAL, PARA AVALIAÇÃO DE SOFTWARE, COMO ATIVO A SER INCLUÍDO NA APURAÇÃO DE HAVERES. INSURGÊNCIA DA EMPRESA QUE NÃO SUBSISTE, NA HIPÓTESE DOS AUTOS. SE O SOFTWARE INTEGRAVA O ATIVO DA EMPRESA, AO TEMPO DA PERMANÊNCIA DO SÓCIO RETIRANTE, DEVE COMPOR O VALOR DA EMPRESA, PARA FINS DE APURAÇÃO DE HAVERES. RECURSO NÃO PROVIDO (TJSP; Agravo de Instrumento 2213091-47.2020.8.26.0000; Relator (a): Alexandre Lazzarini; Órgão Julgador: 1ª Câmara Reservada de Direito Empresarial; Foro de Santos – 1ª. Vara Cível; Data do Julgamento: 09/06/2021; Data de Registro: 09/06/2021).

Sociedade Limitada – Ação anulatória e de apuração de haveres julgada parcialmente procedente – Liquidação por arbitramento – Exame pericial destinado à fixação do valor dos haveres de sócio retirante – Laudo pericial homologado – Método de avaliação pelo fluxo de caixa descontado utilizado – Compatibilidade com as características da empresa examinada, cujas atividades são voltadas, preponderantemente, para a prestação de serviços de consultoria e o desenvolvimento de programas de informática – Critério patrimonial proposto pelos agravantes conflitante com a realidade econômica e financeira da pessoa jurídica – Decisão mantida – Recurso desprovido (TJSP; Agravo de Instrumento 2276667-14.2020.8.26.0000; Relator (a): Fortes Barbosa; Órgão Julgador: 1ª Câmara Reservada de Direito Empresarial; Foro de Campinas – 3ª Vara Cível; Data do Julgamento: 10/02/2021; Data de Registro: 10/02/2021).

Ação de reconhecimento e dissolução de sociedade em comum ou de fato – Sociedade limitada – Restaurante (alta

> gastronomia) – Conjunto probatório que revela a existência de sociedade comum ou de fato entre as partes litigantes, inclusive com percentual de participação de cada sócio – Sociedade que é formada por duas classes de sócios, sendo uma delas a de chefs de cozinha e a outra de sócios de capital – Atividades dos sócios da classe de chefs preponderante, inclusive com documentos que revelam a existência de reserva referente ao ativo intelectual – Afastamento dos bens imateriais na apuração de haveres – Precedentes – Valores devidos a contar de 60 dias da liquidação e pagamento à vista, a impor menor onerosidade aos autores – Sentença de procedência reformada minimamente – Sentença de improcedência das ações consignatória e de obrigação de entregar coisa certa, em apenso, mantida – Recurso dos réus parcialmente provido. Honorários de advogado – Ação de reconhecimento e dissolução de sociedade em comum ou de fato – Sentença de natureza declaratória – Percentual legal que incidirá sobre o benefício econômico buscado ou, caso não seja possível aferi-lo, sobre o valor atualizado da causa – Valor atribuído à causa, corrigido de ofício, que corresponde à integralização das quotas sociais – Parâmetro a ser adotado (CPC, art. 85, §§ 2º e 11) – Readequação da honorária – Recurso dos autores provido (TJSP; Apelação Cível 1010888-12.2017.8.26.0100; Relator (a): Maurício Pessoa; Órgão Julgador: 2ª Câmara Reservada de Direito Empresarial; Foro Central Cível – 21ª Vara Cível; Data do Julgamento: 08/04/2019; Data de Registro: 12/04/2019).

Assim, para além da observância da previsão do contrato social, o qual, desde que adequadamente redigida cláusula que preveja a forma de apuração de haveres, poderia ser um grande aliado na busca do critério que melhor corresponda à situação do patrimônio da sociedade, ao lado das regras previstas no Código Civil e no Código de Processo Civil, e da jurisprudência e doutrina sobre o tema, acredita-se que a consideração do objeto social e das características da atividade desenvolvida pela empresa constituam elementos fundamentais na busca da melhor solução para a apuração de haveres em caso de exercício de direito de retirada imotivado, de modo a aferir o valor patrimonial da participação societária do sócio que se desvincula da sociedade.

Considerações finais

A hipótese inicialmente apresentada como objetivo deste artigo foi analisar se haveria necessidade de correlacionar a regra que autoriza o exercício do direito de retirada imotivado em sociedades limitadas aos critérios adotados para apuração de haveres do sócio retirante.

A partir de pesquisa jurisprudencial e de casos julgados em primeiro grau de jurisdição por amostragem, complementados pela doutrina, foi possível constatar que a recorrência com que se utiliza da possibilidade de retirar-se da sociedade com fundamento no artigo 1.029 do Código Civil talvez recomende que se leve em conta o contexto quando da análise dos critérios adotados para apuração de haveres.

Parece não haver dúvida de que o exercício do direito de retirada imotivado repercute na atividade social da empresa e, portanto, a consequente apuração de haveres não pode servir à finalidade diversa da inicialmente prevista, qual seja, aferir o valor patrimonial da participação societária do sócio que se desvincula da sociedade na data de seu desligamento.

A conduta dos sócios certamente pode ser impactada pela posição da jurisprudência sobre o tema, a constituir verdadeiro fator de estímulo ou desestímulo tanto ao exercício do direito de retirada como ao fomento de disputas judiciais em casos em que o contrato social apresenta regras claras e detalhadas sobre o modo de apuração de haveres.

Portanto, acredita-se necessária a correlação entre o exercício do direito de retirada imotivado, dada a recorrência encontrada na prática, conforme apresentado neste artigo, e os critérios adotados para apuração de haveres, o que pode ter desdobramentos não apenas nos casos concretos, mas em termos de reflexão acerca da melhor forma de aferir o valor patrimonial da participação societária do sócio retirante.

Referências bibliográficas

BRASIL. Ministério da Economia. *Mapa de Empresas*: boletim do 2º quadrimestre de 2021. Disponível em: https://www.gov.br/governodigital/pt-br/mapa-de-empresas/boletins/mapa-de-empresas-boletim-do-2o-quadrimestre-de-2021-1.pdf/. Acessado em: 25.02.2022.

COELHO, Fábio Ulhoa. "A dissolução de sociedades no Código de Processo Civil". *In*: YARSHELL, Flávio Luiz; PEREIRA, Guilherme Setoguti (Coord.). *Processo societário*. vol. 3. São Paulo: Quartier Latin, 2018.

COELHO, Fábio Ulhoa. "O valor patrimonial das quotas na sociedade limitada". *Revista de Direito Mercantil, Industrial, Econômico e Financeiro*, São Paulo, nº 123, 2001.

ESTRELLA, Hernani. *Apuração de haveres de sócio*. 5ª ed. (atual.) Rio de Janeiro: Forense, 2010.

FRANÇA, Erasmo Valladão Azevedo e Novaes; ADAMEK, Marcelo Vieira von. *Da ação de dissolução parcial de sociedade*: comentários breves ao CPC/2015. São Paulo: Malheiros, 2016.

GELBCKE, Ernesto Rubens; MARTINS, Eliseu (*et al.*). *Manual de contabilidade societária*: aplicável a todas as sociedades de acordo com as normas internacionais e do CPC. 3ª ed. São Paulo: Atlas, 2018.

MARTINS, Eliseu. *Avaliação de empresas*: da mensuração contábil à econômica. São Paulo: Atlas, 2001.

NISHI, Eduardo Azuma. "O critério de apuração de haveres na dissolução parcial de sociedades e o princípio da preservação da empresa". *In*: YARSHELL, Flávio Luiz; PEREIRA, Guilherme Setoguti J. *Processo Societário*. vol. 4. São Paulo: Quartier Latin, 2021.

CAPÍTULO XIII

NOVAS JURISDIÇÕES PARA SOLUÇÃO DE CONTROVÉRSIAS

Paulo Dias de Moura Ribeiro

Quando julgamos encontrar alguma coisa original,
mais cedo ou mais tarde descobrimos em suas
costas a marca triste do papel carbono.

"Migalhas de PAULO BOMFIM", Migalhas, item 512.

Apresentação

Não tive dúvida em aderir de plano ao amável convite do Desembargador Fernando Antonio Maia da Cunha, que generosamente lembrou do meu nome para participar da obra *Direito Empresarial Aplicado* por ele coordenada, já ingressando no seu segundo volume.

Disse-me o Desembargador no seu amável convite que a participação poderia se dar em temas de Direito Societário, Arbitragem ou Recuperação e Falência.

Resolvi, então, enveredar pelos métodos alternativos (ou adequados) de solução de conflitos, mais especificamente na arbitragem, porque o Superior Tribunal de Justiça, por incrível que possa parecer ao leitor, tem recebido muitas demandas que questionam o pacto celebrado com cláusula compromissória, mostrando, assim, que os contratantes envolvidos em ajustes com tal cláusula, em vários momentos, recorreram ao Judiciário para tentar afastar justamente o que ajustaram.

1 Localização constitucional do tema

Segundo o preâmbulo da nossa Constituição Federal, o Estado brasileiro é uma república federativa comprometida com a solução pacífica das controvérsias.

Isto está estampado com os seguintes dizeres:

> Nós, representantes do povo brasileiro, reunidos em Assembleia Nacional Constituinte para instituir um Estado Democrático, destinado a assegurar o exercício dos direitos sociais e individuais, a liberdade, a segurança, o bem-estar, o desenvolvimento, a igualdade e a justiça como valores supremos de uma sociedade fraterna, pluralista e sem preconceitos, fundada na harmonia social e comprometida, na ordem interna e internacional, com a *solução pacífica das controvérsias*, promulgamos, sob a proteção de Deus, a seguinte.

Não bastasse, dentre os princípios fundamentais adotados pela nossa Constituição Federal, na mesma linha, o Brasil elegeu a solução pacífica dos conflitos como a base que rege as suas relações internacionais: "art. 4º. A República Federativa do Brasil rege-se nas suas relações internacionais pelos seguintes princípios: [...] VII – solução pacífica dos conflitos".

O art. 5º, XXXV, da CF não veda, entre os mecanismos de acesso à Justiça, a conciliação, a mediação e a arbitragem: "art. 5º.

[...] XXXV – a lei não excluirá da apreciação do Poder Judiciário lesão ou ameaça a direito".

O livre acesso à Justiça também encontra obstáculo nos casos de desporto:

> Art. 217. É dever do Estado fomentar práticas desportivas formais e não-formais, como direito de cada um, observados: [...] § 1º O Poder Judiciário só admitirá ações relativas à disciplina e às competições desportivas após esgotarem-se as instâncias da justiça desportiva, regulada em lei.

No passado, a Constituição do Império (jurada em 25/03/1824), em seu art. 160, previa a possibilidade de que nas causas cíveis e nas penais civilmente intentadas, as partes poderiam nomear Juízes Árbitros, cujas sentenças poderiam ser executadas sem recursos, se assim elas tivessem convencionado.

> Art. 161, da CI – Sem se fazer constar, que se tem intentado o meio da reconciliação, não se começará Processo algum.
>
> Art. 162, da CI – Para este fim haverá Juízes de Paz, os quais serão eleitos pelo mesmo tempo, e maneira, porque se elegem os Vereadores das Câmaras. Suas atribuições, e Distritos, serão regulados por Lei.
>
> Art. 167, da CI – As Câmaras serão compostas pelo número de Vereadores que a lei designar e o que obtiver o maior número de votos será o seu Presidente.

2 A legislação infraconstitucional

A arbitragem, a bem da verdade, não é instituto novo no Brasil.

Com efeito, o Código Comercial de 1850 já previa a solução de controvérsias através de árbitros em várias situações, a saber:

a) para as indenizações extraordinárias a que feitores, guarda-livros e caixeiros pudessem vir a fazer jus (art. 80);

b) durante o período de trabalho dos prepostos de feitores, guarda-livros e caixeiros não poderia haver desligamento imotivado, sob pena de pagarem a indenização que os árbitros fixassem (art. 82);

c) os trapicheiros e administradores de armazéns que fossem obrigados a pagar por prejuízos causados, pagariam a indenização que fosse avaliada por árbitros (art. 95);

d) semelhante avaliação indenizatória por árbitros também no art. 194, do CCom / art. 485 do NCC (preço incerto deixado a estimação a terceiros, seria determinado por arbitradores); no art. 201, do CCom / art. 484 do NCC (venda por amostras), havendo dúvida sobre a qualidade e preço, o desate seria feito por arbitradores;

e) também haveria solução indenizável por estimação de arbitradores nas hipóteses do art. 215, do CCom / art. 447 do NCC (prejuízo decorrente da evicção), art. 217, do CCom (vícios e diferenças nas qualidades das mercadorias) / art. 441 e 443 do NCC (vícios redibitórios); art. 776/777, do CCom nas avarias das cargas / art. 707 e §§ do NCPC (regulação da avaria grossa).

f) não bastasse, o art. 245, do CCom, no que tange às locações mercantis, impõe a solução arbitral: "todas as questões que resultarem de contratos de locação mercantil serão decididas pelo Juízo Arbitral". Notório que dá a entender que ficavam afastadas da Justiça Comum os litígios sobre locação comercial, na medida em que todas seriam resolvidas pelo Juízo Arbitral; e

g) por fim, no campo das sociedades mercantis, o CCom também impõe a arbitragem para qualquer discussão suscitada entre os sócios: "todas as questões sociais que se suscitarem entre os sócios durante a existência da sociedade ou companhia, sua liquidação ou partilha, serão decididas em Juízo Arbitral".

No particular, de se acrescer que depois do CCom, o Regulamento 737 (25/11/1850) reafirmou o caráter obrigatório da arbitragem para as causas comerciais, deixando claro que, para as demais causas, a arbitragem era facultativa (ao depois, tal caráter foi afastado).

3 Um pouco de história

A solução pacífica de controvérsias ganhou foro entre nós, a partir do Projeto de Lei n. 4.827/1998, apresentado à Câmara dos Deputados pela Deputada Federal Zulaiê Cobra, para institucionalizar a solução consensual dos conflitos.

À época, a EPM (Escola Paulista da Magistratura), pelas mãos do então Desembargador Marcus Vinicius dos Santos Andrade, cuidou de aderir à novidade, abrindo um Curso de Pós-Graduação *stricto sensu* (especialização sobre o futuro novo dispositivo legal), o qual coordenei, a convite do Desembargador Marco Antônio Marques da Silva, e foi ali que vi a possibilidade de novos e bons horizontes para afastar a solução adjudicada, tão ensinada nas nossas Escolas de Direito.

Foi então que aprendi na aula inaugural, a história da laranja, que consistia em apresentar a briga de filhas sobre a posse de uma laranja, cada qual a disputava para uma finalidade. Mas, a mãe, sem ouvir as filhas, teve uma desastrada solução salomônica: partiu a laranja em duas metades e mesmo assim as filhas não se satisfizeram. A razão era bem simples: uma queria comer a laranja, a outra, queria a casca para um trabalho escolar.

Tivesse a mãe ouvido as filhas, as teria acalmado e pacificado o conflito entre elas. Daí que os princípios da solução pacífica de controvérsias, como a imparcialidade, isonomia, oralidade, informalidade, autonomia da vontade das partes, busca do consenso, confidencialidade e boa-fé, se tornaram o mote propulsor para o engajamento na nova visão do direito.

Mas, infelizmente, aquele bom projeto não evoluiu como se esperava e acabou paralisado em 2013, mesmo com os esforços do então Deputado Federal José Eduardo Cardozo.

Cabe destacar que esse mesmo Projeto foi consolidado por uma comissão de juristas presidida pelo Ministro Luis Felipe Salomão, do STJ, e teve seu texto aprovado e encaminhado à Câmara Federal (Projeto n. 7.169/2014), onde também foi aprovado pela Comissão de Constituição e Justiça em 2015. Retornando ao Senado, foi convertido na Lei de Mediação (Lei n. 13.140/2015), primeiro marco regulatório do tema no Brasil.

Um pouco antes, o CNJ havia editado a Resolução n. 125/2010, que estabeleceu a criação dos Centros Judiciários de Solução de Conflitos e Cidadania, responsáveis pela efetivação de sessões de conciliação e mediação, dirigidas por profissionais devidamente habilitados nas técnicas de solução alternativa de litígios.

4 Novos padrões de solução de conflitos

Depois de tantas iniciativas, se fazia mesmo necessária a abertura de novos padrões de solução de conflitos, afastando a ensinada solução adjudicada dos litígios, já lembrada.

E após todas as iniciativas apontadas, o Brasil pode finalmente contar com uma moderna Lei de Arbitragem (Lei n. 9.307, de 23 de setembro de 1996), fruto dos esforços do Senador Marco Maciel, que lamentava o compromisso do antigo Código Civil, na medida em que exigia homologação judicial.

Salientou o então Senador a necessidade da inovação para retirar o país do rol das nações atrasadas no trato das questões ligadas à solução de controvérsias fora do âmbito do Poder Judiciário:

> A legislação hoje em vigor no Brasil acerca da arbitragem não permite a utilização do instituto em nosso País: de um lado, não havendo previsão legal para a cláusula compromissória, transforma-se a promessa, inserida nos contratos, de solucionar as eventuais pendências através da decisão por árbitros em letra morta, verdadeiro pacto sem maior efeito senão o de gerar perdas e danos (de difícil liquidação); por outro lado, a necessidade de fazer homologar, obrigatoriamente, todo e qualquer laudo arbitral pelo Poder Judiciário suprime duas das mais importantes vantagens deste meio alternativo de solução de controvérsias, a saber, o sigilo e a celeridade.[251]

Foi assim que saímos dos art. 2º e 262, do CPC/73, que diziam: "Art. 2º Nenhum juiz prestará a tutela jurisdicional senão quando a parte ou o interessado a requerer, nos casos e formas legais. Art. 262 O processo civil começa por iniciativa da parte, mas se desenvolve por impulso oficial".

Importante acrescentar que o art. 2º do antigo CPC encontra ressonância no também art. 2º do NCPC que diz: "o processo começa por iniciativa da parte e se desenvolve por impulso oficial, salvo as exceções previstas em lei".

Só para registrar, uma das exceções está contida nos art. 738 e ss. do NCPC que cuida da herança jacente.

Ao lado da inércia da jurisdição, há que se agregar o princípio consagrador que o Estado, sempre que solicitado, lhe prestará,

---

251 MACIEL, Marco. "Exposição de Motivos da Lei de Arbitragem: justificação". *Revista de Arbitragem e Mediação*, vol. 3, nº 9, abr. 2006, p. 317.

conforme assentado no art. 5º, XXXV, da CF: "a lei não excluirá da apreciação do Poder Judiciário lesão ou ameaça a direito".

Sem tal regra, aliás, vigoraria o arbítrio!

Por tal regra, a amplitude do acesso à justiça é uma característica do nosso Estado de Direito. Por isso mesmo, ingressar no Judiciário é fácil; difícil é sair dele.

Gize-se que o NCPC prestigiando a regra maior de direito de acesso à justiça, põe luzes ao tema no art. 3º do NCPC e em seu § 1º. Veja-se: "art. 3º. Não se excluirá da apreciação jurisdicional ameaça ou lesão a direito, § 1º. É permitida a arbitragem, na forma da lei".

Então, é necessário que se entenda de um outro modo que a pretensão resistida só pode ser solvida pelo Judiciário.

O negócio jurídico processual (art. 190 do NCPC), é uma outra forma de solução de lides, ainda que dentro do Judiciário, mas que permite que as partes decidam a forma pela qual querem chegar ao fim do seu litígio, sem que isso afaste os princípios da boa-fé e cooperação, revelado no art. 6º do NCPC: "art. 6º. Todos os sujeitos do processo devem cooperar entre si para que se obtenha, em tempo razoável, decisão de mérito justa e efetiva".

E o Enunciado n. 6 do FPPC não discrepa: "o negócio jurídico processual não pode afastar os deveres inerentes à boa-fé e à cooperação".

Desnecessário salientar que o dever de cooperação alcança todos os personagens do processo: autor, réu, terceiros intervenientes, MP e o seu próprio condutor, o Juiz de Direito.

5 O acesso à justiça e à arbitragem

Ao início destes rabiscos, pus em realce que o nosso Código Comercial já caminhava no sentido da arbitragem pelas inúmeras hipóteses que ele enumerou.

No aspecto, vale ter em mente que a arbitragem é um instituto que sempre foi utilizado pelos povos antigos.

Lembra José Rodrigues Pinheiro[252] que a arbitragem foi a única forma de composição de conflitos que Roma conheceu durante certo tempo, e que depois continuou concorrendo com a jurisdição estatal.

Muito antes disso, aponta Sebastião José Roque que antes de Cristo a arbitragem já era a forma de solução das lides, agarrando-se à lição de Aristóteles: "o árbitro visa à equidade, enquanto que o juiz à lei; é por isso que o árbitro foi criado: para que a equidade seja aplicada".[253]

Por fim, vale recordar que quando da época da multiplicidade dos códigos processuais estaduais, a arbitragem foi expressamente tratada nos de Minas Gerais, Bahia e Rio de Janeiro.[254]

Promulgada entre nós a Lei da Arbitragem, no seio do Judiciário, rondava a ideia de que as grandes demandas seriam canalizadas para a solução arbitral. De fato, parece que isso está acontecendo.

Mas, também se está assistindo a uma certa resistência daqueles que concordaram com a cláusula compromissória e se socorrem do Judiciário para invalidar o que foi ajustado.

Um rápido exame da jurisprudência oriunda do Superior Tribunal de Justiça servirá para demonstrar a inquietação demonstrada em certos casos, embora a Corte tenha, na maior parte das vezes, prestigiado o princípio da competência-competência.

---

252 PINHEIRO, José Rodrigues. *Tratado da arbitragem*. São Paulo: Scortecci, 2010, p. 19.

253 ROQUE, Sebastião José. *Arbitragem a solução viável*. São Paulo: Ícone, 1997, p. 13.

254 PINHEIRO, José Rodrigues. *Tratado da arbitragem*. São Paulo: Scortecci, 2010, p. 20.

Abaixo segue uma pequena demonstração do que estou afirmando:

> PROCESSUAL CIVIL. RECURSO ESPECIAL. AÇÃO CAUTELAR. PRETENSÃO DE ASSEGURAR RESULTADO ÚTIL DE PROCEDIMENTO ARBITRAL FUTURO. CABIMENTO ATÉ A INSTAURAÇÃO DA ARBITRAGEM. A PARTIR DESSE MOMENTO, OS AUTOS DEVEM SER REMETIDOS PARA O JUÍZO ARBITRAL. RECURSO ESPECIAL PREJUDICADO.
>
> 1. As disposições do NCPC, no que se refere aos requisitos de admissibilidade dos recursos, são aplicáveis ao caso concreto ante os termos do Enunciado Administrativo n. 3, aprovado pelo Plenário do STJ na sessão de 09/03/2016.
>
> 2. A ação cautelar proposta na Justiça Comum para assegurar o resultado útil da arbitragem futura só tem cabimento até a efetiva instauração do procedimento arbitral.
>
> 3. A partir desse momento, em razão do princípio da competência-competência, os autos devem ser encaminhados ao Árbitro a fim de que este avalie a procedência ou improcedência da pretensão cautelar e, fundamentadamente, esclareça se a liminar eventualmente concedida deve ser mantida, modificada ou revogada.
>
> 4. No caso, a discussão travada no recurso especial, relativa à composição do polo passivo da ação cautelar, ficou prejudicada, porque definitivamente instaurado procedimento arbitral competente, sem impugnações, cumprindo ao Árbitro dirimir a controvérsia assinalada com a legitimidade passiva das partes envolvidas em função da extensão subjetiva da cláusula arbitral pactuada.
>
> 5. Recurso especial prejudicado (REsp 1.948.327/SP, Rel. Ministro MOURA RIBEIRO, Terceira Turma, j. 14/09/2021, DJe 20/09/2021).
>
> CIVIL E PROCESSUAL CIVIL. RECURSO ESPECIAL. RECURSO MANEJADO SOB A ÉGIDE DO NCPC.

EXECUÇÃO DE TÍTULO EXECUTIVO EXTRAJUDICIAL. CONTRATO DE INTERMEDIAÇÃO. EXCEÇÃO DE PRÉ-EXECUTIVIDADE. CLÁUSULA COMPROMISSÓRIA PACTUADA. POSSIBILIDADE DE CONCOMITÂNCIA ENTRE EXECUÇÃO NO JUÍZO ESTATAL E PROCEDIMENTO ARBITRAL. NECESSIDADE DE SE OBSERVAR CERTOS REQUISITOS. ALEGAÇÃO DE NULIDADE DO TÍTULO EXEQUENDO. CERNE DA CONTROVÉRSIA QUE GUARDA RELAÇÃO COM O PRÓPRIO MÉRITO DO CONTRATO EXECUTADO. OBSERVÂNCIA DO PRINCÍPIO KOMPETENZ-KOMPETENZ. DERROGAÇÃO DO JUÍZO ESTATAL. COMPETÊNCIA DO JUÍZO ARBITRAL. NECESSIDADE DE SUSPENSÃO DOS ATOS EXECUTIVOS. FIXAÇÃO DE SUCUMBÊNCIA. RECURSO ESPECIAL PROVIDO.

1. Aplica-se o NCPC a este recurso ante os termos do Enunciado Administrativo n. 3, aprovado pelo Plenário do STJ na sessão de 09/03/2016: aos recursos interpostos com fundamento no CPC/2015 (relativos a decisões publicadas a partir de 18 de março de 2016) serão exigidos os requisitos de admissibilidade recursal na forma do novo CPC.

2. A existência de cláusula compromissória não obsta a execução de título extrajudicial, desde que preenchidos os requisitos da certeza, liquidez e exigibilidade na medida em que os árbitros não são investidos do poder de império estatal à prática de atos executivos, não tendo poder coercitivo direto. Precedentes.

3. A celebração de cláusula compromissória implica parcial derrogação da jurisdição estatal, impondo ao árbitro o poder-dever de decidir as questões decorrentes do contrato ou das obrigações nele consignadas (existência, constituição ou extinção do crédito). Necessidade de observância do princípio Kompetenz-Kompetenz. Precedentes.

4. Porque os argumentos trazidos na exceção de pré-executividade dizem respeito ao próprio mérito do título executivo em que inserida a cláusula compromissória, deve ser ela

rejeitada, com a imediata suspensão da execução até final decisão proferida no Juízo Arbitral.

5. Recurso especial provido (REsp 1.864.686/SP, Rel. Ministro MOURA RIBEIRO, Terceira Turma, j. 13/10/2020, DJe 15/10/2020).

CIVIL E PROCESSUAL CIVIL. RECURSO ESPECIAL. RESILIÇÃO DE CONTRATO DE DISTRIBUIÇÃO E REVENDA DE BEBIDAS. RECURSO MANEJADO SOB A ÉGIDE DO CPC/73. ALEGAÇÃO DE OFENSA AOS ART. 131, 165, 458 E, 535 DO CPC/73. OMISSÃO OU CONTRADIÇÃO INEXISTENTES. ACÓRDÃO DEVIDAMENTE FUNDAMENTADO. ARBITRAGEM. INEXISTÊNCIA DE OFENSA AO PRINCÍPIO DA INAFASTABILIDADE DA JURISDIÇÃO.

1. Inaplicabilidade do NCPC neste julgamento ante os termos do Enunciado Administrativo n. 2 aprovado pelo Plenário do STJ na sessão de 09/03/2016: aos recursos interpostos com fundamento no CPC/73 (relativos a decisões publicadas até 17 de março de 2016) devem ser exigidos os requisitos de admissibilidade na forma nele prevista, com as interpretações dadas até então pela jurisprudência do Superior Tribunal de Justiça.

2. Não há falar em violação dos art. 165, 458, II, e 535 do CPC/73 quando o Tribunal de origem resolveu fundamentadamente as questões pertinentes ao litígio, mostrando-se dispensável que venha examinar uma a uma as alegações e fundamentos expendidos pelas partes.

3. O Supremo Tribunal Federal, no julgamento do SE n. 5206 AgR, proclamou que a Lei da Arbitragem é constitucional e que a parte, ao firmar contrato com previsão de cláusula compromissória, não ofende o art. 5º, XXXV, da CF/88.

4. As questões relacionadas à existência de cláusula compromissória válida para fundamentar a instauração do Juízo Arbitral devem ser resolvidas, com primazia, por ele, e não pelo Poder Judiciário.

5. O STJ tem orientação no sentido de que nos termos do art. 8º, parágrafo único, da Lei de Arbitragem, a alegação de nulidade da cláusula arbitral, bem como, do contrato que a contém, deve ser submetida, em primeiro lugar, à decisão do próprio árbitro, sendo prematura a apreciação pelo Poder Judiciário. Precedentes.

6. Cuidando-se de cláusula compromissória cheia, na qual foi eleito o órgão convencional de solução do conflito, deve haver a instauração do Juízo Arbitral diretamente, sem passagem necessária pelo Judiciário.

7. Recurso especial provido (REsp 1.602.696/PI, Rel. Ministro MOURA RIBEIRO, Terceira Turma, j. 09/08/2016, REPDJe 23/09/2016, DJe 16/08/2016).

CIVIL E PROCESSUAL CIVIL. RECURSO ESPECIAL. RECURSO MANEJADO SOB A ÉGIDE DO NCPC. CONDOMÍNIO. CONVENÇÃO CONDOMINIAL DEVIDAMENTE REGISTRADA. NATUREZA JURÍDICA INSTITUCIONAL NORMATIVA. CLÁUSULA COMPROMISSÓRIA ARBITRAL. NOVO CONDÔMINO. SUBORDINAÇÃO À CONVENÇÃO. INCOMPETÊNCIA DO JUÍZO ESTATAL. DOUTRINA. PRECEDENTES. RECURSO ESPECIAL NÃO PROVIDO.

1. O recurso ora em análise foi interposto na vigência do NCPC, razão pela qual devem ser exigidos os requisitos de admissibilidade recursal na forma nele prevista, nos termos do Enunciado Administrativo n. 3, aprovado pelo Plenário do STJ na sessão de 09/03/2016: aos recursos interpostos com fundamento no CPC/2015 (relativos a decisões publicadas a partir de 18 de março de 2016) serão exigidos os requisitos de admissibilidade recursal na forma do novo CPC.

2. A matéria discutida no âmbito da Convenção de condomínio é eminentemente institucional normativa, não tendo natureza jurídica contratual, motivo pelo qual vincula eventuais adquirentes. Diz respeito aos interesses dos condôminos e, como tal, não se trata de um contrato e não está submetida

às regras do contrato de adesão. Daí a desnecessidade de assinatura ou visto específico do condômino.

3. Diante da força coercitiva da Convenção Condominial com cláusula arbitral, qualquer condômino que ingressar no agrupamento condominial está obrigado a obedecer às normas ali constantes. Por consequência, os eventuais conflitos condominiais devem ser resolvidos por arbitragem.

4. Havendo cláusula compromissória entabulada entre as partes elegendo o Juízo Arbitral para dirimir qualquer litígio envolvendo o condomínio, é inviável o prosseguimento do processo sob a jurisdição estatal.

5. Recurso especial não provido (REsp 1.733.370/GO, Rel. Ministro RICARDO VILLAS BÔAS CUEVA, Rel. p/ Acórdão Ministro MOURA RIBEIRO, Terceira Turma, j. 26/06/2018, DJe 31/08/2018).

RECURSO ESPECIAL. AÇÃO DE COBRANÇA. OMISSÃO. CONTRADIÇÃO. ERRO MATERIAL. AUSÊNCIA. CLÁUSULA COMPROMISSÓRIA. ALCANCE. PRINCÍPIO COMPETÊNCIA-COMPETÊNCIA.

1. Ação ajuizada em 08/10/2014. Recursos especiais interpostos em 18/05/2015 e 19/05/2015, atribuídos a esse Gabinete em 08/09/2016.

2. O propósito recursal consiste em determinar se o Poder Judiciário pode se manifestar acerca do alcance de cláusula compromissória de forma prévia ao próprio Tribunal Arbitral.

3. A convenção de arbitragem prevista contratualmente afasta a jurisdição estatal, impondo ao árbitro o poder-dever de decidir as questões decorrentes do contrato, além da própria existência, validade e eficácia da cláusula compromissória.

4. Admitir que a decisão de Tribunal Arbitral formado para a resolução de outro litígio cumpra a necessidade de manifestação prévia dos árbitros seria uma verdadeira ofensa ao princípio da competência-competência.

5. Esta Corte tem entendimento consolidado no sentido de que, na impossibilidade de mensuração da expressão

econômica da demanda, circunstância não verificada na espécie, admite-se que o valor da causa seja fixado por estimativa, sujeito a posterior adequação ao valor apurado na sentença ou no procedimento de liquidação.

6. Na hipótese dos autos, contudo, não há como afirmar a possibilidade de mensuração econômica, considerando que o julgamento não irá resolver o mérito da lide, mas apenas remetê-la para apreciação de um tribunal arbitral. Assim, não há necessidade de reparo ao valor fixado como honorários de sucumbência.

7. Recursos especiais interpostos por MANCHESTER e BRPR conhecidos e não providos (REsp 1.656.643/RJ, Rel. Min. NANCY ANDRIGHI, Terceira Turma, j. 09/04/2019).

RECURSO ESPECIAL. CLÁUSULA COMPROMISSÓRIA VEICULADA EM DOCUMENTO APARTADO DO INSTRUMENTO CONTRATUAL SUBJACENTE (MEIO EPISTOLAR). APOSIÇÃO DE ASSINATURA NO DOCUMENTO. DESNECESSIDADE. ANUÊNCIA INEQUÍVOCA SOBRE A CONVENÇÃO DE ARBITRAGEM. RECONHECIMENTO. DISPOSIÇÃO CONTRATUAL QUE DELEGA A TERCEIRO A SOLUÇÃO DE ESPECÍFICA CONTROVÉRSIA (VALOR DA PARTICIPAÇÃO ACIONÁRIA A SER ADQUIRIDA), CUJA DECISÃO SERIA FINAL, DEFINITIVA E ACATADA PELAS PARTES. CLÁUSULA COMPROMISSÓRIA, AINDA QUE VAZIA, APTA A SUBTRAIR DO PODER JUDICIÁRIO O JULGAMENTO DA QUESTÃO. EFEITO NEGATIVO. OBSERVÂNCIA. PRETENSÃO ACERCA DO CUMPRIMENTO DA OBRIGAÇÃO ASSUMIDA. RESISTÊNCIA DA PARTE DEMANDADA. INEXISTÊNCIA. EXTINÇÃO DO PROCESSO, SEM JULGAMENTO DE MÉRITO. NECESSIDADE. RECURSO PROVIDO.

1. Sob o aspecto formal, a única exigência tecida pela lei de regência para o estabelecimento da convenção de arbitragem, por meio de cláusula compromissória – em não se tratando de contrato de adesão –, é que esta se dê por escrito, seja no bojo do próprio instrumento contratual, seja em documento

apartado. O art. 4º da Lei n. 9.307/96 não especifica qual seria este documento idôneo a veicular a convenção de arbitragem, não se afigurando possível ao intérprete restringir o meio eleito pelas partes, inclusive, *v.g.*, o meio epistolar. Evidenciada a natureza contratual da cláusula compromissória (autônoma em relação ao contrato subjacente), afigura-se indispensável que as partes contratantes, com ela, consintam.

1.1 De se destacar que a manifestação de vontade das partes contratantes, destinada especificamente a anuir com a convenção de arbitragem, pode se dar, de igual modo, de inúmeras formas, e não apenas por meio da aposição das assinaturas das partes no documento em que inserta. Absolutamente possível, por conseguinte, a partir do contexto das negociações entabuladas entre as partes, aferir se elas, efetivamente, assentiram com a convenção de arbitragem.

2. Por meio da cláusula compromissória, as partes signatárias ajustam convenção de arbitragem para solver eventuais conflitos de interesses, determinados ou não, advindos de uma relação contratual subjacente, cuja decisão a ser prolatada assume eficácia de sentença judicial. Desse modo, com esteio no princípio da autonomia da vontade, os contratantes elegem um terceiro – o árbitro, que pode ser qualquer pessoa que detenha, naturalmente, a confiança das partes –, para dirimir, em definitivo, a controvérsia a ele submetida. Como método alternativo de solução de litígios, o estabelecimento da convenção de arbitragem produz, de imediato, dois efeitos bem definidos. O primeiro, positivo, consiste na submissão das partes à via arbitral, para solver eventuais controvérsias advindas da relação contratual subjacente (em se tratando de cláusula compromissória). O segundo, negativo, refere-se à subtração do Poder Judiciário em conhecer do conflito de interesses que as partes tenham reservado ao julgamento dos árbitros.

2.1 Afigura-se absolutamente possível que as partes, por anteverem futuras e pontuais divergências ao longo da consecução do objeto contratual, ou por conveniência/necessidade em não se fixar, de imediato, todos os elementos negociais, ajustem, no próprio contrato, a delegação da solução de tais conflitos a um terceiro ou a um comitê criado para tal escopo e, também com esteio no princípio da autonomia de vontades, disponham sobre o caráter de tal decisão, se meramente consultiva; se destinada a resolver a contenda imediatamente, sem prejuízo de a questão ser levada posteriormente à arbitragem ou à Justiça Pública, ou se vinculativa e definitiva, disposição contratual que, em qualquer circunstância – ressalvado, por óbvio, se existente algum vício de consentimento, – deve ser detidamente observada.

2.2 Será, portanto, a partir da natureza conferida pelas partes à decisão do terceiro ou do comitê criado para o escopo de dirimir determinada controvérsia, respeitada a autonomia dos contratantes, é que se poderá inferir se se está, ou não, diante de um método alternativo de heterocomposição de conflitos de interesses.

2.3 No caso, para a específica divergência quanto aos valores das ações a serem adquiridas, as partes avençaram que a correlata decisão do terceiro/árbitro seria final, definitiva e aceita pelas partes, o que encerra, inarredavelmente, convenção de arbitragem, ainda que vazia, a merecer, necessariamente, o respaldo do Poder Judiciário. Para tal propósito, é irrelevante o termo utilizado na avença ("avaliador", "arbitrador" etc.).

3. As demandadas reconhecem, sem qualquer ressalva, a obrigação de adquirir a participação acionária, assumida por ocasião do acordo de unificação das companhias de navegação, nos moldes dispostos na Primeira Carta a ele anexada, não se eximindo, é certo, de seu cumprimento. Pugnam, tão-somente, que se observe a integralidade das disposições insertas na aludida correspondência, notadamente em relação ao valor das ações a serem adquiridas, no que reside propriamente a controvérsia, cuja solução, como visto, foi atribuída à arbitragem, de modo definitivo e irrevogável, de modo a subtrair do Poder Judiciário o

julgamento da questão. Ressai evidenciado, no ponto, a própria ausência do interesse de agir.

> 3.1 A jurisdição estatal, caso haja resistência de qualquer das partes em implementar a arbitragem convencionada – o que, por ora, apenas se pode atribuir ao próprio demandante –, poderá, como visto, ser acionada para o exclusivo propósito de efetivar a instauração da arbitragem, a quem caberá solver a controvérsia reservada pelas partes, conforme dispõe o art. 7º da Lei n. 9.307/96.

4. Recurso especial provido, para extinguir o processo sem julgamento de mérito (REsp 1.569.422/RJ, Rel. Min. MARCO AURÉLIO BELLIZZE, Terceira Turma, j. 26/04/2016, DJe 20/05/2016).

RECURSO ESPECIAL. DIREITO CIVIL E PROCESSUAL CIVIL. ARBITRAGEM. CLÁUSULA COMPROMISSÓRIA. COMPETÊNCIA DO JUÍZO ARBITRAL. PRINCÍPIO KOMPETENZ-KOMPETENZ. PRECEDENTES. DISSÍDIO NOTÓRIO.

1. Contrato celebrado entre as partes com cláusula compromissória expressa, estabelecendo a arbitragem como instrumento para solução das controvérsias resultantes de qualquer disputa ou reivindicação dele decorrente, e impossibilitando que as partes recorram ao Poder Judiciário para solucionar contenda relativa ao seu cumprimento.

2. O princípio Kompetenz-Kompetenz, positivado no art. 8º, § único, da Lei n. 9.307/96, determina que a controvérsia acerca da existência, validade e eficácia da cláusula compromissória deve ser resolvida, com primazia, pelo Juízo Arbitral, não sendo possível antecipar essa discussão perante a jurisdição estatal.

3. Incumbe, assim, ao Juízo Arbitral a decisão acerca de todas questões nascidas do contrato, inclusive a própria existência, validade e eficácia da cláusula compromissória.

> 4. A hipossuficiência reconhecida na origem não é causa suficiente para caracterização das hipóteses de exceção à cláusula Kompetenz-Kompetenz.
>
> 5. Dissídio notório do acórdão recorrido com a linha jurisprudencial do STJ acerca da questão.
>
> 6. RECURSO ESPECIAL PROVIDO (REsp 1.598.220/RN, Rel. Ministro PAULO DE TARSO SANSEVERINO, Terceira Turma, j. 25/06/2019, DJe 01/07/2019).

Conclusão

Com a vinda do NCPC, em inúmeras passagens, ficou claro que os métodos alternativos / adequados de solução de conflitos não são mais uma faculdade, mas uma obrigação bem-vinda imposta pelo legislador.

A solução adjudicada, de há muito, não é a mais conveniente.

Com efeito, desde a Resolução n. 125/2010 do CNJ, com a criação dos Centros Judiciários de Solução de Conflitos e Cidadania (CEJUSCs), a dignidade dos jurisdicionados passou a prevalecer.

A Constituição do Império (1824) e o Código Comercial já aplaudiram a solução pacífica das controvérsias.

A jurisprudência do STJ sobre a arbitragem é firme no sentido de privilegiar o princípio da competência-competência.

Referências bibliográficas

MACIEL, Marco. "Exposição de Motivos da Lei de Arbitragem: justificação". *Revista de Arbitragem e Mediação*, vol. 3, nº 9, abr. 2006.

PINHEIRO, José Rodrigues. *Tratado da arbitragem*. São Paulo: Scortecci, 2010.

ROQUE, Sebastião José. *Arbitragem a solução viável*. São Paulo: Ícone, 1997.

CAPÍTULO XIV

CRÉDITOS TRABALHISTAS E EQUIPARADOS NA RECUPERAÇÃO JUDICIAL E NA FALÊNCIA: PANORAMA GERAL E ESTUDO SISTÊMICO

Paulo Roberto Grava Brazil

Introdução

A ideia de escrever sobre o crédito trabalhista na recuperação judicial e na falência, à luz da Lei n. 11.101/2005, teve em conta reunir em um único artigo os variados aspectos que digam respeito a esse tipo de crédito, originário da legislação do trabalho ou por equiparação. O objetivo é possibilitar que se encontre, neste trabalho, se não a solução para as diversas questões relacionadas a esses créditos, o ponto de partida para se entender o sistema e, com isso, se posicionar em relação ao tratamento que lhes venha a ser atribuído. A partir daí, será possível, se se entender ser o caso, aprofundar o estudo da matéria.

Não se tem, portanto, a pretensão de esgotar eventuais debates sobre questões pontuais, mas de possibilitar, da forma mais ampla possível, a visão de conjunto sobre o tratamento dispensado pela lei ao crédito trabalhista ou equiparado.

1 Natureza do crédito trabalhista

O crédito trabalhista, originário da legislação do trabalho, tem natureza alimentar. Esse entendimento é pacífico na jurisprudência do STJ.[255]

Toda e qualquer interpretação que se atribua à norma, quando voltada a esse tipo de crédito, deve ter em conta essa natureza, privilegiando o direito de sustento do trabalhador, que cedeu à recuperanda ou à falida o seu principal meio de obter riqueza essencial: sua força de trabalho. É em razão da natureza alimentar que se lhe reconhece, justificadamente, a condição de credor privilegiado, em relação a tantos outros créditos.

Nessa linha, aliás, o cânone em que se insere a própria concepção da recuperação judicial, ao consagrar, no princípio da preservação da empresa, a ideia de que uma das formas de se atingir a paz social é por intermédio da manutenção do emprego.

Nas sábias palavras de Manoel Justino Bezerra Filho,

> (...) a Lei, não por acaso, estabelece uma ordem de prioridade nas finalidades que diz perseguir, colocando como princípio objetivo a "manutenção da fonte produtora", ou seja, a manutenção da atividade empresarial em sua plenitude tanto quanto possível, com o que haverá possibilidade de manter o "emprego dos trabalhadores". Mantida a sociedade empresária, a atividade empresarial e o

255 Nesse sentido, veja-se o teor dos seguintes precedentes: REsp 1539429/SP, Rel. Min. Ricardo Villas Bôas Cueva, 3ª T., j. em 25.09.2018; REsp 1443750/RS, Rel. Min. Marco Aurélio Bellizze, 3ª T., j. em 20.10.2016; e AgInt no AREsp 871.962/SC, Rel. Min. Herman Benjamin, 2ª T., 20.09.2016.

> trabalho dos empregados, será possível então satisfazer os interesses dos credores.[256]

A lógica do sistema, portanto, se, de um lado, é a preservação da empresa e do emprego, de outro, por coerência, há que posicionar de forma privilegiada o crédito decorrente do trabalho.

Logo, é a partir dessa ideia de reconhecimento da importância social do emprego e, consequentemente, do crédito trabalhista, que a lei, ao tratar da matéria, deverá ser interpretada.

Anote-se, por oportuno, que o crédito originário de acidente do trabalho sofrerá o mesmo tratamento. Aqui não se trata do crédito acidentário *stricto sensu*, por ser esse de responsabilidade do sistema previdenciário, mas do crédito acidentário imposto ao empregador, ou seja, aquele reconhecido, em regra, judicialmente, por conta de sua conduta danosa em face do empregado.

Por fim, tenha-se em conta que, embora não digam respeito a crédito originário da legislação do trabalho, os créditos por equiparação, titularizados por profissionais liberais, com destaque para os honorários sucumbenciais e os valores devidos aos representantes comerciais (Lei n. 4.886/1965, art. 44), com algumas adequações, haverão de sofrer o mesmo tratamento. Por essa razão, também serão objeto de exame neste trabalho.

2 Formação do crédito trabalhista

Em regra, o crédito trabalhista decorre do título judicial formado na Justiça do Trabalho, como resultado da reclamação trabalhista apresentada pelo empregado contra o empregador.

---

256 BEZERRA FILHO, Manoel Justino. *Lei de Recuperação de Empresas e Falência*: Lei 11.101/2005 comentada artigo por artigo. 15ª ed. São Paulo: Revista dos Tribunais, 2021, p. 209.

Nada obstante, a demanda trabalhista não é essencial, como alerta Ricardo Negrão. A apuração de crédito trabalhista

> Pode ser feita com base nos registros da empresa ou em outros documentos sujeitos à verificação e, inclusive, à impugnação, que pode resultar tanto no reconhecimento da inexistência de vínculo quanto na inexistência de crédito a favor do trabalhador.[257]

Como regra, o crédito trabalhista é formado por verbas salariais não adimplidas, ou seja, salários, férias, décimo-terceiro, horas-extras etc.

3 Crédito trabalhista por equiparação

3.1 Considerações gerais

Sob a rubrica, hoje consagrada, *Crédito Trabalhista Por Equiparação*, procurar-se-á mencionar todos os créditos que, de alguma forma, por disposição legal ou por interpretação jurisprudencial, acabaram por ter tratamento equivalente ao crédito trabalhista *stricto sensu*.

3.2 Crédito decorrente de acidente do trabalho

Inicialmente, fica ressalvado, como já dito anteriormente, que o crédito por acidente do trabalho, de que trata expressamente a Lei n. 11.101/2005 (art. 41, I, e 83, I), não tem relação com o benefício previdenciário pago pelo Estado, nos termos dos art. 19, 20 e 21, da Lei n. 8.213/1991.

---

257 NEGRÃO, Ricardo. *Curso de Direito Comercial e de Empresa*. vol. 3, 15ª ed. São Paulo: Saraiva, 2021, p. 152.

O enquadramento do crédito decorrente de acidente do trabalho como crédito trabalhista por equiparação se faz por expressa disposição de lei, o que nem sempre ocorre com os demais créditos por equiparação.

De todo modo, o crédito de acidente do trabalho decorre da relação de emprego, justamente por ter o acidente ocorrido quando do exercício da atividade laboral, mas tendo por característica o concurso do empregador ou das condições inadequadas em que exercido o trabalho, sendo a responsabilidade do empregador reconhecida pela Justiça ou espontaneamente.

3.3 Crédito decorrente do FGTS não recolhido

O crédito originário do FGTS pode ser considerado como crédito trabalhista por equiparação, à vista do disposto no art. 2º, § 3º, da Lei n. 8.844/1994, que estabelece: "os créditos relativos ao FGTS gozam dos mesmos privilégios atribuídos aos créditos trabalhistas".

É certo, entretanto, que houve certa controvérsia a respeito dos reflexos dessa equiparação, em face do disposto no *caput* do referido art. 2º. Segundo esse dispositivo, compete à Procuradoria da Fazenda Nacional, diretamente ou por intermédio da Caixa Econômica Federal, mediante convênio, a representação judicial e extrajudicial do FGTS para a cobrança de verbas não recolhidas. Estas não integrariam, portanto, diretamente, o crédito do trabalhador.

Nesse sentido, lição de Manoel de Queiroz Pereira Calças:

> (...) os débitos relativos ao FGTS da empresa em recuperação judicial não são submetidos aos efeitos da recuperação judicial e não devem ser incluídos na classe de créditos trabalhistas, mas devem constar do edital para a ciência dos interessados,

tal qual ocorre com os créditos tributários, nos termos do art. 52, § 1º, da Lei n. 11.101/2005.[258]

Em sentido contrário, admitir-se-ia a equiparação na sua plenitude, ainda que não desconhecendo a discussão sobre a natureza híbrida do FGTS. Isso porque se cuida de uma "obrigação" social para o empregador (CF/1988, art. 149) e salário diferido para o empregado, dependente de certas condições legais para ser por este sacado (art. 20, da Lei n. 8.036/1995). Sob esse enfoque, passou-se a admitir que a CEF exerce papel de mera gestora, circunstância que não afasta a titularidade do empregado sobre a quantia.

Nesse caso, parte-se do entendimento de que o FGTS, consoante art. 7º, III, CF/1988, constitui um direito dos trabalhadores, não só dos empregados, o que o diferencia do caráter tributário muitas vezes defendido para afastar a natureza trabalhista.

Na lição de José Afonso da Silva,[259] não se trata de uma alternativa à estabilidade (para essa finalidade, foi criado o seguro-desemprego), mas de um direito autônomo:

> Relacionado à garantia de emprego é a *garantia de tempo de serviço*, prevista agora (art. 7º, III) não como alternativa à estabilidade, mas como um direito autônomo. Seus objetivos e natureza não podem ser mais os de "proteger o empregado despedido dos malefícios do desemprego, facilitando ao empregador a possibilidade de despedi-lo", como a doutrina dizia antes. Primeiro porque não é sucedâneo da garantia de relação de emprego do inciso I, nem objetiva facilitar a

258 CALÇAS, Manoel de Queiroz Pereira. "A controvérsia sobre a natureza jurídica das contribuições devidas ao Fundo de Garantia por Tempo de Serviço por empresa em recuperação judicial". *In*: CEREZETTI, Sheila C. Neder; MAFFIOLETTI, Emmanuelle Urbano (Coord.). *Dez anos da Lei n. 11.101/2005*. São Paulo: Almedina, 2015, p. 414.

259 SILVA, José Afonso da. *Comentário contextual à Constituição*. 8ª ed. São Paulo: Malheiros, 2012, p. 194.

> despedida; segundo porque o que protege o empregado em caso de desemprego voluntário é o *seguro-desemprego*, previsto no art. 7º, II. O Fundo de Garantia passará a ser – dependendo de sua regulamentação – uma espécie de patrimônio individual do trabalhador, que servirá para suprir despesas extraordinárias para as quais o simples salário não se revela suficiente, como, por exemplo, aquisição da casa própria, despesas com doenças graves, casamento etc.

Nas Câmaras Reservadas de Direito Empresarial do TJSP, acabou prevalecendo esse último entendimento. Nesse sentido, remete-se à leitura de julgado da lavra do Des. Ricardo Negrão, que retrata a divergência inicial na jurisprudência das Câmaras Reservadas do TJSP e traz interessante histórico sobre o tema, cuja ementa foi assim redigida:

> AGRAVO DE INSTRUMENTO – Habilitação de crédito trabalhista – Pretensão da recuperanda voltada à exclusão do FGTS sob alegação de que não possui natureza trabalhista – Verba não recolhida pela recuperanda-empregadora – Sentença trabalhista que determina pagamento dos valores relativos ao FGTS como direito do trabalhador – Crédito com natureza trabalhista que deve ser habilitado – Decisão mantida – Agravo improvido. Dispositivo: Negam provimento.[260]

Interessante ressaltar que o acórdão foi objeto de recurso especial,[261] admitido e, ao final, não provido, por decisão do Ministro Moura Ribeiro, com base na Súmula 568, do STJ, que permite ao relator, monocraticamente, negar provimento ao recurso, quando contrário ao entendimento dominante a respeito do tema.

Em suma, plenamente justificada a inclusão da verba dentre os valores a serem habilitados, na recuperação ou na falência, como

---

260 AI n. 2162860-21.2017.8.26.0000, TJSP, 2ª CRDE, v.u., j. 13.12.2017.

261 REsp 1.784.094, j. 22.04.2019, DJe 24.04.20019.

crédito trabalhista, entendimento este, atualmente, sedimentado nas Câmaras Reservadas do TJSP.[262]

3.4 Créditos de honorários advocatícios

A importância que se dá ao tema "honorários advocatícios" pode ser medida a partir da atenção que lhe foi dada no CPC/2015. Neste, dedicou-se-lhe não só o centro de uma de suas seções (Livro III, Título I, Capítulo II, Seção III), mas uma detalhada disciplina (com destaque para o art. 85), a ponto de praticamente torná-lo uma discussão paralela de *mérito*. Seu exame estará necessariamente presente em todas as demandas, uma vez que a parte, em regra, não possui capacidade postulatória.

Por isso, não se estranha que o direito processual tenha ditado a natureza dos honorários, ao expressar, no art. 85, § 14, do CPC em vigor, que "os honorários constituem direito do advogado e têm natureza alimentar, com os mesmos privilégios dos créditos oriundos da legislação do trabalho, sendo vedada a compensação em caso de sucumbência parcial".

Aliás, antes mesmo do advento do CPC/2015, a Lei n. 8.906/1994, em seu art. 24, *caput*, já afirmava que "a decisão judicial que fixar ou arbitrar honorários e o contrato escrito que os estipular são títulos executivos e constituem crédito privilegiado na falência, concordata, concurso de credores, insolvência civil e liquidação extrajudicial".

De qualquer forma, dissipando qualquer dúvida sobre o tratamento a ser dispensado aos honorários advocatícios na recuperação judicial e na falência, o STJ, no Tema Repetitivo 637,

---

262 AI n. 2125250-14.2020.8.26.0000, TJSP, 2ª CRDE, Rel. Des. Maurício Pessoa, j. 21.09.2020; AI n. 2038701-98.2020.8.26.0000, TJSP, 1ª CRDE, Rel. Des. Azuma Nishi, j. 02.09.2020; AI n. 2128848-73.2020.8.26.0000, TJSP, 2ª CRDE, Rel. Des. Ricardo Negrão, j. 04.08.2020.

em que se discutiu especificamente a ordem na qual os créditos resultantes de honorários advocatícios devem ser satisfeitos no processo falimentar, firmou a seguinte tese:

> Os créditos resultantes de honorários advocatícios têm natureza alimentar e equiparam-se aos trabalhistas para efeito de habilitação em falência, seja pela regência do Decreto-lei n. 7.661/1945, seja pela forma prevista na Lei n. 11.101/2005, observado o limite de valor previsto no artigo 83, inciso I, do referido Diploma Legal.[263]

Mas não ficou só nisso. A Corte Superior ainda estabeleceu uma segunda tese, segundo a qual "são créditos extraconcursais os honorários de advogado resultantes de trabalhos prestados à massa, depois do decreto de falência, nos termos dos art. 84 e 149 da Lei n. 11.101/2005".

Assim, na linha dos julgados do STJ, agora em compasso com a disciplina processual decorrente do CPC/2015, dúvida não resta sobre a natureza e o tratamento que os honorários advocatícios devem receber na recuperação judicial e na falência.

Ainda sobre os honorários advocatícios, merece destaque julgado do STJ[264] que analisou a questão de sua fixação por sentença posterior ao pedido de recuperação judicial. Entendeu a Corte Superior que, nessa hipótese, a verba tem natureza extraconcursal e não se sujeita ao plano de recuperação judicial.

De acordo com a fundamentação do julgado:

---

263 O repetitivo tem origem no REsp 1.152.218/RS - Rel. Min. Luis Felipe Salomão – Corte Especial - j. 07.05.2014 - DJe 09.10.2014.

264 REsp 1.845.536/SC – Rel. Min. Nancy Andrighi – Rel. p/ o acórdão Min. Marco Aurélio Bellizze - 3ª T. – maioria - j. 26.05.2020 – DJe 09.06.2020 – Vencida: Min. Nancy Andrighi.

> Em exegese lógico-sistemática, se a sentença que arbitrou os honorários sucumbenciais se deu posteriormente ao pedido de recuperação judicial, o crédito que dali emana, necessariamente, nascerá com natureza extraconcursal, já que nos termos do art. 49, *caput* da Lei n. 11.101/05, sujeitam-se ao plano de soerguimento os créditos existentes na data do pedido de recuperação judicial, ainda que não vencidos, e não os posteriores. Por outro lado, se a sentença que arbitrou os honorários advocatícios for anterior ao pedido recuperacional, o crédito dali decorrente deverá ser tido como concursal, devendo ser habilitado e pago nos termos do plano de recuperação judicial.[265]

De se destacar, também, que as Câmaras Reservadas de Direito Empresarial do TJSP[266] entendem que os honorários advocatícios devidos à pessoa jurídica, ou seja, à sociedade de advogados, devem receber o mesmo tratamento dos honorários devidos à pessoa física do advogado, indistintamente.

Por derradeiro, se é certa, para fim de habilitação, a equiparação do crédito de honorários advocatícios aos derivados da legislação do trabalho, isso implica, também, em caso de falência, na limitação ao valor de 150 salários-mínimos, devendo o restante ser classificado como crédito quirografário (art. 83, I e VI, c, da Lei n. 11.101/2005).

3.5 Créditos originários da representação comercial

A Lei n. 4.886/1965, ao regular a atividade do representante comercial autônomo, em seu art. 1º, estabelece:

---

265 A propósito, no mesmo sentido e anterior ao jugado citado, confira-se o REsp 1.841.960/SP, da 2ª Seção, justamente por isso considerado como representativo de controvérsia, da relatoria da Min. Nancy Andrighi, sendo Rel. para o acórdão o Min. Luis Felipe Salomão, j. em 12.02.2020, DJe de 13.04.2020.

266 AI n. 2073377-77.2017.8.26.0000, Rel. Des. Alexandre Lazzarini, TJSP, 1ª CRDE, j. 28.02.2018; AI n. 2142814-11.2017.8.26.0000, Rel. Des. Fortes Barbosa, TJSP, 1ª CRDE, j. 21.02.2018; AI n. 2133221-89.2016.8.26.0000, Rel. Des. Ricardo Negrão, TJSP, 2ª CRDE, j. 18.12.2017.

> Exerce a representação comercial autônoma a pessoa jurídica ou a pessoa física, sem relação de emprego, que desempenha, em caráter não eventual por conta de uma ou mais pessoas, a mediação para a realização de negócios mercantis, agenciando propostas ou pedidos, para transmiti-los aos representados, praticando ou não atos relacionados com a execução dos negócios.

O art. 44, por sua vez, afirma que:

> No caso de falência do representado, as importâncias por ele devidas ao representante comercial, relacionadas com a representação, inclusive comissões vencidas e vincendas, indenização e aviso prévio, serão considerados créditos da mesma natureza dos créditos trabalhistas.

Como se verifica, a Lei, sem distinguir entre o representante pessoa física e pessoa jurídica, expressamente determina que, apesar da inexistência de relação de emprego, os créditos relacionados com a representação comercial sejam considerados da mesma natureza dos créditos trabalhistas.

Vale dizer, a Lei não trata o crédito de representação comercial titularizado por pessoa jurídica de modo diferente daquele recebido por pessoa física, tampouco limita o exercício da representação a uma única pessoa.

Assim, pacífica a natureza alimentar dos créditos derivados da legislação do trabalho,[267] não há razão para não se estender esse entendimento aos créditos do representante comercial.

---

267 Nesse sentido, veja-se o teor dos seguintes precedentes: REsp 1539429/SP, Rel. Min. Ricardo Villas Bôas Cueva, 3ª T., j. em 25.09.2018; REsp 1443750/RS, Rel. Min. Marco Aurélio Bellizze, 3ª T., j. em 20.10.2016; e AgInt no AREsp 871.962/SC, Rel. Min. Herman Benjamin, 2ª T., 20.09.2016.

Conclui-se, portanto, que o crédito relacionado com representação comercial possui natureza alimentar, independentemente de como a representação foi exercida, ou seja, por pessoa física ou por pessoa jurídica, seja esta sociedade unipessoal ou não.

Esse entendimento supera controvérsia jurisprudencial que apartava da equiparação o representante comercial pessoa jurídica.

A propósito, o Des. Cesar Ciampolini, em julgado relativamente recente, dissertou sobre a evolução da jurisprudência das Câmaras Reservadas de Direito Empresarial do TJSP. O excerto merece reprodução:

> Esta 1ª Câmara Reservada de Direito Empresarial já adotou, anteriormente, o entendimento no sentido de que apenas cabe esta equiparação quando o prestador de serviços for pessoa física ou empresário individual (v.g. AI 0051794-12.2013.8.26.0000, FRANCISCO LOUREIRO; AI 2117234-13.2016.8.26.0000, TEIXEIRA LEITE; 2009670-38.2017.8.26.0000, HAMID BDINE), o que não é o caso dos autos, já que se trata de sociedade limitada.
>
> Entretanto, mais recentemente, a 2ª Câmara Reservada de Direito Empresarial desta Corte... acolheu a pretensão de sociedade limitada para incluir crédito decorrente de contrato de representação comercial na classe dos trabalhistas, aplicando, por analogia, o posicionamento adotado aos casos de honorários advocatícios, em que se considera apenas a natureza alimentar do crédito, não importando a figura do credor...
>
> Créditos oriundos de contrato de representação comercial. Independentemente de ser o credor pessoa física ou jurídica, o crédito deve integrar, em processos de recuperação judicial, a Classe I Trabalhista, analogicamente (Lei de Introdução às normas do Direito Brasileiro, art. 4º) ao que sucede, "v.g." com os créditos decorrentes de honorários advocatícios (STJ, REsp representativo de controvérsia, Tema 637, LUIS FELIPE SALOMÃO; 1ª Câmara de Direito Empresarial

> deste Tribunal, AI 2073377-77.2017.8.26.0000), e com créditos de contadores (STJ, REsp 1.851.770, NANCY ANDRIGHI). Precedente da 2ª Câmara Reservada de Direito Empresarial desta Corte (AI 2174314-61.2018.8.26.0000, GRAVA BRAZIL). A analogia é meio de efetivação do princípio da igualdade jurídica, impondo que às situações fáticas análogas se aplique a mesma regra jurídica: "de feito, considerada, numa noção geral, a analogia como a aplicação de uma regra de direito, reguladora de certas e determinadas relações, a outras relações, que têm afinidade ou semelhança com aquelas, mas para as quais não está ela estabelecida, pode-se repetir que esse processo tem por fundamento a identidade da *ratio legis*, inspirando-se no princípio de que, onde existe a mesma razão de decidir, deve-se aplicar o mesmo dispositivo de lei *ubi eadem legis ratio, ibi eadem legis disposition*" (EDUARDO ESPINOLA e EDUARDO ESPINOLA FILHO).[268]

Por fim, ainda quanto ao representante comercial, tivemos a oportunidade de enfrentar questões relativas ao cabimento e à classificação, na falência, da indenização prevista no art. 27, *j*, e do aviso prévio, previsto no art. 34, da Lei n. 4.886/1965, em caso de continuidade provisória das atividades do falido. Concluiu-se que a rescisão do contrato de representação comercial em razão da falência da representada e consequente alienação da empresa não afasta a indenização prevista no art. 27, *j*, nem a indenização por inobservância do aviso prévio mínimo exigido no art. 34, e que a contratação da representante comercial pelo arrematante consubstancia contrato novo, sendo inexistente a sucessão em relação àquele firmado com a falida, em analogia ao que ocorre com os contratos de trabalho. A representante comercial teve reconhecido, assim, o direito ao recebimento das indenizações previstas na lei especial, consoante inteligência dos art. 117 e 141, II e § 2°, da Lei

---

268 AI n. 2168855-10.2020.8.26.0000, TJSP, 1ª CRDE, j. 27.10.2020.

n. 11.101/2005, e dos art. 35 e 44, da Lei n. 4.886/1965. Ademais, classificou-se o crédito da representante comercial (no caso, pessoa jurídica) como extraconcursal, equiparado aos derivados da legislação do trabalho (art. 84, I, da Lei n. 11.101/2005, em sua redação original), ponderando-se que a lei não trata o crédito de representante comercial pessoa jurídica de modo diferente daquele de representante comercial pessoa física.[269] A Lei n. 14.195/2021, conhecida como "Lei do Ambiente de Negócios", reforçou a equiparação dos créditos relativos à representação comercial aos créditos trabalhistas, e foi, ainda, além. Conferiu, aos créditos do representante comercial, cujo fato gerador seja anterior ao pedido de recuperação judicial, mas reconhecidos em sentença transitada em julgado após deferido o processamento do pedido, tratamento mais benéfico do que aquele conferido aos créditos trabalhistas na mesma situação, os quais se sujeitam à tese firmada pelo STJ para o Tema 1.051 dos recursos repetitivos, para fim do art. 49, *caput*, da Lei n. 11.101/2005.

Nesse sentido, a nova redação do art. 44, da Lei n. 4.886/1965:

> Art. 44. No caso de falência ou de recuperação judicial do representado, as importâncias por ele devidas ao representante comercial, relacionadas com a representação, inclusive comissões vencidas e vincendas, indenização e aviso prévio, e qualquer outra verba devida ao representante oriunda da relação estabelecida com base nesta Lei, serão consideradas créditos da mesma natureza dos créditos trabalhistas para fins de inclusão no pedido de falência ou plano de recuperação judicial. Parágrafo único. Os créditos devidos ao representante comercial reconhecidos em título executivo judicial transitado em julgado após o deferimento do processamento da recuperação judicial, e a sua respectiva execução, inclusive quanto aos honorários advocatícios,

---

269 Cf. acórdão no AI n. 2199904-69.2020.8.26.0000, TJSP, 2ª CRDE, Rel. Des. Grava Brazil, j. 15.03.2021, a cuja leitura se remete.

> não se sujeitarão à recuperação judicial, aos seus efeitos e à competência do Juízo da Recuperação, ainda que existentes na data do pedido, e prescreverá em 5 (cinco) anos a ação do representante comercial para pleitear a retribuição que lhe é devida e os demais direitos garantidos por esta Lei.

Em suma, o crédito do representante comercial, pessoa física ou jurídica, equipara-se ao crédito trabalhista, tendo, na situação prevista na atual redação do art. 44, parágrafo único, da Lei n. 4.886/1965, tratamento até mais benéfico do que aquele.

3.6 Outros créditos por equiparação

No exame do contexto da equiparação, deve ser considerado que a prestação de serviços por profissionais liberais ou autônomos é uma relação de trabalho, embora não da espécie emprego, porque não há subordinação (*i.e.*, não há a dependência prevista no art. 3º, *caput*, da CLT).[270]

É sob esse enfoque que se deve analisar a equiparação, inclusive, como consequência da equiparação dos honorários advocatícios e das verbas do representante comercial.

Ora, na medida em que é considerado o caráter alimentar dos créditos dos advogados e dos representantes comerciais, ainda que por força de lei, nada se justifica que se faça qualquer diferenciação em relação a outros profissionais liberais, como, por exemplo, engenheiros e contadores.

Assim, a nosso ver, a equiparação deve ocorrer em relação a todos os profissionais liberais que tenham crédito na recuperação ou na falência, sob pena de se fazer odiosa discriminação em relação

---

270 CLT, "Art. 3º. Considera-se empregado toda pessoa física que prestar serviços de natureza não eventual a empregador, sob a dependência deste e mediante salário".

a determinadas classes de profissionais, que nem sempre têm a sua importância reconhecida na legislação especial. O tratamento uniforme aos profissionais liberais, nem sempre representados por entidades que exercem influência significativa na elaboração das leis, é, antes de tudo, uma forma de expressão do nivelamento do tratamento dos iguais (CF – art. 5º, I).

4 Crédito trabalhista na recuperação judicial

4.1 Classificação e características

Os créditos trabalhistas, como já mencionado, são classificados como créditos privilegiados. Na recuperação judicial, formam a classe dos credores trabalhistas (art. 41, I); votam, na assembleia geral de credores, por cabeça (art. 45, § 2º), independentemente do valor do crédito; e deverão ser pagos, como regra, no prazo de um ano, com possibilidade, em razão da reforma legislativa introduzida pela Lei n. 14.112/2020, de extensão por dois anos,[271] desde que preenchidos determinados requisitos.

4.2 Prazo para pagamento

O marco inicial do prazo para pagamento do crédito trabalhista causou intensa controvérsia na doutrina e, principalmente, na jurisprudência. Alguns entendiam que o prazo deveria ser contado do pedido de recuperação, nos termos do art. 175, do DL n. 7.661/1945; enquanto outros defendiam que a contagem deveria se iniciar com a homologação do plano de recuperação judicial, visto que este opera a novação dos créditos pactuada entre devedor e credores, que estabelecem as diretrizes para o pagamento. Nessa última hipótese, seus defensores argumentavam que não

---

271 Com relação à interpretação da reforma trazida pela Lei n. 14.112/2020, vide item 7.2.

se poderia antecipar um pagamento se as condições em que esse deveria ocorrer ainda não haviam sido estabelecidas.

Diante desse quadro, com o fim de uniformizar sua jurisprudência, o Grupo de Câmaras Reservadas de Direito Empresarial, do TJSP, aprovou enunciado, de número um, que dispunha:

> O prazo de 1 (um) ano para o pagamento dos credores trabalhistas e de acidentes do trabalho, de que trata o art. 54, *caput*, da Lei n. 11.101/2005, conta-se da homologação do Plano de Recuperação Judicial ou do término do prazo de suspensão de que trata o art. 6º, § 4º, da Lei n. 11.101/2005, independentemente de prorrogação, o que ocorrer primeiro.

O enunciado partia da lógica de que, se existente prazo legal para a suspensão, não faria sentido contar o prazo do pedido de recuperação, tampouco da homologação do plano, se essa tardasse a ocorrer.

Ocorre que o STJ, em recurso combatendo o entendimento constante do enunciado, posicionou-se de forma expressa pela fixação do marco inicial, para pagamento dos credores trabalhistas, na data da concessão da recuperação judicial. Eis a fundamentação desse importante julgado:

> RECURSO ESPECIAL. RECUPERAÇÃO JUDICIAL. PRAZO PARA PAGAMENTO DOS CREDORES TRABALHISTAS. MARCO INICIAL. ART. 54 DA LEI 11.101/05. DATA DA CONCESSÃO DA RECUPERAÇÃO JUDICIAL. MOMENTO A PARTIR DO QUAL AS OBRIGAÇÕES DEVEM SER CUMPRIDAS.
>
> (...)
>
> 2. O propósito recursal consiste em definir o termo inicial da contagem do prazo para pagamento dos credores trabalhistas no procedimento de recuperação judicial do devedor.
>
> 3. A liberdade de negociar prazos de pagamentos é diretriz que serve de referência à elaboração do plano de recuperação

judicial. Todavia, a fim de evitar abusos que possam inviabilizar a concretização dos princípios que regem o processo de soerguimento, a própria Lei 11.101/05 cuidou de impor limites à deliberação dos envolvidos na negociação. Dentre esses limites, vislumbra-se aquele estampado em seu art. 54, que garante o pagamento privilegiado de créditos trabalhistas. Tal privilégio encontra justificativa por incidir sobre verba de natureza alimentar, titularizada por quem goza de proteção jurídica especial em virtude de sua maior vulnerabilidade.

4. A par de garantir pagamento especial aos credores trabalhistas no prazo de um ano, o art. 54 da LFRE não fixou o marco inicial para cumprimento dessa obrigação.

5. Todavia, decorre da interpretação sistemática desse diploma legal que o início do cumprimento de quaisquer obrigações previstas no plano de soerguimento está condicionado à concessão da recuperação judicial (art. 61, caput, c/c o art. 58, caput, da LFRE).

6. Isso porque é apenas a partir da concessão do benefício legal que o devedor poderá satisfazer seus credores, conforme assentado no plano, sem que isso implique tratamento preferencial a alguns em detrimento de outros. Doutrina.

7. Vale observar que, quando a lei pretendeu que determinada obrigação fosse cumprida a partir de outro marco inicial, ela o declarou de modo expresso, como ocorreu, a título ilustrativo, na hipótese do inciso III do art. 71 da LFRE (plano especial de recuperação judicial).

8. Acresça-se a isso que a novação dos créditos existentes à época do pedido (art. 59 da LFRE) apenas se perfectibiliza, para todos os efeitos, com a prolação da decisão que homologa o plano e concede a recuperação, haja vista que, antes disso, verificada uma das situações previstas no art. 73 da LFRE, o juiz deverá convolar o procedimento recuperacional em falência.

9. Nesse norte, não se poderia cogitar que o devedor adimplisse obrigações antes de ser definido que o procedimento concursal será, de fato, a recuperação judicial e não a

> falência. Somente depois de aprovado o plano e estabelecidas as condições específicas dos pagamentos é que estes podem ter início. Doutrina.
>
> 10. O fundamento que serve de suporte à conclusão do acórdão recorrido – no sentido de que o pagamento dos créditos trabalhistas deveria ter início imediatamente após o decurso do prazo suspensivo de 180 dias – decorre da compreensão de que, findo tal período, estaria autorizada a retomada da busca individual dos créditos detidos contra a recuperanda. Essa compreensão, contudo, não encontra respaldo na jurisprudência deste Tribunal Superior, que possui entendimento consolidado no sentido de que o decurso do prazo acima indicado não pode conduzir, automaticamente, à retomada da cobrança dos créditos sujeitos ao processo de soerguimento, uma vez que o objetivo da recuperação judicial é garantir a preservação da empresa e a manutenção dos bens de capital essenciais à atividade na posse da devedora. Precedente.
>
> 11. Ademais, a manutenção da solução conferida pelo Tribunal de origem pode resultar em prejuízo aos próprios credores a quem a Lei 11.101/05 procurou conferir tratamento especial, haja vista que, diante dos recursos financeiros limitados da recuperanda, poderão eles ser compelidos a aceitar deságios ainda maiores em razão de terem de receber em momento anterior ao início da reorganização da empresa. RECURSO ESPECIAL PROVIDO.[272]

Diante do posicionamento do STJ, revendo esse posicionamento, antes insistentemente defendido, chegou-se à conclusão de que, de fato, mostra-se mais consentâneo com o sistema da lei especial que se adote, como marco inicial do prazo para pagamento dos credores trabalhistas, a data em que homologado o plano de recuperação judicial. Isso porque toda a disciplina legal da

---

272 REsp n. 1.924.164/SP, Rel. Min. Nanci Andrighi, 3ª T., j. em 15.06.2021, DJe de 17.06.2021.

recuperação judicial parte do pressuposto de que essa é fruto da negociação entre devedor e credores, de que há uma real novação das obrigações, e de que, somente a partir desse momento, as obrigações sujeitas ao processo recuperatório podem ser exigidas, nos termos em que novadas, garantindo-se tratamento uniforme a todos os credores sujeitos.

De qualquer modo, a reforma legislativa perdeu a oportunidade de colocar um ponto final ao debate e, de certa forma, acabou por causar ainda maior polêmica.

De um lado, continuou silente sobre o marco inicial do prazo de pagamento, e, de outro, possibilitou sua prorrogação por dois anos, desde que preenchidos determinados requisitos. Trouxe, assim, nova indagação: o prazo máximo passou a ser de dois anos, ou a prorrogação pode se dar por mais dois anos, alcançando, assim, o prazo de três anos?

A respeito, Joice Ruiz Bernier e Aline Turco apresentam sustentável posicionamento:

> O limite temporal a que pode chegar o pagamento dos créditos trabalhistas, a partir da hipótese do par 2° incluído pela reforma, já tem sido objeto de controvérsia na doutrina, havendo entendimento no sentido de que o prazo poderia chegar a 3 (três) anos e, em outro sentido, que o limite seria de dois anos. A redação, de fato, gera dúvidas porque estabelece que o prazo de 1 ano previsto no *caput* "poderá ser estendido em até 2 (dois) anos"; fosse a intenção do legislador que o prazo pudesse chegar a 3 (três) anos, deveria ter adicionado ao texto o vocábulo que lhe conferisse essa possibilidade com clareza (por mais dois anos, por dois anos adicionais etc.).[273]

---

273 BERNIER, Joice Ruiz; TURCO, Aline. "Comentários aos artigo 51 a 54 da Lei 11.101/2005". *In*: OLIVEIRA FILHO, Paulo Furtado de (Coord.). *Lei de Recuperação e Falência*: pontos relevantes e controversos da reforma pela Lei 14.112/20. Indaiatuba: Editora Foco, 2021, p. 49.

Conquanto sustentável o ponto de vista, a polêmica está longe do final, tendo sido apenas acrescentado mais um ingrediente às divergências já existentes.

Embora a matéria não tenha, ainda, sido submetida ao crivo judicial, não tendo passado pelo amadurecimento da formação da jurisprudência, e mesmo reconhecendo que a redação da reforma não é feliz e dá ensejo a fundada controvérsia, parece-nos que o uso do verbo "estender", seguido da preposição "em", implicaria em "ir além", "aumentar". Ou seja, o sentido seria de acrescer dois anos ao prazo original de um ano.

Nessa linha, a posição defendida por Marcelo Barbosa Sacramone:

> Pela alteração legislativa, passou-se a admitir a extensão do prazo de um ano de pagamento em até dois anos. Dessa forma, o devedor poderá prever o pagamento dos credores trabalhistas ou com verbas decorrentes de acidente do trabalho para um período máximo de até três anos, mas desde que sejam atendidos requisitos para a garantia de pagamento integral dos referidos créditos.[274]

No mesmo sentido, lição de Manoel Justino Bezerra Filho: "Ante a hipossuficiência do empregado diante do empregador, a Lei original estabeleceu o prazo de 1 ano, prazo que a reforma agora prevê que pode ser prorrogado por mais dois anos, completando assim o prazo de 3 anos".[275]

Fixe-se, de outra parte, que, nos termos do § 1º, do art. 54, quanto aos créditos estritamente salariais, vencidos nos três meses

---

274 SACRAMONE, Marcelo Barbosa. *Comentários à Lei de Recuperação de Empresas e Falência*. 2ª ed. São Paulo: Saraiva, 2021, p. 318.

275 BEZERRA FILHO, Manoel Justino. *Lei de Recuperação de Empresas e Falência*: Lei 11.101/2005 comentada artigo por artigo. 15ª ed. São Paulo: Revista dos Tribunais, 2021, p. 278.

anteriores ao pedido de recuperação judicial, até o limite de cinco salários-mínimos por trabalhador, o prazo será de trinta dias, sem possibilidade de qualquer tipo de prorrogação, permitidos os mesmos questionamentos já referidos, atinentes ao termo inicial da contagem.

4.3 Deságio e limite máximo

Conquanto o legislador tenha procurado proteger o crédito trabalhista, caracterizando-o como privilegiado e restringindo a elasticidade temporal para seu pagamento, não se inibiu a possibilidade de deságio.

Nas palavras de Marcelo Sacramone, a limitação imposta pela lei é apenas temporal, "não impede a alteração de suas outras condições"; "não há nenhuma limitação legal a que seja imputado deságio no pagamento do referido crédito".[276]

Quanto à limitação quantitativa, discute-se se a previsão constante do art. 83, I, para classificação do crédito como privilegiado na falência, poderia ser adotada na recuperação judicial.

Após intenso debate sobre o tema e deliberações em sentidos diversos, as Câmaras Reservadas de Direito Empresarial, do TJSP, buscaram pacificar o entendimento, optando pela edição de enunciado, com o seguinte texto:

> Admite-se, no âmbito da recuperação judicial, a aplicação do limite de 150 salários-mínimos, previsto no art. 83, I, da Lei n. 11.101/2005, que restringe o tratamento preferencial dos créditos de natureza trabalhista (ou a estes equiparados), desde que isto conste expressamente do plano de recuperação

---

276 SACRAMONE, Marcelo Barbosa. *Comentários à Lei de Recuperação de Empresas e Falência*. 2ª ed. São Paulo: Saraiva, 2021, p. 317.

> judicial e haja aprovação da respectiva classe, segundo o quórum estabelecido em lei.[277]

Embora isso permita limitar o montante sujeito ao prazo reduzido de pagamento previsto no art. 54, partiu-se da ideia de que, não havendo vedação ao deságio, a limitação constituiria uma possibilidade a ser considerada, a fim de permitir deságios diversos no tocante à parcela (até 150 salários-mínimos) a ser classificada como crédito trabalhista (que pode, inclusive, não sofrer deságio nenhum) e àquela que sobejar, a ser classificada como crédito quirografário.

Essa orientação também encontra respaldo na jurisprudência do C. STJ:

> ESTABELECIMENTO DE PATAMARES MÁXIMOS PARA QUE OS CRÉDITOS TRABALHISTAS E EQUIPARADOS TENHAM UM TRATAMENTO PREFERENCIAL, CONVERTENDO-SE, O QUE SOBEJAR DESSE LIMITE QUANTITATIVO, EM CRÉDITO QUIROGRAFÁRIO. LICITUDE DO PROCEDER. 4. RECURSOS ESPECIAIS IMPROVIDOS (...). Sem descurar dos privilégios legais daí advindos, em se tratando de concurso de credores, de todo desejável, senão necessária, a equalização dos direitos e interesses de todos os envolvidos. Para esse propósito, *ressai absolutamente possível o estabelecimento de patamares máximos para que os créditos trabalhistas (ou a eles equiparados) tenham um tratamento preferencial, definido pela lei, no caso da falência (art. 83, I, da LRF), ou, consensualmente, no caso da recuperação judicial, convertendo-se, o que sobejar desse limite quantitativo, em crédito quirografário* (REsp 1.649.774-SP, 3ª T., Rel.

277 SACRAMONE, Marcelo Barbosa. *Comentários à Lei de Recuperação de Empresas e Falência*. 2ª ed. São Paulo: Saraiva, 2021, p. 428.

Min. Marco Aurélio Bellizze, j. em 12.02.2019 – destaque não original).[278]

De todo modo, o que se viu foi a aplicação reduzida do referido limite, porque, na prática, o crédito trabalhista, nas recuperações judiciais, dificilmente supera esse teto. O questionamento surge, no mais das vezes, quando há créditos por equiparação vultosos, em regra, referentes a honorários advocatícios.

Outro debate que surgiu a partir da utilização da regra limitativa foi saber se o credor, diante de sua aplicação, deveria ser de pronto classificado como privilegiado, até o limite de 150 salários-mínimos (art. 41, I), e como quirografário pelo excedente (art. 41, III), com direito de voto em ambas as classes.

Ora, na medida em que há aplicação analógica do art. 83, I, da Lei n. 11.101/2005, a situação deve se equiparar à hipótese de falência. Sendo assim, a separação pode e deve ocorrer, mas a participação do credor na assembleia geral se faz pela totalidade de seu crédito e na classe original, ou seja, trabalhista, consoante o disposto no art. 41, § 1º, do referido diploma.

Quando do julgamento do AI n. 2079120-29.2021.8.26.0000,[279] nos deparamos com essa controvérsia, oportunidade em que se discutiu a possibilidade do voto pelo remanescente na classe quirografária. Na ocasião, em julgamento estendido (CPC – art. 942), entendeu-se que, não tendo o credor protestado por essa possibilidade, nem alegado quebra de isonomia, antes ou durante a assembleia geral de credores, seu pleito não se justificava.

---

278 Em recentíssimo julgado, a 4ª Turma, por v.u., sob a relatoria do Min. Marco Buzzi, firmou idêntico entendimento. Confira-se REsp n. 1.812.143, j. 09.11.2021.

279 TJSP, 2ª CRDE, Rel. Des. Grava Brazil, maioria, j. 28.09.2021.

Interessante o parecer então oferecido pelo i. Procurador de Justiça Carlos Alberto Amin Filho, que foi acolhido como razão de decidir:

> Havendo interesse da agravante em que seu voto, no que excedesse os 150 salários mínimos, fosse computado já como credor quirografário, deveria a mesma ter formulado tal pedido diretamente ao d. Juízo *a quo*, natural e competente para deliberar a respeito, *antes mesmo da realização da AGC*. Não o tendo feito a tempo, não cabe fazê-lo agora, após a realização da AGC e depois da homologação do plano, sob pena de supressão de instância e de violação à marcha processual (a implicar em violação ao princípio da celeridade, inscrito no art. 4º do CPC, a que têm direito de ver respeitado as recuperandas e os demais credores).

Levou-se em conta, ainda, na ocasião, que o valor do excedente não seria suficiente a alterar o resultado da votação.

Importante registrar, por outro lado, ser sustentável que o referido credor participe, pelo que sobejar aos 150 salários mínimos, na classe III, pois quase certo ficará vencido na classe I, que adota o critério de voto por cabeça. Ademais, parece justo que, se ficará sujeito à novação dos quirografários, exerça o voto na proporção do crédito incluído nessa classe.

Vale lembrar que, em outras situações, quando a lei prevê a repartição entre diferentes classes, ela estabelece a possibilidade de voto nas duas classes (Lei n. 11.101/2005, art. 41, § 2º).

De qualquer forma, essa questão, mais cedo ou mais tarde, haverá de ser enfrentada pela jurisprudência, que, no silêncio da lei, acabará por definir a solução que se mostrar mais adequada.

Em suma, admite-se que a limitação prevista no art. 83, I, da Lei n. 11.101/2005, seja aplicada à recuperação judicial, com participação em AGC nos termos do art. 41, § 1º, do mesmo diploma.[280]

5 Crédito trabalhista na falência

5.1 Considerações gerais, privilégio e limitação

Dentre os créditos concursais sujeitos à falência, o crédito trabalhista e os de acidente do trabalho se colocam em primeiro plano, possuindo prioridade absoluta em relação aos demais.

A disciplina do inciso I, do art. 83, no entanto, deixa claro que essa prioridade não atinge, necessariamente, o crédito como um todo, sujeitando-se à limitação máxima de 150 salários-mínimos. O que sobejar será classificado como quirografário, nos termos do inciso VI, alínea *c*, do mesmo dispositivo.

Nada obstante, tenha-se em conta que a atenta leitura do citado inciso I expressa que essa limitação atinge apenas os créditos derivados da legislação do trabalho. Não atinge os créditos decorrentes de acidente do trabalho, cuja referência, na norma, se situa à frente da limitação. Veja-se: "os créditos derivados da legislação trabalhista, limitados a 150 (cento e cinquenta) salários-mínimos por credor, e aqueles decorrentes de acidentes do trabalho".

---

280 Ao tempo em que concluído este artigo, encontrava-se em curso no STJ, o julgamento do REsp n. 1.812.143-MT, que atacava a aplicação do limite do art. 83, I, da Lei n. 11.101/2005, na recuperação judicial; o Rel. Min. Marco Buzzi, inicialmente, por decisão monocrática, datada de 27.05.2019, negou provimento ao recurso; ao depois, por decisão de 18.02.2020, rejeitou embargos de declaração; em seguida, em 17.08.2021, à vista de agravo interno, a decisão monocrática foi anulada, para possibilitar o julgamento colegiado; iniciado o julgamento em 26.10.2021, o relator proclamou voto dando provimento ao recurso, sendo o julgamento suspenso, a pedido de vista do Min. Antonio Carlos Ferreira. Conquanto restrito à 4ª Turma Julgadora, certamente o julgado haverá de constituir importante precedente sobre o tema.

Por outro lado, ainda quanto ao referido limite, tenha-se em conta que o parâmetro do salário-mínimo a ser utilizado para seu cálculo deve ser o valor da data da decretação da quebra. Garante-se, com isso, tratamento isonômico entre todos os credores trabalhistas. A esse respeito, é pacífico o entendimento das Câmaras Reservadas de Direito Empresarial, do TJSP.[281]

Fosse adotado o valor do salário-mínimo após a decretação da quebra, estar-se-ia, por via indireta, corrigindo o crédito após aquela data, em afronta ao disposto no art. 9º, II, da Lei n. 11.101/2005.

5.2 A disciplina dos artigos 83 e 84 da Lei n. 11.101/2005

A ordem de pagamento dos créditos concursais na falência está disciplinada no art. 83, da Lei n. 11.101/2005. Em primeiro plano, estão os créditos trabalhistas e os decorrentes de acidentes do trabalho, limitada a prioridade, em relação aos primeiros e, evidentemente, aos equiparados, ao teto de 150 salários-mínimos (inciso I).

Os créditos extraconcursais, por sua vez, estão relacionados no art. 84, da Lei n. 11.101/2005. Há duas situações em que o crédito trabalhista será considerado extraconcursal, a saber: (i) os de natureza estritamente salarial, vencidos nos três meses anteriores à decretação da quebra e limitados a cinco salários-mínimos (art. 84, I-A, e 151); e (ii) os créditos derivados da legislação do trabalho ou decorrentes de acidentes do trabalho relativos a serviços prestados após a decretação da falência (art. 84, I-C, segunda parte).

---

281 AI n. 2038547-46.2021.8.26.0000, TJSP, 2ª CRDE, Rel. Des. Araldo Telles, j. 12.04.2021; AI n. 2226455-23.2019.8.26.0000, TJSP, 1ª CRDE, Rel. Des. Azuma Nishi, j. 11.12.2019, e AI n. 2060087-24.2019.8.26.0000, TJSP, 2ª CRDE, Rel. Des. Maurício Pessoa, j. 23.05.2019.

Afora essas duas exceções, o crédito trabalhista ou equiparado deverá ser pago como concursal preferencial, nos termos do art. 83, I, da Lei n. 11.101/2005.

Os créditos trabalhistas relativos ao período recuperacional, que seriam extraconcursais em relação à recuperação judicial, na falência, são considerados concursais, ressalvados, como visto, aqueles referidos no art. 84, I-A, da Lei n. 11.101/2005, introduzido pela Lei n. 14.112/2020. Este dispositivo acabou corrigindo uma distorção, pois a previsão de antecipação, prevista no art. 151, acabava por sobrepor aquela parcela do crédito aos créditos extraconcursais, sem que houvesse uma formal classificação com essa natureza. A reforma, de certo modo, acertadamente, ordenou o tratamento legal.

Por outro lado, e até por conta desse especial tratamento, não vemos como enquadrar o crédito trabalhista do período recuperacional dentre aqueles "resultantes de atos jurídicos válidos praticados durante a recuperação judicial, nos termos do art. 67 desta Lei (...)" (art. 84, I-E, cuja redação é equivalente ao texto original do inciso V, do mesmo artigo).

Não é essa, entretanto, a posição defendida por Fábio Ulhoa Coelho, em comentário ao art. 67. Ele aduz, com a clareza e propriedade que lhe são peculiares, o seguinte: "como não há discriminação nenhuma, deve-se considerar que qualquer crédito se reclassifica como extraconcursal, *desde que proveniente de negociação*".[282] E continua:

> Em outros termos, os credores subordinados (inclusive os sócios que emprestarem dinheiro à sociedade em recuperação judicial) e os trabalhistas (pelos salários e demais direitos

282 ULHOA, Fábio. *Comentários à Lei de Falências e de Recuperação de Empresas*. 12ª ed. São Paulo: Revista dos Tribunais, 2017, p. 271.

> vencidos após a instauração do processo judicial de recuperação) passam a ser titulares de crédito extraconcursal na falência.[283]

Essa também parece ser a posição de Daniel Carnio Costa e Alexandre Nasser de Melo, embora não justifiquem o posicionamento: "mas se parte da prestação de trabalho foi realizada após o requerimento de recuperação ou após a decretação da falência do empregador, o crédito dela decorrente é considerado extraconcursal".[284]

Em relação ao serviço prestado após a falência, a previsão é expressa (art. 84, I-D); mas, em relação ao serviço prestado ao tempo da recuperação judicial, não há disposição expressa a respeito.

A redação do art. 67, da Lei n. 11.101/2005, não nos parece conduzir ao enquadramento do crédito trabalhista do período recuperacional como extraconcursal na falência. Recordemo-nos da redação do art. 67:

> Os créditos decorrentes de obrigações contraídas pelo devedor durante a recuperação judicial, inclusive aquelas relativas a despesas com fornecedores de bens ou serviços e contratos de mútuo, serão considerados extraconcursais, em caso de decretação da falência, respeitada, no que couber, a ordem estabelecida no art. 83, desta Lei.

Ora, o legislador do texto original da Lei, assim como o da reforma, sempre que quis fazer referência ao crédito trabalhista, fê-lo expressamente, nominando-o como tal, o que não se vê no art. 67.

---

283 ULHOA, Fábio. *Comentários à Lei de Falências e de Recuperação de Empresas*. 12ª ed. São Paulo: Revista dos Tribunais, 2017, p. 271.

284 COSTA, Daniel Carnio; MELO, Alexandre Nasser de. *Comentários à Lei de Recuperação de Empresas e Falência*. 2ª ed. Curitiba: Juruá, 2021, p. 295.

Na verdade, a finalidade do art. 67 é estimular a continuidade das negociações com a empresa em recuperação judicial, compensando o risco da contratação com precedência no pagamento de créditos, na eventualidade de uma falência (art. 84, V, da Lei n. 11.101/2005, na redação original). Essa compensação de risco negocial não existe na relação trabalhista.

Sobre a finalidade do art. 67, da Lei n. 11.101/2005, ensina Manoel Justino Bezerra Filho:

> Esta é uma disposição sábia da Lei, pois atua como incentivo para que aqueles que negociam com a empresa continuem a fazê-lo durante o período de recuperação judicial. Pretende a Lei que essa disposição atue como incentivo para que o terceiro continue fornecendo normalmente bens e serviços para a empresa que pediu recuperação, desde que se trate de venda a prazo.[285]

Nessa mesma linha, ressalta Marcelo Barbosa Sacramone sobre a finalidade do dispositivo:

> Para evitar que o empresário que requeira sua recuperação judicial seja estigmatizado pelo mercado, cujos agentes econômicos com ele não negociariam em virtude da crise econômico-financeira e do risco de inadimplemento, conferiu a LREF um tratamento diferenciado a esses credores.[286]

O credor trabalhista, por seu turno, recebe da lei tratamento específico e é sempre referido como tal (vide, p.e., art. 41, I, 54, 83, I, 84, I, e 151). Ele não se encaixa no incentivo de soerguimento

---

285 BEZERRA FILHO, Manoel Justino. *Lei de Recuperação de Empresas e Falência*: Lei 11.101/2005 comentada artigo por artigo. 15ª ed. São Paulo: Revista dos Tribunais, 2021, p. 321.

286 SACRAMONE, Marcelo Barbosa. *Comentários à Lei de Recuperação de Empresas e Falência*. 2ª ed. São Paulo: Saraiva, 2021, p. 365.

que emana do citado art. 67, que tem em conta as obrigações em geral, principalmente de fornecedores de bens e serviços.

A propósito do crédito de natureza trabalhista, Ricardo Negrão expõe de forma ampla, a esgotar a matéria, como está tratado na Lei n. 11.101/2005:

> c) A posição dos créditos trabalhistas na Lei n. 11.101/2005
>
> A LREF reformulou substancialmente a posição dos credores trabalhistas, distinguindo quatro situações:
>
> (1) os créditos trabalhistas de natureza estritamente salarial vencidos nos três meses anteriores à decretação da falência, até o limite de 5 salários-mínimos por trabalhador, serão pagos tão logo haja disponibilidade em caixa, isto é, a qualquer momento, mesmo antes de iniciada a fase de pagamento dos credores (art. 151);
>
> (2) as remunerações devidas ao administrador judicial e seus auxiliares, e créditos derivados da legislação do trabalho ou decorrentes de acidentes do trabalho relativos a serviços prestados após a decretação da falência são considerados extraconcursais (art. 84, I);
>
> (3) os créditos derivados da legislação do trabalho, isto é, salários, indenizações e outros encargos, até o limite de 150 salários-mínimos por credor, são pagos no mesmo rateio dos créditos decorrentes de acidentes do trabalho, independentemente de valores individualmente devidos a seus titulares (...) (art. 83, I);
>
> (4) os créditos trabalhistas e os a eles equiparados que excederem esse limite – 150 salários-mínimos – e os que tiverem sido cedidos a terceiros são considerados quirografários (art. 83, VI, c).[287]

---

287 NEGRÃO, Ricardo. *Curso de Direito Comercial e de Empresa*. vol. 3, 15ª ed. São Paulo: Saraiva, 2021, pp. 605/606. Como se verá adiante, no item 7.1, houve alteração no regime legal exposto, no tocante à cessão de

Não escapa, da abalizada doutrina, a interpretação do art. 84, I-E, introduzido pela reforma trazida pela Lei n. 14.112/2020, cuja redação, para o que é do interesse da matéria aqui tratada, não se distancia da redação original do art. 84, V. Eis a lição doutrinária:

> Após a decretação da falência, impõe-se ao administrador judicial a realização de inúmeros outros atos jurídicos, dos quais resultarão obrigações que a massa deve suportar, muitos deles também classificados em outras rubricas estudadas neste capítulo.
>
> Quais seriam, então, as obrigações aqui classificadas? Trata o inciso I-E de outras hipóteses não excepcionadas pela Lei Falimentar ou por leis extravagantes, isto é, todo ato jurídico válido praticado pelo administrador judicial ou pelo Comitê de credores cuja ordem de preferência não tenha sido definida na lei. Dada a amplitude do dispositivo, raros são os atos que podem subsumir-se à regra, uma vez que as expressões "arrecadação", "administração" e "realização do ativo" englobam a maior parte das atribuições legais do administrador judicial e estão previstas em outro inciso do art. 84 (inciso III).
>
> Entre esses raros casos estão os referentes aos contratos que o administrador judicial resolver cumprir, nos termos dos art. 117 e 118. As despesas resultantes desses contratos são classificadas como extraconcursais.[288]

Ainda que sob ótica diversa, que propunha o enquadramento de crédito de honorários periciais na redação original do art. 84, IV, da Lei n. 11.101/2005, analisamos a amplitude do art. 67,

---

créditos, operada pela Lei n. 14.112/2020, que incluiu o § 5º no art. 83 da Lei n. 11.101/2005: "para os fins do disposto nesta Lei, os créditos cedidos a qualquer título manterão sua natureza e classificação".

288 NEGRÃO, Ricardo. *Curso de Direito Comercial e de Empresa*. vol. 3, 15ª ed. São Paulo: Saraiva, 2021, p. 611.

afastando sua aplicação à hipótese. Eis a ementa do julgado, que sintetiza a fundamentação então adotada:

> Agravo de Instrumento – Recuperação judicial convolada em falência – Habilitação de crédito retardatária, processada sob o rito de impugnação – Procedência – Inconformismo do habilitante – Não acolhimento – Crédito relativo a honorários periciais fixados em reclamações trabalhistas julgadas no curso da recuperação judicial e antes da decretação da falência – Não enquadramento da hipótese no art. 67 e no art. 84, IV, da Lei n. 11.101/2005 – Crédito concursal, por anterior à decretação da quebra e não oriundo de obrigação contratada pela recuperanda após o pedido de recuperação judicial, e, entre os concursais, equiparável aos trabalhistas – Correta classificação no art. 83, I, da Lei n. 11.101/2005 - Decisão agravada mantida – Recurso desprovido.[289]

Como se verifica, o crédito trabalhista possui disciplina própria, quer seja anterior ao decreto de falência (art. 83, I), quer seja posterior (art. 84, I), com pagamento prioritário de algumas verbas, quando houver disponibilidade de caixa (art. 151). Esse é o tratamento que lhe é legalmente dispensado, sem que, por estar o fato gerador inserido no período de recuperação judicial, se possa enquadrá-lo nas hipóteses do art. 67 e, bem por isso, classificá-lo como extraconcursal, à luz do art. 84, V, ou, após a reforma, art. 84, I-E.[290]

5.3 Pagamento antecipado

Nos termos do art. 151, os créditos trabalhistas de natureza estritamente salarial, vencidos nos três meses anteriores ao decreto

---

289 AI n. 2283855-58.2020.8.26.0000, TJSP, 2ª CRDE, j. 25.06.2021.

290 Essa fundamentação é retratada no julgamento do AI n. 2019615-10.2021.8.26.0000, TJSP, 2ª CRDE, Rel. Des. Grava Brazil, j. 31.08.2021.

falimentar, limitados a cinco salários-mínimos por trabalhador, serão pagos assim que houver disponibilidade de caixa.

Note-se que não se trata de critério de classificação do crédito ou de considerá-lo concursal ou extraconcursal, mas de estabelecer uma diretriz de pagamento antecipado, ou seja, antes mesmo da realização do ativo, bastando a disponibilidade de caixa, atendidas as especificidades temporais (três meses anteriores ao decreto de falência) e quantitativa (máximo de cinco salários-mínimos).

A respeito, de se considerar que, por crédito de natureza estritamente salarial, devem ser computados os saldos de salário, o aviso prévio indenizado, cuja natureza de salário decorre da legislação específica (CLT – art. 487, § 1º), as horas noturnas e extras, e o décimo terceiro proporcional (Súmulas 207 e 688 do STF), ficando excluídas as férias, o respectivo terço, multas de FGTS etc.

Como alerta, com pertinência, Ricardo Negrão, os valores pagos a título de adiantamento não serão deduzidos do limite fixado no art. 83, I, uma vez que a antecipação das verbas estritamente salariais não se confunde com a classificação prioritária do crédito derivado da legislação do trabalho. Nesse sentido:

> (...) não há que se promover o desconto do valor anteriormente recebido a título de pagamento antecipado. O trabalhador receberá até 5 salários-mínimos se tiver trabalhado na empresa falida e fizer jus a verbas estritamente salariais relativas aos últimos três meses que antecederam à falência. Habilitará até 150 salários-mínimos na classe trabalhista, pelo montante de qualquer natureza que lhe for devido pela legislação trabalhista e, ainda, o que sobejar a este valor na classe de credores quirografários.[291]

291 NEGRÃO, Ricardo. *Curso de Direito Comercial e de Empresa*. vol. 3, 15ª ed. São Paulo: Saraiva, 2021, pp. 606/607.

No entanto, Fábio Ulhoa Coelho leciona que

> (...) como se trata de mera antecipação, não representa uma preferência. Se o administrador judicial puder calcular que os recursos da massa não serão suficientes para o atendimento da classe dos empregados e equiparados (porque os credores extraconcursais tendem a consumi-los todos, por exemplo), não deverá fazer a antecipação, sob pena de responder perante os beneficiários que restaram desatendidos.[292]

O posicionamento era, antes, defensável, embora não fosse nosso entendimento, à vista da disciplina topograficamente lançada na seção referente ao pagamento dos credores (Capítulo V, Seção XI, da Lei 11.101), com comando objetivo e direto, que estabelecia uma prioridade excepcional e sem qualquer ressalva. Atualmente, porém, não mais se mostra sustentável. Isso porque a reforma introduzida pela Lei n. 14.112/2020, com o acréscimo do inciso I-A, ao art. 84,[293] fixou que esse valor tem natureza de crédito extraconcursal e deve ser pago antes de todos os demais.

Logo, o valor objeto do pagamento antecipado de que trata o art. 84, I-A, da Lei n 11.101/2005, constitui crédito extraconcursal e não deverá ser abatido do limite de 150 salários-mínimos, estabelecido no art. 83, I, do referido diploma.

Em resumo, no caso de credor trabalhista, que possua um crédito de valor superior a 150 salários-mínimos, em cuja composição existam verbas de natureza estritamente salarial, haverá

---

292 ULHOA, Fábio. *Curso de Direito Comercial*: Direito de Empresa. vol. 3, 17ª ed. São Paulo: Revista dos Tribunais, 2016, p. 340.

293 "Art. 84. Serão considerados créditos extraconcursais e serão pagos com precedência sobre os mencionados no art. 83 desta Lei, na ordem a seguir, aqueles relativos: I-A - às quantias referidas nos art. 150 e 151 desta Lei".

uma decomposição em três partes,[294] a saber: (a) pagamento antecipado, como crédito extraconcursal, tão logo haja disponibilidade de caixa, limitado a cinco salários-mínimos, das verbas de natureza estritamente salarial vencidas nos 3 (três) meses anteriores à decretação da falência (art. 84, I-A); (b) pagamento, como crédito concursal privilegiado, até 150 salários-mínimos (art. 83, I); e (c) pagamento do excedente como crédito concursal quirografário (art. 83, VI, *c*).

6 As alterações da Lei n. 14.112/2020

6.1 Cessão do crédito trabalhista

O § 4º, do art. 83, continha a previsão de que "os créditos trabalhistas cedidos a terceiros serão considerados quirografários".

A doutrina se dividia quanto ao dispositivo. Parte o entendia como um desestímulo à aquisição do crédito trabalhista por valores muito inferiores ao seu valor real. Outra parte o via como desestímulo ao legítimo direito do trabalhador de negociar seu crédito, de acordo com seu interesse e conveniência.

Ocorre que esse dispositivo, que causou a controvérsia, foi revogado com a reforma introduzida pela Lei 14.112/2020. Esta tornou possível a cessão, com manutenção do *status* de privilégio do crédito (atual § 5° do art. 83).

Este autor é cético quanto a qualquer das posições alcançar um resultado que efetivamente favoreça o credor trabalhista. Não obstante, alinhado ao espírito liberal da moderna visão da legislação falimentar, penso que o legislador acertou ao revogar o

294 Para efeitos didáticos não consideramos os créditos referidos no art. 84, I-D, que trata especificamente do crédito formado após a quebra, que é extraconcursal na sua integralidade.

dispositivo, deixando ao credor o juízo de suas reais necessidades e, com isso, da conveniência ou não de firmar a cessão, ao mesmo tempo em que o muniu do forte argumento (que aumenta seu poder de barganha) de que o crédito, por não perder o privilégio, não poderá ser desgastado com acentuado deságio.

Fico com o pensamento positivo de Marcelo Sacramone:

> Ainda que possa haver o assédio de investidores em relação ao crédito, cumpre ao credor trabalhista a apreciação da conveniência e oportunidade de preservá-lo ou cedê-lo a terceiro em razão de um preço. O estímulo traria concorrência aos pretendentes à cessão, aumentando o preço.[295]

6.2 Sub-rogação do crédito trabalhista

Havia uma certa polêmica, ao tempo em que vigia a redação original do § 4º, do art. 83, da Lei n. 11.101/2005, quanto à aplicação do tratamento legal atribuído à cessão às hipóteses de sub-rogação.

A nosso sentir acertadamente, na jurisprudência das Câmaras Reservadas de Direito Empresarial do TJSP, prevalecia o entendimento de que, com a sub-rogação, o crédito trabalhista não perdia essa natureza,[296] por conta do disposto no art. 346, II, do CC, que dispõe: "A sub-rogação opera-se, de pleno direito, em favor: [...] III – do terceiro interessado, que paga a dívida pela qual era ou podia ser obrigado, no todo ou em parte".

---

295 SACRAMONE, Marcelo Barbosa. *Comentários à Lei de Recuperação de Empresas e Falência*. 2ª ed. São Paulo: Saraiva, 2021, p. 429.

296 AI n. 2171176-23.2017.8.26.0000, TJSP, 2ª CRDE, Rel. Des. Ricardo Negrão, j. 09.04.2018; AI n. 2056604-20.2018.8.26.0000, TJSP, 2ª CRDE, Rel. Des. Araldo Telles, j. 23.07.2018.

De todo modo, se, antes da reforma, admitia-se discussão a respeito, o debate agora perdeu o sentido, uma vez que o tratamento passa a ser o mesmo, quer se trate de cessão, quer se trate de sub-rogação.

6.3 Extensão do prazo para pagamento dos credores trabalhistas na recuperação judicial

Essa questão já foi, em certa medida, analisada no item 4.2 *supra*. Entretanto, volta-se ao tema para situar de forma mais precisa a alteração introduzida pela reforma.

A disciplina relativa ao prazo para pagamento do crédito trabalhista estava (e continua) prevista no art. 54, da Lei n. 11.101/2005, que fixava a impossibilidade de o plano prever prazo superior a um ano, ressalvada a hipótese do então parágrafo único, atualmente § 1º, relativa aos créditos estritamente salariais, vencidos nos três meses anteriores ao pedido de recuperação e limitados a cinco salários-mínimos, cujo pagamento deve se operar no prazo de trinta dias.

Assim, originalmente, o prazo para pagamento do crédito trabalhista estava limitado a um ano. Toda a controvérsia jurisprudencial gravitava em torno do marco inicial para a contagem desse prazo, se do pedido de recuperação, se da homologação do plano.

Evitando ser repetitivo, limito-me a analisar, neste item, a possibilidade de extensão do prazo de um ano, prevista no § 2º, do art. 54, introduzido pela reforma, nos seguintes termos:

> O prazo estabelecido no *caput* deste artigo poderá ser estendido em até 2 (dois) anos, se o plano de recuperação judicial atender os seguintes requisitos cumulativamente: I – apresentação de garantias julgadas suficientes pelo juiz; II – aprovação pelos credores titulares de créditos derivados da legislação trabalhista ou decorrentes de acidentes de trabalho,

> na forma do § 2º, do art. 45 desta Lei; e III – garantia de integralidade do pagamento dos créditos trabalhistas.

Como se verifica, a reforma possibilitou a extensão do prazo, desde que atendidos três requisitos. Primeiro, a aprovação pelos próprios credores (inc. II), o que está em conformidade com o espírito negocial do modelo recuperacional e com as formalidades do próprio processo de recuperação. Segundo e terceiro, a apresentação de garantias suficientes aos olhos do juiz (inc. I) e de integralidade do pagamento (inc. III).

A questão do oferecimento de garantias não se mostra singela, como quer transparecer o texto legal. Ou isso implicará em novos encargos à empresa em soerguimento, se lograr obter essa garantia junto a terceiros, p. ex., fiança bancária; ou implicará em lançar mão de bens de seu ativo, o que pode não ser possível, pois a empresa que pede recuperação judicial, em regra, já tem a maioria ou, mesmo, a integralidade de seus bens onerados; e, ainda que haja bens próprios passíveis de oferecimento em garantia, será necessário não apenas que o juiz a considere suficiente e integral, mas, também, a aprovação dos credores, quando da votação do plano com essa proposta, a teor do art. 66, da Lei n. 11.101/2005.

Em outras palavras, o oferecimento de garantias não se limitará ao entendimento entre devedora e credores trabalhistas.

A análise pelo juiz da suficiência das garantias, a par de ser subjetiva, ainda que possa ser fundamentada, vai de encontro ao espírito da lei de recuperação de empresas, que coloca nas mãos do devedor e dos credores a negociação dos termos em que se dará o pacto recuperacional. Há, ainda, questões sobre a ordem em que os fatos deverão ocorrer e sobre a hipótese de inadimplência: se o juiz analisa em primeiro lugar, sua decisão, em qualquer sentido que venha a ser prolatada, vincula a devedora e os credores? Ou poderiam os credores dispor de forma diversa do entendimento do magistrado? A decisão judicial seria um pré-requisito a anteceder a inclusão de cláusula no PRJ a ser submetido à aprovação dos credores? Ou caberia ao juiz fazer esse exame apenas quando da apreciação da homologação do PRJ já deliberada pela AGC? Em caso de inadimplência, como se dará a excussão das garantias? Caso haja a conversão em falência, prevalece a garantia para a satisfação desses créditos, ainda que parcial, haja vista o retorno às condições originárias?

Quanto ao requisito do inciso III, ao que parece, sua interpretação não enseja maiores dificuldades. O prazo estendido fica vinculado ao pagamento integral do crédito, inibindo a concessão de deságio. Nesse sentido, ressalvado nosso entendimento de que o acréscimo de juros não guarda relação com a integralidade do crédito:

> Além das garantias, a extensão somente poderá ser aceita se houver a previsão integral de pagamento dos referidos créditos. Para que haja a extensão, não poderá ocorrer deságio, seja ele explícito ou implícito. O desconto do montante não apenas não poderá ocorrer diante de seu valor histórico, como é necessário que se preveja que o pagamento será realizado mediante correção monetária e juros de mercado, para que o montante não sofra desconto ao longo do tempo.[297]

Ainda:

> Em caso de extensão do prazo original de 1 ano, não poderá haver qualquer deságio para o crédito trabalhista, vez que o inciso III deste § 2º estabelece que, em tal caso, deve ser garantido o pagamento da integralidade dos créditos trabalhistas.[298]

---

297 SACRAMONE, Marcelo Barbosa. *Comentários à Lei de Recuperação de Empresas e Falência*. 2ª ed. São Paulo: Saraiva, 2021, p. 318.

298 BEZERRA FILHO, Manoel Justino. *Lei de Recuperação de Empresas e Falência*: Lei 11.101/2005 comentada artigo por artigo. 15ª ed. São Paulo: Revista dos Tribunais, 2021, p. 279.

Com relação à limitação do crédito trabalhista a 150 salários-mínimos, admitido pela jurisprudência na recuperação judicial (vide item 4.3), há de se analisar se o fracionamento do crédito, classificando o excedente como quirografário, justificaria que esse sofresse as consequências de eventual deságio. Penso que a prorrogação do pagamento acaba por inviabilizar a aplicação do limite no âmbito da recuperação judicial, por impossibilidade de cumprimento da exigência de pagamento da integralidade.

Por fim, há de se mencionar que, não tendo o legislador atribuído tratamento específico a esses créditos dentre as hipóteses dos art. 83 e 84, da Lei n. 11.101/2005, caso venha a ser decretada a falência da recuperanda, o tratamento a ser-lhes conferido será o mesmo dos créditos trabalhistas em geral, fazendo letra morta das garantias anteriormente constituídas para admitir-se a prorrogação.

Como se verifica, a reforma trouxe, com a devida vênia, ao menos nesse aspecto, maiores questionamentos do que soluções.

Singular e pertinente a análise realizada por Joice Ruiz Bernier e Aline Turco a propósito dessas questões, bem expondo as incongruências da reforma:

> Primeiramente, não se tem a definição da espécie de garantia e, consequentemente, a legitimidade de quem irá ofertá-la. Ao tratar de garantias, pressupõe-se que ela integrará o patrimônio do devedor e, por sua vez, deverá ser objeto do plano de recuperação judicial. Por outro lado, não se verifica do dispositivo nenhuma vedação à prestação de garantia por terceiro, circunstância que gera outra série de lacunas, considerando as problemáticas que essa situação poderá provocar nos casos concretos.
>
> Uma segunda incongruência, não menos importante, é o direcionamento da averiguação da suficiência da garantia em questão ao juiz, distante da essência do processo recuperacional, que destina aos credores a competência exclusiva para deliberação a respeito da proposta.

> Além de deixar a garantia a critério exclusivo do juiz, o caráter lacunoso também trará consequências procedimentais, pois ausente qualquer previsão a respeito da forma e tempo com que a garantia deverá ser apresentada. Considerando a hipótese mais lógica, qual seja, os credores também devem saber qual será a garantia prestada para optar ou não pela extensão do prazo de recebimento de seus créditos, a garantia deveria ser apresentada no próprio plano de recuperação judicial. Todavia, a incoerência se instala ao se imaginar como se dará a efetivação da garantia: se sua análise está condicionada à decisão judicial, conforme requisito previsto no inciso I, significaria que, embora seja objeto de deliberação, mesmo depois de aprovada pelos credores, poderá não ter o aval judicial, o que invalidaria o julgamento dos próprios credores, que a teriam julgado suficiente.
>
> Dela decorre, por conseguinte, outra incoerência procedimental no texto do dispositivo do par. 2º, cuja falta de clareza é latente: a forma como se dará a execução da garantia, se o caso, já que a alienação e oneração de bens do ativo não circulante da recuperanda deve obedecer a procedimento específico, nos termos do art. 66 da lei, sendo certo que o par. 2º do art. 54 não dispõe em sentido diverso. Nessa situação, ainda que a garantia já tenha superado o procedimento específico previsto – análise judicial e aceitação pelos credores – a LREF traz regras gerais aplicáveis à alienação, condicionando-a a decisão judicial e, ainda, poderá estar sujeita à nova deliberação em assembleia geral de credores.[299]

Parece-nos que a análise do juiz da recuperação deve ser feita de forma prévia, já com a apresentação da proposta de PRJ,

---

299 BERNIER, Joice Ruiz; TURCO, Aline. "Comentários aos artigos 51 a 54 da Lei 11.101/2005". *In*: OLIVEIRA FILHO, Paulo Furtado de (Coord.). *Lei de Recuperação e Falência*: pontos relevantes e controversos da reforma pela Lei 14.112/20. Indaiatuba: Editora Foco, 2021, p. 48.

apenas para viabilizar a realização da AGC e votação da proposta, sem vincular os credores.

7 Outras questões

7.1 Recuperação judicial e inadimplemento do acordo celebrado na Justiça do Trabalho

Com certa frequência, depara-se com discussão em Juízo relativa à formação do crédito trabalhista fruto de acordo na Justiça do Trabalho, cujo pagamento foi sobrestado por conta do pedido de recuperação judicial.

Dois são os aspectos controvertidos, a saber: (i) em caso de concessão de desconto pelo trabalhador, esse desconto prevalece para fim de habilitação; e (ii) no caso de o acordo conter previsão de multa por descumprimento, esta multa incide no montante a ser habilitado.

Partindo-se do reconhecimento de que estão sujeitos à recuperação judicial todos os créditos existentes na data do pedido (Lei n. 11.101/2005, art. 49, *caput*), os pagamentos do acordo não podem ter continuidade, sob pena de ofensa à igualdade de tratamento devida aos credores de mesma classe.

Nada obstante, entende-se que o desconto concedido decorre da premissa de que o credor não poderia ver interrompido o cumprimento do acordo, tendo concordado em renunciar a parte de seu crédito sob essa expectativa, que, com o pedido de recuperação, se viu frustrada.

O Des. Araldo Telles, do TJSP, enfrentando essa questão, bem explicitou, em julgado de sua relatoria:

> Na verdade, o termo apenas subordinou a eficácia do negócio a um acontecimento futuro e certo, ou seja, a um termo,

> o qual apenas suspendeu o exercício do direito de cobrar pela dívida original enquanto fossem pagas as parcelas corretamente, sem, contudo, extrair-lhe a aquisição, nos moldes do artigo 131 do Código Civil. Se, então, sobreveio a recuperação antes daquele termo, o direito constante no contrato de prestação de serviços permanece adquirido.[300]

A irrebatível fundamentação e o fato de tratar-se de crédito amplamente protegido nas várias esferas do direito fazem com que a recomposição ao valor original seja consequência natural da impossibilidade de cumprimento do acordo, ainda que de forma involuntária.

A manutenção do desconto de pontualidade, portanto, implicaria em vantagem indevida ao devedor, no caso, a recuperanda, de modo que o valor do crédito deve ser revertido ao original, abatidas, evidentemente, as parcelas pagas.

Com relação à multa, a discussão é mais ampla e a jurisprudência das Câmaras Reservadas de Direito Empresarial não é uníssona.

De um lado, posição majoritária afasta a multa, justamente porque o inadimplemento não é voluntário, mas consequência do pedido de soerguimento, que impede a devedora de dar continuidade aos pagamentos.

Há, no entanto, entendimento sustentável em contrário, segundo o qual, à vista do descumprimento do acordo, a multa é aplicável, independentemente da inibição de pagamento fruto do pedido de recuperação. Isso porque, aceito o acordo, não haveria razão para que não prevaleçam seus termos.

Aqueles que defendem o afastamento da multa, entretanto, impõem certas condições: (i) que o acordo não tenha sido celebrado

---

300 AI n. 2021966-87.2020.8.26.0000, TJSP, 2ª CRDE, j. 13.07.2020.

às vésperas do pedido de recuperação judicial ou quando já evidente a situação de fragilidade econômico-financeira da devedora, de forma a tornar intuitivo que a recuperação seria postulada; e (ii) que o inadimplemento não seja anterior ao pedido de recuperação.

Essa discussão é bem retratada no julgamento do AI n. 2140947-75.2020.8.26.0000, também do TJSP e da relatoria do Des. Araldo Telles, no voto condutor do relator, no voto convergente do segundo juiz e no voto divergente do terceiro juiz, a cuja leitura remetemos.

A nosso ver, a multa não incide, desde que o inadimplemento seja decorrente do pedido de recuperação judicial e o acordo não tenha sido celebrado quando a pretensão de recuperação já se mostrava delineada.

7.2 Cômputo da correção monetária e dos juros no cálculo realizado na Justiça do Trabalho

Começamos por lembrar a lição de Ricardo Negrão, no sentido de que

> (...) não pode haver impugnação ao crédito fundado em sentença trabalhista transitada em julgado, dada a imutabilidade da decisão proferida por órgão do Poder Judiciário. Se a habilitação vem acompanhada de decisão trabalhista transitada em julgado, o administrador judicial e o juiz da falência devem proclamar a inclusão nos valores indicados na certidão trabalhista, respeitado o termo legal de atualização do crédito (art. 9º, II).[301]

A imutabilidade, como alerta o final do texto reproduzido, fica sujeita à adequação da correção monetária e dos juros. O art.

---

301 NEGRÃO, Ricardo. *Curso de Direito Comercial e de Empresa*. vol. 3, 15ª ed. São Paulo: Saraiva, 2021, p. 92.

9º, II, da Lei n. 11.101/2005 estabelece a limitação do cômputo da correção até a data do pedido de recuperação judicial ou da decretação da quebra, o que pode ensejar a alteração do título judicial formado perante a Justiça do Trabalho, para deflacionar o crédito ao referido marco, a que, frise-se, todos os créditos estão sujeitos.

A situação não é diversa em relação aos juros. O art. 124, do mesmo diploma legal, estabelece que "contra a massa não são exigíveis juros vencidos após a decretação da falência...". Isso, evidentemente, se o ativo não comportar o pagamento. No caso da recuperação judicial, o cômputo dos juros apenas até a data do pedido de recuperação judicial decorre, assim como a previsão do art. 9º, II, do princípio da *par conditio creditorum* e da novação a ser operada pela homologação do plano de recuperação judicial, que tem como base a situação dos créditos sujeitos na data do pedido.

Assim, quando se fala em crédito trabalhista, parece não haver dúvida de que o princípio da *par conditio creditorum* é fundamental tanto na falência quanto na recuperação judicial, sendo inaceitável que se dispense a credores em igualdades de condições tratamento diverso.

A Justiça do Trabalho, ao liquidar o crédito reconhecido no título judicial lá formado, tem em conta a data da liquidação. Todavia, à evidência, esse marco não pode ser aceito, quando se trata de correção monetária e de juros de mora. Embora o principal seja indiscutível, os consectários devem ter parâmetro temporal único, que atinja todos os créditos de mesma natureza. Assim não fosse, haveria violação direta ao disposto nos art. 9º, II, e 124, da Lei n. 11.101/2005, implicando em tratamento diferenciado aos credores com as mesmas características.

A respeito do tema, pondera Manoel Justino Bezerra Filho que

> (...) a técnica da lei é que todas as questões relacionadas às relações de trabalho sejam definitivamente decididas por aquela justiça especializada e, uma vez definitivamente

> liquidadas, o respectivo valor seja habilitado na recuperação judicial ou na falência, conforme o caso. Por essa razão, existe grande conflito quanto à aferição da importância que deve ser habilitada no processo de insolvência (recuperação ou falência). Há entendimentos de que a liquidação da sentença não deve, necessariamente, observar os parâmetros do art. 9º, II, da Lei 11.101/2005, quando se tratar de devedor em estado de recuperação judicial ou falido. Todavia, tal entendimento dá margem à burla do instituto da recuperação judicial ou da falência, possibilitando o favorecimento de determinados credores em detrimento dos demais, em iguais condições, pois aquele que teve o seu crédito liquidado após o marco temporal descrito no art. 9º, II, poderá ter inscrito no quadro-geral de credores importância maior em razão de parâmetro de atualização monetária que lhe incidiu após a aludida data de corte.[302]

Uma última observação a ser feita sobre o tema é a respeito do índice de correção ou de deflação a ser adotado. Como a justiça especializada tem seu próprio critério para corrigir o crédito, são os índices lá empregados que deverão ser aplicados para efetuar os ajustes antes referidos. Esse aspecto nem sempre é observado pelos técnicos ou peritos contábeis que auxiliam os administradores judiciais, os quais, afeitos à Justiça Comum, por vezes, aplicam os índices utilizados nos processos cíveis (no caso de São Paulo, a Tabela Prática do TJSP). Trata-se de um grave equívoco, que, em muitos casos, leva à habilitação de valor incorreto.

7.3 Legitimidade para requerer falência

A partir da redação do art. 97, IV, da Lei n. 11.101/2005, segundo a qual "qualquer credor" pode requerer falência, a

---

302 BEZERRA FILHO, Manoel Justino. *Lei de Recuperação de Empresas e Falência*: Lei 11.101/2005 comentada artigo por artigo. 15ª ed. São Paulo: Revista dos Tribunais, 2021, p. 672.

possibilidade de o credor trabalhista fazê-lo é inconteste, seja com fundamento no art. 73, IV, seja com fundamento em alguma das hipóteses do art. 94, do referido diploma.

Essa parece ser a razão que levou Manoel Justino Bezerra Filho a ser categórico a respeito: "o credor trabalhista tem legitimidade e interesse para requerer a falência, por crédito líquido e certo, reconhecido por sentença trabalhista".[303]

Na mesma linha, Ricardo Negrão cita parecer do festejado Professor Fábio Konder Comparato, de 1971, em que assevera, em resposta a consulta formulada por credores trabalhistas, "que o credor privilegiado não apenas tem interesse de pedir a falência de seu devedor, no sentido processual do termo, como só pode realizar o seu privilégio na falência (ou no concurso de credores)".[304]

A questão se mostra pacificada no STJ, como demonstra o excerto a seguir transcrito, de julgado daquela augusta Corte, da relatoria do Ministro Ricardo Villas Boas Cueva:

> RECURSO ESPECIAL. FALÊNCIA. CREDOR TRABALHISTA. PEDIDO. POSSIBILIDADE. DISTINÇÃO ENTRE CREDORES. LEI N. 11.101/2005. INEXISTÊNCIA. OMISSÃO. NÃO CONFIGURAÇÃO. CERTIDÃO DE CRÉDITO ORIUNDA DA JUSTIÇA OBREIRA. FÉ PÚBLICA. VÍCIO. FALTA DE PROVAS. LITIGÂNCIA DE MÁ-FÉ. NÃO COMPROVAÇÃO. SÚMULA N. 7/STJ. 1. Não subsiste a alegada ofensa ao art. 535 do CPC/1973, pois o tribunal de origem enfrentou as questões postas,

---

303 BEZERRA FILHO, Manoel Justino. *Lei de Recuperação de Empresas e Falência*: Lei 11.101/2005 comentada artigo por artigo. 15ª ed. São Paulo: Revista dos Tribunais, 2021, p. 414.

304 NEGRÃO, Ricardo. *Curso de Direito Comercial e de Empresa*. vol. 3, 15ª ed. São Paulo: Saraiva, 2021, p. 300, nota 4.

> não havendo no aresto recorrido omissão, contradição ou obscuridade.
>
> 2. O credor trabalhista tem legitimidade ativa para ingressar com pedido de falência, visto que o art. 97, IV, da Lei n. 11.101/2005 não faz distinção entre credores.
>
> 3. Na hipótese, o credor tem legitimidade ativa, porquanto detém título de valor superior a 40 (quarenta) salários, e, em execução anterior, não obteve resultado em pagamento ou mesmo apresentação de bens para penhora.[305]

Concluindo, o credor trabalhista possui legitimidade para requerer a falência de seu empregador.

7.4 Habilitação do crédito extraconcursal na recuperação judicial

A questão que se propõe a debate diz com a possibilidade de ser habilitado crédito extraconcursal na recuperação judicial.

Ainda que possa parecer paradoxal admitir que o credor renuncie ao direito de executar diretamente a recuperanda, nas condições originais de seu crédito, a situação não tem se mostrado tão rara e guarda até um certo sentido, quando se trata de crédito trabalhista. Isso porque o credor, nessa hipótese, estaria contornando as custas e despesas de uma execução autônoma, as dificuldades de recebimento do crédito ou de constrição de bens em face da empresa em soerguimento, em prol da possibilidade de recebimento do crédito na recuperação, dentro do prazo legalmente previsto.

Assim, em princípio, pode o credor habilitar integralmente seu crédito, em vez de executá-lo em cumprimento de sentença ou requerer, no incidente, declaração de extraconcursalidade.

---

305 REsp 1544267/DF, 3ª T., j. 23.08.2016, DJe 06.09.2016.

O entendimento não é pacífico, entretanto. Em recentes julgados,[306] nos deparamos com fundamentada deliberação do Juízo Recuperacional, entendendo que o art. 49, *caput*, da Lei n. 11.101/2005, seria de ordem pública, de modo que seria irrelevante a concordância da credora em sujeitar à recuperação judicial valores que seriam extraconcursais. Entendeu o i. magistrado de primeiro grau que a habilitação desses valores na recuperação judicial seria inadmissível, pois implicaria modificação na esfera jurídica dos demais credores, haja vista a proporção do direito de voto em assembleia.

Nosso entendimento foi diverso, no sentido de ser, em tese, a habilitação legalmente possível e admissível, por cuidar de renúncia do credor a direito disponível, consistente no recebimento de seu crédito nas condições originárias e em execução individual, não se sujeitando às condições e prazos (em regra, menos favoráveis ao credor) previstos no plano de recuperação judicial.

Sustenta-se que, do ponto de vista dos demais credores, cujos créditos estão sujeitos ao processo recuperatório, isso se mostra, em regra, benéfico, pois mais recursos serão destinados ao cumprimento do plano de recuperação judicial e ao processo de soerguimento. Por outro lado, eventual mudança no número de credores votantes e na proporção do voto de cada um não se mostra, necessariamente, um prejuízo aos demais credores, até porque, eventual abusividade no exercício do direito de voto, por parte de algum credor, sempre poderá ser apreciada (ainda que, em tese, após a reforma de 2020, sob ótica mais restritiva, cf. atual § 6° do art. 39, da Lei n. 11.101/2005).

O que se exige, considerando que a renúncia deve ser interpretada estritamente (art. 114, do CC), é a necessidade de o

---

306 TJSP, AI n. 2116788-34.2021.8.26.0000, TJSP, 2ª CRDE, Rel. Des. Grava Brazil, j. 27.07.2021; AI n. 2194810-43.2020.8.26.0000, TJSP, 2ª CRDE, Rel. Des. Grava Brazil, j. 05.02.2021.

credor externar de forma expressa, inquestionável e inequívoca sua vontade, confirmado renunciar ao tratamento legal mais benéfico.

Atendida essa exigência, parece-nos que a habilitação do crédito extraconcursal vai ao encontro dos interesses do credor, dos credores em geral e da própria recuperação judicial.

Cabe acrescentar, ainda, no que tange especificamente ao credor trabalhista, que seja titular de créditos sujeitos e não sujeitos à recuperação judicial (como sói ocorrer nos casos examinados), que o voto é computado exclusivamente por cabeça. A habilitação de valor a princípio extraconcursal juntamente com crédito sujeito à recuperação judicial não afeta o poder de voto do referido credor na assembleia geral de credores.

Alexandre Kosby Boeira e Laurence Bica Medeiros, posicionando-se favoravelmente a decisões que admitem a habilitação da hipótese em exame, afirmam:

> Daí resulta que existem decisões admitindo a sujeição voluntária da parcela do crédito extraconcursal, porquanto pode ser vantajosa ao credor, mormente pela competência do Juízo Universal em deliberar sobre a possibilidade de constrição e excussão de bens da devedora em recuperação judicial e pelo prazo de pagamento previsto pelo art. 54 da LRF, podendo ser superior a este a efetiva satisfação no bojo da reclamação trabalhista, quando o patrimônio da empresa em recuperação estará sujeito à deliberação do Juízo Recuperacional quanto à possibilidade de expropriação, a fim de evitar prejuízo ao soerguimento da atividade empresarial.[307]

---

307 BOEIRA, Alexandre Kosby; MEDEIROS, Laurence Bica. "Recuperação judicial e o crédito trabalhista: a simplificação dos procedimentos de habilitação em Tempos de Pandemia da Covid-19". *In*: WAISBERG, Ivo; BEZERRA FILHO, Manoel Justino *et al.* (Coord.). *Transformações no Direito de Insolvência*: estudos sob a perspectiva da reforma da Lei 11.101/2005. São Paulo, Quartier Latin, 2021, p. 234.

Em suma, a habilitação do crédito trabalhista extraconcursal atende ao interesse de todos, credor trabalhista, devedor/recuperanda, credores em geral e ao próprio soerguimento, sem, a nosso sentir, afronta à Lei n. 11.101/2005. Ao contrário, faz coro ao princípio da preservação da atividade empresarial (art. 47).

7.5 O destino do depósito recursal realizado perante a Justiça Trabalhista

A questão está longe de ser pacífica, ao menos na jurisprudência das Câmaras Reservadas de Direito Empresarial do TJSP, em que se verificam posições completamente antagônicas.

A divergência parte do disposto no § 1º, do art. 899, da CLT, que estabelece:

> Sendo a condenação de valor até 10 (dez) vezes o salário-mínimo regional, nos dissídios individuais, só será admitido o recurso, inclusive o extraordinário, mediante prévio depósito da respectiva importância. Transitada em julgado a decisão recorrida ordenar-se-á o levantamento imediato da importância de depósito, em favor da parte vencedora, por simples despacho do juiz.

A partir da interpretação desse dispositivo, parcela da jurisprudência tem entendido que o depósito recursal possui natureza jurídica de garantia da execução, não caracterizando taxa judiciária ou pagamento antecipado. Dessa forma, não haveria como se admitir que seu montante tenha deixado a esfera patrimonial das recuperandas, mesmo com o depósito em conta vinculada ao Juízo Trabalhista.

Essa corrente lança mão de entendimento do STJ, que

> (...) considera ser da competência precípua do Juízo Singular apenas a apreciação e julgamento das ações versando sobre

> apuração de créditos requeridos em face de empresas falidas ou em recuperação judicial, mas, ultrapassada essa fase, os valores, ainda que relativos a anteriores depósitos recursais ou penhoras, deverão ser habilitados, conquanto de forma retardatária, no Juízo da falência ou da recuperação judicial para posterior pagamento.[308]

Outra corrente interpreta que, com a Reforma Trabalhista, introduzida pela Lei n. 13.467/2017, nos termos do art. 899, § 10, da CLT, a empresa em recuperação não mais necessita fazer o depósito recursal. Este, por ser realizado na conta do trabalhador, deixaria de integrar o patrimônio da devedora e possuiria garantia de impenhorabilidade absoluta.

Essas duas posições estão bem retratadas no julgamento do AI n. 2153070-08.2020.8.26.0000, da relatoria do Des. Araldo Telles, com declaração de voto vencido do Des. Ricardo Negrão.[309]

Uma terceira análise sobre a questão decorre, igualmente, da interpretação que emana do citado art. 899, mais precisamente da sua segunda parte, segundo a qual, com o trânsito em julgado, deve ser determinado o imediato levantamento do depósito em favor do vencedor, ressaltando, "por simples despacho do juiz".

Ora, o comando legal deixa evidente que, operado o trânsito em julgado, o valor não mais integra o patrimônio da recuperanda.

Assim, desde que o trânsito em julgado seja anterior ao pedido de recuperação judicial, não mais se pode considerar que o depósito pertença à recuperanda, constituindo o levantamento mera formalidade. A situação se mostra equiparada não à penhora ou a outras modalidades de depósito, a que, inclusive,

---

308 REsp 1630702/RJ, 3ª T., Rel. Min. Nancy Andrighi, j. 02.02.2017, DJe 10.02.2017.

309 TJSP, 2ª CRDE, j. 20.10.2020.

se refere o precedente do STJ mencionado, mas ao pagamento anterior ao pedido de recuperação, ato jurídico perfeito e, por isso, imutável.

Penso que, nessa hipótese, não haveria quebra da concursalidade, pois o trânsito em julgado retiraria em definitivo o valor depositado da esfera patrimonial da recuperanda. O "pagamento" só não teria se concretizado porque o levantamento imediato não foi, a rigor, imediato.

A situação somente seria diversa se o trânsito em julgado for posterior ao pedido de recuperação judicial, pois, nessa hipótese, aplicar-se-ia o disposto no art. 49, *caput*, da Lei n. 11.101/2005.

Essa posição foi por nós defendida, pela primeira vez, na declaração de voto vencido proferida no julgamento do AI n. 2248341-44.2020.8.26.0000,[310] sendo vitoriosa no julgamento do AI n. 2086974-74.2021.8.26.0000, cujo acórdão foi assim ementado:

> Recuperação judicial – Depósito recursal em reclamação trabalhista – Decisão que indefere pedido de levantamento de depósito recursal em favor do credor trabalhista – Inconformismo – Acolhimento – Trânsito em julgado da reclamação trabalhista que se operou antes do pedido de recuperação judicial – Inteligência do § 1º, do art. 899, da CLT – Liberação que se dá por meio de simples despacho do Juízo Trabalhista – Situação que se equipara ao pagamento de crédito antes da recuperação – Depósito, ademais, que é realizado em conta vinculada do trabalhador, com garantia de impenhorabilidade e que deixa de integrar o patrimônio da empresa – Decisão reformada – Recurso provido.[311]

---

310 TJSP, 2ª CRDE, Rel. Des. Maurício Pessoa, j. 31.05.2021. Alerta-se que por um erro na tira de julgamento constou como vencido o 3º Juiz e v.u., mas o julgamento foi, efetivamente, por maioria.

311 TJSP, 2ª CRDE, j. 14.09.2021.

7.6 Recurso cabível contra decisão que delibera sobre a habilitação/impugnação de crédito

Conquanto, aos mais afeitos ao processo falimentar, não se discuta o cabimento do agravo de instrumento contra as decisões que apreciam habilitações ou impugnações de crédito, seja trabalhista ou não, seja na recuperação judicial ou na falência, é certo que, porque a decisão coloca fim ao incidente, àqueles que não estão tão familiarizados com o sistema, o recurso cabível poderá gerar alguma dúvida.

Corro o risco de escrever sobre o que à primeira vista poderia ser desnecessário, visto que, à luz do texto expresso da lei, o erro na interposição acarretaria o não conhecimento do recurso, sendo a jurisprudência pacífica quanto a se cuidar de erro grosseiro.[312] A opção por abordar o tema, porém, vem da prática, em que, bem ou mal, esses equívocos, infelizmente, longe estão de serem raros.

Por isso, retoma-se, aqui, o que dispõe o art. 17, da Lei n. 11.101/2005: "da decisão judicial sobre a impugnação caberá agravo". E, em reforço, o disposto no art. 189, II, que diz: "as decisões proferidas nos processos a que se refere esta Lei serão passíveis de agravo de instrumento, exceto nas hipóteses em que esta Lei previr de forma diversa".

Assim, o recurso cabível contra a decisão que delibera sobre habilitação e/ou impugnação do crédito trabalhista é o agravo de instrumento.

Agravo esse cujo prazo de interposição será contado em dias úteis, nos termos do art. 189, *caput*, da Lei n. 11.101/2005, c.c. o

---

312 A propósito, p.e., confira-se: STJ, AgRg no AREsp n. 219.866/SP, 3ª T., Rel. Min. João Otávio de Noronha, v.u., j. 15.03.2016; Apel. n. 0009021-35.2015.8.26.0079, TJSP, 2ª CRDE, Rel. Des. Claudio Godoy, v.u., j. 19.03.2018; Apel. n. 1006574-95.2020.8.26.0624, TJSP, 2ª CRDE, Rel. Des. Grava Brazil, monocrática, j. 08.07.2021.

art. 219, *caput*, do CPC. A questão, agora, não mais dá margem a discussão, por conta do disposto no § 1º, inciso I, do referido art. 189, segundo o qual serão contados em dias corridos apenas os prazos previstos na própria Lei n. 11.101/2005 ou os que dela decorram. Logo, se o prazo recursal não está previsto na Lei n. 11.101/2005 e nem dela decorre, a norma processual prevalece e a contagem se faz em dias úteis.

8 Considerações finais

Termino como comecei: ressaltando que este trabalho não é um ponto final, mas uma tentativa de sistematização da matéria e um ponto de partida para a compreensão do crédito trabalhista na Lei n. 11.101/2005, no que tange à recuperação judicial e à falência.

Este artigo, portanto, não tem a pretensão de esgotar todos os aspectos que envolvem o tema, nem de aprofundar o debate pontualmente, mas de concentrar, de forma pragmática e multifacetária, as diversas questões que envolvem o crédito trabalhista na recuperação judicial e na falência, com a esperança de que, de alguma forma, a iniciativa colabore com a atuação dos operadores do Direito.

Espera-se que esse objetivo seja atingido, se não pelo conteúdo do que foi escrito, pelas críticas que possa receber.

Referências bibliográficas

BERNIER, Joice Ruiz; TURCO, Aline. "Comentários aos artigo 51 a 54 da Lei 11.101/2005". *In*: OLIVEIRA FILHO, Paulo Furtado de (Coord.). *Lei de Recuperação e Falência*: pontos relevantes e controversos da reforma pela Lei 14.112/20. Indaiatuba: Editora Foco, 2021.

BEZERRA FILHO, Manoel Justino. *Lei de Recuperação de Empresas e Falência*: Lei 11.101/2005 comentada artigo por artigo. 15ª ed. São Paulo: Revista dos Tribunais, 2021.

BOEIRA, Alexandre Kosby; MEDEIROS, Laurence Bica. "Recuperação judicial e o crédito trabalhista: a simplificação dos procedimentos de habilitação em Tempos de Pandemia da Covid-19". *In*: WAISBERG, Ivo; BEZERRA FILHO, Manoel Justino *et al.* (Coord.). *Transformações no Direito de Insolvência*: estudos sob a perspectiva da reforma da Lei 11.101/2005. São Paulo: Quartier Latin, 2021.

CALÇAS, Manoel de Queiroz Pereira. "A controvérsia sobre a natureza jurídica das contribuições devidas ao Fundo de Garantia por Tempo de Serviço por empresa em recuperação judicial". *In*: CEREZETTI, Sheila C. Neder; MAFFIOLETTI, Emmanuelle Urbano (Coord.). *Dez anos da Lei n. 11.101/2005*. São Paulo: Almedina, 2015.

COSTA, Daniel Carnio; MELO, Alexandre Nasser de. *Comentários à Lei de Recuperação de Empresas e Falência*. 2ª ed. Curitiba: Juruá, 2021.

NEGRÃO, Ricardo. *Curso de Direito Comercial e de Empresa*. vol. 3, 15ª ed. São Paulo: Saraiva, 2021.

SACRAMONE, Marcelo Barbosa. *Comentários à Lei de Recuperação de Empresas e Falência*. 2ª ed. São Paulo: Saraiva, 2021.

SILVA, José Afonso da. *Comentário contextual à Constituição*. 8ª ed. São Paulo: Malheiros, 2012.

ULHOA, Fábio. *Comentários à Lei de Falências e de Recuperação de Empresas*. 12ª ed. São Paulo: Revista dos Tribunais, 2017.

ULHOA, Fábio. *Curso de Direito Comercial*: Direito de Empresa. vol. 3, 17ª ed. São Paulo: Revista dos Tribunais, 2016.

CAPÍTULO XV

A RELATIVIDADE DO PRINCÍPIO DA MANUTENÇÃO DO CAPITAL E A TIPOLOGIA DA LEI DAS S.A. SOBRE REORGANIZAÇÃO

Peter Christian Sester

Introdução

Enquanto a Lei 6.404/176, Lei das Sociedades por Ações (LSA), claramente determina, nos seus artigos 106 a 108, que a realização do capital social determinado do estatuto social inicial é um princípio absoluto, mas ela não é clara em relação ao princípio da manutenção do capital ao longo da existência da companhia. Embora a Exposição de Motivos da LSA mencione que um dos objetivos do regime legal é preservar a integridade e a realidade do capital social, ela não estabelece o princípio da manutenção como absoluto.[313] O fato de

313 Exposição de Motivos n. 196, de 24 de junho de 1976, p. 3. Disponível em: https://www.gov.br/cvm/pt-br/acesso-a-informacao-cvm/institucional/sobre-a-cvm/EM196Lei6404.pdf/. Acessado em: 24.02.2022. Sem mencionar

que o legislador brasileiro não estabelece um capital social nominal mínimo é um primeiro sinal de que a manutenção do capital não tem a mesma relevância atribuída em outras jurisdições, como, por exemplo, no direito alemão, que tradicionalmente prioriza a proteção do credor (*Gläubigerschutz*) da companhia.

A natureza do princípio da manutenção do capital, absoluta[314] ou relativa,[315] impacta diretamente na autonomia dos sócios quando eles querem reorganizar a companhia. O capítulo da LSA sobre reorganização oferece quatro tipos de transações (incorporação, fusão, cisão e incorporação de ações). Nenhum tipo prevê explicitamente a possibilidade de obrigar os acionistas minoritários a saírem da companhia em troca de dinheiro. Caso essa tipologia fosse exaustiva, e o princípio da manutenção, absoluto, qualquer operação (em etapas) que tem como objetivo realizar um chamado *cash-out merger* seria ilegal.

1 *Cash-out merger*

O nosso ponto de partida é que o direito brasileiro não prevê os *cash-out mergers*, ao menos não explicitamente. Devido à demanda por tais operações, existe uma discussão sobre quando e

---

a existência de um princípio absoluto de manutenção ou intangibilidade do capital, a obra fundamental sobre o anteprojeto da LSA é LAMY FILHO, Alfredo; BULHÕES, José Luiz Pedreira. *A Lei das S.A.*: pressupostos, elaboração e modificações. vol. 1, 3ª ed. Rio de Janeiro: Renovar, 1997.

314 Nesse sentido MUNHOZ, Eduardo Secchi. "Tipologia societária e sua função econômica. Dissolução parcial da sociedade anônima fechada, princípio da intangibilidade do capital social". *In*: YARSHELL, Luiz Flávio; SETOGUTI, Guilherme. *Processo societário*. vol. 4. São Paulo: Quartier Latin, 2021. p. 322-325; e ADAMAEK, Marcelo. "Incorporação de ações e garantia de cotação". *In*: MONTEIRO, Rodrigo (*et al.*). *Direito Societário, arbitragem, mercado de capitais e outros temas*: homenagem a Nelson Eizirik. vol. 1. São Paulo: Quartier Latin, 2020, p. 893.

315 Cf. capítulo 5 de SESTER, Peter Christian. *Business and investment in Brazil*: law and practice. Oxford: University Press, 2022.

em que medida os atuais tipos legais de reorganização societária podem ser combinados de forma a resultarem em um *cash-out merger*. Antes de abordar essa discussão, é importante esclarecer o significado da expressão *cash-out merger* sob a ótica do Direito Societário norte-americano, porque a LSA foi elaborada com base no *US Business Corporation Model Act* (e na antiga Lei das S.A., com raízes no direito francês e italiano).[316] Além disso, a prática do Direito norte-americano tem uma forte influência nas operações societárias no Brasil.

No Direito Societário norte-americano, é possível excluir o acionista minoritário por meio de contraprestação pecuniária durante uma reorganização da sociedade anônima. Tal operação, na qual o acionista controlador adquire a participação dos acionistas minoritários por meio de pagamento em dinheiro, ao invés de oferecer ações (emitidas pelo controlador), é denominada *freeze-out*.[317] De acordo com a Seção 251(a) do *Delaware General Corporation Law,*

> *any two or more corporations of this State may merge into a single surviving corporation, which may be any one of the constituent corporations or may consolidate into a new resulting corporation formed by the consolidation, pursuant to an agreement of merger or consolidation, as the case may be, complying and approved in accordance with this section.*

Se os acionistas da companhia não-sobrevivente ou absorvida são forçados a entregar suas ações em troca de um pagamento em

---

316 PARGENDLER, Mariana. "Cinco mitos sobre a história das sociedades anônimas no Brasil". *In*: KYVEN, Fernando. *Temas essenciais de Direito Empresarial*: estudos em homenagem a Modesto Carvalhosa. São Paulo: Saraiva, 2012, p. 866.

317 GEVURTZ, A. Franklin. *Corporation Law*. 3ª ed. St. Paul: West Academic, 2021, pp. 838/839.

dinheiro, a operação é denominada *cash-out merger*.[318] Os artigos 251 e 252 do *Delaware General Corporation Law* facilitam essa reorganização societária. No entanto, os Tribunais de Delaware revisam *cash-out mergers* (especialmente entre partes relacionadas, como controladora e subsidiária) "*under the rigorous 'entire fairness' standard, with the burden on the controlling shareholder to prove fair price and fair process*".[319] [320]

O momento em que os *cash-out mergers* podem ser "transplantados" para o Direito Societário Brasileiro depende da qualificação jurídica da tipologia de reorganização fornecida pela LSA. Sujeitas a essa tipologia, as companhias podem escolher entre quatro operações de reorganização: (i) incorporação (*merger by absorption*) (ii) fusão (*consolidation*), (iii) cisão (*division*), e (iv) incorporação de todas as ações (*merger by creation of a wholly owned subsidiary*). Os quatro tipos têm a troca de ações como uma característica central em comum, que gera a seguinte consequência: todos os acionistas das companhias envolvidas continuam a ser acionistas após a consumação da operação, exceto se eles recorrerem ao seu direito de retirada. Entretanto, a LSA explicitamente permite a emissão de ações preferenciais resgatáveis. Se, em uma primeira etapa, ações não-resgatáveis forem trocadas por ações resgatáveis, as quais podem ser resgatadas em uma segunda etapa, o resultado seria um *cash-out merger*.[321]

---

318 MUNHOZ, Eduardo Secchi. "Cash-out mergers e o Direito Brasileiro". *In*: CASTRO, Rodrigo Rocha Monteiro de; AZEVEDO, Luis André; HENRIQUES, Marcus de Freitas (Coord.). *Direito Societário, mercado de capitais, arbitragem e outros temas*: homenagem a Nelson Eizirik. vol. 1. São Paulo: Quartier Latin, 2020, pp. 307 e 311.

319 Tradução do autor: "sob o rigoroso padrão do '*entire fairness*', com o ônus do acionista controlador de comprovar preço justo e processo justo".

320 ROCK, Edward *et al.* "Fundamental change". *In*: KRAAMAN, Reinier (Coord.). *The anatomy of Corporate Law*: a comparative and functional approach. 3ª ed. Oxford: University Press, 2017, pp. 172 e 189.

321 EIZIRIK, Nelson. *Lei das S.A.* vol. 4, 3ª ed. (rev. e ampl.). São Paulo: Quartier Latin, 2021, pp. 351-353.

O problema é que alguns juristas afirmam que a tipologia da LSA é de natureza mandatória e que os quatro tipos de operações regulados compõem um rol taxativo.[322] Dessa forma, a autonomia das partes seria, de fato, limitada. Para compreender a controvérsia, é crucial recorrer a dois princípios gerais do Direito Civil. Os Códigos e Leis específicas sobre institutos do direito (*stand-alone legal acts*), por exemplo a LSA, seguem a abordagem para regular certos tipos de operações legais (por exemplo, fusão ou contratos de compra e venda) ou para constituir institutos jurídicos (por exemplo, hipoteca ou tipos societários tal como a sociedade anônima). Na seara do Direito das Obrigações, esses tipos de operações são ou um conceito aberto ou exemplificativas. Portanto, as partes podem adaptar os tipos padrões para as necessidades de um acordo específico entre elas. A autonomia das partes e a liberdade contratual até mesmo permitem a criação de novos tipos de contratos que não são previstos nos Códigos (artigo 425 do CC de 2002); às vezes, essas inovações contratuais são denominadas contratos atípicos. Contudo, esse amplo entendimento sobre a liberdade contratual apenas se aplica a contratos, os quais, por definição, podem unicamente impor obrigações nas partes contratantes, e não a terceiros. Esse é o princípio da relatividade dos contratos.

Sempre que os interesses de terceiros ou do mercado em geral estão diretamente relacionados, a tipologia oferecida pelos Códigos ou leis específicas podem ter uma natureza jurídica diferente. A tipologia do Direito das Obrigações basicamente tem a função de facilitar a contratação e reduzir os custos de transação por meio do fornecimento de um pacote flexível e regular de normas. Por outro lado, a tipologia dos Direitos de Propriedade e de Família e Sucessões é normalmente considerada como um pacote fixo de normas

322 MUNHOZ, Eduardo Secchi. "Cash-out mergers e o Direito brasileiro". *In*: CASTRO, Rodrigo Rocha Monteiro de; AZEVEDO, Luis André; HENRIQUES, Marcus de Freitas (Coord.). *Direito Societário, mercado de capitais, arbitragem e outros temas*: homenagem a Nelson Eizirik. vol. 1. São Paulo: Quartier Latin, 2020, pp. 322/323.

("pegar ou largar") que as partes não podem combinar ou ampliar pela invenção de novos tipos. Para descreverem essa limitação à autonomia das partes, advogados de Direito Civil usam expressões como *numerus clausus* de tipos ou *tipologia mandatória* (*Typenzwang*). A razão para a limitação é a proteção de terceiros e a promoção da segurança jurídica, como a alocação e o conteúdo dos direitos de propriedade. Dito isso, a análise dos *cash-out mergers* deve focar em duas questões: primeiro, na natureza da tipologia de reorganização da LSA e, segundo, na característica dos dispositivos sobre troca de ações; em outras palavras, alguém deveria perguntar e responder a seguinte questão: esses dispositivos realmente significam que somente a troca de ações é permitida e que, portanto, o *cash-out* (aceitação forçada de dinheiro em troca de ações) é proibido?

Operações de reorganização são baseadas em contratos, mas reguladas pela LSA, que protege múltiplos interesses (acionistas, a própria companhia, credores, e a sociedade). Portanto, é possível considerar que, ao menos em alguns aspectos, a LSA estabeleceu uma *tipologia mandatória*, como em relação às espécies de ações que uma companhia pode emitir, ou quanto à estrutura básica de governança corporativa (por exemplo, as competências atribuídas pela legislação ao conselho de administração ou à diretoria). Logo, é de *prima facie*, e não de pouca importância, argumentar que a tipologia de reorganização estabelecida pela LSA é mandatória e taxativa.

Na próxima etapa da análise, a doutrina jurídica de fraude à lei (*fraud on the law*) deve ser considerada. Essa doutrina não é incomum nas jurisdições de *common law*. Contudo, nas jurisdições de *civil law*, a doutrina também é utilizada para fortalecer ou garantir o *numerus clausus* dos tipos legais previstos pela lei, ou, em outras palavras, para assegurar o cumprimento da *tipologia mandatória*. O Código Civil brasileiro explicitamente regula a fraude à lei.[323] O

---

323 PEREIRA, Regis Fichtner. *A fraude à Lei*. Rio de Janeiro: Renovar, 1994, pp. 91-116.

artigo 166 do CC/2002 prevê que uma operação jurídica é nula e vazia se seu objetivo é violar a lei imperativa (*mandatory law*).

A doutrina do Direito Civil distingue duas modalidades de fraude à lei: (i) violação direta da norma cogente (*mandatory norm*), e (ii) violação do espírito ou objetivo da lei, embora superficialmente se respeite a sua redação literal.[324] A segunda modalidade de fraude é, às vezes, também conhecida como transação jurídica de evasão (*Umgehungschäft*). Nesse contexto de operações de reorganização, a primeira modalidade seria um problema se o Direito declarasse explicitamente que os quatro tipos de operações de reorganização são exaustivos, ou se uma operação concreta violasse uma norma cogente do Direito. A LSA não contém um dispositivo explícito sobre a natureza exaustiva das operações de reorganização reguladas.[325] Violação direta das leis mandatórias é um problema que advogados de operações devem saber evitar. Esse é, de fato, o dever básico deles *vis-à-vis* os clientes. Consequentemente, a análise de operações que combinem diferentes tipos de reorganização previstos na lei aplicável deve focar na seguinte questão: quando a combinação inovadora se equipara a um negócio jurídico dissimulado que viola os objetivos da Lei (denominado "evasão" neste texto)?

Tal evasão pode ser identificada por meio de uma interpretação teleológica da Lei e da operação em questão. Essa abordagem torna necessário, em primeiro lugar, investigar se o objetivo de uma operação específica é atingir um resultado que é proibido pela Lei. Durante essa análise, etapas diferentes de uma reorganização societária devem ser consideradas como uma única operação, e não apenas

---

324 WAISBERG, Ivo. "Parecer: reorganização societária implementada por meio de combinação de negócios jurídicos. Inexistência de fraude à Lei". *In*: CASTRO, Rodrigo Rocha Monteiro de; AZEVEDO, Luis André; HENRIQUES, Marcus de Freitas (Coord.). *Direito Societário, mercado de capitais, arbitragem e outros temas*: homenagem a Nelson Eizirik. vol. 1. São Paulo: Quartier Latin, 2020, pp. 479 e 486.

325 EIZIRIK, Nelson. *Lei das S.A.* vol. 4, 3ª ed. (rev. e ampl.). São Paulo: Quartier Latin, 2021, p. 100.

analisadas isoladamente. As diversas etapas de uma reorganização societária são tipicamente interconectadas e direcionadas ao mesmo objetivo final ou fim.[326] Portanto, uma reorganização em etapas que envolve ações resgatáveis deve ser analisada em sua totalidade. Seu objetivo é claramente realizar um *cash-out*. A troca de ações (ações resgatáveis por ações não-resgatáveis) é apenas utilizada como uma etapa intermediária. É exatamente nessa fase que as críticas entram.

Alguns autores argumentam que o requerimento de uma troca de ações é uma regra mandatória que estabelece um limite à autonomia das partes.[327] De acordo com eles, a troca não pode ser substituída por pagamento em dinheiro,[328] nem mesmo em uma abordagem de duas etapas. Os defensores dessa posição alegam que o direito de permanecer acionista é um princípio fundamental da LSA. Portanto, seria necessário que cada exceção seja explicitamente prevista pela lei (como no caso do artigo 4º, §4º e §5º, artigos 44 e 107 da LSA). A premissa subjacente é que a LSA preveria um *numerus clausus* de operações de reorganização.[329] Se isso é verdade,

---

326 EIZIRIK, Nelson. *Lei das S.A.* vol. 4, 3ª ed. (rev. e ampl.). São Paulo: Quartier Latin, 2021, p. 101.

327 MUNHOZ, Eduardo Secchi. "Cash-out mergers e o Direito brasileiro". *In*: CASTRO, Rodrigo Rocha Monteiro de; AZEVEDO, Luis André; HENRIQUES, Marcus de Freitas (Coord.). *Direito Societário, mercado de capitais, arbitragem e outros temas*: homenagem a Nelson Eizirik. vol. 1. São Paulo: Quartier Latin, 2020, pp. 322/323.

328 MUNHOZ, Eduardo Secchi. "Cash-out mergers e o Direito brasileiro". *In*: CASTRO, Rodrigo Rocha Monteiro de; AZEVEDO, Luis André; HENRIQUES, Marcus de Freitas (Coord.). *Direito Societário, mercado de capitais, arbitragem e outros temas*: homenagem a Nelson Eizirik. vol. 1. São Paulo: Quartier Latin, 2020, p. 324; e JÚNIOR, José David Martins. "Natureza jurídica e efeitos da operação de incorporação de ações". *In*: CASTRO, Rodrigo Rocha Monteiro de; AZEVEDO, Luis André; HENRIQUES, Marcus de Freitas (Coord.). *Direito Societário, mercado de capitais, arbitragem e outros temas*: homenagem a Nelson Eizirik. vol. 1. São Paulo: Quartier Latin, 2020, p. 601.

329 MUNHOZ, Eduardo Secchi. "Cash-out mergers e o Direito brasileiro". *In*: CASTRO, Rodrigo Rocha Monteiro de; AZEVEDO, Luis André; HENRIQUES, Marcus de Freitas (Coord.). *Direito Societário, mercado de*

as partes não poderiam, de fato, criar novos tipos de operações. Por fim, os juristas que rejeitam a legalidade dos *cash-out mergers* argumentam que o princípio da manutenção do capital social seria um obstáculo para a admissibilidade dessas operações.

A LSA apenas permite explicitamente uma operação de *freeze-out* ou *squeeze-out* de acionistas minoritários se, após a consumação da oferta pública de aquisição, 95% ou mais das ações da companhia alvo pertencerem ao ofertante bem-sucedido. Sob essa condição, o ofertante pode passar para a próxima etapa e obrigar os minoritários remanescentes da companhia alvo a entregarem suas ações em troca de dinheiro (artigo 4°, §4° e §5°, da LSA). Os juristas brasileiros que consideram qualquer *cash-out merger* como ilícito afirmam que, na ausência de norma explícita sobre operações de *freeze-out* ou *squeeze-out*, uma garantia fundamental de permanecer como acionista deveria prevalecer. Conforme a garantia alegada, os acionistas não podem ser obrigados pelo acionista majoritário a deixar a comunidade acionária e entregar suas ações.[330] Partindo dessa premissa e dos dispositivos sobre troca de ações na LSA, eles concluem que as normas da LSA sobre reorganização societária contêm uma garantia implícita de que minoritários podem continuar sendo acionistas após a consumação da operação.[331] Se essa conclusão e a hipótese fundamental estiverem corretas, isso significaria que, de fato, os *cash-out mergers*

---

capitais, arbitragem e outros temas: homenagem a Nelson Eizirik. vol. 1. São Paulo: Quartier Latin, 2020, p. 327.

330 MUNHOZ, Eduardo Secchi. "Cash-out mergers e o Direito brasileiro". *In*: CASTRO, Rodrigo Rocha Monteiro de; AZEVEDO, Luis André; HENRIQUES, Marcus de Freitas (Coord.). *Direito Societário, mercado de capitais, arbitragem e outros temas*: homenagem a Nelson Eizirik. vol. 1. São Paulo: Quartier Latin, 2020, pp. 325/326.

331 MUNHOZ, Eduardo Secchi. "Cash-out mergers e o Direito brasileiro". *In*: CASTRO, Rodrigo Rocha Monteiro de; AZEVEDO, Luis André; HENRIQUES, Marcus de Freitas (Coord.). *Direito Societário, mercado de capitais, arbitragem e outros temas*: homenagem a Nelson Eizirik. vol. 1. São Paulo: Quartier Latin, 2020, p. 322.

são proibidos pelo Direito Brasileiro. Entretanto, outros juristas influentes consideram que a hipótese está errada e, consequentemente, negam a existência de um direito absoluto de os acionistas permanecerem como acionistas.[332]

Entender se a hipótese delineada está ou não correta depende, em primeiro lugar, de uma interpretação do artigo 109 da LSA, que determina os direitos essenciais dos acionistas. Nem o estatuto nem uma decisão dos acionistas podem privar os acionistas desses direitos; por esse motivo, eles são denominados direitos absolutos. Na verdade, a finalidade estabelecida no *caput* do artigo 109 da LSA não inclui explicitamente o direito de os acionistas continuarem a ser acionistas. O artigo 109, inciso IV, da LSA apenas garante aos acionistas os direitos de se retirarem e obterem reembolso, se determinadas condições forem preenchidas. Sob a luz da clara redação da norma, aqueles juristas, que formaram sua posição com base na hipótese crítica, apenas podem se referir a um direito implícito. De acordo com eles, a efetividade dos direitos listados iria requerer o adicional, mas "não escrito", direito fundamental de os acionistas permanecerem como acionistas, porque, caso contrário, a garantia dos direitos essenciais de acionista seria relativamente inútil (argumento *effet utile*).[333] Esse entendimento não é convincente.

Primeiramente, o argumento *effet utile* é muito genérico. Aparentemente, todos os direitos de acionistas, não apenas aqueles

---

332 WAISBERG, Ivo. "Parecer: reorganização societária implementada por meio de combinação de negócios jurídicos. Inexistência de fraude à Lei". *In*: CASTRO, Rodrigo Rocha Monteiro de; AZEVEDO, Luis André; HENRIQUES, Marcus de Freitas (Coord.). *Direito Societário, mercado de capitais, arbitragem e outros temas*: homenagem a Nelson Eizirik. vol. 1. São Paulo: Quartier Latin, 2020, pp. 492/493.

333 MUNHOZ, Eduardo Secchi. "Cash-out mergers e o Direito brasileiro". *In*: CASTRO, Rodrigo Rocha Monteiro de; AZEVEDO, Luis André; HENRIQUES, Marcus de Freitas (Coord.). *Direito Societário, mercado de capitais, arbitragem e outros temas*: homenagem a Nelson Eizirik. vol. 1. São Paulo: Quartier Latin, 2020, pp. 325/326.

listados no artigo 109 da LSA, requerem o *status* de ser acionista. Em segundo lugar, e o mais importante, a assembleia de acionistas pode decidir por maioria de votos sobre a dissolução da companhia (artigo 206, inciso I, alínea "c", da LSA c/c artigo 136, inciso X, da LSA). Dessa forma, todos os acionistas perderão o *status* de acionista, incluindo os dissidentes da deliberação. Isso é, de fato, um argumento fatal contra a hipótese fundamental para o posicionamento de que os *cash-out mergers* são ilegais.

Por último, mas não menos importante, até mesmo os juristas que defendem essa hipótese admitem que o Direito prevê explicitamente três condições sob as quais é lícito realizar o *freeze-out* dos acionistas minoritários: (i) não integralização das contribuições de capital, prometidas no momento em que as ações foram subscritas (artigo 107 da LSA), (ii) o acionista majoritário detém 95% ou mais da totalidade das ações (artigo 4º, §4º e §5º, da LSA), e (iii) reembolso ou amortização de ações (resgate de ações, artigo 44 da LSA). O último caso é particularmente interessante no contexto do *cash-out merger.* Leia-se abaixo o artigo 44, *caput* e §1º, da LSA:

> O estatuto ou a assembleia-geral extraordinária pode autorizar a aplicação de lucros ou reservas no resgate ou na amortização de ações, determinando as condições e o modo de proceder-se à operação.
>
> § 1º O resgate consiste no pagamento do valor das ações para retirá-las definitivamente de circulação, com redução ou não do capital social, mantido o mesmo capital, será atribuído, quando for o caso, novo valor nominal às ações remanescentes.

Sob a luz dessa norma, é inegável que uma companhia pode emitir ações (preferenciais) resgatáveis. Essa ferramenta é exatamente a que é usada na prática para estruturar um *cash-out merger* em duas etapas. Na primeira etapa, os acionistas da companhia absorvida recebem ações preferenciais resgatáveis (eventualmente em combinação com ações ordinárias) e, na segunda etapa, a companhia resgata (em outras palavras, "recompra")[334] as respectivas ações com o efeito da extinção. Se a troca de ações fosse baseada em justa e equitativa razão de troca, e se as disposições sobre a proteção do credor fossem respeitadas (artigo 233 da LSA), um *cash-out merger* de duas etapas não violaria os objetivos e a tipologia da LSA sobre a reorganização societária.[335] De fato, a CVM já proferiu entendimento nesse sentido. Contudo, no respectivo caso, o *cash-out* se referiu apenas à menor parte da compensação.[336]

Conclusão

O princípio de manutenção não é um princípio absoluto da LSA. Em decorrência do seu artigo 45, a própria lei prevê várias exceções. A tipologia da LSA em relação à reorganização de companhias não é mandatória. Logo, operações de restruturação (em etapas) com o fim de realizar um *cash-out merger* (em outras palavras, "forçar os minoritários a 'abandonar' suas ações em troca de dinheiro") são lícitas. A estrutura da LSA segue, em relação ao capital social, o modelo do *US Business Corporation Model Act*. Portanto, a comparação com o Direito alemão,[337]

---

334 Não se trata propriamente de uma recompra de ações, pois, com o resgate, as ações deixam de existir.

335 No mesmo sentido, WAISBERG, Ivo. "Parecer: reorganização societária implementada por meio de combinação de negócios jurídicos. Inexistência de fraude à Lei". *In*: CASTRO, Rodrigo Rocha Monteiro de; AZEVEDO, Luis André; HENRIQUES, Marcus de Freitas (Coord.). *Direito Societário, mercado de capitais, arbitragem e outros temas*: homenagem a Nelson Eizirik. vol. 1. São Paulo: Quartier Latin, 2020, pp. 488-493; e EIZIRIK, Nelson. *Lei das S.A.* vol. 4, 3ª ed. (rev. e ampl.). São Paulo: Quartier Latin, 2021, pp. 144/145 e 346/347.

336 Processos Administrativos CVM n. 19957.007756/2018 e 19957.007885/2018-34, ambas decisões relatadas pela SEP, julgado em 4 de setembro de 2018.

337 Nesse sentido ADAMAEK, Marcelo. "Incorporação de ações e garantia de cotação". *In*: MONTEIRO, Rodrigo (*et al.*). *Direito societário, arbitragem,*

no qual a manutenção do capital é um princípio absoluto, faz pouco sentido.[338]

Referências bibliográficas

ADAMAEK, Marcelo. "Incorporação de ações e garantia de cotação". *In*: MONTEIRO, Rodrigo (*et al.*). *Direito societário, arbitragem, mercado de capitais e outros temas*: homenagem a Nelson Eizirik. vol. 1. São Paulo: Quartier Latin, 2020.

EIZIRIK, Nelson. *Lei das S.A.* vol. 4, 3ª ed. (rev. e ampl.). São Paulo: Quartier Latin, 2021.

GEVURTZ, A. Franklin. *Corporation Law*. 3ª ed. St. Paul: West Academic, 2021, pp. 838/839.

JÚNIOR, José David Martins. "Natureza jurídica e efeitos da operação de incorporação de ações". *In*: CASTRO, Rodrigo Rocha Monteiro de; AZEVEDO, Luis André; HENRIQUES, Marcus de Freitas (Coord.). *Direito Societário, mercado de capitais, arbitragem e outros temas*: homenagem a Nelson Eizirik. vol. 1. São Paulo: Quartier Latin, 2020.

LAMY FILHO, Alfredo; BULHÕES, José Luiz Pedreira. *A Lei das S.A*: pressupostos, elaboração e modificações. vol. 1, 3ª ed. Rio de Janeiro: Renovar, 1997.

MUNHOZ, Eduardo Secchi. "Cash-out mergers e o Direito brasileiro". *In*: CASTRO, Rodrigo Rocha Monteiro de; AZEVEDO, Luis André; HENRIQUES, Marcus de Freitas (Coord.). *Direito Societário, mercado de capitais, arbitragem e outros temas*: homenagem a Nelson Eizirik. vol. 1. São Paulo: Quartier Latin, 2020.

MUNHOZ, Eduardo Secchi. "Tipologia societária e sua função econômica. Dissolução parcial da sociedade anônima fechada, princípio da intangibilidade do capital social". *In*: YARSHELL, Luiz Flávio; PEREIRA, Guilherme Setoguti J. *Processo societário*. vol. 4. São Paulo: Quartier Latin, 2021.

---

mercado de capitais e outros temas: homenagem a Nelson Eizirik. vol. 1. São Paulo: Quartier Latin, 2020, p. 893.

338 SESTER, Peter Christian. *Business and investment in Brazil*: law and practice. Oxford: University Press, 2022.

PARGENDLER, Mariana. "Cinco mitos sobre a história das sociedades anônimas no Brasil". *In*: KYVEN, Fernando. *Temas essenciais de Direito Empresarial*: estudos em homenagem a Modesto Carvalhosa. São Paulo: Saraiva, 2012, p. 866.

PEREIRA, Regis Fichtner. *A fraude à Lei*. Rio de Janeiro: Renovar, 1994.

ROCK, Edward. *et al*. "Fundamental change". *In*: KRAAMAN, Reinier (Coord.). *The anatomy of Corporate Law*: a comparative and functional approach. 3ª ed. Oxford: University Press, 2017.

SESTER, Peter Christian. *Business and investment in Brazil*: law and practice. Oxford: University Press, 2022.

WAISBERG, Ivo. "Parecer: reorganização societária implementada por meio de combinação de negócios jurídicos. Inexistência de fraude à Lei". *In*: CASTRO, Rodrigo Rocha Monteiro de; AZEVEDO, Luis André; HENRIQUES, Marcus de Freitas (Coord.). *Direito Societário, mercado de capitais, arbitragem e outros temas*: homenagem a Nelson Eizirik. V. I, São Paulo: Quartier Latin, 2020.

CAPÍTULO XVI

DEVER DE REVELAÇÃO DO ÁRBITRO: DIREITO SUBJETIVO DAS PARTES OU DISCRICIONARIEDADE DO ÁRBITRO?

Andréa Galhardo Palma

Renato de Toledo Piza Ferraz

À guisa de introdução

É lugar comum a afirmação, entre arbitralistas, de que a arbitragem vale o que vale o árbitro.[339] De fato, para além dos predicados técnicos que certificam o julgador à propagada vantagem da especialidade do processo arbitral, repousa na credibilidade atribuída ao juiz privado relevante parcela do sucesso em geral reconhecido a esse método de solução de disputas.

339 A expressão é encontrada, dentre outros trabalhos, em: LEMES. Selma M. Ferreira. "O papel do árbitro". Disponível em: http://selmalemes.adv.br/artigos/artigo_juri11.pdf/. Acessado em: 25.02.2022.

Lado outro, existindo fatos ou circunstâncias que possam justificadamente colocar em xeque o indispensável sentimento de *confiança das partes* (art. 13, *caput*, L.A.) em relação ao árbitro – que inobstante exerça função privada em sua origem, em sua finalidade exerce jurisdição, sendo *juiz de fato e de direito* (art. 18, L.A.) cuja sentença é, para todos os efeitos, *título executivo judicial* (art. 31, L.A.) – padecerão não apenas os envolvidos diretamente num dado processo privado, mas, em geral, perderá todo o sistema, cujas percepções de solidez e afiançamento por parte de suas personagens como método realmente justo andam *pari passu* com a conta que têm em relação aos predicados morais e éticos dos julgadores nele envolvidos, os chamados *standards de conduta* do árbitro.

Com efeito, ao avalizarem a indicação de árbitros para um caso concreto, segundo procedimento realmente transparente de *duty of disclosure*, além de atestarem sua confiança acerca *do Juízo Arbitral*, as partes contribuem para prestigiar ao máximo a necessária confiança de toda uma gama de litigantes *no processo arbitral.*

Afirmar-se, à semelhança do que fora dito a respeito da esposa de César, que não basta ao árbitro ser honesto, mas deve assim parecer, pode soar como uma falsa obviedade, afinal, é intuitivo esperar-se de qualquer juiz (estatal ou não) que exerça suas altas funções de forma independente, imparcial e equidistante das partes. Ocorre, no entanto, que recai sobre o ponto notáveis diferenças que marcam os sistemas de justiça estatal e arbitral. Primeiro, não se encontra um paralelo preciso entre os critérios (mais objetivos) por meio dos quais se afere a imparcialidade e independência exigidas do juiz togado[340] e aqueles aplicados aos árbitros (mais elásticos, regulados propositadamente de forma genérica). Segundo, a relação de causa e efeito entre o dever de revelar (art. 14, §1º, L.A.) e o dever de manter-se imparcial e independente (art. 13, §6º, L.A.),

340 Na linguagem do diploma processual, *impedimento* e *suspeição*; art. 144 e 145.

pelo árbitro, é na prática tarefa de difícil determinação. Terceiro, a dinâmica para se eleger o julgador da causa é absolutamente distinta em um sistema e no outro, derivando daí consequências importantíssimas associadas ao dever de revelação.[341]

Seja como for, não há dúvidas de que a relação entre árbitro e demais sujeitos da arbitragem deve, necessariamente, ser marcada pela confiança, não apenas quanto à sua imparcialidade, mas que desempenhará suas atividades de forma verdadeiramente livre, isto é, sem prévias inclinações ou, como preconizado por Jacob Dolinger e Carmen Tiburcio, sem que seu espírito esteja eivado de preconcepções.[342] Por isso é que se reconhece, aliás, que a confiança no árbitro é pressuposto legal à sua investidura no cargo (art. 13, *caput*, L.A.).

É nessa quadra que o dever de revelação exsurge como verdadeira base de sustentação do sistema arbitral, mostrando-se o único mecanismo apto a validar[343] concretamente a indicação do árbitro que, a partir dos fatos revelados, confere meios às partes verificarem se é ele digno de tal confiança ou se, ao contrário, sua atuação pode ser questionada em vista de ligações suficientemente relevantes a justificarem dúvida fundada nas partes. Objetivamente falando, a confiança vem da revelação de tudo que possa causar *dúvida justificada*, conforme dicção da lei arbitral (art. 14, §°1°, L.A).

Todavia, ainda nos dias de hoje, identificar as ditas "ligações suficientemente relevantes" a vulnerar a indicação do árbitro

---

341 MARQUES, Ricardo Dalmaso. *O dever de revelação do árbitro*. São Paulo: Almedina, 2018, p. 20.

342 DOLINGER, Jacob; TIBURCIO, Carmen. *Arbitragem comercial internacional*. Rio de Janeiro: Renovar, 2003, p. 243.

343 "A revelação representa um dos atos mais significativos do processo arbitral, porquanto, se exercido adequadamente, mostra-se decisivo para certificar a validade da constituição daquele árbitro e também de todo o tribunal arbitral" (MARQUES, Ricardo Dalmaso. *O dever de revelação do árbitro*. São Paulo: Almedina, 2018, p. 22).

segue problemático, notadamente em função da dinâmica própria das modernas relações interpessoais e sociais. Nesse passo é que, apontar quais fatos e circunstâncias a jurisprudência especializada considera por materialmente relevantes a integrar o dever de revelação, mostra-se providência oportuna para o aperfeiçoamento dos debates em torno desta que é uma regra de ouro da arbitragem.

Vale dizer, em nome da contextualização, que, enquanto a existência do dever de revelar mostra-se incontroverso, *ex vi* do art. 14, § 1º, L.A., o mesmo não se pode afirmar quanto à sua extensão e mesmo quanto às consequências jurídicas para os casos em que o árbitro não se incumbe de atendê-lo satisfatoriamente. Sobre esse último ponto, poder-se-ia discutir sobre a possibilidade de serem aplicadas sanções outras que não a invalidação da sentença arbitral, conforme a gravidade e circunstâncias do fato não revelado, como por exemplo a redução dos honorários do árbitro, aplicação de multa, seu afastamento do processo arbitral e mesmo da lista de árbitros de dada instituição arbitral, sua responsabilização civil e criminal, dentre outros.

Seja como for, para os estreitos propósitos desse trabalho, o que releva é o aspecto da extensão do dever de revelação para fins estritamente processuais, isto é, pretende-se racionalizar esse indispensável mecanismo, voltado ao controle das partes, em torno de uma relação marcada pela equidistância para, tanto quanto seja possível, associar-lhe fatos e circunstâncias materialmente relevantes que, se não reveladas, maculam o processo, podendo culminar no indesejável – mas, às vezes, inevitável – resultado da anulação da sentença arbitral (art. 32, VIII, L.A.).

1 Dever de revelação: justificativa e conteúdo

As funções do juiz e do árbitro são semelhantes, ressalvadas as garantias constitucionais atribuídas aos juízes, a que os árbitros não fazem jus, porque estes desempenham em geral outras funções profissionais paralelas à arbitragem. A função do árbitro, e por conseguinte sua jurisdição, é limitada à convenção das partes, encerrando-se com a prolação da sentença arbitral, esgotado o prazo para esclarecimentos. Mas, o ato em si de sentenciar, na estrutura formal (e por vezes material – livre convencimento racional motivado, com base nas provas produzidas e na legislação aplicável ao caso concreto) é o mesmo.

A Lei n. 9.307/96, denominada Lei de Arbitragem, em seus artigos 13, §6° e 14, §1°, aproxima as duas funções, as quais gozam dos mesmos princípios éticos e deontológicos:[344] imparcialidade, independência, competência, diligência e discrição, estando sujeitos os árbitros aos mesmos critérios de impedimento e suspeição dos juízes (art. 14, *caput*), aos quais, ainda, se acrescenta o dever de revelação de qualquer fato que denote dúvida justificada quanto à sua imparcialidade e independência.[345]

Contudo, há diferenças significativas que marcam os sistemas de jurisdição estatal e arbitral. Uma delas, bastante evidente, é percebida pelas distintas deontologias[346] que orientam deveres e obrigações de quem é *incumbido* de forma impessoal, por sorteio, via regras processuais pré-estabelecidas de competência judiciária (juízes togados) e de quem é *escolhido* em razão da confiança depositada pelas partes, no bojo de uma relação de investidura, tipicamente contratual (árbitros).

---

344 LEMES. Selma M. Ferreira. "Árbitro: o padrão de conduta ideal". *In*: CASELLA, Paulo B. (Coord.). *Arbitragem*: nova Lei brasileira e a praxe internacional. São Paulo: LTr, 1996, pp. 243-279.

345 ANDRIGHI, Fátima Nancy. "O perfil do árbitro e a regência de sua conduta pela lei de arbitragem". *Themis*, 1999. Disponível em: http://revistathemis.tjce.jus.br/index.php/THEMIS/article/view/417/. Acessado em: 25.02.2022.

346 Entende-se por deontologia neologismo trazido pioneiramente por Jeremy Bentham, derivado da conjugação de duas palavras: *deon* (que significa o que é conveniente, obrigatório, que deve ser feito, o dever) e *logia* (o conhecimento metódico, sistemático e fundado em argumentos e provas). Por essa acepção, compreender a deontologia é estudar as normas que orientam a atividade profissional do árbitro sob o signo da honestidade, contexto no qual se insere o dever de revelação.

É evidente que o juiz, tal como o árbitro, há de merecer a confiança das partes em torno de um julgamento livre e verdadeiramente desimpedido. Mas os critérios a partir dos quais se avalia essa circunstância são mais objetivos e derivam de uma relação jurídica de natureza unicamente processual a que está sujeito o magistrado: basta que sobre ele não recaiam nenhuma das hipóteses de impedimento ou suspeição previstas na legislação processual civil.

Ou seja, do ponto de vista deontológico, a lei processual exige do juiz togado que seja imparcial e independente, conforme os critérios de impedimento e suspeição previstos no CPC.

De forma distinta, porém, deve-se aludir aos deveres e obrigações do árbitro. Primeiro, porque as exigências deontológicas em torno da expectativa das partes, quanto a um julgamento adequado, não se resumem à imparcialidade e independência – cujo controle se faz pela revelação do árbitro. Mas, alcançam também outros predicados que se espera do árbitro, previstos na própria lei de regência (art. 13, § 6º, L.A.) como competência, diligência e discrição.[347] Segundo, porque a relação obrigacional que se estabelece com o árbitro é dinâmica e complexa, sendo usualmente

---

347 JÚDICE, José Miguel. "Árbitros: características, perfis, poderes e deveres". *Revista de Arbitragem e Mediação*, nº 22, São Paulo: Revista dos Tribunais, jul. 2009, p. 140. No mesmo sentido, lembram Cahali e Ferro, respectivamente: "Antes de simples referência, estas qualidades do árbitro, com maior ou menor relevo, representam princípios informadores da base de sustentação do sistema arbitral enquanto instrumento adequado à solução de conflitos, através de um terceiro apto a exercer a jurisdição (...). E alguns destes atributos não têm mero caráter pedagógico, e seu desrespeito pode gerar sérias consequências" (CAHALI, Francisco José. *Curso de arbitragem*. 4ª ed. (rev. atual. e ampl.), São Paulo: Revista dos Tribunais, 2014, p. 183). "Sua identificação justifica-se pela sua competência sobre a matéria, sua capacidade, sua discrição, sua disponibilidade para dedicar-se ao caso, sem que ele atue em prol de uma das partes – razão pela qual exigem-se dele imparcialidade e independência" (FERRO, Marcelo Roberto. "Apontamentos sobre a independência dos árbitros". *In*: ADAMEK, Marcelo Vieira *et al.* (Coord.). *Temas de Direito Societário e Empresarial contemporâneos*. São Paulo: Malheiros, 2011, p. 849).

classificado o correspondente negócio jurídico de investidura como contratual na fonte, e jurisdicional no objeto.

Isso implica considerar que, ao se pensar as atribuições conferidas ao árbitro, está-se abordando deveres e obrigações decorrentes de uma relação contratual (com especial enfoque à liberdade de contratar das partes), que pressupõem a observância de princípios éticos e deveres próprios incidentes em qualquer relação jurídica dessa natureza, dentre os quais merece específica menção a confiança e o comportamento dos contratantes conforme a boa-fé objetiva.[348]

A natureza contratual da atuação do árbitro, aliás, foi corroborada em emblemático julgado do TJSP, *in verbis*:

> A atuação concreta dos árbitros ostenta origem contratual, ficando estes vinculados às partes por via de um contrato de investidura, o que, a partir da aceitação do encargo, torna necessária uma estrita observância de uma conduta atenta à preservação da confiança como requisito primordial ao exercício das funções conferidas por via do exercício de uma declaração de vontade específica.[349]

Como concepção essencial da arbitragem, a natureza contratual é também evidenciada no Direito Americano, segundo Carbonneau, permitindo que as partes escrevam suas próprias regras de arbitragem, soberanas no processo como *law givers for their transactions*, customizando o processo de acordo com

---

348 "(...) os requisitos subjetivos do contrato (independência e imparcialidade) explicam as especificidades da feição assumida no contrato de investidura pelo princípio da boa-fé, bem como a gama de deveres anexos decorrentes do princípio. Nessa figura contratual, há superposição entre confiança e boa-fé, que amalgamadas estão no núcleo do contrato" (MARTINS-COSTA, Judith. *A boa-fé no Direito Privado*. São Paulo: Marcial Pons, 2015, p. 339).

349 TJSP, Rel. Des. Fortes Barbosa, Apelação Cível n. 1056400-47.2019.8.26.0100; j. 25.08.2020.

suas necessidades, eliminando regras ou técnicas inadequadas, e providenciando mecanismos para alcançar a justiça, finalidade e funcionalidade – o chamado *suitable adjudicatory framework* –, sendo a escolha dos árbitros, via consenso e confiança, parte essencial dessa autonomia da vontade ou contratualidade.[350]

E, ainda que assim não fosse, para aqueles que ao lado de Marçal Justen Filho[351] se inclinam ao entendimento segundo o qual os deveres do árbitro não decorrem do contrato, mas da característica inerente ao regime jurídico da função jurisdicional, é verdadeiro afirmar que também o aspecto jurisdicional impõe deveres ao árbitro, dentre os quais o da ampla revelação, cuja dupla função é *a de representar um critério de avaliação da independência e a de ser o meio de proteção dessa garantia.*[352]

Seja pela perspectiva contratual, seja pela jurisdicional, parece acertado concluir que a relação entre árbitros e partes há de ser orientada pela *confiança*, conceito cuja amplitude transcende a

---

350 CARBONNEAU. Thomas E. *Cases and materials on Arbitration Law and practice.* 7ª ed. [American Case Book Series], USA: West Academic Publishing, 2014, p. 27.

351 Diz o autor: "o desempenho correto e adequado da função de árbitro não é uma decorrência da contratação do árbitro pela parte, mas uma característica inerente ao regime jurídico da função jurisdicional" (JUSTEN FILHO, Marçal. *Administração pública e arbitragem*: o vínculo com a câmara de arbitragem e os árbitros. Disponível em: https://bit.ly/3n4eEYi/. Acessado em: 25.02.2022). Na linha do magistério acima, ao se investir na função de árbitro, o julgador privado fica sujeito ao regime jurídico correspondente à função, que dentre outros deveres, estabelece textualmente a ampla revelação de fatos que possam ser vistos como suscitadores de dúvida justificada quanto à sua imparcialidade e independência.

352 "(...) a obrigação de revelação é a pedra angular do regime jurídico da independência do árbitro, graças a sua dupla função: a de representar um critério de avaliação da independência e a de ser meio de proteção dessa garantia" (CLAY, Thomas. "L'indépendance et l'impartialité de l'arbitre et les règles du procès équitable". *In*: COMPERNOLLE, J. van; TARZIA, G. (Coord.). *L'impartialité du juge et de l'arbitre*: étude de droit comparé. Bruxelles: Bruylant, 2006, p. 235, tradução livre).

imparcialidade e a independência e que, por isso, pode demandar a avaliação de causas que vão além daquelas previstas na legislação processual.[353]

No rastro dessa mesma lógica prestigiadora da autonomia da vontade, não se prestaria a atender plenamente a prerrogativa das partes a mera transposição das regras processuais estatais que tratam de impedimento e suspeição ao processo arbitral, conforme, aliás, faculta o art. 14, *caput*, L.A. É preciso que o dever de revelação abarque *qualquer fato que denote dúvida* relevante quanto à neutralidade do árbitro (e ainda que não se enquadre no rol da lei processual), assim como que outros deveres deontológicos esperados em razão da função a ser exercida (notadamente, qualificação e disponibilidade do árbitro).

Depois, enquanto as regras processuais têm aplicação obrigatória no processo civil, tornando imperativo o afastamento do juiz togado, se verificada uma ou mais causas de impedimento ou suspeição; na arbitragem podem ser estas relativizadas, operando como presunção relativa de *impedimento*.[354] Nada obsta, portanto, que as partes contemporizem ou flexibilizem os motivos que levariam ao impedimento do julgador, desde que cientes da circunstância, no mesmo passo em que podem impor outros que inexistam no processo judicial.[355]

---

353 "...não apenas as causas de limitação de atuação previstas do código processual, como também outras próprias do sistema arbitral, mais abrangente, estabelecem reservas à nomeação do árbitro" (CAHALI, Francisco José. *Curso de arbitragem*. 4ª ed. (rev. atual. e ampl.). São Paulo: Revista dos Tribunais, 2014, p. 183).

354 A Lei de Arbitragem reporta às situações de impedimento e suspeição do CPC, mas dá a todas elas o mesmo efeito de impedimento, *ex vi* do art. 14, *caput*, Lei de Arbitragem: "estão impedidos de funcionar...".

355 CARMONA. Carlos Alberto. *Arbitragem e processo*. 3ª ed. São Paulo: Atlas, 2009, pp. 251 e 253. No mesmo sentido: "todas essas presunções – sejam elas suspeições, sejam impedimentos – são relativas, ou seja, todas estão sujeitas à livre disposição das partes" (ALVES, Rafael Francisco. "A imparcialidade do árbitro no Direito brasileiro: autonomia privada ou devido processo legal?".

A conclusão inexorável é de que as causas que levam ao impedimento do árbitro abrangem aquelas direcionadas ao juiz togado, mas não se limitam a elas. Exatamente por isso, o dever de revelação há de ser amplo o bastante para afastar *qualquer fato* (art. 14, §1º, L.A.) que possa colocar em xeque a necessária confiança no árbitro.

Para Peter Sester, o dever de revelação estabelecido no §1º, do art.14, da L.A., complementa o disposto no art. 13, §6º, do mesmo normativo, o qual foi inspirado no art. 12 (1)[356] da Lei Modelo da Uncitral. Segundo o autor, o alcance do dever de revelação vai além das hipóteses listadas nos artigos 144 e 145, do Código de Processo Civil, tendo duas funções : (i) possibilitar que as partes tenham informações necessárias para tomar a decisão de aceitar ou impugnar um árbitro, pois apenas estando bem informadas têm elas a chance de apresentar dúvidas justificadas quanto à imparcialidade do julgador; e (ii) cumprindo o dever de revelação com diligência e cuidado, o árbitro constrói a base de confiança das partes, especialmente em relação àquela que não o indicou.[357]

Nesse passo é que se vê incorporado às esferas jurídicas das partes o direito subjetivo de exigir o efetivo exercício da revelação por meio de uma conduta comissiva do árbitro indicado ao

---

Revista de Arbitragem e Mediação, nº 7, São Paulo: Revista dos Tribunais, out. 2005, pp. 120/121).

356 UNCITRAL Model Law on International Commercial Arbitration 1985 with amendments as adopted in 2006: "*art. 12 (1): when a person is approached in connection with his possible appointment as an arbitrator, he shall disclose any circumstances likely to give rise to justifiable doubts as to his impartiality or independence. An arbitrator, from the time of his impartiality or independence. An arbitrator from the time of his appointment and throughout the arbitral proceedings, shall without delay disclose any such circumstances to the parties unless they have already been informed of them by him*".

357 SESTER, Peter Christian. *Comentários à Lei de Arbitragem e à legislação extravagante*. São Paulo: Quartier Latin, 2020, p. 226.

cargo (de fornecer a informação a que dispõe ou deveria dispor), residindo nesta providência a única possiblidade de controle em torno da atuação neutra do julgador privado.

Cuida-se, portanto, de verdadeira prerrogativa conferida às partes pelo ordenamento; jamais um ato discricionário do árbitro.

Quanto ao seu conteúdo, o dever de revelação deve recair sobre fatos e circunstâncias que possam despertar *dúvida justificada* quanto à *imparcialidade e independência* do árbitro, sendo que isso consta expressamente do art. 14, §1º, L.A. Mas afinal, como devem ser entendidas essas expressões?

A dúvida justificada é a dúvida objetiva sobre a capacidade do árbitro de julgar com imparcialidade e independência.[358] Um bom parâmetro à verificação da mencionada objetividade é indagar se a dúvida seria legitimamente despertada naqueles que mantém com a arbitragem alguma familiaridade, independentemente de terem interesse na solução da causa.[359]

---

358 CARMONA. Carlos Alberto. *Arbitragem e processo*. 3ª ed. São Paulo: Atlas, 2009, pp. 251 e 253. Ainda, conforme Ferro: "o adjetivo 'justificada', que qualifica o substantivo 'dúvida', já denota o sentido de que a avaliação dos fatos ensejadores do questionamento a respeito da independência do árbitro deve ser analisada sob uma ótica razoável e ponderada, seja aos olhos da parte, seja aos olhos de um terceiro" (FERRO, Marcelo Roberto. "Apontamentos sobre a independência dos árbitros". *In*: ADAMEK, Marcelo Vieira *et al.* (Coord.). *Temas de Direito Societário e Empresarial contemporâneos*. São Paulo: Malheiros, 2011, p. 852).

359 "Enquanto a alegação de falta de parcialidade precisa ser fundamentada com fatos, não é necessário provar se há de fato preconceito. De qualquer forma, a disposição mental ou o estado de mente seria difícil de provar, se não impossível. É suficiente demonstrar que, num olhar objetivo (o olhar de um terceiro observador razoável), há circunstâncias que criam a aparência de preconceito. Além disso, não há necessidade de fundamentar porque o fato que justifica a impugnação teve ou poderia ter influência na decisão do tribunal arbitral" (KAUFMANN-KOHLER, Gabrielle; RIGOZZI, Antonio. *International arbitration:* Law and practice in Switzerland. Oxford: University Press, 2015, p. 191, tradução livre).

Marcelo Ferro[360] afirma que árbitros devem interpretar a expressão "justificada" sob o ponto de vista das partes ou de uma pessoa neutra, reforçando a questão do olhar sob o prisma do direito subjetivo da parte ao obter a relevante informação, a fim de fortalecer ou reforçar a confiança no futuro julgador.

Imparcialidade e independência, a seu turno, representam *standards* de comportamento do árbitro, que atuam como *pressupostos ou requisitos para o regular processamento e adimplemento do dever principal de julgar.*[361] O primeiro querendo dizer isenção do árbitro em relação às partes e a total falta de interesse na solução do conflito[362] – seja em razão de inclinações para favorecer uma das partes ou predisposição para determinados aspectos correspondentes à matéria objeto do litígio –, mostra-se, nessa linha, vinculado a critérios mais subjetivos de verificação, muitas vezes externando um estado de espírito (*state of mind*).[363] Independência, por sua vez, está ligada ao grau de intensidade com que se reconhece a relação entre árbitro e uma das partes ou pessoa estritamente vinculada a elas. De acordo com Pedro Batista Martins, é a qualidade do que se mostra e age sem vinculações, não estando ligado por algum vínculo próximo profissional ou pessoal com uma das partes; ligando-se a critérios mais objetivos.[364]

---

360 FERRO, Marcelo Roberto. "Apontamentos sobre a independência dos árbitros". *In*: ADAMEK, Marcelo Vieira *et al.* (Coord.). *Temas de Direito Societário e Empresarial contemporâneos*. São Paulo: Malheiros, 2011, pp. 848-886.

361 MARTINS-COSTA, Judith. *A boa-fé no Direito Privado*. São Paulo: Marcial Pons, 2015, p. 338.

362 Cf. José Cretella Neto, excetuado o interesse de solucionar o conflito "segundo o estipulado pelas partes" (CRETELLA NETO, José. *Comentários à Lei de Arbitragem brasileira*. Rio de Janeiro: Forense, 2004, p. 90).

363 LEMES, Selma M. Ferreira. *Árbitro*: princípios da independência e da imparcialidade. São Paulo: LTr, 2001, p. 53.

364 MARTINS, Pedro Antonio Batista. *Apontamentos sobre a Lei de Arbitragem*. Rio de Janeiro: Forense, 2008, p. 188. A independência é definida por Cahali como a "inexistência de qualquer relação de sujeição ou vínculo de natureza

Ainda assim, identificar o conteúdo do dever de revelação não basta. Saber o que se encontra no espectro da dúvida justificada quanto à imparcialidade e independência do árbitro, na prática, segue sendo tarefa complexa. É preciso avançar sobre a extensão do que deve ser informado para, na sequência, procurar sistematizar quais são os fatos objetivamente considerados pela jurisprudência como relevantes à revelação.

2 Dever de revelação: balizas e extensão

O objetivo do dever de revelação é oferecer às partes o mais amplo conforto e segurança na aceitação do árbitro.[365]

Como ponto de partida, é preciso entender que os fatos e circunstâncias merecedores de revelação são todos aqueles que possam despertar dúvida quanto à esperada neutralidade do árbitro pela perspectiva da parte (*aos olhos da parte*).[366] Dizendo o mesmo,

---

econômica, profissional, moral, social, afetiva com as partes" (CAHALI, Francisco José. *Curso de arbitragem*. 4ª ed. (rev. atual. e ampl.), São Paulo: Revista dos Tribunais, 2014, p. 186).

365 Cf. CAHALI, Francisco José. *Curso de arbitragem*. 4ª ed. (rev. atual. e ampl.). São Paulo: Revista dos Tribunais, 2014, p. 192.

366 A revelação de fatos que o árbitro conheça e que mesmo julgando que tais fatos não sejam importantes devem por ele ser revelados, pois os fatos não são importantes a seu juízo somente, mas aos *olhos das partes* também. LEMES. Selma M. Ferreira. O *papel do árbitro*. Disponível em: http://selmalemes.adv.br/artigos/artigo_juri11.pdf/. Acessado em: 25.02.2022. Assim também, Carmona: "o árbitro deve revelar qualquer situação que, *do ponto de vista das partes*, possa gerar dúvida objetiva (...)" (CARMONA. Carlos Alberto. *Arbitragem e processo*. 3ª ed. São Paulo: Atlas, 2009, p. 254).

Na mesma linha é o critério adotado pelo Regulamento de Arbitragem da Corte Internacional de Arbitragem da Câmara de Comércio Internacional (CCI) ao dever de revelação: "a pessoa proposta como árbitro deverá revelar por escrito à Secretaria quaisquer fatos ou circunstâncias cuja natureza possa levar ao questionamento da sua independência *aos olhos das partes*, assim como quaisquer circunstâncias que possam gerar dúvidas razoáveis em relação à sua imparcialidade (...)" (art. 11.2 Regulamento CCI, 2021).

mas por outro ângulo, não pode o árbitro deixar de informar fatos que apenas ele, pessoalmente, considere irrelevantes. Muito pelo contrário. Tomar o problema pela perspectiva da parte reclama que o dever de revelação seja amplo, evitando-se o risco da omissão quanto ao fato que muito embora o julgador considere irrelevante, poderia não ser assim percebido pelas partes.[367]

A temática foi objeto de preocupação da II Jornada de Prevenção e Solução Extrajudicial de Litígios conduzida pelo Conselho da Justiça Federal, que, em meio a discussão sobre importantes assuntos relacionados à arbitragem, aprovou Enunciado com diretriz clara: o conceito de dúvida justificada deve observar a visão de um terceiro.[368]

Isso não implica, evidentemente, na exigência – de todo irracional – de um *full disclosure* pelo árbitro, a alcançar fatos e circunstâncias que para além de se mostrarem desimportantes para a verificação de sua imparcialidade pelas partes, pode servir de causa a impugnações frívolas. Apenas representa dizer que, diante da menor dúvida quanto à relevância da informação, a prudência[369] clama que o árbitro se veja calçado nos sapatos das partes e a faça constar na revelação.

---

367 Irreparável, nesse sentido, a doutrina dos coautores do Projeto de Lei de Arbitragem: "o árbitro deve colocar-se na situação das partes e verificar o que gostaria de saber do provável árbitro se ele fosse parte" (MARTINS, Pedro A. Batista; CARMONA, Carlos Alberto; LEMES, Selma M. Ferreira. *Aspectos fundamentais da Lei de Arbitragem*. Rio de Janeiro: Forense, 1999, p. 275).

368 Cf. Enunciado 97: "o conceito de dúvida justificada na análise da independência e imparcialidade do árbitro deve observar critério objetivo e ser efetuado na visão de um terceiro que, com razoabilidade, analisaria a questão levando em consideração os fatos e as circunstâncias específicas".

369 Ao lado da prudência, pode-se falar e precaução e mesmo respeito às expectativas das partes, cf. Ricardo Dalmaso: "esse proposto crivo [da legítima expectativa das partes], de certa forma é equiparável ao crivo da relevância, com um importante elemento adicional: por vezes, há fatos que, ainda que não possam ser considerados de revelação por relevância clara, devem ser informados como verdadeira precaução e até respeito às partes e às suas

Mostrando-se a informação realmente irrelevante para esse fim, o "excesso" da revelação certamente contará positivamente à idoneidade e lisura do árbitro; enquanto o contrário fará surgir dúvidas fundadas quanto aos motivos pelos quais a informação foi sonegada.

Por contrapor-se ao dever do árbitro um direito subjetivo da parte, cabe a ela – e não ao primeiro – realizar juízo de valor quanto à relevância do fato informado e a correlação entre isso e o sentimento de confiança depositado no julgador. Portanto, a recomendação é de que tudo *que possa dar margem a dúvidas com respeito a sua imparcialidade ou independência*[370] seja revelado, sob pena de presunção a *contrario sensu*, isto é, da omissão ser entendida como deliberada e justificadora da desconfiança quanto a um julgamento equidistante e verdadeiramente isento da causa.[371]

Parece corroborar essa "lógica de presunções" que orienta o que se deve ter por dúvida justificada a previsão legislativa – bastante ampla – quanto à matéria a ser revelada: *qualquer fato*; art. 14, §°1°, L.A. Ao lado disso, a circunstância de alcançarem a revelação não apenas os fatos que sejam do conhecimento do

---

expectativas" (MARQUES, Ricardo Dalmaso. *O dever de revelação do árbitro*. São Paulo: Almedina, 2018, p. 20).

370 ANDRIGHI, Fátima Nancy. "O perfil do árbitro e a regência de sua conduta pela Lei de Arbitragem". *Themis*, 1999. Disponível em: http://revistathemis.tjce.jus.br/index.php/THEMIS/article/view/417/. Acessado em: 25.02.2022.

371 "O futuro árbitro deverá revelar todos os fatos ou circunstâncias que possam originar dúvidas justificadas com respeito à sua imparcialidade ou independência. Abstendo-se de fazê-lo gerará a aparência de parcialidade, que poderá servir de base para desqualificação do árbitro, mesmo que os fatos ou circunstâncias não revelados não justifiquem a referida desqualificação" (LEMES. Selma M. Ferreira. "Árbitro: o padrão de conduta ideal". *In*: CASELLA, Paulo B. (Coord.). *Arbitragem*: nova Lei brasileira e a praxe internacional. São Paulo: LTr, 1996; e LEMES. Selma M. Ferreira. "Árbitro: o padrão de conduta ideal". *In*: CASELLA, Paulo B. (Coord.). *Arbitragem*: nova Lei brasileira e a praxe internacional. São Paulo: LTr, 1996, pp. 233-268).

árbitro, mas, também, como lembra Selma M. Ferreira Lemes, aqueles que se

> deveria conhecer em razão da atividade e vinculação profissional desenvolvidas e a existência de relação de amizade estreita com as partes, que possa gerar dúvida razoável quanto a sua independência e imparcialidade.[372]

Ou seja, se mesmo alegando desconhecer o fato não se desincumbe do dever de revelá-lo, com mais razão é que se pensa que, conhecendo-o, deve comunicá-lo às partes, ainda que sua relevância seja duvidosa.

Seja como for, o enquadramento do que seja dúvida justificada segue sendo o ponto nevrálgico por trás do dever de revelação. Nesse sentido, encontram-se proposições antagônicas, uma chegando a defender que a omissão que desperte *dúvida mínima* é capaz de vulnerar a indicação do árbitro,[373] enquanto outras diretrizes se orientam pela análise da *relevância* do fato não revelado, para então responder se isso é ou não suficiente para gerar dúvida justificável.[374]

Em qualquer caso, é certo que a atividade de associar a conduta omissiva do árbitro e a dúvida gerada por ela (mínima ou baseada em fato relevante) segue encerrando um subjetivismo

---

372 LEMES. Selma M. Ferreira. "O procedimento de impugnação e recusa de árbitro, como sistema de controle quanto à independência e a imparcialidade do julgador". *Revista de Arbitragem e Mediação*, vol. 50, jul. 2016, p. 374.

373 Como é o caso do Projeto de Lei 3.293/2021, de autoria da Deputada Margarete Coelho (PP/PI), ao propor a alteração do art. 14, §1° da Lei 9.307/1996 para, dentre outros, substituir o critério da dúvida justificada pela "dúvida mínima".

374 "A omissão do árbitro em revelar às partes fato que possa denotar dúvida quanto à sua imparcialidade e independência não significa, por si só, que esse árbitro seja parcial ou lhe falte independência, devendo o juiz avaliar a relevância do fato não revelado para decidir ação anulatória".

inevitável. Ainda que se vislumbre graus distintos de tolerância à revelação, enxergar o problema pela ótica do terceiro parece ser, ainda, a ferramenta mais eficiente para orientar a análise da dúvida no caso concreto.

Idêntico racional há de ser reconhecido aos fatos e informações cujo acesso pelas partes seria possível, a despeito de sua declinação pelo árbitro. Ainda que não se negue a facilidade de acesso a fatos públicos ou largamente difundidos por meios como a Internet, por exemplo, isso parece inverter a lógica que orienta o dever de revelação: o ônus é do árbitro e não da parte que pode desconfiar. O árbitro só não precisa revelar fatos públicos, assim entendidos não apenas aqueles cujo conhecimento pelas partes é de se esperar, mas de toda a coletividade, tendo ou não ligação com o litígio.

Nada obstante o dever das partes de colaborarem com a revelação, solicitando informações precisas,[375] não parece razoável relegar a elas que procedam a um escrutínio dessa ordem (*due diligence*) e, pior, que amarguem sentimento de desconfiança por não terem, eventualmente, identificado informação que julguem relevante sobre a parcialidade do árbitro, ainda que acessível.[376]

Ao que tudo indica, essa ordem de ideias é corroborada pelo dever do árbitro de zelar pela plena exequibilidade da sentença

375 Cf. Enunciado 92, da II Jornada de prevenção e solução extrajudicial de litígios conduzida pelo Conselho da Justiça Federal.

376 De acordo com Leonardo de Faria Beraldo, questão análoga foi posta em ação anulatória de sentença arbitral por meio da qual se sustentou a quebra do dever de revelação do árbitro que deixou de informar suposta condenação em processo penal, datado de 20 anos antes. Segundo narra o autor, um dos pareceristas para o caso, Luiz Olavo Baptista, consignou que pelo fato de o processo ser público, caberia às partes buscar as informações sobre os árbitros do processo. Com posicionamento diverso, os pareceristas Carlos Alberto Carmona e Pedro Batista Martins emitiram opinião em favor do autor da ação anulatória. (BERALDO, Leonardo de Faria. *Curso de arbitragem*. São Paulo: Atlas, 2014, p. 254).

arbitral, incumbência potencializada à luz da efetividade que deve nortear o processo arbitral mas que, todavia, restaria desatendida caso as partes tivessem de questionar sua parcialidade no Poder Judiciário com base em fato que ele próprio poderia ter revelado mas optou por negligenciar, comodamente.[377]

> Na verdade, o dever de revelar imposto ao árbitro é corolário de um dever maior, uma verdadeira obrigação de resultado, que ele assume ao aceitar o encargo: trata-se do dever de assegurar a prolação de uma sentença que solucione o litígio de forma válida, isto é, uma sentença que possa ser executada no local desejado pelas partes, blindada de qualquer impugnação eventualmente direcionada pela parte sucumbente. Nestas condições, o árbitro que deixa de revelar fatos que eram – ou, pelo menos, que deveriam ser – do seu conhecimento sujeita as partes a uma decisão nula (...).[378]

Sob a perspectiva da Análise Econômica do Direito, não há como dissociar a conduta omissiva do árbitro que dá substrato a questionamentos sobre a validade da sentença e as esperadas efetividade e celeridade com que se projetam os custos de transação da arbitragem, fator dos mais determinantes no conflito de escolha pelas partes (*trade-off*).

---

377 É o que destaca Mário Sérgio D. Garcia: "O dever do árbitro, pode-se afirmar, não se encerra com a prolação da sentença arbitral ou com a prestação de eventuais esclarecimentos exigidos pelas partes. Conclui-se, na realidade, quando tal decisório é devidamente cumprido, de forma amigável ou forçada, sem a oposição de objeções puramente processuais sobre a sua validade e sua exequibilidade. Uma sentença arbitral que leve as partes à ulterior discussão judicial acerca de sua validade e exequibilidade, de forma longa e desgastante, certamente não atingiu o seu escopo" (GARCIA, Mário Sérgio Duarte. "Os deveres do árbitro decorrentes da inserção do processo arbitral no sistema processual brasileiro". *Revista de Arbitragem e Mediação*, vol. 50, jul. 2016, pp. 335/336).

378 FERRO, Marcelo Roberto. "Apontamentos sobre a independência dos árbitros". *In*: ADAMEK, Marcelo Vieira *et al.* (Coord.). *Temas de Direito Societário e Empresarial contemporâneos*. São Paulo: Malheiros, 2011, p. 853.

Com efeito, é inegável que a evolução da arbitragem é associada ao racional econômico segundo o qual o juízo de eficiência ou ineficiência do sistema pesa, e muito, à escolha desse método de solução de disputas como instrumento de realocação de riscos. É seguro dizer que a instauração de processos arbitrais é em geral mais custosa do que na justiça estatal, ao menos do ponto de vista estritamente financeiro. Diante disso, e considerando que o ponto de partida da Análise Econômica do Direito é o fato de que os indivíduos, em geral, atuam racionalmente, de forma que certos comportamentos são possíveis e esperados diante de certos tipos de incentivos jurídicos,[379] é razoável concluir que as consequências derivadas do dever de revelação (notadamente, o custeamento de novo processo arbitral se anulada a sentença) impactam fortemente nos custos de transação da arbitragem.

É essa a ordem de ideias traduzida no pensamento de Peter Sester quando menciona que:

> Frente a uma decisão entre dois projetos de investimento, o empresário tipicamente avalia dois critérios: o possível retorno e o risco do investimento! (...). Considerando o processo arbitral e o judicial como dois processos de investimento diferentes, o valor final de cada um é nada mais e nada menos que o valor voluntariamente pago ou executado (fluxo de caixa!). Suponha-se que a probabilidade de receber um dado valor seja igual nas duas opções, arbitragem e processo no Judiciário. O prazo de investimento relevante é o tempo que decorre entre o início do processo arbitral (arbitral ou judicial) e o pagamento ou fim da execução da sentença arbitral. Do ponto de vista do empresário, o momento em que a sentença será proferida não tem muita relevância (o resultado obviamente sim); o que realmente

379 FORGIONI, Paula Andrea. "Análise econômica do direito (AED): paranoia ou mistificação?". *Revista de Direito Mercantil, Industrial, Econômico e Financeiro*, ano 44, nº 139, São Paulo: Malheiros, jul. 2005, pp. 242-256.

> importa é o momento da entrada do dinheiro no caixa da empresa. A mais linda e monstruosa sentença nada vale sem que seja voluntariamente cumprida ou efetivamente executada (e.g., estude a trajetória triste da sentença arbitral no famoso Caso Yukos).[380]

Logo, indiscutível a importância de se evitar vícios no curso do processo arbitral por meio da observância do dever de revelação, preservando-se uma sentença arbitral *enforceable* no futuro, constituindo-se a plena observância desse dever importante reflexo econômico da arbitragem.

Quanto ao aspecto subjetivo, é importante salientar que a ligação que se pretende ver fiscalizada não se restringe à relação árbitro-partes. Ela alcança outros sujeitos que tenham atuação relevante na arbitragem, como é o caso de advogados e testemunhas.

Segundo a Ministra Fátima Nancy Andrighi, as relações sociais ou profissionais de caráter substancial que se produzam de modo continuado entre um árbitro e uma parte ou uma pessoa cujo testemunho seja relevante para a arbitragem, trarão dúvidas fundadas sobre a imparcialidade ou independência do futuro árbitro.[381]

Também, é nessa esteira o escólio de Selma M. Ferreira Lemes. Para a autora:

---

380 SESTER, Peter Christian. *Comentários à Lei de Arbitragem e à legislação extravagante*. São Paulo: Quartier Latin, 2020, pp. 61/62; ver também Caso Yukos em KOWLES, Ben; MOYEED Khaled; LAPROU, Nefeli. "The US$50 billion Yukos award overturned: enforcement becomes a game of Russian roulette". *Kluwer Arbitration Blog*, may 2016. Disponível em: http://arbitrationblog.kluwerarbitration.com/2016/05/13/the-us50-billion-yukos-award-overturned-enforcement-becomes-a-game-of-russian-roulette/. Acessado em: 26.02.2022.

381 ANDRIGHI, Fátima Nancy. "O perfil do árbitro e a regência de sua conduta pela lei de arbitragem". *Themis*, vol. 2, nº 2, 1999, pp. 40 e 42. Disponível em: http://revistathemis.tjce.jus.br/index.php/THEMIS/article/view/417/. Acessado em: 26.02.2022.

> Poderão ocasionar dúvidas e justificativas quanto à imparcialidade ou independência de um provável árbitro, quando houver alguma vinculação direta ou indireta de relações comerciais entre o árbitro e uma parte ou como uma provável testemunha potencialmente importante. O árbitro não deverá aceitar a indicação na presença destas circunstâncias, a menos que as partes concordem, por escrito, que ele poderá atuar. Pode-se citar, como exemplo de relacionamento indireto, aquele em que um membro da família de um provável árbitro, sua firma ou qualquer sócio de negócios mantenha relacionamento comercial com uma das partes.
>
> (...)
>
> A existência de relacionamento social ou profissional continuado e substancial entre um provável árbitro e a parte, ou com provável testemunha importante na arbitragem, poderá ocasionar justificadas dúvidas quanto à imparcialidade ou independência do provável árbitro.[382]

Quanto ao aspecto objetivo, na linha do já adiantado, é certo que a revelação deve abarcar qualquer relação comercial, social ou afetiva que possa em tese comprometer a atuação do árbitro.[383] A amplitude do regramento dá a exata medida de que *qualquer fato* (art. 14, §1°, L.A.) que denote dúvida deve ser revelado, donde se extrai que o espectro objetivo deste dever não pode ser limitado.

O que se quer chamar a atenção por ora é que, mais do que a natureza da relação, importará o grau de sua intensidade, o que, à exceção de hipóteses óbvias, somente poderá ser verificada caso a caso. Encontrar o limite entre fatos relevantes e irrelevantes não

382 LEMES. Selma M. Ferreira. "Árbitro: o padrão de conduta ideal". *In*: CASELLA, Paulo B. (Coord.). *Arbitragem*: nova Lei brasileira e a praxe internacional. São Paulo: LTr, 1996.

383 Cretella Neto fala em "relação empregatícia, societária, política ou de qualquer outra ordem" (CRETELLA NETO, José. *Comentários à Lei de Arbitragem brasileira*. Rio de Janeiro: Forense, 2004, p. 90).

é tarefa fácil, mas os questionários e Códigos de Ética das instituições de arbitragem e a *soft law* de organizações como IBA podem servir como guia, devendo cada caso ser analisado de acordo com as particularidades do litígio em concreto.[384]

Para que possam dar aparência de *bias*, tais relações devem ser substanciais, vale dizer, relevantes segundo balizamento das *legítimas expectativas e sensibilidades das partes*.[385] Todavia, a relevância com que se percebem tais fatos, segundo expectativas dos envolvidos, não se confunde com sua gravidade – até porque seria mesmo impossível adentrar nas razões subjetivas do árbitro quando se confronta com fatos e circunstâncias que poderiam vulnerar sua parcialidade e independência.

Segundo a doutrina especializada, tanto estrangeira como nacional, a insuficiência da revelação deve ser considerada, ela própria, como evidência de parcialidade do árbitro, independentemente da gravidade que tais fatos podem denotar, *in verbis*:

> It may be argued that the failure of an arbitrator to disclose pertinent facts about his relationship to a dispute or to a party is in and itself sufficient grounds for challenge even though such facts – if disclosed in a timely fashion – would not necessarily have been found by the ICC Court to justify disqualification. Such failure of disclosure may be said to constitute evidence of partiality.[386]

---

384 SESTER, Peter Christian. *Comentários à Lei de Arbitragem e à legislação extravagante*. São Paulo: Quartier Latin, 2020, p. 228.

385 NELSON, Annalise. "The LCIA arbitrator challenge digests: an interview with William (Rusty) Park". *Kluwer Arbitration Blog*, nov. 2011. Disponível em: http://arbitrationblog.kluwerarbitration.com/2011/11/23/the-lcia-arbitrator-challenge-digests-an-interview-with-william-rusty-park/. Acessado em: 26.02.2022.

386 CRAIG, William Laurence; PARK, William W.; PAULSON, Jan. *International chamber of commerce arbitration*. 3ª ed. 1998, p. 215.

> O dever de revelar assume tal magnitude que seu descumprimento implica fundada suspeita sobre a pessoa do árbitro, podendo, inclusive, dar ensejo à sua desqualificação, mesmo que os fatos omitidos não sejam suficientemente graves para levar a tal resultado (...), a suspeita de parcialidade torna apenas mais árduo para o árbitro desincumbir-se do ônus da prova de sua independência, que sobre si recai (...).[387]

Entre tais relações, a comercial (na sua acepção mais ampla, a alcançar relações societárias, de fato ou de direito, empregatícias, ou que de qualquer modo evidenciem interesses econômicos ou financeiros mútuos entre os envolvidos) é a que gera maior presunção de desequilíbrio, devendo a imparcialidade, nesses casos, ser inferida independentemente da prova do prejuízo.

Por isso é que, em caso de omissões nesse tipo de relação, a dúvida quanto à parcialidade do árbitro florescerá *normalmente*, conforme abalizada lição da Ministra Fátima Nancy Andrighi:

> (...) qualquer relação de negócios anterior, futura ou em curso, direta ou indiretamente que se produza entre o árbitro e uma das partes, ou entre aquele e uma pessoa que saiba seja testemunha potencial para o caso, gerará normalmente dúvidas com respeito à imparcialidade do árbitro eleito (...).[388]

---

387 FERRO, Marcelo Roberto. "Apontamentos sobre a independência dos árbitros". *In*: ADAMEK, Marcelo Vieira *et al.* (Coord.). *Temas de Direito Societário e Empresarial contemporâneos*. São Paulo: Malheiros, 2011, pp. 854/855.

388 ANDRIGHI, Fátima Nancy. "O perfil do árbitro e a regência de sua conduta pela Lei de Arbitragem". *Themis*, vol. 2, nº 2, 1999, pp. 40 e 42. A propósito do tema, cabe ainda trazer abordagem de Marcelo Ferro no sentido da gerar presunção funcional a favor ou contra o árbitro conforme o fato seja revelado ou descoberto pelas partes: "primeiramente, há que se perquirir se o fato foi revelado por ambos os árbitros ou se foi descoberto por uma das partes. A circunstância relevantíssima de um árbitro ter revelado o fato depõe favoravelmente em relação à sua independência (...). Com efeito, a independência do árbitro deve ser aferida com vistas à confiança que ele

Ainda, do ponto de vista temporal, é de se notar que o dever de revelação deve recair sobre fatos e circunstâncias pretéritas, presentes e futuras à nomeação do árbitro.[389] Afinal, o árbitro deve ser e permanecer imparcial durante todo o processo, sendo absolutamente evidente que deva noticiar fatos de que tome conhecimento e mesmo esquecidos durante o litígio.

Nesse diapasão, à vista de relações pretéritas, em curso ou que se saibam vindouras,[390] as quais possam comprometer, ainda que de forma meramente potencial, a percepção de imparcialidade nutrida pelas partes, deverá o árbitro revelá-las na primeira oportunidade, relegando às partes o juízo sobre o comprometimento, ou não, de sua imparcialidade e independência em vista dos fatos informados, ainda que supervenientemente.

Vale destacar, as relações de negócios atuais devem ser reveladas *qualquer que seja sua importância.*[391]

---

suscita nas partes, e não no grau de confiabilidade que ele próprio acredita possuir (...). Na essência, a revelação de um fato não é a admissão de um conflito, mas a omissão quanto ao que deve ser informado pode representar uma admissão a respeito da existência do conflito" (FERRO, Marcelo Roberto. "Apontamentos sobre a independência dos árbitros". *In*: ADAMEK, Marcelo Vieira *et al.* (Coord.). *Temas de Direito Societário e Empresarial contemporâneos*. São Paulo: Malheiros, 2011, p. 858).

389 Cf. Enunciado 109, da II Jornada de prevenção e solução extrajudicial de litígios conduzida pelo Conselho da Justiça Federal "o dever de revelação é contínuo (...) deve ser informado no curso de todo o procedimento arbitral".

390 Pensa-se, por exemplo, na hipótese de o árbitro indicado haver endereçado proposta de honorários à uma das partes ou seus advogados. Ainda que não materializada a relação, isso deve ser revelado.

391 ANDRIGHI, Fátima Nancy. "O perfil do árbitro e a regência de sua conduta pela Lei de Arbitragem". *Themis*, vol. 2, nº 2, 1999, p. 42. No mesmo trecho, a doutrinadora aproveita para indicar alguns parâmetros à revelação: a natureza e duração de qualquer relação social significativa, mantida com uma das partes ou a testemunha relevante na arbitragem; a natureza de qualquer relação anterior mantida com outros árbitros; a extensão de qualquer conhecimento prévio que possa ter do litígio; e o alcance de qualquer compromisso que possa afetar sua disponibilidade para exercer os deveres como árbitro.

Essa breve análise quanto aos contornos que ditam a extensão do conteúdo da revelação bem demonstra a amplitude conceitual associada ao dever e, a reboque, a sua imprecisão. Com efeito, pode recair sobre uma miríade de fatos e circunstâncias tidas por suficientes a causar dúvida justificada às partes.

Por outro lado, admitir como justificada a dúvida acerca da imparcialidade do árbitro em torno de fatos cuja percepção calcada no senso comum rechaça tal associação, pode funcionar como expediente ardil visando à invalidação de sentenças arbitrais imaculadas, resultado de um processo justo com a participação de árbitros cuja conduta seja, igualmente, irreparável – hipótese igualmente censurável.

Diante disso tudo, e considerado que a Lei não oferece padrões de conduta objetivos com os quais se possa mensurar as qualidades – irrenunciáveis – da imparcialidade e da independência do árbitro, é preciso extrair de outras fontes o que se tem por fatos e circunstâncias suficientemente relevantes ao dever de revelar.

O acervo jurisprudencial analisado, se não esgota o tema (e nem poderia, em face dos contornos amplos e subjetivos do tema), ao menos confere um norte a indicar o que seria o padrão de conduta ideal esperado de árbitros (*standard* na revelação) a equalizar expectativas de todos os envolvidos.

Convém, portanto, ao menos nas arbitragens domésticas, que o árbitro se antecipe à interpretação dos Tribunais Estatais, quanto ao alcance e extensão do "dever de revelação", analisando com diligência também os entendimentos da jurisprudência nacional, expandindo-a para os casos concretos[392] (até porque, não o fazendo, será mesmo o Poder Judiciário que em última análise – e na pior das hipóteses – decidirá sobre pedidos anulatórios fundados na alegação de violação do dever de revelação).

---

392 SESTER, Peter Christian. *Comentários à Lei de Arbitragem e à legislação extravagante*. São Paulo: Quartier Latin, 2020, pp. 226/227.

3 O fato materialmente relevante segundo a jurisprudência do STJ e do TJ/SP

Como soe evidente, o problema atinente à extensão do dever de revelação não pode ser afastado pelo apontamento, ainda que objetivo, de fatos e circunstâncias havidos pela jurisprudência por suficientemente relevantes a serem informados pelo árbitro. Afinal, segue sendo determinante à essa compreensão analisar os contornos exatos do fato omitido pelo mesmo, para a partir disso se proceder à uma equilibrada contextualização, no caso concreto, entre o que fora omitido e a real nocividade dessa omissão em relação ao sentimento de confiança que as partes nutrem pelo árbitro.

Nessa quadra é que não seria possível, tampouco aconselhável, criar um rol taxativo das hipóteses em que o descumprimento do dever de revelação redundaria na nulidade da sentença arbitral, com base no art. 32, II e VIII, L.A.

Essa circunstância não impede, todavia, que o tema seja tratado com maior objetividade a partir de um balizador conferido pela constatação de quais são alguns dos fatos reconhecidamente relevantes pelo Poder Judiciário – mas em torno dos quais, vez ou outra, ainda se identificam discussões.

Não se desconhece a existência de múltiplos estudos teóricos de relevo sobre o tema; no entanto, poucos apresentam o componente empírico a partir de julgados, menos ainda de forma sistematizada e sucinta, tal como aqui se busca – em que pese o quantitativo limitado da pesquisa por restringir-se ao STJ e ao TJ/SP.

Por questões didáticas, primeiro esquematiza-se na tabela abaixo de quais julgados se está a tratar e o(s) seu(s) respectivos fatos relevantes ou irrelevantes à revelação para, depois, discursivamente contextualizá-los um a um.

Número de referência	Tribunal	Caso	Fato materialmente relevante	Fato materialmente irrelevante
1	STJ	Corte Especial. Sentença Estrangeira Contestada n. 9412/EX, Rel. Min. Felix Fischer (Rel. para acórdão Min. João Otávio de Noronha), j. 19.04.2017.	Relação de prestação de serviços ou de clientela entre árbitro ou escritório a que pertença com a parte ou pessoa a ela relacionada, não sendo suficiente a alegação de desconhecimento da relação pelo árbitro.	
2	STJ	Corte Especial. Homologação de Decisão Estrangeira n. 120 – EX, Rel. Min. Nancy Andrighi, j. em 18.12.2018.		Vínculo acadêmico e relação de patrocínio/doação entre parte e instituição integrada pelo árbitro.
3	TJSP	1ª Câmara Reservada de Direito Empresarial. Agravo de Instrumento n. 2040296-45.2014.8.26.0000, Rel. Des. Teixeira Leite, j. em 29.05.2014.	Parentesco de terceiro grau em linha colateral entre árbitro e patrono de uma das partes.	

3.1	STJ	3ª Turma. Recurso Especial n. 1.526.789, Rel. Min. Nancy Andrighi, j. em 13.06.2017.	Parentesco de terceiro grau em linha colateral entre árbitro e patrono de uma das partes.	
4	TJSP	1ª Câmara Reservada de Direito Empresarial. Agravo de Instrumento n. 2166470-26.2019.8.26.0000, Rel. Des. Fortes Barbosa, j. em 09.10.2019.	Indicação de mesmo árbitro para procedimento distinto mas relativo a uma relação jurídica similar.	
4.1	TJSP	1ª Câmara Reservada de Direito Empresarial. Apelação Cível n. 1056400-47.2019.8.26.0100, Rel. Des. Fortes Barbosa, j. em 25.08.2020.	Indicação de mesmo árbitro para procedimento distinto mas relativo a uma relação jurídica similar.	
5	TJSP	1ª Câmara Reservada de Direito Empresarial. Apelação Cível n. 1008312-12.2018.8.26.0100, Rel. Des. Azuma Nishi, j. em 15.03.2019.		Pertencimento de mesma associação por parte de árbitro e advogado da parte.

6	TJSP	12ª Câmara de Direito Privado. Agravo de Instrumento n. 0025150-66.2012.8.26.0000, Rel. Des. Tasso Duarte de Melo, j. em 30.05.2012.		Figuração em processo penal/condenação em processo penal.
7	TJSP	31ª Câmara de Direito Privado. Apelação Cível n. 1121216-09.2017.8.26.0100, Rel. Des. Adilson de Araújo, j. em 19.02.2019.	(i) Atuação conjunta de árbitro e advogado da parte em processo judicial; (ii) compartilhamento de endereço profissional, (iii) compartilhamento de telefone e (iv) relação de sociedade/administração de advogado com a instituição que administrou o processo arbitral.	
8	TJSP	2ª Vara de Falência e Recuperação Judicial da Capital. Ação Anulatória de Sentença Arbitral n. 1020649-67.2017.8.26.0100, j. 09.07.2017.		Prestação de serviços advocatícios, pelo árbitro, a outros agentes de mesma Câmara em questões não relacionadas.

9	TJSP	2º Vara Empresarial e Conflitos de Arbitragem da Capital. Ação Anulatória de Sentença Arbitral (n. desconhecido).	Vínculo profissional entre árbitro e escritório do qual a testemunha é integrante.	

1. O "caso Abengoa", como é popularmente conhecido a SEC n. 9.412, é até hoje tido como o *leading case* em matéria de dever de revelação.

A discussão foi travada em pedido de homologação de duas sentenças arbitrais estrangeiras, proferidas nos Estados Unidos da América e administradas perante a CCI, relativas a questões oriundas de contrato de alienação de quotas representativas de capital social de empresa do setor sucroalcooleiro entabulado entre as partes.

Na origem, a controvérsia central girou em torno da capacidade do grupo alienado pela Requerida em Abengoa para moer certa quantidade de cana por ano-safra. Não tendo se confirmado a previsão na qual se baseava a fixação do preço total da operação, a parte lesada formulou pedido indenizatório, no que foi atendida pelo Tribunal Arbitral.

Uma vez iniciado o pedido de homologação da sentença arbitral estrangeira no Brasil, pela parte integrada por Abengoa, a Requerida apresentou contestação sustentando, dentre outros, a falta de imparcialidade e independência do árbitro David Rivkin, presidente do painel arbitral e sócio sênior do escritório de advocacia Debevoise & Plimpton LLP, o qual teria defendido interesses da Requerente em outras operações e recebido vultosa soma a título de honorários no curso da arbitragem.

Segundo argumentado na ocasião, ao deixar de revelar a existência de relação de negócios entre uma das partes da arbitragem e o escritório de advocacia que integrava, o árbitro maculou a necessária confiança[393] quanto ao seu juízo imparcial e independente da causa.[394]

É interessante sublinhar que neste caso, a Corte entendeu que o recebimento de honorários advocatícios pelo escritório do árbitro é um fato que deve ser revelado, ainda que *(i)* a relação de credor-devedor entre escritório e a parte seja desconhecida pelo árbitro; e ainda que *(ii)* o pagamento não tenha decorrido *do patrocínio direto de seus interesses, mas com eles relacionado.*[395]

Esse último aspecto fica claro a partir da constatação de que bastaria à vulneração da imparcialidade do árbitro o vínculo de seu escritório com outras empresas (Schneider Eletric e First Reserve,[396] seus clientes), as quais, por sua vez, mostraram interesses relacionados aos da Abengoa. Segundo se depreende do *decisum*, tais fatos evidenciaram

---

393 Cf. o voto-vista do Ministro João Otávio de Noronha, a expressão *confiança das partes* contida na Lei de Arbitragem, "compreende, de um lado, a indicação de pessoa da sua confiança e, de outro, a aceitação de indicado pela parte adversa e de quem não tenha razão para desconfiar" (Corte Especial. Sentença Estrangeira Contestada n. 9412 - EX, Rel. Min. Felix Fischer Rel. para acórdão Min. João Otávio de Noronha, j. 19.04.2017, voto-vista Min. João Otávio de Noronha, fl.10).

394 Corte Especial. Sentença Estrangeira Contestada n. 9412 - EX, Rel. Min. Felix Fischer Rel. para acórdão Min. João Otávio de Noronha, j. 19.04.2017, fls. 32 e 54.

395 Corte Especial. Sentença Estrangeira Contestada n. 9412 - EX, Rel. Min. Felix Fischer Rel. para acórdão Min. João Otávio de Noronha, j. 19.04.2017, fl. 32.

396 Aqui, a assessoria prestada pelo escritório integrado pelo árbitro relacionou-se à aquisição das ações que a Abengoa detinha em outra sociedade, a Telvent GIT S/A; na segunda hipótese, a assessoria teve como objeto a aquisição de ações da *holding* da Requerente, a Abengoa S/A.

a ligação, ainda que indireta, *do árbitro com sociedades do grupo Abengoa e com questões de alta importância para o grupo econômico no curso da arbitragem.*[397]

A título conclusivo, o caso Abengoa evidenciou que o fato materialmente relevante foi *a relação de prestação de serviços ou clientela entre o árbitro ou o escritório de advocacia a que pertence e a parte na arbitragem ou outra a ela relacionada.*[398]

2. Na Homologação de Decisão Estrangeira n. 120, cuidou-se de apreciar pedido de homologação de sentença arbitral estrangeira, proferida nos Estados Unidos da América, por meio da qual foram julgados parcialmente procedentes os pedidos formulados por Levi Strauss de Espana em face de Ganadeira Acessórios de Moda para declarar rescindido o contrato de licença de uso de marca, condená-la ao pagamento de quantia certa e proibi-la de comercializar produtos da marca Levi´s.

Em sua contestação ao pedido homologatório, a Requerida Ganadeira sustentou, dentre outros, a vinculação do árbitro Abraham Sofaer com a Requerente e pessoas próximas à família fundadora, por ligarem-se de forma estreita na promoção da ciência por meio de instituições e fundações, marcada por doações e investimentos recíprocos. Notadamente, o vínculo benemérito da família Haas, fundadores da Levi Strauss, com a Universidade de Stanford, onde o árbitro é professor e em nome da qual rendeu homenagens

---

397 Corte Especial. Sentença Estrangeira Contestada n. 9412/EX, Rel. Min. Felix Fischer (Rel. para acórdão Min. João Otávio de Noronha), j. 19.04.2017, fl. 33.

398 Cf. Corte Especial. Sentença Estrangeira Contestada n. 9412 - EX, Rel. Min. Felix Fischer Rel. para acórdão Min. João Otávio de Noronha, j. 19.04.2017, voto-vista Min. Nancy Andrighi, fl. 53).

ao patrocinador, inclusive na inauguração de um Centro de estudos que carrega o nome da família.

A despeito do voto vencido do Min. Herman Benjamin, no sentido de haver por suficiente a demonstração da ligação de *pessoas com interesses comuns, engajadas em estudos e causas semelhantes e com laços ou interesses comuns aos donos da Levi Strauus*,[399] a maioria dos integrantes da Corte Especial rechaçou a tese, apenas consignando *que a escolha de seu nome decorreu de acordo mútuo entre ambas as partes*.[400]

3. Na ação de execução de cláusula compromissória movida por Pentágono Engenharia, a Requerida Romero Participações impugnou indicação de árbitra indicada pela Requerente argumentando que, conquanto o art. 134, IV, do CPC/73[401] fosse expresso no sentido de que estariam impedidos de funcionar como tal os parentes em até segundo grau do advogado das partes, o parentesco colateral em terceiro grau também comprometeria a imparcialidade exigida na Lei de Arbitragem.

O argumento foi acatado em primeiro grau de jurisdição para afastar a indicação da árbitra indicada pela Agravante, por ser parente em terceiro grau (tia) de sua patrona.

Em segundo grau, a decisão agravada foi mantida, entendendo o Tribunal, à semelhança do juízo de piso, que inobstante a Lei Processual que tratava de impedimento e suspeição de

---

399 Corte Especial. Homologação de Decisão Estrangeira n. 120 – EX, Rel. Min. Nancy Andrighi, j. em 18.12.2018, voto-vista Min. Herman Benjamin, fls. 10-11.

400 Corte Especial. Homologação de Decisão Estrangeira n. 120 – EX, Rel. Min. Nancy Andrighi, j. em 18.12.2018, voto-vista Min. Nancy Andrighi, fl. 5.

401 Correspondente ao atual art. 144, II, CPC, que estendeu às razões de impedimento a relação de parentesco entre juiz e advogado até o terceiro grau.

juízes togados tivesse conteúdo mais restritivo (parentesco até segundo grau), no contexto da arbitragem o requisito da confiança em relação ao julgador é mais amplo, sendo suficiente a maculá-la a vinculação familiar entre árbitro e patrono de uma das partes, ainda que menos próxima (terceiro grau).

> **3.1** Vale o registro de que o STJ manteve na íntegra o acórdão, tendo consignado que *conquanto as hipóteses de impedimento e suspeição dos árbitros sejam as mesmas às que estão sujeitos os juízes, não se pode considerá-las como fazendo parte de um rol taxativo*, por se tratar a imparcialidade de *postulado fundamental ao procedimento arbitral* no qual a *restrição imposta à atuação dos árbitros é mais abrangente.*[402]

4. No caso Fazom, o TJ/SP debruçou-se sobre Agravo de Instrumento cujo objeto foi a suspensão de exigibilidade de sentença arbitral que, segundo aduziu a Agravante L.H. de S. F., fora prolatada por árbitro imparcial, porque nomeado em demanda similar, proposta em face de parte distinta.

Na oportunidade, a Turma julgadora discorreu sobre as diferenças que orientam a aferição de imparcialidade e independência nas jurisdições estatal (*analisada sob ponto de vista estritamente objetivo*) e arbitral (*com uma problemática muito mais delicada*), concluindo que o dever de revelação proíbe a omissão de qualquer dado relevante mas, *também, impõe total transparência* (...) *forçando* [que] *seja trazida a notícia imediata de qualquer fato com o potencial de abalar a crença na imparcialidade e independência daquele incumbido de solucionar o litígio.*[403]

---

402 STJ. 3ª Turma. Recurso Especial n. 1.526.789, Rel. Min. Nancy Andrighi, j. em 13.06.2017, fl. 6.

403 TJ/SP. 1ª Câmara Reservada de Direito Empresarial. AI n. 2166470-26.2019.8.26.0000, Rel. Des. Fortes Barbosa, j. em 09.10.2019, fl. 5.

A origem contratual da relação entre árbitro e o particular também foi lembrada como fundamento à decisão. Nesse contexto, parece particularmente relevante o entendimento ali exarado, segundo o qual o requisito da confiança pode ser avaliado *subjetivamente*, como resultado da violação de um dos deveres de conduta peculiares à função do árbitro.

Disso resulta não ser necessária prova de prejuízo efetivo por uma das partes, bastando a demonstração de omissão sobre fato que, justificadamente, possa gerar desconfiança quanto a um tratamento paritário: no caso, a pré-disposição quanto à solução de mérito do litígio, já enfrentado pelo árbitro *num procedimento separado e relativo a uma relação jurídica similar.*[404]

> **4.1** Julgada improcedente a ação anulatória de sentença arbitral a que se fez menção acima, a 1ª Câmara Reservada de Direito Empresarial do TJ/SP confirmou o entendimento previamente exposto por oportunidade do julgamento do Agravo de Instrumento para assentar, agora em sede dc Apelação, que a *indicação pela parte contrária de um mesmo árbitro colocado na posição de presidir o procedimento instaurado, num procedimento separado e relativo a uma relação jurídica similar* é fato suficiente a evidenciar a *falha de comportamento, que é apta à quebra de confiança proposta pelo apelante e atinge a validade da sentença.*[405]

5. Neste apelo, insurgiu-se a Requerente da ação anulatória de sentença arbitral, Bueno e Suiter Ltda., contra a

---

404 TJ/SP. 1ª Câmara Reservada de Direito Empresarial. AI n. 2166470-26.2019.8.26.0000, Rel. Des. Fortes Barbosa, j. em 09.10.2019, fl. 7.

405 TJ/SP. 1ª Câmara Reservada de Direito Empresarial. AC n. 1056400-47.2019.8.26.0100, Rel. Des. Fortes Barbosa, j. em 25.08.2020, fls. 13 e 16, respectivamente.

sentença que julgou improcedente seus pedidos, sustentando, dentre outros, que o árbitro indicado desrespeitou o dever de revelação em razão de ocultar sua relação íntima, pessoal e profissional com o patrono da apelada, também membro da ABF. Tais circunstâncias, no seu entender, acarretariam a suspeição do árbitro, impondo-se a sua destituição dos autos.

A simples circunstância do árbitro integrar o Comitê de Assuntos Jurídicos da Associação Brasileira de Franchising, contudo, não foi considerada suficiente para indicar *a inclinação do árbitro na defesa dos interesses particulares das franqueadoras*, não se enquadrando a hipótese na *alegada quebra do dever de transparência.*[406]

6. A alegada violação do dever de revelação, aqui, teria ocorrido em função do árbitro haver omitido sua participação em ação penal, na qualidade de réu, respondendo pela prática de crimes contra o Sistema Financeiro Nacional. No entanto, o órgão julgador não considerou suficientemente verossímeis tais alegações a ponto de justificar a antecipação dos efeitos da tutela para suspender os efeitos da sentença arbitral.

Conforme narrado, existiria dúvida razoável se o árbitro deveria revelar a existência de processo penal quando tinha em seu favor decisões absolutórias em sede administrativa e judicial e mesmo pela circunstância de que, depois, mesmo condenado, tivera reconhecida a extinção da punibilidade.

7. A falha associada ao dever de revelação, nesse apelo, foi motivada pela *relação íntima e profissional prévia com o advogado da parte contrária que, por isso, deveria ter sido*

---

406 TJ/SP. 1ª Câmara Reservada de Direito Empresarial. Apelação Cível n. 1008312-12.2018.8.26.0100, Rel. Des. Azuma Nishi, j. em 15.03.2019, fls. 6 e 8, respectivamente.

por ela informada para escoimar de vício o ato decisório arbitral.[407]

Como elementos a comprovarem a estreita relação profissional que mantinham árbitra e advogado, (i) atuação conjunta em processo judicial já encerrado; (ii) compartilhamento de endereço profissional (mantinham escritório no mesmo local); (iii) compartilhamento de mesmo telefone comercial; (iv) vínculos diretos e indiretos por meio da instituição arbitral Arbitrare, os quais foram levados em conta pelo órgão fracionário para prover o recurso reconhecendo a *estreita relação profissional previamente mantida pela árbitra com o patrono da parte sagrada vencedora.*[408]=

8. Pelo que se pode extrair da sentença, Copen ajuizou ação anulatória de sentença arbitral em face de Eneva e de Câmara de Comercialização de Energia Elétrica – CCEE sustentando, dentre outros, impedimento objetivo dos árbitros, por prestarem serviços para outros agentes da CCEE (CPFL, AES e SABESP).

Ao apreciar a questão, o Juízo da 2ª Vara de Falências e Recuperações Judiciais entendeu que a atuação de árbitros da CCEE na defesa de interesses de outros agentes não descaracterizaria sua independência, consignando, ademais, que as matérias lá discutidas eram absolutamente distintas.[409]

Essa ordem de raciocínio ficou clara a partir do seguinte trecho: *árbitro deu parecer em caso absolutamente distinto da*

---

407 TJ/SP. 31ª Câmara de Direito Privado. Apelação Cível n. 1121216-09.2017.8.26.0100, Rel. Des. Adilson de Araújo, j. em 19.02.2019, fl. 6.

408 TJ/SP. 31ª Câmara de Direito Privado. Apelação Cível n. 1121216-09.2017.8.26.0100, Rel. Des. Adilson de Araújo, j. em 19.02.2019, fl. 13.

409 TJ/SP. 2ª Vara de Falência e Recuperação Judicial da Capital. Ação Anulatória de Sentença Arbitral n. 1020649-67.2017.8.26.0100, j. 09.07.2017, fl. 5 da sentença.

questão controvertida, para sociedade não concorrente com as partes, mostrando-se inexistente o conflito de interesses e o risco de parcialidade no julgamento.[410]

9. Derradeiramente, menciona-se a ação anulatória de sentença arbitral promovida por J&F em face de Eldorado Celulose e CA Investment que, segundo é possível depreender pelo que fora noticiado até aqui, questiona, dentre outros, a omissão do árbitro Anderson Schreiber em revelar vínculos com escritórios que representam a empresa CA na arbitragem.[411]

De acordo com o veiculado na mídia, o co-árbitro teria deixado de revelar que compartilhou escritório com testemunha chave para o caso, e mesmo que teria atuado, ainda que indiretamente, em conjunto com advogados integrantes do escritório titularizado pela testemunha em outros casos.

Segundo consta de fato relevante, a tutela de urgência fora deferida para suspender os efeitos da sentença arbitral.

4 Algumas notas sobre o dever de revelação no Direito Comparado

Na arbitragem internacional, o desafio de se identificar o fato relevante objeto do *duty of disclosure* (dever de revelar) e

410 TJ/SP. 2ª Vara de Falência e Recuperação Judicial da Capital. Ação Anulatória de Sentença Arbitral n. 1020649-67.2017.8.26.0100, j. 09.07.2017, fl. 5 da sentença.

411 MENDES, Felipe. "J&F pode pedir anulação de sentença contrária por Eldorado Celulose". *Veja*, 2021. Disponível em: https://veja.abril.com.br/blog/radar-economico/jf-pode-pedir-anulacao-de-sentenca-contraria-por-eldorado-celulose/. Acessado em: 26.02.2022; e FONTES, Stella; Ribeiro, Ivo. "J&F reforça ofensiva contra PE por nova arbitragem do caso Eldorado". *Valor*. Disponível em: https://valor.globo.com/empresas/noticia/2021/06/15/j-f-reforca-ofensiva-contra-pe-por-nova-arbitragem-do-caso-eldorado.ghtml/. Acessado em: 26.02.2022.

justifiable doubt (dúvida justificável) persistem. A maioria dos regulamentos institucionais internacionais prevê a hipótese do *duty of disclosure*, tratando genericamente, sem enumerar objetivamente as hipóteses.[412] Diante das incertezas sobre quais fatos objetiva ou subjetivamente deveriam ser revelados, para evitar a dúvida razoável ou justificável ou aparência de *bias*, a American Bar Association elaborou dois *guidelines* ou guias concernentes aos conflitos de interesse dos árbitros nas arbitragens comerciais internacionais. O primeiro, em 1987, denominado *IBA – Ethics for Arbitrators in International Commercial Disputes (IBA Ethics)* e, em 2004, *IBA Guidelines on Conflicts of Interest in Internation Arbitration*, revisado em 2014.

---

412 Ver International Chamber of Commerce - Arbitration Rules: "art. 11 (2) - before appointment or confirmation, a prospective arbitrator shall sign a statement of acceptance, availability, impartiality and independence. The prospective arbitrator *shall disclose in writing to the Secretariat any facts or circumstances which might be of such a nature as to call into question the arbitrator´s independence in the eyes of the parties*, as well as any circumstances that could give rise to reasonable doubts as to the arbitrator´s impartiality. The Secretariat shall provide such information to the parties in writing and fix a time limit for any comments from them. (3): an arbitrator shall immediately disclose in writing to the Secretariat and the parties any facts or circumstances of a similar nature to those referred to in art. 11 (2) concerning the arbitrator´s impartiality or independence which may arise during the arbitration. Ver LCIA- Arbitration Rules (2014): 'art. 5.4 - before appointment by LCIA Court, each arbitral candidate shall furnish to the Registrar (upon the latter´s request) a brief written summary of his or her qualifications and professional positions (past and present); the candidate shall also agree in writing fee-rates conforming to the schedule costs; the candidate *shall sign a written declaration stating: (I) whether there are any circumstances currently known to the candidate which are likely to give rise in the mind of any party to any justifiable doubts as to his or her impartiality or independence and, if so, specifying in full such circumstances in the declaration* (...)'". Ver Vienna International Arbitral Center – Arbitration Rules: art. 16 - "(4) an arbitrator shall disclose in writing all circumstances that could give rise to doubts as to his impartiality, independence or availability or that conflict with the agreement of the parties. The duty to immediately disclose such circumstances continues to apply throughout the arbitration". No mesmo sentido, ver também UNCITRAL Arbitration Rules (2013), art. 12 (1) e Arbitration Rules of Stockholm Chamber of Commerce, art. 19 (1).

O primeiro, *IBA Ethics*, traz princípios gerais relacionados às obrigações éticas dos árbitros, disposições sobre *disclosure*, *communications* e *fees*, incluindo *substantive standards* do dever de imparcialidade,[413] e como regra fundamental, o art.1º – "*Arbitrators shall proceed diligently and efficiently to provide the parties with a just and effective resolution of their disputes, and shall be and remain free from bias*".[414] O segundo, *IBA Guidelines on Conflicts of Interest*, além do princípio geral de imparcialidade, traz uma listagem de situações típicas de potencial conflito de interesse que envolvem questões de independência e parcialidade dos árbitros.

Para Gary Born, o coração do *IBA Guidelines* são as listas *Red* (vermelha), *Orange* (laranja) and *Green* (verde), por elencar situações e relações dos árbitros que podem ou não os desqualificar para servir como árbitro imparcial e independente: i. (*Red List*) divididos os fatos ou situações conflituosas como renunciável (*waivable*) ou não renunciável (*non-waivable*); ii. (*Orange List*) fatos que, poderiam ser revelados pelos árbitros e não o foram, mas as partes poderiam descobrir; e iii. (*Green List*) por fim fatos que mesmo se não relevados ou descobertos pelas partes não desqualificariam os árbitros, nem afetariam sua independência ou imparcialidade.[415] A importância desses *guidelines* é fornecer parâmetros uniformes ou um norte à comunidade arbitral internacional do que seria imprescindível revelar ou quais situações comprometeriam ou não a independência e imparcialidade dos árbitros nas arbitragens comerciais internacionais.

---

413 BORN, Gary B. *International arbitration: Law and practice*. United Kingdom: Wolters Kluwer, 2016, p. 140.

414 INTERNATIONAL BAR ASSOCIATION. *Ethics*, art. 1. Disponível em: www.ibanet.org-IBA. Acessado em: 26.02.2022.

415 BORN, Gary B. *International arbitration: Law and practice*. United Kingdom: Wolters Kluwer, 2016, p. 141.

Da mesma forma, a American Bar Association (ABA) e American Arbitration Association (AAA) contêm código de ética para árbitros em disputas comerciais:

> II – o árbitro deve revelar qualquer interesse ou relacionamento que, *provavelmente*, afete a imparcialidade ou possa criar uma *aparência* de parcialidade ou tendência;
>
> III – o árbitro, em comunicação com as partes, deve evitar postura imprópria ou *aparência* de que seja imprópria.[416]

Merecem destaque algumas situações elencadas na doutrina internacional como *grounds for finding lack of impartiality*,[417] que nos parece ser objetivamente necessário revelar e criaria dúvida justificável, ou mesmo impediria o atuar como árbitro:

1) Identificação de interesse financeiro ou econômico do árbitro na disputa (*financial interest*);

2) Árbitro empregado de uma das partes (*present employment by party*);

3) Árbitro juiz da própria causa (*judge in own cause*);

4) Envolvimento prévio na disputa (*prior involvement in dispute*);

5) Relacionamento familiar ou pessoal com a parte (*family or personal relationship with party*);

6) Contato com uma das partes durante a arbitragem concernente à substância da arbitragem (*ex parte contacts during arbitration*);

---

416 Ver em: American Arbitration Association. Disponível em: www.adr.org (tradução livre). Acessado em: 26.02.2022.

417 BORN, Gary B. *International arbitration: Law and practice*. United Kingdom: Wolters Kluwer, 2016, pp.142/143.

7) Negócios comerciais com a parte (*business dealings with party*);

8) Conflitos com escritórios de advocacia (*law firm conficts*);

9) Recorrente indicação de árbitro pela mesma parte (*recurrent arbitral appointments by same party*);

10) Árbitro atua de forma recorrente como representante *ex adverso* da parte na mesma matéria ou não relacionada à arbitragem (*adversity to one party*).

Contudo, cumpre esclarecer, o valor desses *guidelines* é, a rigor, de *soft law*, não há vinculação alguma às partes ou aos árbitros, por não ter força de Lei, sendo mera orientação de proceder. Até porque, em certas arbitragens específicas como a marítima e de commodities, onde se leva muito em conta os costumes e práticas negociais, é possível indicar o mesmo árbitro para diferentes casos; além das exceções em que as partes concordam na utilização do *non-neutral-party-appointed arbitrators* (árbitro não neutro indicado pelas partes).[418]

Então, a questão dos limites éticos deverá ser sempre balizada com as Leis Nacionais, sede das arbitragens em cotejo com normas do devido processo legal de cada país, respectivas garantias constitucionais e Leis que regulam a atividade da advocacia. É, no caso concreto, que se verificará as questões de imparcialidade e independência balizadas com as normas de cada país, sede da arbitragem.

No Brasil, como ensina Peter Sester:

> (...) as normas do *international soft law* não têm força para rebaixar as exigências do devido processo legal positivadas

418 ROGERS, Catherine A. *Ethics in international arbitration.* Oxford: University Press, 2014, p. 310.

> na Constituição Federal, nem nas Leis Brasileiras Infraconstitucionais: Lei n. 9307/1996 (Lei de Arbitragem) e Código de Processo Civil, ou regulamento da instituição escolhida pelas partes.[419]

Todavia, nada impede que as Câmaras Arbitrais regulem a questão, bem como a Ordem dos Advogados do Brasil, disciplinando a conduta ética dos árbitros-advogados, adotando padrões similares aos do *IBA Guidelines,* disciplinando a matéria e apresentando critérios objetivos do que precisaria ou não ser revelado pelos árbitros, sem a necessidade do comando legislativo para tal. As Câmaras poderiam, por exemplo, utilizar os fatos materialmente relevantes já reconhecidos pelo judiciário para criar tais critérios, além dos já existentes na *soft law* estrangeira.

Conclusão

De tudo quanto foi exposto, seja pela perspectiva contratual, seja pela jurisdicional, parece acertado concluir que a relação entre árbitros e partes há de ser orientada pela *confiança*, conceito cuja amplitude transcende a imparcialidade e a independência e que, por isso, pode demandar a avaliação de causas que vão além daquelas previstas na legislação processual. É preciso que o dever de revelação abarque *qualquer fato que denote dúvida justificada* quanto à neutralidade do árbitro (e ainda que não se enquadre no rol da Lei Processual), assim como outros deveres deontológicos esperados em razão da função a ser exercida (notadamente, qualificação e disponibilidade do árbitro).

Nada obsta, portanto, que as partes contemporizem ou flexibilizem os motivos que levariam ao impedimento do julgador,

---

419 SESTER, Peter Christian. *Comentários à Lei de Arbitragem e à legislação extravagante*. São Paulo: Quartier Latin, 2020, p. 229.

desde que cientes da circunstância, no mesmo passo em que podem impor outros que inexistam no processo judicial.

A conclusão inexorável é de que as causas que levam ao impedimento do árbitro abrangem aquelas direcionadas ao juiz togado, mas não se limitam a elas. Exatamente por isso, o dever de revelação há de ser amplo o bastante para afastar *qualquer fato* (art. 14, §1º, L.A.) que possa colocar em xeque a necessária confiança no árbitro. As balizas de identificação e sua extensão, seja na arbitragem doméstica, seja na arbitragem internacional, levarão em conta as peculiaridades do caso concreto, o tipo de arbitragem e, por conseguinte, a natureza da convenção arbitral, aliados ao que dispõe o ordenamento jurídico nacional escolhido como sede da arbitragem, e ao que dispõe o regulamento da Câmara Arbitral escolhida sobre o que e quando revelar. Nesse ponto, indiscutível a importância da atuação rigorosa e preventiva dos comitês de impugnação para evitar vícios no procedimento arbitral que possam macular a futura execução voluntária ou forçada sentença arbitral, por meio de eventual anulação pela justiça estatal.

O dever de revelação é indissociável da função do árbitro, especialmente quanto à revelação dos fatos que se mostram, desde logo, de seu conhecimento e que podem gerar desconfiança das partes se não revelados na primeira oportunidade. É direito subjetivo das partes ter acesso a tais informações para que possam exercer controle sobre esses indispensáveis requisitos do árbitro e, se o caso, terem a chance de impugná-lo.

Por óbvio, se a informação foge ao alcance do árbitro, tal fato não exime que a parte possa diligenciá-lo, quando estiver ao seu alcance fazê-lo. Por fim, será no caso concreto que o fato relevante (objetivo ou subjetivo) se delineará como importante para evitar o vício e macular o procedimento e a sentença arbitral. O importante é que seja um padrão ético de conduta do árbitro, tempestivamente exercido.

Referências bibliográficas

ALVES, Rafael Francisco. "A imparcialidade do árbitro no Direito brasileiro: autonomia privada ou devido processo legal?". *Revista de Arbitragem e Mediação*, nº 7, São Paulo: Revista dos Tribunais, out. 2005.

ALVES, Rafael Francisco. "Sentença arbitral". *In*: LEVY, Daniel; PEREIRA, Guilherme Setoguti J (Coord.). *Curso de arbitragem*. São Paulo: Revista dos Tribunais, 2021.

ANDRIGHI, Fátima Nancy. "O perfil do árbitro e a regência de sua conduta pela lei de arbitragem". *Themis*, vol. 2, nº 2, 1999. Disponível em: http://revistathemis.tjce.jus.br/index.php/THEMIS/article/view/417/. Acessado em: 26.02.2022.

BERALDO, Leonardo de Faria. *Curso de arbitragem*. São Paulo: Atlas, 2014.

BORN, Gary B. *International arbitration*: Law and practice. United Kingdom: Wolters Kluwer, 2016.

BRASIL. Constituição. *Constituição da República Federativa do Brasil*. Brasília: Senado Federal: Centro Gráfico, 1988.

BRASIL. *Lei n. 9.307*, de 23 out. 1996. Dispõe sobre a arbitragem. Brasília, 1996.

BRASIL. *Lei n. 13.105*, de 16 mar. 2015. Institui o Código de Processo Civil. 2015.

CAHALI, Francisco José. *Curso de arbitragem*. 4ª ed. (rev. atual. e ampl.). São Paulo: Revista dos Tribunais, 2014.

CARBONNEAU. Thomas E. *Cases and materials on Arbitration Law and practice*. 7ª ed. [American Case Book Series], USA: West Academic Publishing, 2014.

CARMONA. Carlos Alberto. *Arbitragem e processo*. 3ª ed. São Paulo: Atlas, 2009.

CLAY, Thomas. "L'indépendance et l'impartialité de l'arbitre et les règles du procès équitable". *In*: COMPERNOLLE, J. van; TARZIA, G. (Coord.). *L'impartialité du juge et de l'arbitre*: étude de droit comparé. Bruxelles: Bruylant, 2006.

CRAIG, William Laurence; PARK, William W.; PAULSON, Jan. *International chamber of commerce arbitration*. 3ª ed. 1998.

CRETELLA NETO, José. *Comentários à Lei de Arbitragem brasileira.* Rio de Janeiro: Forense, 2004.

DOLINGER, Jacob; TIBURCIO, Carmen. *Arbitragem comercial internacional.* 1ª ed. [Direito Internacional Privado], Rio de Janeiro: Renovar, 2003.

ELIAS, Carlos Eduardo Stefen. *Imparcialidade dos árbitros.* São Paulo: Faculdade de Direito da Universidade de São Paulo, 2014. Tese (Doutorado).

FERRO, Marcelo Roberto. "Apontamentos sobre a independência dos árbitros". *In*: ADAMEK, Marcelo Vieira *et al.* (Coord.). *Temas de Direito Societário e Empresarial contemporâneos.* São Paulo: Malheiros, 2011.

FORGIONI, Paula Andrea. "Análise econômica do direito (AED): paranoia ou mistificação?". *Revista de Direito Mercantil, Industrial, Econômico e Financeiro*, ano 44, nº 139. São Paulo: Malheiros, jul. 2005.

GAILLARD, Emmanuel; BERMANN, George A. (Coord). *Guide on the convention of the recognition and enforcement of Foreign Arbitral Award.* Leiden: Brill/Nijhoff, 2017.

GARCIA, Mário Sérgio Duarte. "Os deveres do árbitro decorrentes da inserção do processo arbitral no sistema processual brasileiro". *Revista de Arbitragem e Mediação,* vol. 50, jul. 2016.

GUANDALINI. Bruno. *Economic Analysis of the Arbitrator´s Function.* Den Haag: Wolters Kluwer, 2020.

JÚDICE, José Miguel. "Árbitros: características, perfis, poderes e deveres". *Revista de Arbitragem e Mediação*, nº 22, São Paulo: Revista dos Tribunais, jul. 2009.

JUSTEN FILHO, Marçal. *Administração pública e arbitragem*: o vínculo com a câmara de arbitragem e os árbitros. Disponível em: https://bit.ly/3n4eEYi/. Acessado em: 26.02.2022.

KAUFMANN-KOHLER, Gabrielle; RIGOZZI, Antonio. *International arbitration*: Law and practice in Switzerland. Oxford: University Press, 2015.

KOWLES, Ben; MOYEED Khaled; LAPROU, Nefeli. "The US$50 billion Yukos award overturned: enforcement becomes a game of Russian roulette". *Kluwer Arbitration Blog*, may 2016. Disponível em: http://arbitrationblog.kluwerarbitration.com/2016/05/13/the-us50-billion-yukos-award-overturned-enforcement-becomes-a-game-of-russian-roulette/. Acessado em: 26.02.2022.

LEMES, Selma M. Ferreira. *Árbitro*: princípios da independência e da imparcialidade. São Paulo: LTr, 2001.

LEMES. Selma M. Ferreira. "Árbitro: o padrão de conduta ideal". *In*: CASELLA, Paulo B. (Coord.). *Arbitragem*: nova Lei brasileira e a praxe internacional. São Paulo: LTr, 1996.

LEMES. Selma M. Ferreira. "O procedimento de impugnação e recusa de árbitro, como sistema de controle quanto à independência e a imparcialidade do julgador". *Revista de Arbitragem e Mediação*, vol. 50, jul. 2016.

LEMES. Selma M. Ferreira. *O papel do árbitro*. Disponível em: http://selmalemes.adv.br/artigos/artigo_juri11.pdf. Acessado em: 26.02.2022.

MARQUES, Ricardo Dalmaso. *O dever de revelação do árbitro*. São Paulo: Almedina, 2018.

MARTINS, Pedro Antonio Batista. *Apontamentos sobre a Lei de Arbitragem*. Rio de Janeiro: Forense, 2008.

MARTINS, Pedro A. Batista; CARMONA, Carlos Alberto; LEMES, Selma M. Ferreira. *Aspectos fundamentais da Lei de Arbitragem*. Rio de Janeiro: Forense, 1999.

MARTINS-COSTA, Judith. *A boa-fé no Direito Privado*. São Paulo: Marcial Pons, 2015.

NELSON, Annalise. "The LCIA arbitrator challenge digests: an interview with William (Rusty) Park". *Kluwer Arbitration Blog*, nov. 2011. Disponível em: http://arbitrationblog.kluwerarbitration.com/2011/11/23/the-lcia-arbitrator-challenge-digests-an-interview-with-william-rusty-park/. Acessado em: 26.02.2022.

ROGERS, Catherine A. *Ethics in international arbitration*. Oxford: University Press, 2014.

SESTER, Peter Christian. *Comentários à Lei de Arbitragem e à legislação extravagante*. São Paulo: Quartier Latin, 2020.

YARSHELL, Flávio Luiz. "Ação anulatória". *In*: LEVY, Daniel; PEREIRA, Guilherme Setoguti J. (Coord.). *Curso de Arbitragem*. São Paulo: Revista dos Tribunais, 2021.

CAPÍTULO XVII

NOTAS SOBRE A COMPETÊNCIA PREVISTA NA LEI N. 11.101/2005

Sérgio Seiji Shimura

Noções introdutórias

Inicialmente, consigno o meu agradecimento pelo honroso convite feito pelo Dr. Fernando Antonio Maia da Cunha para participar da presente obra coletiva, oportunidade em que registro o seu grande legado e tudo que tem feito em prol da comunidade jurídica, notadamente em temas de Direito Empresarial.

O foco do presente ensaio diz respeito à "*competência*" regulada pela Lei n. 11.101/2005, normativa que aglutina princípios e regras de variados matizes, tanto de natureza material, como processual. Nesse aspecto, o art. 189 da Lei n. 11.101/2005, com a redação dada pela Lei n. 14.112/2020, diz expressamente que o Código de Processo Civil é aplicável aos procedimentos previstos na lei recuperacional.

No tocante à "*competência*", em se tratando de recuperação judicial e falência, a própria Constituição Federal já cuida de separar o Juízo Falimentar dos demais feitos, conforme art. 109, I, CF.[420]

E o Código de Processo Civil, na mesma linha, enuncia no art. 45, que:

> Tramitando o processo perante outro Juízo, os autos serão remetidos ao Juízo Federal competente se nele intervier a União, suas empresas públicas, entidades autárquicas e fundações, ou conselho de fiscalização de atividade profissional, na qualidade de parte ou de terceiro interveniente, exceto as ações: (I) de recuperação judicial, falência, insolvência civil e acidente de trabalho.

A Organização Judiciária do Estado de São Paulo prevê para comarca de São Paulo três Varas de Falências e Recuperações Judiciais da Comarca da Capital, com competência para julgar ações de falência, recuperação judicial e extrajudicial e ações por crime falimentar.

Também criou duas Varas Empresariais e de Conflitos Relacionados à Arbitragem da Comarca da Capital, com competência para as ações principais, acessórias e conexas, relativas à matéria prevista no Livro II, Parte Especial, do Código Civil (artigos 966 a 1.195), e na Lei n. 6.404/76 (Lei das S.A.), bem como propriedade industrial e concorrência desleal, tratadas especialmente na Lei n. 9.279/96, franquia (Lei n. 8.955/1994), e ações decorrentes da Lei de Arbitragem (Lei n. 9.307/1996), criadas pela Resolução n. 763/2016 do TJSP.

---

420 "Aos juízes federais compete processar e julgar (I) as causas em que a União, entidade autárquica ou empresa pública federal forem interessadas na condição de autoras, rés, assistentes ou oponentes, exceto as de falência, as de acidentes de trabalho e as sujeitas à Justiça Eleitoral e à Justiça do Trabalho".

No âmbito territorial da 1ª Região Administrativa Judiciária (1ª RAJ), excluindo a Comarca da Capital, existem duas Varas Regionais Empresariais, Falências, Recuperações Judiciais e de Conflitos relacionados à Arbitragem, criadas pela Resolução n. 824/2019 do TJSP.

Em 2ª Instância, há duas Câmaras Reservadas de Direito Empresarial, com competência para julgar as ações principais, acessórias e conexas, relativas à matéria prevista no Livro II, Parte Especial, do Código Civil (artigos 966 a 1.195), e na Lei n. 6.404/1976, bem como propriedade industrial e concorrência desleal, tratadas especialmente na Lei n. 9.279/1996, franquia (Lei n. 8.955/94), e na Lei de Recuperação de Empresas.

1 Principal estabelecimento

O art. 3º, LRE, regulamenta a competência do Juízo do principal estabelecimento, em três situações: homologar o plano de recuperação extrajudicial, deferir a recuperação judicial ou decretar a falência.[421]

E o art. 76, LRE, dispõe que "o Juízo da Falência é indivisível e competente para conhecer todas as ações sobre bens, interesses e negócios do falido, ressalvadas as causas trabalhistas, fiscais e aquelas não reguladas nesta Lei em que o falido figurar como autor ou litisconsorte ativo".

O principal estabelecimento é a sede em que o devedor centraliza a sua administração e as suas atividades, é o local em que maior volume dos negócios é gerido. Não se confunde, pois, com o domicílio formal constante dos atos constitutivos da sociedade.

---

421 "É competente para homologar o plano de recuperação extrajudicial, deferir a recuperação judicial ou decretar a falência o juízo do local do *principal estabelecimento* do devedor ou da filial de empresa que tenha sede fora do Brasil" (grifo nosso).

Apesar da discussão doutrinária sobre se a competência fixada legalmente obedece ao critério territorial, funcional ou à matéria discutida, o que se tem, pacificamente, é que a competência é *absoluta*, não sendo derrogável pelas partes nem pelo Juízo.

PREVENÇÃO. Para evitar decisões conflitantes, bem como para melhoria e efetividade dos trabalhos judiciais, a distribuição do pedido de falência ou de recuperação judicial ou a homologação de recuperação extrajudicial previne a jurisdição para qualquer outro pedido de falência, de recuperação judicial ou de homologação de recuperação extrajudicial relativo ao mesmo devedor (art. 6º, § 8º, LRE).

Nesse passo, ainda que o plano de recuperação judicial preveja *mudança* do principal estabelecimento, tal circunstância não altera a competência, justamente em razão da prevenção gerada pela distribuição do pedido de recuperação judicial (art. 94, III, "d", LRE).

CONSTATAÇÃO PRÉVIA. O art. 51-A, LRE, acrescido pela Lei n. 14.112/2020, dispõe que o juiz, quando necessário, pode determinar a constatação prévia das condições atuais de funcionamento do devedor e da regularidade documental, independentemente da oitiva da parte ou do devedor. E se ficar constatado que o principal estabelecimento não estiver na área de competência do Juízo, cabe-lhe remeter os autos ao respectivo Juízo competente (art. 51-A, § 7º, LRE).

CONSOLIDAÇÃO PROCESSUAL E SUBSTANCIAL. Há hipóteses em que várias sociedades formam um grupo econômico, sob controle societário comum. Daí ser possível que várias sociedades postulem a recuperação judicial, situação chamada de "consolidação processual", reunindo-se como se fossem litisconsortes (litisconsórcio facultativo), nos termos do disposto no art. 113, CPC.

Além disso, pode ocorrer, excepcionalmente, que, além da consolidação processual, as várias sociedades em crise, estejam interligadas por vínculo de controle ou subordinação, que haja garantias cruzadas entre elas, ou ainda identidade do quadro societário, hipótese em que a Lei autoriza ao Juízo (a competência é do juiz por encerrar questão jurisdicional, e não da Assembleia Geral de Credores) deferir o pedido de *consolidação substancial*, mesmo que as sociedades tenham sede em locais (e, portanto, comarcas) distintos.

Mas seja qual for a modalidade de consolidação (processual ou substancial), a competência é do Juízo do local do principal estabelecimento (art. 69-G, § 2º, LRE).

INSOLVÊNCIA TRANSNACIONAL. Além das situações previstas no art. 3º, LRE, o art. 167-D da Lei n. 11.101/2005 edita que:

> O Juízo do local do principal estabelecimento do devedor no Brasil é o competente para o reconhecimento de processo estrangeiro e para a cooperação com a autoridade estrangeira nos termos deste Capítulo. § 1º A distribuição do pedido de reconhecimento do processo estrangeiro previne a jurisdição para qualquer pedido de recuperação judicial, de recuperação extrajudicial ou de falência relativo ao devedor. § 2º A distribuição do pedido de recuperação judicial, de recuperação extrajudicial ou de falência previne a jurisdição para qualquer pedido de reconhecimento de processo estrangeiro relativo ao devedor.

A insolvência transnacional veio a ser positivada pela Lei n. 14.112/2020, regulamentando a cooperação jurisdicional entre juízes brasileiros e estrangeiros em processos de insolvência transfronteiriça, decorrente de um mundo negocial cada vez mais globalizado.

A cooperação jurídica internacional, conquanto não se equipare a convenções ou tratados internacionais, visa uniformizar e agilizar os procedimentos e atos em processos de insolvência a serem praticados em outros países e, com isso, aumentar a segurança jurídica, a proteção dos ativos do devedor, dentre outros objetivos. E para tanto, o Juízo do local do estabelecimento no

Brasil é o competente para reconhecer o processo estrangeiro e adotar os protocolos da cooperação internacional.

2 Competência para suspender as execuções

Pelo art. 6º, *caput*, LRE, a decretação da falência ou o deferimento do processamento da recuperação implica: I – suspensão do curso da prescrição das obrigações do devedor sujeitas ao regime da Lei n. 11.101/2005; II – suspensão das execuções ajuizadas contra o devedor, inclusive daquelas dos credores particulares do sócio solidário, relativas a créditos ou obrigações sujeitos à recuperação judicial ou à falência; III – proibição de qualquer forma de retenção, arresto, penhora, sequestro, busca e apreensão e constrição judicial ou extrajudicial sobre os bens do devedor, oriunda de demandas judiciais ou extrajudiciais cujos créditos ou obrigações sujeitem-se à recuperação judicial ou à falência.

Malgrado o art. 6º, *caput*, LRE, dê a entender que tais efeitos são *ope legis*, em verdade compete ao juiz, ao deferir o processamento da recuperação judicial, ordenar

> a suspensão de todas as ações ou execuções contra o devedor, na forma do art. 6º desta Lei, permanecendo os respectivos autos no Juízo onde se processam, ressalvadas as ações previstas nos §§ 1º, 2º e 7º do art. 6º desta Lei e as relativas a créditos excetuados na forma dos §§ 3º e 4º do art. 49 desta Lei (art. 52, III, LRE).

Todavia, em algumas hipóteses, o Juízo Recuperacional não tem competência para deliberar sobre outros feitos.

2.1 Incerteza e iliquidez da obrigação

Nas ações em que ainda não há certeza nem liquidez da obrigação, o feito prossegue normalmente até que se apure o respectivo valor devido pelo devedor. Fixado o montante devido, então caberá ao credor proceder à sua habilitação nos autos da falência ou recuperação judicial. Noutras palavras, compete ao respectivo Juízo em que tramitam tais ações apurar o respectivo valor.

Também não há suspensão das ações que não tenham por objeto obrigação de pagar quantia, como ocorre nas ações envolvendo obrigação de *fazer ou de entregar coisa*, vez que esses tipos de obrigação não se sujeitam a concurso de credores, estando, pois, fora da recuperação judicial ou falência.

O mesmo tanto sucede com as *ações trabalhistas*, que se processam regularmente pela justiça especializada até a apuração do respectivo crédito (art. 6º, § 2º, LRE).

Ainda, o processamento da recuperação judicial ou a decretação da falência não impedem a instauração do *procedimento arbitral*, que segue até a declaração do valor devido (art. 6º, § 9º, LRE).

2.2 Créditos extraconcursais

Os créditos extraconcursais previstos nos §§ 3º e 4º do art. 49, LRE, como regra, não são afetados pela recuperação judicial. Isso porque o Juízo Recuperacional tem competência limitada e temporária para decidir sobre alguns bens do devedor.

A competência do Juízo Recuperacional limita-se a suspender os atos de constrição que recaiam sobre *bens de capital essenciais* à manutenção da atividade empresarial, e mesmo assim, durante o período de suspensão (*stay period*), mediante *cooperação jurisdicional* entre os juízes cooperantes, com vistas à efetivação de medidas e providências para recuperação e preservação de empresas (art. 6º. § 7º-A, LRE; art. 69, § 2º, IV, CPC).

Quer dizer, quando se tratar de crédito *extraconcursal* (ex.: credor proprietário fiduciário de bem imóveis), o Juízo Recuperacional tem competência apenas para determinar a *suspensão* (não para impedir) de medidas constritivas sobre bens de capital essenciais, somente durante o período de suspensão de 180 dias (prorrogável uma única vez) e condicionada à cooperação jurisdicional, prevista no art. 69, CPC.

Não envolvendo bens de capital essenciais à preservação da empresa, se já escoado o *stay period* ou se não houver ato concertado entre os respectivos juízos (recuperacional e executivo), o Juízo Recuperacional não tem competência para deliberar sobre tais bens (art. 6º, § 7º-A, art. 49, § 3º, e art. 52, III, LRE).

Sobre a cooperação jurisdicional, a Resolução n. 350/2020 do CNJ, prevê dentre outras medidas, que os atos de cooperação poderão consistir na efetivação de medidas e providências para recuperação e preservação de empresas, bem como na facilitação de habilitação de créditos na falência e na recuperação judicial.

2.3 Execuções fiscais

A separação da competência do Juízo da Recuperação e o da Execução Fiscal ganhou novos contornos com a Lei n. 14.122/2020.

Antes da reforma de 2020 (introduzida pela Lei n. 14.112/2020), já havia a previsão legal de que a execução fiscal não se sujeitava a concurso de credores (art. 187, CTN; art. 29, LEF; antiga redação do art. 6º, § 7º, LRE).

Porém, o que ocorria é que, quando a execução fiscal (de crédito tributário ou não tributário) chegava na fase constritiva (penhora, bloqueio etc.), o Juízo da Execução ficava na dependência da análise do Juízo da Recuperação Judicial, sobre se o ato executivo iria afetar as atividades do devedor e obstar o seu soerguimento. O juízo da execução fiscal tinha competência para dar seguimento ao processo, mas quando da constrição ou expropriação dos bens, tinha de se sujeitar à análise do Juízo Recuperacional.

Em verdade, a Fazenda Pública encontrava-se num limbo. Podia executar, mas não podia expropriar bens. Tanto assim, que o STJ, em 2018, havia afetado o Tema 987 (possibilidade da prática de atos constritivos em face de empresa em recuperação judicial, em sede de execução de dívida tributária e não tributária). E diante dessa afetação, as execuções fiscais ficaram suspensas. E mais. A jurisprudência dispensava o devedor de apresentar a Certidão Negativa de Débitos Tributários (CND, art. 57).

No entanto, com o advento da Lei n. 14.112/2020, a posição da Fazenda Pública foi revigorada, com as alterações introduzidas pelos seguintes dispositivos: 1) art. 6º, § 7º-B; 2) art. 7º-A; e 3) Lei n. 10.522/2002.

De conseguinte, considerando tais alterações, o STJ, em junho de 2021, cancelou a afetação do Tema 987, destravando as execuções fiscais que se encontravam suspensas. Agora, diante dessas modificações, delimitou-se com mais nitidez a competência de cada Juízo.

A execução fiscal não se sujeita a concurso de credores nem à habilitação de crédito na falência ou na recuperação judicial, aliás, como já enunciavam o art. 29, Lei n. 6.830/1980 e o art. 187, CTN.[422]

Ademais, a concessão da recuperação judicial fica na dependência de o devedor apresentar a prova de *quitação* dos tributos ou de *suspensão* do crédito tributário (art. 151, 191-A, 205 e 206, CTN).

Em harmonia, o art. 57, LRE, reforça a exigência da certidão negativa de débito tributário (CND). Nesse ponto, vale relembrar que, apesar da dicção legal, exigindo a apresentação da

---

422 "A cobrança judicial do crédito tributário não é sujeita a concurso de credores ou habilitação em falência, recuperação judicial, concordata, inventário ou arrolamento".

CND, o posicionamento do STJ, ao menos até o advento da Lei n. 14.112/2020, estava sedimentado no sentido de ser dispensável a juntada da certidão negativa, seja em razão do princípio da preservação da empresa (art. 47, LRE), seja pela autorização legal (art. 52, II, LRE).

Porém, como se vê, a Lei n. 14.112/2020 reposicionou a Fazenda Pública, notadamente quando o devedor obtém o deferimento do pedido de *recuperação judicial.* Primeiro, porque regulamentou o *parcelamento* da dívida da Fazenda Nacional, cujo inadimplemento autoriza o pedido de convolação da recuperação judicial em falência (art. 10-A, V, c.c. § 4º-A, IV, da Lei n. 10.522/2002). Segundo, porque o art. 6º, § 7º-B, LRE, deixa claro que as execuções fluem normalmente, não se suspendendo com o deferimento da recuperação judicial; nesse passo, a competência do Juízo Recuperacional limita-se à "*substituição* dos atos de constrição que recaiam sobre bens de capital essenciais à manutenção da atividade empresarial até o encerramento da recuperação judicial, a qual será implementada mediante a cooperação jurisdicional" na forma do art. 69, CPC.

Mais. Se o devedor, ao aderir ao parcelamento, oferecer garantia idônea e suficiente aceita pela Fazenda Nacional, não poderá incluir tal garantia no plano de recuperação judicial (art. 10-A, § 1º-C, II, Lei n.10.522/2002).

Por fim, afastando a competência do Juízo Recuperacional sobre as execuções fiscais, seja para o crédito tributário, seja para o não tributário, o STJ já se posicionou:

> O crédito fiscal não tributário não se submete aos efeitos do plano de recuperação judicial. Nos termos do art. 49, *caput*, da Lei n. 11.101/2005, estão sujeitos à recuperação judicial do devedor todos os créditos existentes na data do pedido (ainda que não vencidos), sendo certo que a aferição da existência ou não do crédito deve levar em consideração a data da ocorrência de seu fato gerador (fonte da obrigação).

O art. 187, *caput*, do Código Tributário Nacional exclui os créditos de natureza tributária dos efeitos da recuperação judicial do devedor, nada dispondo, contudo, acerca dos créditos de natureza não tributária. A Lei n. 11.101/2005, ao se referir a "execuções fiscais" (art. 6º, § 7º-B), está tratando do instrumento processual que o ordenamento jurídico disponibiliza aos respectivos titulares para cobrança dos créditos públicos, *independentemente de sua natureza*, conforme disposto no art. 2º, §§ 1º e 2º, da Lei n. 6.830/1980. Desse modo, se, por um lado, o art. 187 do CTN estabelece que os créditos tributários não se sujeitam ao processo de soerguimento – silenciando quanto aqueles de natureza não tributária –, por outro lado verifica-se que o próprio diploma recuperacional e falimentar não estabeleceu distinção entre a natureza dos créditos que deram ensejo ao ajuizamento do executivo fiscal para afastá-los dos efeitos do processo de soerguimento. Ademais, a própria Lei n. 10.522/2002 – que trata do parcelamento especial previsto no art. 68, *caput*, da LFRE – prevê, em seu art. 10-A, que tanto os créditos de natureza tributária quanto não tributária poderão ser liquidados de acordo com uma das modalidades ali estabelecidas, de modo que admitir a submissão destes ao plano de soerguimento equivaleria a chancelar a possibilidade de eventual cobrança em duplicidade. Tampouco a Lei n. 6.830/1980, em seus artigos 5º e 29, faz distinção entre créditos tributários e não tributários, estabelecendo apenas, em sentido amplo, que a "cobrança judicial da Dívida Ativa da Fazenda Pública não é sujeita a concurso de credores ou habilitação em falência, concordata, liquidação, inventário ou arrolamento". Esta Corte Superior, ao tratar de questões envolvendo a possibilidade ou não de continuidade da prática, em execuções fiscais, de atos expropriatórios em face da recuperanda, também não se preocupou em diferenciar a natureza do crédito em cobrança, denotando que tal distinção não apresenta relevância para fins de submissão (ou não) da dívida aos efeitos do processo de soerguimento. Assim, em que pese a dicção aparentemente restritiva da norma do *caput* do art. 187 do

CTN, a interpretação conjugada das demais disposições que regem a cobrança dos créditos da Fazenda Pública insertas na Lei de Execução Fiscal, bem como daquelas integrantes da própria Lei n. 11.101/2005 e da Lei n. 10.522/2002, autorizam a conclusão de que, para fins de não sujeição aos efeitos do plano de recuperação judicial, a natureza tributária ou não tributária do valor devido é irrelevante (REsp. 1.828.248, rel. Min. LUIS FELIPE SALOMÃO, j. 05/08/2021).

3 Crédito fiscal em caso de falência

Se a empresa devedora tiver a sua falência decretada, a execução fiscal se suspende, cujo crédito será habilitado junto ao procedimento falimentar, quando, então, a competência passa a ser do Juízo Falimentar. Quer dizer, durante o procedimento falimentar, a execução fiscal fica suspensa, sem prejuízo de prosseguir contra os corresponsáveis (art. 7º-A, § 4º, V, LRE).

Decretada a quebra, caberá ao Juízo Falimentar instaurar, de ofício e independentemente das demais habilitações, um incidente próprio e específico para cada Fazenda Pública denominado de "incidente de classificação de crédito público", nos termos do art. 7º-A, LRE.[423]

Entretanto, pelo regime introduzido pela Lei n. 14.112/2020, houve repartição de competências. Compete ao Juízo da *Execução Fiscal* decidir sobre a *existência* do crédito, exigibilidade e

423 Na falência, após realizadas as intimações e publicado o edital, conforme previsto, respectivamente, no inciso XIII do caput e no § 1º do art. 99 desta Lei, o juiz instaurará, de ofício, para cada Fazenda Pública credora, incidente de classificação de crédito público e determinará a sua intimação eletrônica para que, no prazo de 30 (trinta) dias, apresente diretamente ao administrador judicial ou em juízo, a depender do momento processual, a relação completa de seus créditos inscritos em dívida ativa, acompanhada dos cálculos, da classificação e das informações sobre a situação atual.

valor (prescrição, pagamento etc.), bem como o prosseguimento contra eventuais coobrigados. E compete ao *juízo da falência* a verificação da correção do cálculo e respectiva classificação (art. 7º-A, § 4º, LRE).

4 Competência para as ações contra coobrigados

O Juízo Falimentar ou Recuperacional não tem competência para interferir nas execuções propostas contra os coobrigados, fiadores e obrigados de regresso (art. 7º-A, § 4º, V, 49, § 1º, LRE).

Dessa forma, se a execução individual segue normalmente contra os garantidores, independentemente da recuperação judicial do devedor principal, eventual penhora ou mesmo expropriação devem ser consideradas plenamente válidas e eficazes, conferindo aos exequentes o direito de obter a satisfação de seu crédito, não tendo o Juízo Recuperacional ou Falimentar competência para interferir sobre o destino do respectivo feito executivo.

A propósito, a Súmula 581-STJ edita que: "a recuperação judicial do devedor principal não impede o prosseguimento das ações e execuções ajuizadas contra terceiros devedores solidários ou coobrigados em geral, por garantia cambial, real ou fidejussória".

Nesse sentido:

> Incidente de desconsideração da personalidade jurídica, nos autos da falência do Grupo Albertina – Decisão que avocou a competência para processamento de execução de título judicial, em face de sociedade alcançada pelo decreto de quebra e dos devedores solidários – Inconformismo do credor – Acolhimento – Viabilidade do prosseguimento da execução de título judicial contra os devedores solidários e não sócios da devedora, atualmente falida por extensão – A *vis attractiva* de que trata o art. 76, da Lei n. 11.101/2005, impõe o Juízo Universal para execuções em face do falido, sem alcançar os devedores solidários ou coobrigados não

atingidos pelo decreto de quebra ou extensão da falência – Decisão reformada – Recurso provido, com determinação (TJSP, AI 2189440-49.2021.8.26.0000, rel. GRAVA BRAZIL, j. 05/10/2021).

Falência. O decreto da quebra implica em suspensão de ações e execuções dirigidas ao devedor principal, mas não abrange os seus coobrigados. Inteligência do *caput* do art. 6º e inciso V do art. 99 da Lei n. 11.101/2005. Execução dirigida contra a falida e os codevedores. Decisão recorrida que cuidou de ressalvar expressamente a suspensão da execução em face daquela e o prosseguimento destes. Imóvel cuja penhora se reclama que não pertence à falida, mas à codevedora Jurema. Decisão mantida. Recurso desprovido (TJSP, AI n. 2244282-13.2020.8.26.0000, Rel. ARALDO TELLES, j. 18.01.2021).

5 Incidente de desconsideração da personalidade jurídica

O Juízo Falimentar tem competência para deferir e processar o pedido de "incidente de desconsideração da personalidade jurídica" contra o sócio de responsabilidade limitada, controladores ou administradores da sociedade falida (art. 82-A, LRE).

Mas tal competência não significa que possa interferir, direta e automaticamente, nas execuções individuais em trâmite contra tais pessoas, quando figurem na qualidade de garantidores ou responsáveis. Não há interferência automática, considerando que é preciso verificar em que estágio a execução individual se encontra.

Além disso, é preciso averiguar em que termos o Juízo Falimentar acolhe o pedido de desconsideração da personalidade jurídica para atingir os bens pessoais do responsável ou do sócio falido, isto é, qual a extensão dos efeitos da decisão, considerando o benefício auferido pelo abuso ou pela confusão patrimonial (art. 50, Código Civil).

A propósito, vale observar que o Incidente de Desconsideração da Personalidade Jurídica não constitui "extensão da falência" aos sócios, não gerando, portanto, concurso de credores. Não se equipara nem se confunde com a *extensão da falência*, a gerar concurso universal de credores, como se depreende do art. 82-A, LRJ.[424]

Diferenciando *a desconsideração da personalidade jurídica* da *extensão da falência*, Paulo Roberto Grava Brazil leciona que:

> [n]o caso de pessoa física, sócio ou administrador, a situação é diversa. Não há que se falar em estado falimentar, extensão da falência ou dos efeitos dela. A desconsideração se limita a obrigá-la a responder na medida do benefício experimentado em decorrência do desvio de finalidade. Em casos extremos, em que se verifique a prática reiterada de atos de confusão patrimonial ou desvio de finalidade tal que impliquem a impossibilidade de separar os respectivos patrimônios ou delimitar o benefício experimentado, o patrimônio do sócio ou administrador deverá ser arrecadado e responder subsidiariamente pelo passivo da falida.[425]

Otávio Joaquim Rodrigues Filho elucida que:

> A atual Lei de Falências e Recuperações judiciais, Lei 11.101/2005, é restritiva quanto à hipótese de extensão da falência, já que menciona que ela pode ser estendida aos sócios de responsabilidade ilimitada, o que equivale, a nosso ver, à possibilidade restrita àqueles tipos societários

---

424 É vedada a extensão da falência ou de seus efeitos, no todo ou em parte, aos sócios de responsabilidade limitada, aos controladores e aos administradores da sociedade falida, admitida, contudo, a desconsideração da personalidade jurídica.

425 GRAVA BRAZIL, Paulo Roberto. "A desconsideração da personalidade jurídica na falência". *In*: WAISBERG, Ivo; BEZERRA FILHO, Manoel Justino. *Transformações no Direito de Insolvência*. São Paulo: Quartier Latin, 2021, p. 367.

> para os quais já é prevista a responsabilidade ilimitada de seus sócios, para as sociedades de fato e para as poucas hipóteses remanescentes nas quais o legislador instituiu a responsabilidade objetiva do sócio controlador por todo o passivo a descoberto, que é o caso das sociedades sujeitas à liquidação extrajudicial (...). No mais, restringindo a atual lei de Quebras brasileira a extensão da falência aos sócios de responsabilidade ilimitada, não há suporte legal para a extensão em outras hipóteses (...). A extensão da falência leva ao regime de uma execução concursal, que incide sobre todos os bens daquele atingido por sua declaração; retira aos seus membros a possibilidade de administração da sociedade; sujeita-os a eventual responsabilização penal, principalmente daquelas condutas que têm como pressuposto a decretação da falência; obriga-os ao cumprimento de deveres previstos na Lei Falimentar; e produz o vencimento antecipado de suas obrigações.[426]

6 Cumprimento de sentença arbitral

Como dito, o Juízo da Falência é indivisível e competente para conhecer todas as ações sobre bens, interesses e negócios do falido, "ressalvadas as causas trabalhistas, fiscais e aquelas *não reguladas nesta Lei* em que o falido figurar como autor ou litisconsorte ativo" (art. 76, LRE).

Vale dizer, nas demandas previstas na Lei n. 11.101/2005, quando a massa falida for *autora*,[427] prevalece a competência do Juízo Universal.

---

426 RODRIGUES FILHO, Otávio Joaquim. *Desconsideração da personalidade jurídica e processo*. São Paulo: Malheiros, 2016, pp. 127/128.

427 Ex.: ação para exclusão, classificação ou simples retificação de créditos, art. 19; ação de responsabilidade solidária dos administradores, art. 82; incidente de desconsideração da personalidade jurídica contra ex-administradores, art. 82-A; ação para integração de cotas ou ações, art. 82; ação

Não estando prevista na Lei n. 11.101/2005, as ações ajuizadas pela massa falida devem ser distribuídas livremente, segundo as normas do Código de Processo Civil (art. 46 e ss., CPC).

Também foi lembrado que o processamento da recuperação judicial ou a decretação da falência não prejudicam nem afetam a convenção de *arbitragem*, não impedindo ou suspendendo a instauração de procedimento arbitral (art. 6º, § 9º, LRE).

Dentro desse contexto, uma questão que nos parece interessante diz respeito à ação ajuizada pela massa falida, distribuída para Juízo distinto do falimentar, quando o devedor invoca matéria de defesa relativamente a "bens, interesses e negócios" do falido (ou melhor, da massa falida) (art. 76, LRE).

Por hipótese, se a massa falida, como credora, instaurar cumprimento de sentença proferida pelo Juízo Arbitral contra a sua devedora, e esta apresentar impugnação envolvendo pagamento, compensação, novação etc., haveria mudança da competência para o Juízo Universal Falimentar?

Parece-nos que não. Se a ação de cumprimento de sentença foi proposta pela massa falida (autora), a competência é fixada de modo livre, sem prevenção ou atração do Juízo Universal. Isso porque a ação proposta pela massa falida não está prevista na Lei n. 11.101/2005 como sendo da competência do Juízo Falimentar.

A discussão ganha maior relevo no âmbito da comarca de São Paulo, em que há juízos especializados (Varas Empresariais e de Conflitos Relacionados à Arbitragem da Comarca da Capital), com competência, dentre outras causas, para as ações principais,

---

para apuração de haveres contra a sociedade da qual o falido for sócio, art. 123; ação para a extinção de comunhão, para apuração da parte do falido, em condomínio, art. 129, parágrafo único; ação declaratória de ineficácia de ato praticado pelo devedor antes da falência; art. 129, parágrafo único; ação revocatória, art. 134.

acessórias e conexas, relativas às ações decorrentes da Lei de Arbitragem (Lei n. 9.307/1996), nos termos da Resolução n. 763/2016 do TJSP.

Nesse passo, se a ação instaurada pela massa falida contra a sua devedora perante a Vara Empresarial, com competência absoluta pelo critério funcional, e o devedor deduz questão atinente a crédito ou bens da massa falida, cremos que o tipo de defesa não serve como critério para fixação ou alteração da competência. O mero fato de a demandada (devedora da massa falida) arguir novação, compensação ou qualquer outra matéria de interesse da massa falida, não transforma o Juízo que era competente (absolutamente) em *incompetente*, não havendo, pois, deslocamento da competência originária para o Juízo Falimentar.

A se entender de outra forma, todas as matérias de defesa relacionadas a *crédito e bens da falida* (ex.: inexigibilidade da obrigação, penhora incorreta, pagamento, novação, transação, prescrição, compensação etc.) teriam de ser discutidas no Juízo Falimentar, refugindo à principiologia prevista no art. 76, LRE. Em outros termos, a competência do Juízo é fixada no momento da distribuição (art. 43, CPC), não podendo ser alterada pelo conteúdo da matéria invocada pelo devedor da massa falida.

Referências bibliográficas

BEZERRA FILHO, Manoel Justino. *Lei de Recuperação Judicial e Falências*. São Paulo: Revista dos Tribunais, 2021.

COSTA, Daniel Carnio; MELO, Alexandre Nasser de. *Comentários à Lei de Recuperação Judicial de Empresas e Falência*. Curitiba: Juruá, 2021.

GRAVA BRAZIL, Paulo Roberto. "A desconsideração da personalidade jurídica na falência". *In*: WAISBERG, Ivo; BEZERRA FILHO, Manoel Justino. *Transformações no Direito de Insolvência*. São Paulo: Quartier Latin, 2021.

MAIA DA CUNHA, Fernando Antonio; LAZZARESCHI NETO, Alfredo Sergio. *Direito Empresarial aplicado*. São Paulo: Quartier Latin, 2021.

RODRIGUES FILHO, Otávio Joaquim. *Desconsideração da personalidade jurídica e processo*. São Paulo: Malheiros, 2016.

SALOMÃO, Luis Felipe; SANTOS, Paulo Penalva. *Recuperação judicial, extrajudicial e falência*. Rio de Janeiro: Forense, 2021.

A Editora Contracorrente se preocupa com todos os detalhes de suas obras! Aos curiosos, informamos que este livro foi impresso no mês de março de 2022, em papel Pólen Soft 80g, pela Gráfica Grafilar.